대학과 권력

김정인 지음

대학권력
국가권력
시장권력

대학과 권력

한국 대학 100년의 역사

Humanist

대학사 연구의 출발점에서

대학교육 보편화의 기준은 대학 진학률 50퍼센트 이상이다. 지금 우리나라의 대학 진학률은 70퍼센트가량 된다. 세계 최고의 수준이다. 대한민국이 누구나 대학을 다니는 시대를 이끌고 있는 셈이다. 대학생이라는 말이 선망의 대상이었고, 대학생이라고 속여 사기를 치는 사건이 신문에 회자되던 때가 아득하게 느껴진다. 이따금 우리나라 경제에 이런 질문을 던질 때가 있다. '양적 성장만큼 질적 성장도 이루어졌는가?' 딱 오늘의 대학에 던지고 싶은 질문이다. 대학은 과연 그동안의 양적 성장만큼 질적으로도 성장했는가? 분명 1950년대와 비교해보면 2018년의 대학은 상전벽해의 세상이다. 빛의 속도와 같은 변화 덕에 대학이 지나온 100년 세월 굽이굽이에서 일어났던 많은 일이 우리의 기억 속에서 사라져갔다. 우리 눈에는 그저 오늘의 대학만 보인다. 대학 진학률 70퍼센트에 사립대학 비중이 약 80

퍼센트를 차지하는 현실, 국가 지원이 적어 학생 등록금이 대학 운영의 종잣돈이 되는 현실은 세계 어디에서도 찾아볼 수 없다. 그 현상에는 반드시 기원과 과정이 존재한다. 이제 그 과정을 되짚어 역사의 현장으로 들어가 보고자 한다.

지금까지 대학의 역사는 연구자들에게조차 외면받아왔다. 한국 현대사 연구가 활발해진 지 불과 30여 년밖에 되지 않은 것도 하나의 원인이다. 정치사에 이어 경제사와 사회사에서 이제야 본격적인 연구 성과들이 쏟아져 나오고 있는 상황이니, 문화사 영역에 속하는 대학사에 눈을 돌리는 것은 쉽지 않은 일이었다.

대학은 스무 살 청춘부터 단 한 번도 벗어난 적이 없는 삶의 현장이자 학문의 터전이었다. 1980년대에는 대학생이었고, 1990년대에는 대학원생이었으며, 2000년대부터는 시간강사와 교수의 삶을 살았다. 대학은 화살처럼 빠르게 변했고, 거기에 적응하기에도 바쁜 시간들이었다. 그러는 가운데 문득 한 사람의 인생 전부가 되어버린 삶의 터전을 역사화하여 바라보고 싶었다. 그러한 욕망이 현대사를 연구하되 분명한 주제의식을 갖고 성과 있게 해보자는 의지와 만나 대학사 연구가 시작되었다. 출발은 했으나 한동안 전력을 기울이지는 못했다. 자료를 모으고 분석하고 정리하고 두어 편의 글을 쓰면서 10여 년을 보냈다. 하지만 늘 관심을 갖고 자료를 뒤적여왔다. 그러한 과정은 곧 대학사를 바라보는 안목을 다듬고 정리하는 시간들이었다.

제2차 세계대전 이후 신생 독립국가에서 민주주의와 경제성장의 동력은 교육으로부터 나왔다. 이 나라들에서는 국민 양성을 위한 초등교육과 함께 고급 엘리트 양성을 위한 고등교육이 급성장했다. 이러한 고등교육, 즉 대학의 성장을 이끈 주체는 국가권력이었다. 고등교육의 발달이 경제성장과 정치 안정을 이끈다는 판단 아래 국가 예산의 절반에 가까운 재원을 대학에 투자한 나라도 있었다. 이처럼 대학이 국가 재정에 의존하게 되면서, 국가권력이 고등교육의 목적을 정하고 대학의 세부 기능을 결정하는 대학교육의 핵심 주체로 떠올랐다. 이는 결국 대학의 자율성과 충돌하며 갈등을 낳기도 했다.

해방 이후 한국의 대학이 걸어온 길 역시 이와 크게 다르지 않았다. 대학의 자율성보다는 재정 지원을 대가로 국가권력이 요구하는 책무성이 사실상 대학교육의 방향을 좌우하는 경우가 많았다. 그런데 한국 대학이 걸어온 길을 자세히 들여다보면, 1945년 이후 본격적으로 고등교육이 발전한 다른 나라와는 구별되는 궤적을 보여준다.

한국 대학의 탄생기에는 신생국가처럼 국가권력이 나서서 대학교육을 주도한 것이 아니라, 사학을 중심으로 대학권력이 먼저 형성되었다. 그리고 1950년대까지 국가권력이 대학 설립과 운영을 방임하면서 사립대학이 난립했다. 이로 인해 대학의 70~80퍼센트를 사학이 차지하면서 점차 권력 집단으로 변해갔다. 사학이 주도하는 대학교육에 국가권력이 본격적으로 개입하기 시작한 것은 1960년대부터였다. 국가권력은 근대화에 필요한 고급 인력을 양성한다는 명분 아래 국공립은 물론 사립대학에까지 국가 재정을 투입했다. 그리고 재정 지원의 대가로 책무성을 강조하며 대학교육의 방향과 운영에서 자율성을 제한하거나 압박했다. 1970년대에는 실험대학 모델을 앞세워 대학 구조 개혁의 방향과 내용까지 국가권력이 제시하기 시작했다. 1980년대에 대학교육의 대중화와 민주화가 추진된 이후 1990년대 들어와 대학교육의 보편화와 구조 개혁이 강도 높게 추진되었으나, 이는 오히려 대학을 시장화하는 계기가 되었다. 지금도 대학교육의 목표와 대학 운영 방향 등을 결정하는 데 시장권력이 추구하는 가치와 재원이 상당한 영향력을 발휘하고 있다.

이처럼 오늘날의 대학교육은 대학권력-국가권력-시장권력 등 3주체가 정책이나 사안마다 우위를 겨루며 때론 갈등하고 때론 협조하면서 주도해 가고 있다. 이 책은 해방 이후부터 1990년대까지 현대 한국의 대학사를 대학권력-국가권력-시장권력이라는 3주체를 중심으로 재구성하고 있다. 학생운동, 대학 문화 등을 포함한 현대 한국의 대학사 전반을 다루기보다는 주로 세 권력의 등장 과정과 활동이 잘 드러나는 대학정책과 운영의 추이에 역점을 두고 분석했다.

식민지에서 독립해 민주화와 산업화를 아우르는 근대화를 추구하던 나라라면 어디든 고등교육이 국가 발전의 동력으로서 큰 역할을 했다. 한국 현대사의 전개 과정에서 대학이 차지하는 정치적·사회적·문화적 역할 역시 매우 컸다. 그러나 이런 비중에 비해 해방 이후 대학의 궤적을 구체적이고 실증적으로 분석하는 역사학의 작업은 이제 막 걸음을 뗀 수준에 불과하다. 교육학에서 진행된 연구 역시 양적으로 적기도 하지만 아직 파편적일 뿐 종합화의 단계에 이르지는 못했다.

대학사를 분석한다는 것은 각 대학의 역사를 단순히 양적으로 정리하는 것 이상의 의미를 갖는다. 이는 국가와 사회의 주요한 집단이자 조직으로서 대학이 갖는 위상과 역할을 본격적으로 규명해내는 작업이어야 한다. 이를 위해 해방 이후 대학을 만들고 운영하고 나아가 개혁하는 데 일정한 역할을 한 대학-국가-시장 등 권력 주체를 중심으로 대학사를 재구성하는 작업은, 체계적이고 구조적인 안목으로 대학의 궤적을 살피는 데 유의미한 접근 방법이라 할 수 있다.

이 책은 해방 이후부터 1990년대까지 대학의 역사를 '대학과 권력'이라는 주제의식을 바탕에 두고, 특히 대학정책과 운영을 중심으로 다루고 있다. 크게는 본격적인 대학사 전개의 전사(前史)로서 일제 시기부터 미군정기까지 외세라는 타자적 권력이 주도했던 대학의 탄생 과정, 1950년대 국가의 방임 속에 사학을 중심으로 이루어진 대학권력의 성장 과정, 1960년대와 1970년대에 근대화정책을 앞세운 국가권력이 대학교육 전반을 장악해가는 과정, 1980년대와 1990년대 대학교육의 대중화와 보편화, 그리고 대학 민주화와 함께 진행된 대학에 대한 시장권력의 영향력 확대 과정 등을 살펴보고자 한다.

제1부 '타율의 긴 그림자, 대학의 탄생'에서는 일제 시기부터 미군정기까지 외세라는 타자적 권력이 주도했던 대학의 탄생 과정을 분석하고, 그와 같은 양상이 낳은 대학교육의 특징을 다룬다. 먼저, 조선 말기 갑오개혁 때 잠시 등장했던 대학에 대한 관심이 1920년대 조선총독부의 관립대학 설립과 조선인의 민립대학설립운동으로 현실화되는 과정을 살피고, 경성 제국대학이 제국대학이자 식민지 대학으로서 어떤 길을 걸었는지에 주목한다. 또한 해방 이후 새로운 타자인 미군정이 미국식 대학 모델을 이식하며 한국인과 갈등하던 상황과, 미국이 교육원조를 통해 대학교육에 절대적인 영향을 미치는 과정을 살펴본다.

제2부 '사학 주도 대학권력의 등장'에서는 1950년대 이승만 정부의 방임 속에 사립대학이 난립하면서 사학을 중심으로 대학권력이 형성되는 과정을 살핀다. 이승만 정부가 농토나 건물 같은 자산만 있으면 대학을 인가해주면서 이른바 '대학설립주식회사'를 세우고, 등록금으로 수지타산을 맞추는 사학의 풍조가 형성되는 과정을 다룬다. 또한 일제 시기부터 존립해왔던 전문학교들이 이끌고 기업주의적인 신생 대학이 가세하면서 사학이 대학권력으로 자리 잡아가는 과정을 분석한다. 이처럼 1950년대 사학을 중심으로 형성된 대학권력이 대체로 미국 유학-기독교-한민당의 경력을 갖고 있으며, 그들이 대학교육에서 무엇보다 강조한 이념이 '반공'이었음에 주목한다.

제3부 '국가 주도 대학교육 시대의 개막'에서는 1960년대부터 국가권력이 대학교육을 주도하고 1970년대 실험대학정책을 통해 국공립은 물론 사

립대학의 정책과 운영에 절대적 영향을 미치는 과정을 다룬다. 특히 1960년대 군사정부와 박정희 정부에 의해 대학교육에서 국가 주도성이 강화되면서 근대화라는 국가적 과제를 대학이 어떻게 수용했는지 살펴보았다. 1960년대 말에 국가권력이 먼저 대학 개혁의 화두를 꺼내고 그것이 1970년대에 실험대학정책으로 구현되는 과정도 살핀다. 결국 1979년에 이르러 25개 종합대학 중 1개를 제외한 모든 대학이 실험대학으로 지정되는 등 국가권력이 대학에 대한 장악력을 높여갔다는 점에 주목한다.

제4부 '시장권력에 포섭된 대학'에서는 1980년대 대학교육의 대중화, 1990년대 대학교육의 보편화가 이루어지면서 시장 원리에 충실한 대학 개혁이 추진되고, 그 과정에서 대학이 점차 시장권력에 포섭되어가는 궤적을 다룬다. 먼저, 1980년대 전두환 정부의 7·30교육방안을 신호탄으로 대학교육의 대중화가 본격적으로 이루어지고, 대학 민주화와 자율화를 둘러싼 갈등이 고조되는 과정을 살핀다. 또한 1990년대 들어와 사학 비리가 사회문제로 등장하는 가운데 김영삼 정부가 5·31교육개혁안을 발표해 시장 논리에 순응하는 방식으로, 즉 경쟁력 강화를 위해 대학 개혁을 압박하고 시장권력이 대학에 본격 진출하면서 대학의 공공성과 자율성이 훼손될 우려가 제기된 점에 주목한다.

마지막으로 짤막한 에필로그에서는 촛불 시민혁명을 통해 들어선 문재인 정부에 대학 개혁의 방향을 제시했다. 구체적으로 대학의 공공성 실현, 자율성 회복, 특성화 구현, 양극화 극복을 제안하는 한편, 대학 안에 개혁을 이끌 주체가 없어 대학 스스로 위기를 극복하기 어려운 상황을 지적했다.

대학교육에서 대학권력-국가권력-시장권력이 갖고 있던 역할에 주목해 100년의 대학사를 살펴보았으나, 좀 더 깊이 있는 접근이 되지 못한 아쉬움이 크다. 이는 다음 과제로 남기고자 한다.

이 책이 나오는 순간에도 고등학교를 졸업한 사람 10명 중 7명이 대학에 진학하고 있고, 평생교육기관으로 존재하는 대학까지 감안하면 이제 대학은 누구에게나 인생에서 거쳐가야 할 필수 과정이 되었다. 대학교육이 모든 사람의 관심사가 되어가고 있는 셈이다. 하지만 대학이 양적 성장을 거듭하면서 엘리트 교육에서 대중 교육을 담당하는 기관으로 질적 변화를 일으킨 과거 궤적에 대한 분석은 여전히 부족하다. '미래는 언제나 과거의 상속자'라는 말이 있듯이, 지금은 오늘의 대학 현실을 돌아보고 미래의 대학을 가늠할 수 있는 준거로서 대학사 연구가 절실한 때다. 거칠고 투박한 길이었지만 용기를 내어 100년에 이르는 대학의 역사에 관한 졸저를 세상에 내놓는다. 첫걸음인 만큼 부족한 점이 많으므로 대학의 과거, 오늘, 미래에 애정을 갖고 계신 여러분의 질정을 바란다. 여러 역사학자가 어울려 머리를 맞대고, 대학이 걸어온 궤적을 놓고 논쟁하며 성과를 쌓아가는 날이 오길 기대해본다.

차례

1부
타율의 긴 그림자, 대학의 탄생

1장 식민권력이 만든 관학, 경성제국대학

2장 대학 재건과 개조의 권력, 미국

2부
사학 주도 대학권력의 형성

1장 국가의 방관 속에 성장한 사립대학

2장 사학 중심 대학권력의 탄생

1부

타율의 긴 그림자,
대학의 탄생

1장

식민권력이 만든 관학, 경성제국대학

대학 설립의 모색과 좌절

서양과 달리 동아시아에서 대학 설립을 처음 주도한 세력은 국가권력이었다. 19세기 말에 일본과 청은 대학을 세워 고등교육을 시작했다. 대표적으로 일본의 도쿄 대학은 1877년에 개교했고, 청의 베이징 대학은 1898년에 경사대학당으로 출발했다. 하지만 조선과 대한제국의 국가권력은 대학을 설립하지 않았다.

일찍이 근대식 고등교육에 관심을 보인 것은 개화파였다. 박정양은 1888년에 지은 미국 기행문인 《미속습유(美俗拾遺)》에서 미국의 대학을 소개했다. '대학에는 천문, 지리, 물리, 사범, 정치, 의업, 축산, 농·상·공, 기계, 광무(鑛務), 광화학(光化學), 해·육군 병학, 각국 어학 등에 관련된 학과가 설치되어 있다. 재주와 소질에 따라 각자 원하는 바를 따른다. 비록 공장 일과 장사에 종사하는 하찮은 기술자라도 대학 졸업증서가 없으면 사람들이 불신하여 세상에서 행세할 수 없다'는 것이다. 정치·의학·사범교육 분야는 대학을 졸업한 뒤에 다시 3년간 전문학교에서 수업을 받아야 한다는 점도 소개했다.[1]

같은 해에 박영효는 고종에게 올린 상소문인 〈건백서(建白書)〉에서 소학교와 중학교 설립을 주장한 데 이어 '장년(壯年) 학교를 세워 한문이나 한글로 정치·재정·법률·역사·지리·산술·이화학 등의 책을 번역하여 관료와 백성 중 젊고 의기왕성한 사람들을 교육하거나 8도에서 장년의 선비를 뽑아 교육하고, 그들이 졸업할 때를 기다렸다가 그들을 과거로 시험하여 문관으로 등용해야 한다'고 주장했다.[2] 유길준은 1889년에 저술한 《서유견문(西遊見聞)》에서 서양의 학교를 '시작하는 학교, 문법학교, 고등학교, 대학교' 등 네 등급으로 나누고, 대학교에 대해 다음과 같이 소개했다.

대학교에서 가르치는 과목에는 없는 것이 없다. 대학교에 입학을 허락하는 방법은 우선 여러 가지 조목을 시험하여 그의 재주와 학식이 대학교의 공부를 이수할 만한 자인지 확인한 뒤에 입학을 허락한다. 그렇지 못하면 그의 공부가 더 진전되기를 기다렸다가 뒷날에 입학을 허락한다. 여기서 가르치는 과목은 배우러 오는 자가 원하는 대로 정해진다. 화학, 물리학, 수학, 농학, 의학, 금석학, 초목학, 수의학, 법학, 기계학과 각국의 어학 등이다. 이 밖에도 수많은 과목들이 있는데 일일이 다 들기가 어렵다. 이와 같이 대학교의 공부를 마치고 학문을 이룬 자는 자기가 성취한 재주로 사회의 실제적인 일에 종사한다. 생업을 구하는 첫걸음을 명석하게 내디뎌 국민들의 이용과 후생을 담당하는 것이다.[3]

1880년대에 개화파는 대학교육에 국가가 나서야 한다고 촉구했고, 당시 미국에서 건너온 기독교 선교사들은 선교의 수단으로 학교 설립을 추진했다. 1888년에 미국 장로교 선교사인 헤론(John W. Heron)과 언더우드(Horace

G. Underwood)가 조선 정부에 미국의 대학(College)과 유사한 학교를 설립하겠다며 허가를 요청했다. 이듬해에도 설립 허가를 거듭 요청했으나 조선 정부는 이를 허락하지 않았다. 그런데 1885년 미국 감리교 선교사 아펜젤러(Henry G. Appenzeller)가 정동에 설립한 배재학당은 미국 선교 본부에 해마다 보고서를 제출하면서 학교 이름을 영어로 'Paichai College'라고 적어 보냈다. 1892년 보고서에서는 '우리 학교는 통역이나 기술자를 육성하는 것이 아니라 박학한 교양인을 길러내는 데 목적을 두고 있다'[4]고 밝혔다. 1893년에는 마침내 미국 대학을 모델로 한 학제 개혁을 단행했다. 신학부와 학술부라는 일종의 학부를 설치한 것이다. 1895년에는 학술부를 영어과와 국한문과로 나누었다. 아펜젤러의 꿈은 배재학당을 개편해 서울대학을 세우는 것이었다. 하지만 1902년에 그가 사고로 죽은 뒤 육영공원 교사였던 벙커(Dalzella A. Bunker)가 운영을 맡으면서 배재학당은 '고등학교령'에 따라 1909년 배재고등학당으로 인가를 받았다.[5] 영어 이름도 'Paichai High School'로 바뀌었다.

조선 정부, 즉 국가에서 처음 대학을 거론한 것은 1894년 갑오개혁 때였다. 당시 갑오개혁 정부의 학무아문 대신에는 《미속습유》를 쓴 박정양이 발탁되었다. 학무아문 안에는 중학교, 대학교, 기예학교, 외국어학교 및 전문학교를 담당하는 전문학무국이 설치되었다. 하지만 이듬해에 학무아문이 학부로 개편되면서 대학교 관련 업무가 사라졌다. 그 대신 최고 학부인 성균관의 개혁이 이루어졌다. 갑오개혁 정부는 1895년 7월 2일에 '성균관 관제'를 반포하고, 8월 9일에는 '성균관 경학과 규칙'을 제정했다. '성균관 경학과 규칙'에는 "성균관 경학과 학생에게 부과할 학과목은 3경 4서 및 그 언해강목(諺解綱目), 송·원·명사와 아울러 본국사, 작문으로 한다. 단 시의에 따라 본국지지(本國地誌), 만국사, 만국지지(萬國地誌), 산술을 이습하게 한다"라는 규정이 있었다. 이처럼 경학을 배우고 덕행을 닦는 전통적 교육을 이어가면서도 시의에 맞는 근대 지식을 갖춘 인재를 양성하고자 했던 갑오개혁 정부의 성균관 개혁을 서양식 고등교육기관인 대학을 염두에 둔 예비 조치로 이해하는 경우도 있다.[6] 청에서는 1898년 무술변법운동을 추진하면서 캉유웨이(康有爲)와 량치차오(梁啓超)의 주도로 최고 교육기관인 국자감을 대신하는 경사대학당이 창설되었다. 여기서는 경학, 제자학 등 전통 학문과 외국어·정치·법률·농학·상학·병학·위생학·의학 등 각종 서양 학문을 함께 교육했다.[7]

한편, 조선 정부는 1880년대부터 동문학·광혜원·육영공원·연무공원 등의 학교를 설립하고, 조선인 교사보다 열 배나 많은 봉급을 주고 외국인 교사를 초빙해 외국어·의학·군사학 등 서양 학문을 가르치는 전문교육을 실시했다.[8] 근대식 대학 설립을 추진하지는 않았지만, 일본에서 고등교육으로 여겨지던 전문교육을 추진한 것이다. 일본은 1872년에 '학제'를 반포하면서 고등교육을 대학과 전문학교로 나누었다. 대학은 주로 일본인 교수가 중등학교 졸업생을 받아들여 전문교육을 실시하는 고등교육기관이었다. 전문학교란 대학보다 낮은 수준에서 주로 외국인 교사에게 선진적인 학예, 기술을 외국어로 익히는 고등교육기관이었다. '학제'에 따르면, "외국 교사를 고용하여 여러 전문학교를 설립하는 것은 오로지 그들의 장점을 취하자는 데 있으며, 그 취할 학예·기술이란 법률학·의학·천문학·수학·물리학·화학·공학 등이며, 종교·도덕 등의 학과는 지금 취할 바가 아니다"[9]라고 밝히고 있다. 전문학교의 위상을 실용적인 전문교육을 실시하는 기관으로 한정하고 있는 것이다.

대한제국 정부도 조선 정부와 마찬가지로 대학 설립을 추진하지 않았다. 하지만 지식인들의 대학 설립 요구는 계속 이어졌다. 박은식은 1904년에 발표한 《학규신론(學規新論)》에서 "각 부에는 중학교를 두고 서울에는 대학교를 두어 인재를 양성하는 기관으로 삼아야 할 것이며, 이것은 마땅히 국비로 운용이 되어야 한다"라고 주장했다.[10] 그러나 그의 요구는 대한제국이 망할 때까지 실현되지 않았다.

식민권력, 대학 설립에 나서다

1910년에 들어서자 조선총독부는 식민지 조선에서 고등교육을 허락하지 않았다. 조선총독부가 1911년에 공포한 '조선교육령'은 초등교육에 해당하는 보통학교에 초점을 두고 있었다. 당시 조선총독부 내무부장이던 우사미 가쓰오(宇佐美勝夫)는 1912년 4월에 열린 공립 보통학교장 강습회에서 보통교육은 국민교육의 완성을 의미하는 것이지 진학을 염두에 둔 예비 단계가 아님을 분명히 했다.

> 보통학교의 목적은 결코 졸업생이 중학, 대학 등 등급에 따라 향상하여 더욱 학문의 연구를 하게 함에 있지 않다. 즉 공립 보통학교를 졸업하면 바로 실무에 종사하여 성실·근면하고 힘든 일을 마다하지 않으며, 국어(일본어)를 구사할 줄 알고 또 상당한 실제적 지식 기능을 소유한 충량한 신민을 양성함을 본지로 하는 것이다. 따라서 공립 보통학교의 목적은 결코 아동에게 예비적 교육을 실시함에 있지 않고, 그 교육은 바로 한 사람의 인간을 양성함에 있음을 여러분은 잠시도 잊어서는 안 된다.[11]

당시 일본 학제는 초등교육에 해당하는 소학교 6년, 중등교육에 해당하는 중학교 5년, 고등교육에 해당하는 고등학교 2년과 대학 3년으로 운영되고 있었다. 그런데 '조선교육령'에 따르면, 식민지 조선의 학제는 초등교육에 해당하는 보통학교 4년, 중등교육에 해당하는 고등보통학교 4년, 고등교육에 해당하는 전문학교 2년으로 짜여 있었다. 일본의 초·중등교육 연한이 11년인 데 비해 조선은 8년밖에 되지 않았다. 만일 조선인 학생이 고등보통학교까지 8년을 공부하고 일본의 고등교육기관으로 유학을 가려면 일본으로 건너가서 중학교에 편입해야만 했다.

조선총독부는 '조선교육령'에 존재하는 고등교육기관인 전문학교에 관한 규정조차 무시한 채 시행령을 마련하지 않았다. '아직 보통교육이 충분히 발달하지 않았으므로 전문학교에 관한 시행 규칙은 훗날로 미룬다'는 게 조선총독부의 기본 입장이었다. 기존 고등교육기관이던 성균관, 관립 한성사범학교, 관립 한성외국어학교는 아예 문을 닫았다.

조선총독부는 1915년 3월에 가서야 비로소 '전문교육에 대한 방침'이라는 훈시를 내놓고 관립 전문학교 설립에 나섰다.[12] 1년 뒤인 1916년 4월에 경성전수학교, 경성의학전문학교, 경성공업전문학교 등 관립 전문학교 세 곳이 문을 열었다. 이어서 1918년에는 수원농림전문학교, 1922년에는 경성고등상업학교가 세워졌다. 이처럼 조선총독부가 고등교육기관으로 설립한 전문학교는 법률, 상업, 의학, 공업, 농업 등 실용 분야에 치중해 있었다.

일본에서는 메이지유신 이후 1877년 근대적 전문학교인 카이세이(開成)학교를 이어받은 도쿄 대학이 문을 열었다. 1886년에는 각 관성(官省)이 운영하던 전문교육기관을 통합해 서구의 근대 학문을 가르치는 제국대학을 설립했다. 같은 해에 '제국대학령'이 공포되면서 일본의 고등교육은 제국대학으로 대표되는 엘리트 중심의 대학과 전문학교로 대표되는 기술 실무자 양성을 위한 비(非)대학으로 크게 나누어졌다. 사립 전문학교에서는 1899년 '사립학교령'이 제정될 때까지 정부의 통제나 간섭 없이 자율적으로 다양한 수준과 연한의 고등교육을 실시했다. 하지만 1899년부터는 정부의 설립 인가를 얻어야 존속할 수 있었다.[13]

3·1운동 직후에 조선총독으로 부임한 사이토 마코토(齋藤實)는 무단정

치에서 문화정치로 전환을 선언하고 1920년 11월과 1922년 2월, 두 차례에 걸쳐 '조선교육령'을 개정했다. 조선총독부의 '시세(時勢)와 민도(民度)의 차이'에 근거한 1910년대식 교육은 이제 '시세의 요구에 순응하여 일본인과 조선인의 교육을 될 수 있는 대로 구별하지 않는' 교육으로 바뀌었다. 1920년 부분 개정에는 고등보통학교에 2년 이내의 보습과를 설치한다는 내용이 담겼다. 상급 학교, 즉 고등교육기관으로 진학하는 상황을 고려한 조치였다.

조선총독부는 '조선교육령'을 부분 개정한 직후인 1920년 12월 23일에 임시교육조사위원회를 구성하고 '조선교육령'의 전면 개정 작업을 추진했다. 정무총감을 위원장으로 한 임시교육조사위원회에는 문부성 보통학교 국장을 비롯한 일본 정부 관료, 제국대학 교수와 와세다 대학 학장 등 학계 인사, 귀족원 의원 등이 참여하여 모두 22명으로 구성되었다. 조선인으로는 후작 이완용과 실업가 석진형이 참여했다.[14]

임시교육조사위원회는 1921년 1월 7일과 5월 2일에 회의를 열어 조선총독부 학무국이 작성한 원안을 심의하고 승인하는 역할을 했다. 첫 회의에서 학무국은 '대학 및 대학 예비교육의 길을 연다'는 내용을 담은 원안을 제출했다. 조선총독부 차원에서 대학 설립을 추진하기 시작한 것이다. 임시교육조사위원회는 심의를 거쳐 이 안에 찬성했다. 임시교육조사위원회 활동을 결산한 '임시교육조사위원회 결의요항'에는 '전문대학, 대학 예과(豫科) 및 대학은 내지의 제도에 준한다'는 내용이 적혀 있었다.

1921년 12월, 식민지 조선에 대학을 설립할 것인지를 결정하는 주사위가 일본 정부로 넘겨졌다. '조선교육령' 개정안이 일본 법제국과 내각, 그리고 천황의 자문기구인 추밀원 심의를 거치는 동안 줄곧 대학 설립 문제가 논란이 되었다. 조선과 타이완의 교육령이 동시에 심의를 받았는데, 대학 설립은 아직 시기상조라며 반대하는 견해가 적지 않았다. 또한 식민지에서 대학제도를 실시하면 민간이 주도하는 사립대학이 먼저 설립될 거라며 경계하는 흐름도 있었다.

이번에 조선 및 타이완에 대학제도를 인정해 관·공·사립대학을 설치할 수 있는 길이 열린 결과로 만에 하나 외국인이 경영에 관계하는 불완전한 사립대학이 관립대학보다 먼저 설립되는 일과 같이 통치상으로 크게 우려할 만한 일이 일어나지 않을까 두렵다. 즉, 당국에서 그것에 대처하는 장치를 그르치지 않기를 본관들은 간절히 희망하는 바이다.[15]

추밀원의 우려는 기우가 아니었다. 조선인들도 '조선교육령' 개정의 의미를 잘 알고 있었다. 1922년 1월 24일에 추밀원을 통과한 '조선교육령' 개정안이 공포되기 전날인 1922년 2월 3일에 《동아일보》는 '민립대학의 필요를 제창하노라'라는 제목의 사설을 실었다. 이 사설은 조만간 관립대학이 설립될 거라고 내다보면서 이에 맞설 민립대학 설립을 주장했다. "대학교육에 있어 특히 민립대학을 제창하는 이유는 관립대학과 민립대학이 그 정신에 차이가 있기 때문"이며, "관립은 관료주의가 발호하고 민립에 있어서는 민주주의가 발생하는 것은 일본의 실례가 역력히 증명하는 바이며, 또한 진리의 연구는 자유를 절대적 생명으로 하는 것"이기 때문이라고 했다.[16]

'조선교육령' 개정안이 발표된 직후부터 본격적인 대학설립운동이 일어났다. 먼저, 1920년에 창립한 조선교육회가 조선교육협회로 정식 인가를 받으며 조선민립대학 기성준비회를 조직했다. 이상재, 이승훈, 윤치호, 김성수, 송진우, 유억겸, 신흥우, 신석우, 양계삼, 권동진, 오세창 등 47명이 발기인으로 참여한 조선민립대학 기성준비회는 1922년 12월에 지방 유지들에게 발기인 참여 요령을 알리는 통첩을 발송했다.[17]

조선민립대학기성회는 1923년 3월 29일 발기인 1,170명 중 462명이 참석한 가운데 총회를 통해 공식 발족했다. 이 자리에서는 〈발기취지서〉와 함께 〈설립계획서〉가 채택되었다. 〈발기취지서〉에는 '관립대학도 머지않아 개교될 터인즉 대학이 전무한 것은 아니나, 반도 문운(文運)의 장래는 결코 일개의 대학으로 만족할 바 아니요, 또한 그처럼 중대한 사업을 우리 민중이 직접 경영하는 것은 차라리 우리의 의무'라는 내용을 담았다. 더불어 대학을 설립하려는 목적을 다음과 같이 주장했다.

> 교육에는 단계와 종류가 있기에, 민중의 보편적인 지식은 이를 보통교육에 의해 받을 수 있지만, 심원한 지식과 온오한 학리는 이를 고등교육에 기대하지 않을 수 없음은 설명할 필요도 없을 것이다. 사회 최고의 비판을 구해서 능력과 행동력을 갖춘 인물을 양성하고자 한다면, 무엇보다 최고 학부를 둘 필요가 있게 된다. 그뿐만이 아니라 대학은 인류의 진화에 실로 막대한 관계가 있기에, 문화의 발달과 생활 향상은 대학이 생겨나기를 기다리고서야 비로소 기획하고 또 얻을 수 있다. …… 따라서 이제 우리 조선인도 세계의 한 부분을 차지하는 문화민족의 일원으로서, 다른 사람들과 어깨를 나란히 하며 우리의 생존을 유지하고 문화 창조와 향상을 꾀하고자 한다면 대학의 설립을 놓아두고 다른 길은 없다.[18]

민립대학의 교육이념으로 첫째는 심원한 지식과 온오(蘊奧)한 학리의 추구, 둘째는 유능유위(有能有爲)한 인물의 양성, 셋째는 인류와 민족의 문화 발달 및 생활 향상 등이 채택되었다.

〈설립계획서〉에 따르면, 조선민립대학기성회가 추진한 민립대학은 종합대학을 지향했다. 3단계로 나누어 설립 계획을 추진하기로 했는데, 1단계에는 400만 원을 모금해 법과·문과·경제과·이과 등 네 개 학과와 예과를 개설하는 것을 목표로 했다. 2단계에는 300만 원을 모금해 공과를 설치하고 학과마다 운영에 더욱 충실하도록 계획했다. 3단계에서는 300만 원을 모금해 의과와 농과를 설치하기로 했다.[19]

이처럼 1923년에 본격적으로 닻을 올린 민립대학설립운동은 조선총독부의 관립대학 설립 추진과 맞물려 세인의 관심을 끌었다. 전국 170여 군에서 1,000명 이상의 발기인을 확보했을 뿐만 아니라 만주와 간도에서도 발기인을 선정했다. 하와이 교민들도 조선민립대학기성회 지부를 결성했다. 지부는 주로 전남, 평북, 황해 등에서 많이 조직되었다. 군수·면장과 같은 지방 관리, 자산가를 비롯한 지방 유지, 그리고 청년운동가들이 주요 구성원이었다.[20] 하지만 1923년 여름의 홍수와 9월 일본 간토대지진의 영향으로 인한 경제공황, 그리고 1924년 남부지방에 불어닥친 가뭄과 홍수 등으로 기금 모금이 어려워졌다. 여기에 조선총독부의 감시의 눈길이 더해지면서 1년도 안 되어 대학설립운동의 기세가 꺾이고 말았다. 그럼에도 조선총독부는 마음을 놓을 수 없었다. 식민권력의 입장에서는 관립대학을 먼저 설립해 기선을 제압하는 동시에 민간 차원에서 추진하는 대학 설립 역시 막아내야 했다. 민립대학설립운동에 자극을 받은 조선총독부는 관립대학 설립에 박차를 가했다. 경성제국대학 설립 당시에 조선총독부 학무과장으로 있던 마쓰무라 마쓰모리(松村松盛)는 조선총독부가 관립대학 설립에 나선 이유를 이렇게 회고했다.

일찍이 경성제국대학의 설립시에 내가 설립에 관한 용무로 도쿄에 갔을 때 구보타(久保田) 추밀원 고문관에게 호출되어 대학 설립에 관한 여러 가지 이야기를 나누었던 바, 그는 조선에는 법과대학이 필요없지 않은가? 오히려 그보다는 농과대학 같은 것이 필요하지 않은가 하는 질문을 했다. 그러나 당시 조선에는 민립대학설치운동이 꽤 맹렬하여 기부금의 모집을 시작하고 있었고, 다른 한편으로는 미국 선교사들도 사립대학 설립의 계획이 있었으며, 이들 대학은 주로 법률·정치·경제 등의 연구를 목적으로 하는 관계상 이때 만약 관립의 법과대학을 세우지 않으면 조선에서 법률·정치·경제 등의 최고 교육은 이들 사학에 맡기지 않으면 안 되는데, 당시 민족운동을 볼 때 이는 심히 위험시되는 것이라고 답변하여 이해를 얻었던 일도 있다.[21]

식민권력이 3·1운동 이후 대학 설립에 나선 이유가 원활한 식민통치라는 정치적 고려 때문이었음을 알 수 있다.

조선제국대학에서 경성제국대학으로

조선총독부가 추진한 관립대학은 제국대학이었다. 조선총독부에서는 1922년 2월 4일에 '조선교육령' 개정안, 즉 제2차 '조선교육령'을 공포하고 곧이어 2월 6일에 대학 설립 계획을 발표했다. 대학 예과는 1923년, 학부는 1925년에 개교할 예정이었다.[22] 하지만 1923년 4월 개교는 일본 정부의 설립 승인이 마무리되지 않아 결국 무산되었다. 승인이 아직 나지 않았지만 조선총독부는 5월부터 경기도 고양군 숭인면 청량리에 땅을 마련하고 공사에 들어갔다. 예과 건물은 그해 12월에 완공되었다.

본격적인 대학 설립은 1923년 하반기부터 추진되었다. 1923년 11월 27일에 조선제국대학 창립위원회가 발족했다. 조선제국대학 창립위원회는 조선총독부의 자문에 응하면서 대학 창립 준비에 관한 중요 사항을 조사하고 심의하는 기구였다. 위원장은 정무총감이 맡았으며, 총독이 위촉한 15명 이내의 위원으로 구성되었다. 위원회는 '제국대학령'에 따라 대학의 위상을 종합대학으로 정하고, 이름을 '조선제국대학'으로 결정했다.

앞에서 살펴보았듯이 일본에서 제국대학의 위상은 각별했다. 1877년에 도쿄 대학이 법학부·문학부·이학부·의학부로 출발했고, 1886년 '제국대학령'에 따라 제국대학으로 거듭났다. 일본에서 제국대학은 국가의 학교라는 성격을 띠었다. '제국대학령' 제1조를 보면, '제국대학은 국가의 수요에 부응하는 학술·기예를 교수하고, 그 온오를 고구(考究)함을 목적으로 한다'는 내용을 담고 있다. 보편적인 학문과 기술 연구보다는 부국강병과 문명개화라는 국가적 필요에 따라 제국대학이 설립되었음을 알 수 있다. 제국대학 설립 당시 문부대신인 모리 아리노리(森有禮)는 학교를 만들고 지원하는 것은 국가를 위한 것이므로 학교에서 가르치는 학술의 목적 또한 국가를 위한 것이어야 한다고 주장했다. 이때 '제국대학령'에 따라 문부대신이 대학 관리 제도를 총괄한다는 것은 제국대학이 곧 국가의 부속기구라는 것을 의미했다.

1897년 6월에 교토 제국대학이 설립되면서 기존 제국대학의 명칭이 도쿄 제국대학으로 바뀌었다. 이어 1907년 도호쿠 제국대학, 1910년 큐슈 제국대학, 1918년 홋카이도 제국대학, 1931년 오사카 제국대학, 1939년 나고야 제국대학 등 제국대학 일곱 곳이 일본 안에 세워졌다. 다이쇼 데모크라시의 분위기 속에서 1918년에 '대학령'이 제정되고 사립대학이 속속 생겨났지만, 제국대학의 위상에 영향을 미치진 않았다.[23] 하지만 1923년까지 식민지 조선에는 아직 제국대학이 없었다. 그럼에도 조선총독부 산하 부립(府立)대학이 아닌 조선제국대학을 세우겠다는 조선총독부의 뜻은 확고했다.

조선총독부는 1924년 첫 신입생 모집에 나섰다. 문과 80명, 이과 80명을 뽑을 예정이었다. 총 659명이 응시해 4 대 1의 경쟁률을 기록했다. 일본의 고등학교 입시일과 같은 3월 18일과 19일에 경성고등상업학교를 빌려 입학시험을 실시했다. 첫날에는 국어(일본어), 영어, 수학, 선택과목(문과는 일

		지원자(명)	수험자(명)	합격자(명)	합격률(%)
문과	일본인	154	128	61	47.7
	조선인	141	119	29	24.4
이과	일본인	263	218	64	29.4
	조선인	101	91	16	17.6
합계		659	556	170	30.6

본 역사, 이과는 자연과학)의 필기시험을, 이튿날에는 신체검사를 치렀다. 조선인은 문과 A조(법학)에 10명, 문과 B조(문학)에 19명, 이과에 16명 등 45명이 합격해 전체 170명의 합격생 중 26퍼센트를 차지했다. 그런데 〈표 1〉[24]에서 알 수 있듯이 문과에서는 일본인과 조선인의 지원자 수와 수험자 수가 비슷했으나, 이과에서는 일본인이 압도적으로 많았다. 특히 바다를 건너온 일본인 학생이 이과생 중 37명에 달했다. 일본인은 이과를, 조선인은 문과를 지향하는 상황이 분명하게 드러난다.

하지만 조선제국대학은 1924년에 첫 신입생을 선발하고도 그해 4월에 문을 열지 못했다. 일본 정국이 요동치고 있었기 때문이다. 일본 정부에서 조선총독부의 대학 설립을 도운 이는 조선총독부 정무총감 출신으로 내무대신에 입각한 미즈노 렌타로(水野錬太郎)였다. 하지만 2월 1일에 일본 의회가 해산되면서 기요우라(淸浦) 내각이 무너지자 바로 법제국이 조선제국대학 설립을 위한 관제안을 문제 삼았다. 의회가 해산되어 예산을 확보하지 못한 관제안은 심의할 수 없다는 것이다. 조선총독부가 대장성의 양해를 받은 4월에 가서야 법제국이 심의에 들어갔다.

법제국은 '대학령'이 아니라 '조선교육령'에 따라 대학을 설립할 것을 제안했다. 이는 사실상 조선제국대학 설립에 반대한 것이었다. 결국 관제안은 조선제국대학이라는 명칭을 경성제국대학으로 바꿈으로써 법제국 심의를 통과할 수 있었다. 조선총독부는 도호쿠 제국대학, 홋카이도 제국대학 등 지역 명칭을 붙이는 전통에 따라 관립대학의 이름을 '조선제국대학'으로 정하고자 했다. 하지만 '조선 제국'을 연상시킨다는 이유로 반대에 부딪혀 결국 수정된 관제안으로 4월 15일에 각의를 통과했다.[25]

그런데 이번엔 최종 결정권을 가진 추밀원이 제동을 걸었다. 심사위원장인 구보타 유즈루(久保田讓)가 4월 1일에 예과를 개교할 예정으로 신입생 모집까지 끝낸 뒤에 대학 설립에 대한 자문을 구하는 것은 추밀원을 무시한 처사라며 문제를 삼았다. 결국 추밀원은 4월 25일에 심사를 한 뒤 4월 30일 제1독회(讀會)의 심의를 거쳐 만장일치로 관제안을 승인했다. 난관을 뚫고 추밀원의 승인을 받아낸 데는 추밀원 의장인 하마오 아라타(濱尾新)의 역할이 컸다. 그는 경성제국대학 초대 총장으로 예정된 핫토리 우노키치(服部宇之吉)와 각별한 사이였다. 하마오는 핫토리가 도쿄 대학을 졸업한 뒤 문부성 전문학무국에 입사했을 때 국장 자리에 있었고, 핫토리의 결혼 중매자이기도 했다. 이런 인연으로 핫토리의 부탁을 받은 하마오 의장이 추밀원 의원들을 설득했던 것이다.[26]

그런데 추밀원은 심의 과정에서 의학부 설치에는 이견을 보이지 않았으나 법문학부 설치에는 문제를 제기했다. 일본에 유학 온 조선인 학생들이 대학에서 법률, 정치, 철학 등을 전공하면서 과격한 사상에 빠질 위험이 있다는 것이다. 법문학부보다는 과학을 다루는 이공학부를 먼저 설치하자는 의견도 있었다. 조선총독부는 식민지에 법학부를 개설하면 장기적으로 법학을 전공하려고 일본으로 유학 가는 조선인 학생이 줄어들 거라고 주장했다. 추밀원은 조선총독부의 견해를 받아들여 법문학부 설치를 승인했다.

마침내 1924년 5월 2일 천황의 칙령으로 '경성제국대학 관제'가 공포되었다.[27] 예과에는 2년 수업 연한으로 문과와 이과를 설치했다. 학부로는 법문학부(3년제)와 의학부(4년제)가 설치될 예정이었다. 예과의 문과생은 법문학부로, 이과생은 의학부로 진학하도록 했다.

한 달이나 개학이 늦은 만큼 조선총독부는 칙령이 반포된 날부터 바쁘게 움직였다. 가장 먼저 조선총독부 학무국 편수과장이자 도쿄 제국대학에서 조선사를 전공한 오다 쇼고(小田省吾)를 예과 부장에 임명했다. 다음 날부터는 예과 교수들을 임명하기 시작했다. 5일에는 예과 신축 건물 낙성식을 갖고 조선총독부 학무국 안에 있던 예과 준비사무소를 이전했다. 9일에는 신입생 선서식이, 다음 날인 10일에는 입학식이 열렸다.

개교식은 6월 12일에 열렸다. 개교식에는 아리요시 주이치(有吉忠一) 정무총감을 비롯한 조선총독부 요인과 학부형이 참석했다. 아리요시는 다음과 같은 인사말을 했다.

경성제대는 조선의 최고 학부로서 조선을 위해, 나아가서는 세계 인류를 위해 개발·개척의 임무를 띠고 있다. 경성제대는 '제국대학령'에 따라 세워진 유일한 내선공학(內鮮共學)의 종합대학이다. 제군은 서로 상부상조, 내선융화의 열매를 여기에서 거두어 사회에 전파시키기 바란다.[28]

경성제국대학은 일본의 최고 학부를 식민지에 그대로 도입하는 방식으로 설립되었으나 다른 제국대학에 비해 규모가 작았다. 처음 설치한 학부는 법문학부와 의학부뿐이었고, 1941년에 가서야 이공학부가 신설되었다. 각 학부는 예과를 졸업한 사람을 입학생으로 받았고, 정원은 각각 80명이었다. 그러므로 경성제국대학 입학생은 1941년까지는 해마다 160명이었고, 1942년부터는 240명이었다. 1930년 당시 경성제국대학 재학생은 520명이었다. 그해 도쿄 제국대학 재학생은 7,686명에 달했고, 일본 안에서 규모가 가장 작은 홋카이도 제국대학의 재학생은 957명이었다. 경성제국대학과 함께 일본 식민지 타이완에 세워진 타이베이 제국대학의 재학생은 1944년 당시 382명으로, 경성제국대학의 절반 수준이었다. 하지만 다섯 개의 학부를 갖추었고 경성제국대학보다 많은 예산을 확보하고 있었다.

경성제국대학 학생 가운데 일본인은 3분의 2에서 4분의 3을 차지했다. 조선인 학생은 의학부의 3분의 1, 법문학부의 4분의 1에 불과했다. 1940년에서 1944년까지 타이베이 제국대학을 다닌 타이완 학생은 문정(文政)학부, 이농학부, 공학부의 3.2퍼센트에 불과했다. 유독 의학부만 53.4퍼센트를 차지했다.[29]

경성제국대학은 1945년까지 법문학부 18회, 의학부 17회, 이공학부 3회의 졸업생을 배출했는데 그 가운데 조선인 졸업생은 659명이었다. 이는 조선총독부가 경성제국대학을 설립한 목적 중 하나가 일본인의 이민을 유도하는 것이었음을 보여준다. 조선총독부는 1910년대부터 적극적인 이민정책을 펼쳤다. 1910년 약 17만 명이던 조선 내 일본인 수는 1920년대 들어와 30만 명을 넘어섰다. 이들 중 1920년 당시 중학생 수가 2,045명에 달했다. 바로 이들에게 고등교육기관으로 진학할 기회를 제공하기 위해 대학 설립이 추진되었던 것이다. '조선에 이주하거나 정부의 명령 등에 따라 조선에 거주하는 일본인의 자제 교육 문제를 만족하게 하는 것이 국민의 교육상 그리고 조선 개발상으로도 매우 필요한 일이므로 일본인 교육에 대해 마땅한 정도의 특별한 시설을 설치해야 한다'는 것이 조선총독부의 판단이었다. 이러한 판단은 곧 경성제국대학 입학에서 일본인 학생을 우대하고 조선인 학생을 제한하는 차별로 이어졌다.

제국대학과 식민지 대학 '사이'

> 아시아 대륙의 천지에 웅비하려고 하는 뜨거운 피를 가진 젊은이들아, 민족 융
> 화와 대륙 개척의 사명을 가지고 대륙의 일각, 경성에 새로 설치된 경성제국대
> 학으로 오너라.[30]

일본에서 수험생을 대상으로 간행되던 《수험과 학생》이라는 잡지에 실
린 경성제국대학 소개 글이다. 이는 식민지 대학으로서 민족 융화 즉 내선
일체를 실천하고, 제국대학으로서 대륙 개척에 앞장서는 대학이라는 경성
제국대학의 위상을 잘 보여주는 문구이다.

일본에서 제국대학의 이념은 국가주의였다. '대학이란 국가를 위해 존
재하며, 국가에 도움이 되는 것이라면 어떤 것도 가르치고 연구한다'는 전
제 아래 제국대학이 운영되었다. 경성제국대학 초대 총장인 핫토리 역시
국가주의를 강조했다. 1926년 경성제국대학 시업식에서 핫토리는 국제주
의 사조가 유행하면서 국가주의가 천대받는 풍조를 비판했다. 그는 국제협
동주의 역시 국가주의를 전제로 해야 온당하다고 주장했다. 그러므로 제국
대학에서 국가의 기초를 흔들고 존위를 위태롭게 하는 연구는 허용할 수
없다는 것이다. 핫토리는 경성제국대학 역시 제국대학으로서 국가에 보탬
이 되는 것이라면 무엇이든 연구해야 한다고 역설했다.

같은 날 시업식에서 사이토 총독은 국가주의에 덧붙여 경성제국대학이
식민교육의 완성을 상징하는 식민지 대학이라는 점을 분명히 했다.

> 무릇 우리 나라의 흥륭(興隆)의 기본은 문교의 신장을 기해 국가의 근본[國本]을
> 배양함에 있다. 이에 따라 교육의 진흥을 통치의 요체로 삼아 굳세게 교육의 보
> 급 철저에 힘써 이제는 초등교육에서부터 대학교에 이르기까지 각종 교육기관

의 정리를 보기에 이른 것은 정말로 치하하는 바이다. 무릇 대학은 학술의 이론 및 응용을 교수하고 그 온오를 탐구하는 것을 목적으로 한다. 하지만 학문의 연구는 원래 자유로울지라도 우리 나라에 필요한 인물을 육성함에 유의하지 않으면 안 된다. 특히 조선에 있어서는 대학교육은 창시(創始)의 업에 속할 뿐만 아니라, 동양 문화, 조선 특수의 질병, 약물 등의 연구에 중요한 사명을 가짐을 감안하면 이것의 경영에 있어서 신중한 주의와 부단한 노력을 요한다. 교수를 맡은 자는 깊이 이 중임을 헤아려 협심 진력하여 영재를 교육하여 문운의 융창에 기여할 것을 기대하며, 또한 본 대학에서 배우는 자는 배움을 돈독히 하고 특히 인격의 도야에 유의해 절차탁마하여 아가(我家, 일본 제국)에 유용한 인재가 되기를 바라노라.[31]

사이토는 경성제국대학이 식민통치에 필요한 실용적 연구, 즉 '동양 문화, 조선 특수의 질병, 약물' 등에 대해 연구해야 한다고 역설했다. 이처럼 식민권력은 경성제국대학을 주요한 식민교육기관으로 여겼고, 식민통치에 헌신할 수 있는 유용한 인재를 양성하는 임무를 부여했다.

핫토리 총장과 사이토 총독의 말을 종합하면, 경성제국대학은 식민권력의 설립 의도를 충실히 이행하는 동시에 제국대학에 걸맞은 위상과 내실을 갖추어야 했다. 즉 경성제국대학은 '식민지에 세워진 제국대학'으로서 그 역할을 제대로 수행해야 했다. 그것은 경성제국대학이 제국대학과 식민지 대학 '사이'에 놓여 있었음을 의미한다.[32]

경성제국대학은 '대학령'과 '제국대학령'의 적용을 받았다. 하지만 일본의 제국대학에서 문부대신이 하는 직무를 조선총독이 대신한다는 점이 달랐다. 즉 경성제국대학은 다른 제국대학처럼 문부성 산하기관이 아니라 조선총독부 아래에 있었다. 대학에 대한 최종 권한과 책임은 조선총독에게 있었다. 예산 역시 조선총독부 재정으로 꾸려졌다. 조선총독부 학무국이 경성제국대학 예산을 담당했다. 이 예산은 제국회의의 예산 심의를 통해 확정되어 학기가 시작하는 4월부터 집행되었다. 일본 안에 있는 제국대학은 문부성 산하기관이지만 재정은 문부성과 분리되어 '제국대학 특별회계'에 따라 운영되었다.

조선총독부 학무국 예산에서 경성제국대학 운영비는 적지 않은 비중을 차지했다. 설립 초기에는 다른 관립학교 예산 전체를 합한 것보다 경성제국대학의 예산 규모가 더 컸는데 전체 학무국 예산의 4분의 1을 차지했다. 그러나 1930년대 들어와 차츰 줄어 관립학교 전체 예산 가운데 60퍼센트를 넘던 비율이 30퍼센트대까지 하락했다. 경성제국대학 관련 예산은 강좌 증설, 교원 보충 등에 주로 쓰였다.[33]

경성제국대학은 학부, 대학원 및 강좌제, 평의회 및 교수제도 등 제도 면에서 다른 제국대학과 크게 다르지 않았다. 여기서 강좌제란 학부에 강좌를 설치한 뒤 강좌별로 교수가 담임을 맡아 학생을 가르치며 연구를 지도하는 제도를 말한다. 하지만 다른 제국대학 진학 과정에는 없는 예과가 있었다는 점이 크게 달랐다. 제국대학은 대부분 고등학교를 졸업한 사람을 신입생으로 받았으나, 경성제국대학은 예과 졸업생 중에서 먼저 선발을 했다. 이후 결원이 생길 때에만 고등학교를 졸업했거나 동등 학력을 인정받은 자를 선발했다. 또한 경성제국대학 예과를 졸업하면 오직 경성제국대학으로만 진학할 수 있었다.[34]

경성제국대학 이전에도 홋카이도 제국대학처럼 예과를 설치한 제국대학이 있었다. 홋카이도는 메이지유신 이후 원주민인 아이누에 대한 일본화 정책과 도호쿠 주민 이주정책을 위해 적극 개발된 지역이다. 1876년에 설립된 삿포로 농학교는 대학 수준의 교육을 하는 본과 이외에 예과를 두고 있었다. 삿포로 농학교가 1907년에 도호쿠 제국대학 농과대학이 되면서 예과도 농과대학 부속으로 편입되었다. 1918년 도호쿠 제국대학 농과대학이 홋카이도 제국대학으로 분리되었을 때는 다시 이 대학 예과로 재편되었다. 홋카이도에 고등학교를 설립하면 홋카이도가 아닌 혼슈(本洲)에 있는 대학에 진학할 가능성이 낮다는 점이 홋카이도 세국대학에 예과를 둔 이유였다. 여기서도 예과를 졸업하면 홋카이도 제국대학에만 입학할 수 있었다.

즉 경성제국대학 예과는 일본 대학으로 진학하는 상황을 막는 진입 장벽인 셈이었다. 조선총독부는 조선에 고등학교를 세우면 주로 일본으로 건너가기 위해 고등학교에 들어올 것이고, 고등학교를 졸업하면 일본 대학에 진학할 가능성이 높기 때문에 고등학교 대신 예과를 설립해야 한다고 주장했다.[35] 타이완에는 조선과 달리 고등학교가 있었는데, 실제로 졸업생들이 타이베이 제국대학이 아니라 일본 대학으로 유학 가는 것을 더 선호했다. 결국 타이베이 제국대학은 입학생을 확보하기 위해 1941년에 예과를 설치했다.[36]

경성제국대학에 예과를 설치한 이유, 다시 말해 고등학교를 설치하지 않은 이유를 조선총독부 학무국 당국자는 추밀원 심의 과정에서 다음과 같이 구체적으로 말했다.

첫째, 조선 일반의 현황은 아직 이 정도의 고등보통교육을 요구할 정도에 이르지 못했다.

둘째, 무리하게 고등학교를 설치할 때에는 조선에 있어서 혹시는 그 졸업자의 전도(前途)를 고려하지 않고서는 할 수 없다.

셋째, 조선에 고등학교를 설치할 때는 내지와 거리가 멀지 않기 때문에 오로지 입학 목적으로 내지에서 건너온 자가 본교를 이용할 수 있지만, 동시에 고등학교 졸업자가 같은 비율로 내지의 대학에 가는 것은 곤란하다.

넷째, 고등학교제는 조선에서 보통교육의 내선인(內鮮人) 공학(共學)을 인정하지 않는 주의에 비추어볼 때 조선에 설치하기 어렵다.

다섯째, 조선에 대학을 설립할 경우 오히려 먼저 대학 예과를 설치하여 대학교육을 정비하는 것이 타당하다.[37]

흥미로운 건 조선총독부가 조선에서 내세운 이유는 이와 달랐다는 점이다. 조선총독부는 조선에 세운 대학이기 때문에 조선인 학생에게 입학 기회를 더 많이 주기 위한 것이며, 조선의 경제력을 고려한 결과라고 선전했다. 예과 없이 경쟁시험을 통해 대학 입학을 허락하면 일본에서 수험생이 몰려올 것이고, 조선의 경제력을 고려할 때 고등학교와 같은 3년제가 아니라 2년제 예과를 설치하는 것이 더 바람직하다는 것이다. 하지만 조선총독부가 예과를 설치한 본심은 일본에서 들어오는 일본인 학생은 환영하나, 조선인 학생이 일본 대학에 진학하는 것은 막겠다는 데 있었다.[38] 문제는 2년제를 채택하면서 경성제국대학이 한 단계 낮은 제국대학이라는 인식이 생겨났다는 점이다. 당시 '예과가 1년 짧기 때문에 경성제국대학이 일본 내 대학보다 한 단계 낮다는 식으로 특수 대학 취급을 받는 것은 조선 사람을 위해서도 나쁘다'는 인식이 있었고, 이는 예과 연한을 3년으로 늘리자는 요구로 이어졌다.[39] 이처럼 경성제국대학 예과는 조선총독부의 식민 통치 전략으로 탄생했으며, 경성제국대학이 제국대학 안에서 받고 있는 제도적 차별을 상징했다.

반면, 경성제국대학에서 제국대학의 면모를 가장 잘 보여준 것은 교수 자치였다. 다이쇼 데모크라시 시대를 거치면서 일본 내 제국대학은 국가권력의 개입에 맞서 교수의 신분과 활동을 보호하고, 이를 통해 대학 운영과 연구 활동의 자율성을 보장하는 교수 자치 문화를 만들어냈다. 경성제국대학에도 이러한 자치 문화를 지향하는 교수들이 많았다. 초대 총장인 핫토리 역시 제국대학에 걸맞은 수준을 확보하는 데 초점을 두고 자유주의 성향을 가진 사람이라 해도 꺼리지 않고 법문학부 교수로 영입했다.

교수 자치를 상징하는 제도가 바로 총장선거제였다. 일제 시기에 경성제국대학 총장을 거쳐간 이는 모두 10명이었다. 학부 개설 이전에 총장식을 대행했던 정무총감 3명을 제외하고 나머지 7명의 평균 재임 기간은 2년 9개월 정도였다. 4년 임기를 모두 채운 총장은 4대 총장인 야마다 사부로(山田三良)와 5대 총장 하야미 히로시(速水滉)뿐이었다. 경성제국대학 총장의 평균 임기가 짧았다는 것은 그만큼 식민권력의 개입 강도가 높았음을 의미한다. 일본에 있는 제국대학에서는 1910년대부터 총장을 선거로 뽑았기 때문에 1920년대에는 이미 총장선거제가 전통이 되었다. 경성제국대학에서는 4대 총장부터 선거로 뽑았다. 4대 총장 야마다와 5대 총장 하야미가 선거로 뽑힌 총장이었다. 타이베이 제국대학은 1941년에 3대 총장인 안도 마사쓰구(安藤正次)를 처음 선거로 뽑았다.[40]

경성제국대학 총장 선거는 각 학부별로 투표를 실시해 최다 득표자를 선출하는 도쿄 제국대학과 달리 교수회의 대의기관인 평의원회에서 선출하는 간접선거 방식을 취했다. 평의원회는 의학부 6명, 법문학부 5명 이렇게 총 11명의 교수로 구성되었다. 법문학부와 의학부의 의견을 수렴해 하나의 입장을 확정하고 평의원 간 의견 조율을 거쳐 만장일치로 선출하는 방식이었다.

그런데 5대 총장인 하야미의 선출 과정에서 일본 정부와 조선총독부, 즉 제국 정부와 식민 정부가 충돌했다. 이는 제국대학과 식민지 대학 '사이'에 놓인 경성제국대학의 위상을 여실히 드러낸 사건이었다. 5대 총장을 뽑는 선거에서 법문학부와 의학부는 의견 조율에 실패한 채 대립했다. 의학부는 4대 총장인 야마다가 국제법 학자이니 이번에는 의학부 교수가 총장이 되어야 한다는 입장이었다. 법문학부는 탁월한 행정 수완을 보인 야마다 총장의 유임을 지지했다. 결국 평의원회는 의학부가 지지한 나가사키 의과대학장인 다카야마 마사오(高山正雄)를 1순위 후보로 선출했다. 2순위 후보에는 야마다 현 총장을, 3순위 후보에는 문학 계열 교수들이 지지한 자유주의 철학자 하야미 교수를 선출했다. 1순위인 다카야마는 곧 총장직을 수락했다.

하지만 조선총독부는 인지도가 높지 않다는 이유로 다카야마의 총장 취임에 반대했다. 조선총독부는 자신들과 원만한 관계를 유지해왔고 일본 정계와 학계에서도 영향력이 있는 야마다 현 총장의 유임을 원했다. 반면에 문부성은 다카야마를 지지했다. 경성제국대학을 의학·농학·이공학 중심으로 개편하기 위해 과학기술정책을 이끌 실무 능력을 가진 총장을 원했기 때문이다. 논란 속에 다카야마가 총장직 수락을 거두고 야마다 총장이 유임을 사양하면서 결국 3순위 후보였던 하야미가 5대 총장에 취임했다.[41]

학문 연구에서 제국대학이자 식민지 대학이라는 이중적 성격에 새로운 임무를 부여한 사건은 1931년 만주사변이었다. 일본군이 점령한 만주 및 몽골 지역이 새로운 학술 연구 대상으로 떠올랐기 때문이다. 일본 군부는 만몽 지역에 대한 일본의 특수 이익에 기여하는 학술 연구와 조사 사업을 적극 지원하고 나섰다. 경성제국대학 역시 이 대열에 합류했다.

1931년 10월 경성제국대학 총장에 취임한 야마다는 1932년 3월에 막 세워진 만주국을 시찰했다. 1932년 4월 야마다는 개학식에서 경성제국대학을 "조선에서 유일한 최고 학부이며, 단지 반도의 문화 개발을 위해 노력할 뿐만 아니라 한층 나아가 만몽을 비롯하여 아시아 대륙의 문화 개발에도 공헌해야 할 중대한 제국대학"이라 규정했다.[42] 이는 대륙 진출을 꿈꾸는 제국을 위해 경성제국대학이 적극적인 역할을 하겠다는 다짐이었다. 이 임무 수행을 위해 1932년 11월에 대학 안에 '만몽문화연구회'를 만들었다.

만몽문화연구회는 만주와 몽골 문화에 대한 학술 연구와 조사 시찰은 물론이고, 그 성과를 도서와 보고서 형태로 출판하거나 학술강연회, 전시회, 대중강좌 등을 통해 조선 사회에 보급하는 역할을 했다.[43] 연구 활동 범위로는 역사, 지리, 유적, 유물, 언어, 종교, 경제 등 인문·사회과학 분야는 물론 제실인류학, 약물학, 동물학, 식물학, 광물학 등 자연과학 계열을 아우르고자 했다. 법문학부와 의학부 전체가 동원되는 범대학 조직인 셈이다. 경성제국대학은 '반도와 만몽의 문화 개발은 일본 제국 내 다른 제국대학에서는 불가능한 대륙 유일의 제국대학의 고유한 사명'임을 강조했다.[44] 1933년부터 본격적인 활동을 시작한 만몽문화연구회는 1934년부터 1938년까지 《만몽문화 연구보고서》 네 권을 펴냈다. 일본군의 대륙 침략에 실질적인 도움을 주기 위해 이 보고서를 만들었는데, 주로 만주와 몽골, 중국 북부의 정치·경제·사회·문화·의료 등에 대해 연구하고 조사한 내용을 담았다.

전쟁의 도구가 된 대학

1937년에 중일전쟁이 일어나자 조선총독부는 경성제국대학을 재편하면서 본격적으로 운영에 개입하기 시작했다. 먼저, 이공학부의 발족을 준비했는데, 전쟁 확대에 대비해 군수공업 개발의 토대를 마련하는 데 목적이 있었다. 이공학부에는 물리학·화학·기계공학·전기공학·토목공학·광산야금학·응용화학 등 일곱 개 학과가 설치되었다. 도쿄 제국대학을 비롯한 제국대학에는 이학부와 공학부가 나뉘어 있었으나, 경성제국대학은 양쪽의 장점을 취한다며 이공학부로 설치했다.

이공학부는 경기도 양주군 노해면 공덕리의 16만 평이 넘는 땅에 설립되었다. 법문학부와 의학부가 있는 대학 본부와 멀리 떨어져 있어서 경춘선이 이공학부 앞으로 돌아서 가도록 배려했다. 1937년 가을부터 학교 건축을 시작했고, 1939년 여름에는 경춘선이 완공되었다. 중일전쟁으로 원자재 배급이 잘 이루어지지 않고 예산도 부족해 건축 공사에 어려움이 많았는데 철제 보급이 안 돼서 공사가 중단되는 사태까지 일어났다. 1938년 4월에 입학한 경성제국대학 예과 15회부터는 종전의 네 학급을 다섯 학급으로 늘려 모집했다. 이공학부 설치에 대비해 이과를 늘린 것이다.[45] 그런데 예과 이과생들이 이공학부로 진학할 때까지 학교 건물이 제대로 들어서지 못하고 있었다.[46] 결국 이공학부는 1941년 4월에야 문을 열었다.

조선총독부는 이공학부 설치를 준비하면서 1939년 무렵부터 경성제국대학 교수 인사에 전면 개입하기 시작했다. 먼저, 자유주의 성향으로 유명했던 철학과 교수 아베 요시시게(安倍能成)의 글을 문제 삼아 대학에 징계를 요구했다. 그의 해임을 계기로 교수진 사이에 자유주의 학풍을 몰아내고 통제를 강화하고자 했다.[47] 1940년 7월에는 하야미 총장까지 경질되고 말았다.

조선총독부는 경성제국대학을 황국신민을 키우고 단련시키는 기관으로 재편해갔다.[48] 특히 1934년에 제정한 '대학규정'을 1940년에 개정하면서 이제까지 없던 대학의 목적을 추가했다.

> 제1조 대학은 국가가 필요로 하는 학술의 이론 및 응용을 교수하고 또 그 온오를 공구하며, 특히 황국의 도에 근거하여 국가사상의 함양 및 인격의 도야에 유의함으로써 국가의 주석이 됨에 충분한 충량유위(忠良有爲)의 황국신민을 양성하는 데 힘쓰는 것으로 한다.[49]

이를 통해 대학 역시 전쟁 수행에 충실한 하위 기구로서 충량한 황국신민의 양성을 목표로 한다는 것을 분명히 밝혔다. 제국대학이 총동원을 위한 전쟁 도구로 전락하고 만 것이다.

조선총독부는 기존 학회에도 전쟁 도구로서 역할을 부여했다. 1938년에 만몽문화연구회를 확대·개편하면서 발족한 대륙문화연구회는 일본의 대륙 침략을 뒷받침하는 '내륙문화전쟁의 첨병'으로 나섰다. 대륙문화연구회는 점령 지역에 대한 학술 조사연구를 수행하고 이를 강연회와 전람회를 통해 조선 사회에 보급해 "성전(聖戰)의 목적을 달성"하는 데 앞장섰다. 특히 대규모 학술조사단을 만주와 몽골, 그리고 중국 북부에 파견해 1939년부터 1942년까지 《대륙문화연구회 보고서》를 발간했다. 1939년 9월부터 11월 중순까지는 매주 세 차례 대륙문화 강좌를 개설해 대중강연에 나섰다.[50]

1940년에 조선총독부는 미국과 전쟁을 벌이기 전이었음에도 입학시험에서 영어를 배제한다고 발표했다. 대학 예과를 포함한 전문학교 이상의 기관에서 영어시험을 전면 폐지한 것이다. 입시 부담을 줄이고, 지육(智育)에 치우친 교육 환경을 개선하며, 체육과 훈육을 강조하기 위함이라는 이유를 내세웠다. 또한 영어를 통해 불온사상이 들어오는 것을 막고 국체명징(國體明徵)을 달성하기 위함이라고 밝혔다. 입학시험에서 적국의 언어라며 영어를 폐지한 것은 제국대학 중에서 오직 경성제국대학뿐이었다.

중일전쟁이 확대되면서 경성제국대학은 점점 전쟁의 소용돌이 속으로 빠져들어갔다. 1941년 10월 16일, 일본 정부는 '수업 연한과 관련한 임시단축령'을 공포했다. 이해에 경성제국대학은 두 번의 졸업식을 치렀다. 법문학부 13회와 의학부 12회는 3월에 졸업했다. 법문학부 14회와 의학부 13회는 수업 연한을 3개월 앞당겨 12월에 졸업했다. 1942년부터는 6개월을 단축해 9월에 졸업생을 배출했다. 1942년 9월부터는 예과에서도 6개월 단축을 실시했고, 1943년부터는 대학을 2년제로 줄였다.[51] 1944년 3월에는 예과에서 문과를 축소하고 이과를 늘리는 개편이 이루어졌다. 이로써 문과 정원은 80명에서 60명으로 줄었고, 이과 갑을은 각각 80명에서 120

명으로 늘었다.[52]

정상적인 대학 생활이 불가능해지면서 경성제국대학 학생들도 차츰 전쟁의 도구가 되어갔다. 먼저, 친목 성격의 학우회가 1941년 '충량유위한 황국신민을 연성(鍊成)'하는 국민총력경성제국대학연맹으로 재편되었다. 연맹 규약에 따르면, 대학연맹은 '국가유위(國家有爲)의 지도적 인격을 연성'하는 것을 목표로 했다. 구체적으로는 중앙집권식 통제를 통해 교육, 연구, 문화 활동에 대한 집단 감독을 강화했다. 학부에서는 학생 10명과 지도 교관 1명이 하나의 조를 구성했다. 학생 활동은 문화 사업과 단련 사업으로 나뉘었다. 학생들은 문화 사업에 속하는 대륙연구부, 사회조사부, 위생조사부, 방공조사부, 수양부, 문예부, 음악부, 연극·영화부와 단련 사업에 속하는 무도부, 국방훈련부, 연기부, 체육부 가운데 반드시 하나에 속해 책임 교원의 지도를 받아야 했다. 그해 10월에는 학생총력대가 결성되었다. 12월에는 조선총독부가 '국민근로보국령'을 공포했는데, 이에 따르면 유사시에 학생을 강제로 동원할 수 있었다.

경성제국대학 학생들도 학병제를 피할 길은 없었다. 1943년 9월 법문학부 16회, 의학부 15회 졸업식에서 고이소 구니아키(小磯國昭) 총독은 조선인 학생에게도 군대에 지원할 수 있는 영광을 부여한다고 말했다. 당국의 주선으로 산업전선에서 일하고 있는 경우는 제외한다는 단서도 달았다. 실제로 의학부 학생들은 전시 수혈을 위해 각급 학교와 직장을 돌며 혈액형 검사에 나서고 있었다. 이공학부 학생들은 기계공작소 등에 배치되었다. 학병이라는 회오리바람에 가장 큰 타격을 입은 것은 법문학부였다. 교수들은 조선인 학생을 개인적으로 불러 설득했다. 일본인 학생들은 10월 25일에 징병검사를 받고 12월 1일에 모두 입대했다. 1943년 11월 5일 일본인 학생들의 출정식이 열렸을 때, 총장 대리인 야마야 신지(山家信次)는 격려사에서 조선인 학생들에게 지원을 압박했다.

저는 이 기회에 특히 조선인 학도에게 한마디 하고 싶습니다. 이번에 육군 특별 지원의 제도가 공포, 실시된 우리 학교에서도 벌써 오늘까지 8명의 지원자를 접수하였습니다. 하지만 이 숫자는 전체 수나 비율에서도 극히 적습니다. 지원 마감일까지는 상당한 기간이 남아 있기 때문에 더 속속 자청하실 것으로 생각합니다. 무릇 이 지원병제도는 말할 나위도 없이 적령을 넘은 대학전문학교 학도에게만 열린 특권이며, 황국신민으로 대우하시는 내선일체에 의한 (천황 폐하의) 마음의 현현입니다. …… 이 세계사 창조의 일대 시련의 시기에 직면하여 국가의 위급을 냉안시하며 전혀 보국 최고의 길로 급히 달려가지 않고 학내에 남으려고 하는 자는 무슨 면목으로 여러 선생님이나 동료를 만나려고 하겠습니까. 조선을 사랑하고 조선인의 전도, 번영을 생각한다면 제군이여 먼저 스스로 지원병이 되십시오. 저희들은 제군을 위해 또한 조선을 위해 이것을 충심으로 간절히 희망합니다. 저는 간절히 희망하는 것이지 절대 강요하지 않습니다. …… 반도인 학생 제군, 제군이 오늘까지 받은 교육에 의해 반도가 나아가야 할 길은 반도인이 황국신민으로 육성되고 도의의 조선을 확립하고 (천황 폐하의) 마음 밑에 일본인으로서 살아야 하는 것입니다.[53]

학병 지원 마감일이 지나자 경찰은 지원하지 않은 학생들을 쫓기 시작했다.[54]

전쟁 말기에도 수업을 계속한 곳은 이공학부였다. 조선총독부는 1943년에 '교육에 관한 비상조치령'을 내려 전쟁 수행에 도움이 되는 이공계의 전문교육을 강화하고 이들에게만 징집 면제 혜택을 주었다. 3년 수업 분량을 최소한 1년 반 내지 2년 만에 끝내고 무기나 화학 관련 공장에 나가거나 대학 연구실에서 전쟁 관련 연구를 계속하도록 했다. 하지만 1944년에는 이공학부 학생들의 근로 동원이 확대되었다. 기계공학과 학생들은 소총을 만드는 부평의 조병창이나 배를 만드는 진해의 해군 공창에 보내졌다.

전기공학과 학생들은 진남포와 성진에 있는 공장에 들어가 고주파 연구에 참여했다. 레이더 장치를 개발해 공습에 대처하기 위해서였다.

경성제국대학 예과 학생들은 주 5일간 오전에는 수업을, 오후에는 실습을 진행했고, 나머지 이틀 동안 군사훈련과 근로봉사에 동원되었다. 예과생들은 김포비행장 닦는 일에 동원되었다. 1945년 신학기부터는 예과 2학년 전원이 함흥에 있는 각 공장에 나누어 배치되었고 1학년만 학교에 남았다. 2학년이 되면 공장으로 근로봉사를 나가야 했기 때문에 1학년은 2년 수업을 1년 만에 마치는 강행군을 치렀다. 여름방학에는 학교 방공호를 정리하는 작업에 투입되었다.

일본이 중일전쟁과 아시아-태평양전쟁을 일으키면서 경성제국대학의 '모든 것'은 전쟁을 위해 재배치되었다. 학문, 교육, 제도, 문화 모두 전쟁을 위해서만 존재할 뿐이었다.

환영받지 못한 타자

경성제국대학은 식민지 조선 안에 둥지를 튼 제국대학이었지만 조선인에게 환영받지 못한 존재였다. 조선인은 물론 조선에 사는 일본인의 의견조차 무시한 채 일방적으로 설립된 경성제국대학은 '낙하산 대학'이라는 비판을 들어야 했다. 첫 예과 입학시험부터 도마 위에 올랐다. 1924년 예과 입시에서 일본인 합격자가 조선인의 세 배에 달하자 누구를 위한 대학이냐는 비판이 일었다. 또한 조선총독부가 경찰을 동원해 예과 시험에 응시한 조선인 학생의 신분 조사를 했다는 사실이 알려지자 조선인들은 더욱 분노했다. 당시 경찰은 수험생 본인과 가정의 사상 경향, 3·1운동 관계 유무, 재산 및 행동 등을 조사했다.[55] 1926년 6·10만세운동 이후 치러진 예과 시험에서는 당시 사건과 관련된 사립 중등학교 출신 학생들이 한꺼번에 탈락해 사회문제가 되기도 했다.[56] 경성제국대학 예과는 이후에도 합격자를 민족별로 배정하거나 지원자 신분을 조사하는 일을 계속했다. 광주학생운동이 제일 먼저 일어난 광주고등보통학교 졸업생들은 1927년부터 1929년까지 7명의 합격자를 냈다. 하지만 광주학생운동이 일어난 직후인 1930년부터 1933년까지는 4년간 단 한 명도 합격하지 못했다.[57]

조선인 지식인의 여론도 경성제국대학에 비판적이었다. 그들은 조선에 대학을 세울 필요는 있지만 조선총독부가 일방적으로 주도하는 대학이 제대로 된 면모를 갖추기는 어렵다고 생각했다. 조선 땅에서 조선인 청년을 가르치는 대학이라면 마땅히 조선 사회의 발전 방향을 제시하는 나침반 역할을 해야 하며, 이를 위해서는 배움의 독립과 연구의 자유가 필요하나, 관립대학에서는 그것을 기대하기 어렵다고 판단했다. 경성제국대학 예과 입학식에 다녀온 《개벽》 기자는 당시의 소회를 이렇게 적었다.

나는 문간을 들어가면서부터 이상스러운 느낌을 가지게 되었다. 말하면 반갑고 즐겁다는 것보다 가엽고 애닯다는 말할 수 없는 비애를 가지게 되었다. 그 이유는 한마디로 말하면 '이것도 우리의 것이 아니다' 하는 데 지나지 아니한다. 당국자의 말을 들으면 예과와 법문부 및 의학부만을 완성하는 데도 임시비만 500만 원가량 들겠고 경상비는 해마다 4, 50만 원가량이 되겠다고 한다. 이 많은 경비를 우리가 짜서 내는 세금 중에 지출하는 것은 말할 것도 없는 것이다. 그런데 그 학교에서 가르치는 사람과 배우는 사람은 누구들이냐 하고 보면 교수 중에는 물론 조선 사람이 한 사람도 없고, 학생 중에는 문과·이과를 통하여 도합 168명 중 조선 사람은 겨우 44명밖에 없다. 나는 이것을 들어가는 문 입구에서 사무원의 손으로 주는 그 학교 일람 비슷한 인쇄물 가운데서 볼 때에 말할 수 없는 느낌이 전광같이 머리로 지나가는 것을 느꼈다. 그뿐만 아니라 그곳에 초대를 받아 온 사람들도 거의 전부가 남이오, 조선 사람은 그것이나마 제정신을 가진 사람은 몇 사람이 아니 되고, 그나마는 모두 다 왜장대 앞에 가서 허리를 굽히는 자들이었다. 그러니까 우리는 그저 남의 세상에 돈만 내는가 하였다.[58]

이처럼 경성제국대학이 조선인의 세금으로 운영되면서도 일본인이 조선인보다 두 배 넘게 입학하는 현실은 조선인 지식인에게 비판의 대상이 되었다. 조선인 본위의 교육을 하지 않는 경성제국대학에 대해 윤치호는 '조선인들의 기대를 만족시킬 것이라 믿기 어려우며, 실제로 예과의 차별적 기제가 확인된 이상 차라리 대학보다 보통학교를 더 세우는 편이 낫다'라고 힐난하기도 했다.[59]

경성제국대학을 다니는 학생 역시 학교가 활기를 잃어가는 이유를 이렇게 고백했다.

대학의 창립이 지방민의 열의에 의해 생겨난 것이 아니라 하늘에서 떨어진 대학이라는 사실 때문인지, 시민들과의 조화를 결여하고 있으며 점점 더 명랑함도 잃어간다.[60]

경성제국대학을 다니는 상당수 조선인 학생은 물론이고 일부 일본인 학생조차 '지배계급의 원병 양성소', '식민지적 노예교육기관', '반동적 본질을 가진 학교'라고 비판했다. '경성제국대학은 조선이라는 땅에 세워졌으나, 조선인을 교육하기 위한 기관이 아니다.' 이것이 경성제국대학에 대한 조선인의 보편적 생각이었다. 경성제국대학은 조선 안의 '타자'였고, 조선총독부는 타율의 식민권력이었다. 경성제국대학은 식민지 대학이라는 사명을 가진 일본 제국대학일 뿐이었다.[61]

일본의 패전과 8·15해방으로 경성제국대학에서 일본인들이 썰물처럼 빠져나갔다. 교수들은 의학부 1명을 제외하고는 모두 일본인이었으니, 사실상 전부 사라진 셈이었다. 전체 학생의 3분의 2를 차지했던 일본인 학생도 떠났다. 남은 것은 한국인 학생과 캠퍼스, 그리고 식민권력의 타율적 통제에 따라 대학을 운영한 '경험'이었다. 식민권력이 고등교육기관 위에 군림하면서 세부 사항까지 조율하고 통제하던 식민지 제국대학의 관학적 '전통'이 뿌리 깊이 남겨졌다.[62]

해방이 되자 누군가 정문에 태극기를 게양하고 경성제국대학 현판의 '제국'이란 두 글자 위에 흰 종이를 붙였다. '경성대학'이 된 것이다. 그런데 38도선을 갈라 남한에 진주하게 된 미군은 도착하기도 전인 8월 29일에 국민학교 이외의 모든 학교를 일단 폐쇄하라고 명령했다. 폐쇄 조치가 철회되고 학교들이 다시 문을 연 것은 10월 1일 이후였다. 미군정의 크로프츠(A. Crofts) 소좌가 경성제국대학 학장을 맡았다. 그리고 10월 16일에 경성제국대학의 이름을 '서울대학'으로 바꾸었다.[63]

1946년 서울대학은 국립 종합대학인 서울대학교로 탈바꿈했다. 본래 미군정은 서울대학을 중심으로 학부를 늘리는 종합대학안을 마련했다. 하지만 '서울대학과 서울 부근에 있는 관립 전문학교를 합쳐 새 이념과 새 구상 아래 학계를 대표할 만한 거대한 종합대학교를 신설'하는 쪽으로 방향을 바꾸었다. 서울대학과 전문학교의 반발이 거세지자 미군정 문교부는 다음과 같은 논리를 내세웠다.

일본 식민통치의 유물인 기존의 고등교육기관을 그대로 존속시켜야 한다는 생각을 갖고 있지 않다. 경성제국대학 등 기존의 고등교육기관은 일제 시기에 일본이 우리나라를 예속화하기 위해 펼친 식민지정책의 잔재로서 우리 민족을 위한 교육기관이 아니었다. 또한 식민 당국이 일관한 교육적 계획도 없이 조선의 진정한 복리를 무시하고 그때그때의 형편과 사정에 따라 만들어낸 잡다한 결과

물에 불과할 뿐이다. 그러한 조선총독부의 고등교육정책에는 무용한 중복과 경쟁이 있어 국가의 재정을 낭비한 흔적이 심하다. 나아가 독립적인 고등교육기관들은 각기 소왕국을 형성하고 군웅할거하면서 피차간에 아무런 연락도 협조도 없었다.[64]

문교부는 일본의 군국주의 색채가 강하게 남아 있는 제국대학과 '단절'하고 새롭게 종합대학을 꾸려나가겠다는 의지를 밝혔다. 하지만 그것은 결코 타율의 굴레에서 벗어난 자율과 자치에 기반을 둔 대학의 탄생이 아니었다. 오히려 미군정이라는 새로운 '타자'가 주도하는 미국식 대학교육으로 전환되는 신호였다.

경성제국대학 밖, 조선인을 위한 고등교육

일제 시기 식민지 조선에는 사립대학이 없었다. 이 사실만으로도 식민지의 고등교육이 갖는 차별성은 분명히 드러난다. 조선인에게 운영이 허용된 고등교육은 사립 전문학교였다. 유진오는 경성제국대학 제1회 예과에 수석으로 입학했고 이후 법문 학부를 수석 졸업했다. 법학자가 되고자 했으나, 경성제국대학에서 교수 자리를 얻기란 애초 불가능했다. 그에게 교수라는 안정된 직업을 마련해준 곳은 보성전문학교였다. 이처럼 경성제국대학 밖에서 조선인들은 사립대학이 아닌 사립 전문학교라는 차별적 지위를 견디면서 조선인을 위한 고등교육을 실시했다.

대학에 대한 조선인의 갈망은 민립대학설립운동만이 아니라 경성제국대학 설립에 대한 높은 관심으로 이어졌다. 조선총독부가 1920년 12월 임시교육조사위원회를 설치했을 때, 조선인 교육가를 비롯한 지역 유지와 지식인들은 비상한 관심을 보였다. 임시교육조사위원회에 건의안을 제출하기 위한 움직임도 일어났다. 당시 각지에서 올라온 의견을 정리한 뒤 조종구 외 발기인 112명과 서명자 1,706명의 농의를 얻어낸 건의안이 '교육개선회'라는 이름으로 임시교육조사위원회에 제출되었다.[65] 이 가운데 고등교육에 관한 내용을 살펴보면, 전문교육과 대학교육 두 계열로 나누고 대학교육에 단과대학과 종합대학 제도를 함께 도입하자고 건의하고 있다. 부산에서는 1921년 4월 24일, 25일 이틀간 유지 100여 명이 모여 교육제도개선기성회를 조직해 건의안을 작성한 뒤 임시교육조사위원회에 제출했다. 여기서도 고등교육과 관련해서는 전문교육과 대학교육 두 계열로 나누고, 대학교육은 단과대학과 종합대학 제도를 함께 운영하자고 주문했다.[66] 하지만 조선총독부는 단과대학은 세우지 않고 종합대학인 경성제국대학 하나만 세웠다. 그리고 조선인에게는 전문학교 설립만을 허용했다.

그런데 1910년을 전후한 시기에 이미 대학 수준의 교육을 하며 대학 설립을 지향했던 학교들이 있었다. 보성학교, 연희전문학교, 세브란스연합의학교, 그리고 이화학당 대학과, 평양의 숭실학당 대학부 등이 그것이다. 기독교계 학교인 숭실학당은 1905년에 대학부를 두고 대학 과정 교육을 시작했다. 같은 해 8월에 장로교 선교 본부로부터 숭실학당 내 대학부 설치에 관한 허가를 받았고, 이듬해에는 감리교 선교회까지 대학부 경영에 참여하면서 '평양예수교대학교(Pyeng Yang Union Christian College)'로 출범했다.[67] 초기 대학부는 2년 또는 3년 과정이었고, 1908년부터 4년제 졸업생을 배출했다. 이화학당은 1910년 4월에 대학과를 신설하고, 'The Ewha Women's College'라는 영어 명칭을 사용했다. 학교 운영은 미국 남북감리교 선교회와 캐나다 연합교회가 함께 맡았고, 1914년 3월에 제1회 졸업생을 배출했다. 보성학교는 1910년에 상과를 증설하고 보성대학으로 명칭을 변경하려 했으나 학부가 이를 허락하지 않았다.

1911년에는 서울에서 장로교와 감리교 선교회가 연합해 연합기독교대학을 운영하자는 논의가 생겨났다. 1912년 4월에 연합대학이 감리교 학교인 배재학당 안에 설치되었다. 이때 장로교계 학교인 경신학교 교장으로 있던 언더우드가 뉴욕 대학에서 법학박사 학위를 받고 대학 설립을 위해 모금한 5만 2,000달러를 가지고 돌아왔다. 그러자 장로교는 연합대학을 배재대학이라 부르는 것에 반발하며 철수했다. 1914년에 다시 연합기독교대학 설립이 추진되고, 이듬해에 종로 기독교청년회에 문과·상과·이과·농과를 둔 경신학교 대학부(Chosen Christian College)가 설립되었다.

이러한 고등교육에 대한 조선인의 열망을 조선총독부는 대학이 아닌 전문학교로 무마하고자 했다. 당시 일본에서도 전문학교는 대학보다 낮은 단계의 고등교육기관이었다. 1918년에 '대학령'이 나올 때까지 사립 고등교육기관은 관학의 그늘 밑에서 자율적인 발전을 억압당했다.[68] 조선총독부는 애초 조선인에게는 고등교육의 기회를 제공하지 않으려 했던 방침을 바꾸어 관립 전문학교를 세우면서 사립 전문학교 설립도 허용했다. 그리고 식민권력, 즉 관권으로 학교 운영을 통제했다.

학교의 관리에 대하여 우리는 이중 삼중의 관리를 받았다. 학교 운영은 1차적으로 이사회의 결의에 의해서 진행되지만 그 이사회에 이사를 파송한 교회도 직접, 간접으로 영향을 주었다. 그보다 총독부 관리의 영향력이 더 컸다. 법인 이사회에서는 학교 당국과 이사 간 의견 차이는 양해와 협조로 해결하나 관청과 학교 당국은 일치를 보기 어려웠다. 민족부흥정책 대 민족말살정책의 대결이었다.[69]

1910년대에 선교사들이 주도한 기독교계 대학설립운동은 결국 사립 전문학교 설립으로 귀결되었다. 먼저, 경신학교 대학부가 1917년에 전문학교 설립 인가를 받아 '연희전문학교'라는 이름으로 문을 열었다. 연희전문학교는 문과, 상과, 농과, 신학과, 수학·물리학과, 응용화학과 등 여섯 개 학과 체제로 출발했다. 입학 정원은 문과 20명, 신학과 20명, 농과 20녕, 상과 30명, 수학·물리학과 20명, 응용화학과 10명 등 총 120명이었다. 수업 연한은 문과, 수학·물리학과, 신학과가 4년이었고, 농과, 상과, 응용화학과는 3년이었다. 그런데 신학과와 응용화학과는 실제로 개설되지 않았다. 1922년에는 농과와 응용화학과가 폐지되었다.

1909년 미국 북장로교 해외 선교부가 설립하고 1913년부터 남북장로회, 남북감리회, 캐나다 장로회, 호주 장로회 등의 선교부가 연합해 운영한 세브란스연합의학교도 사립 전문학교가 허용된 직후부터 승격 작업을 시작해 1917년에 세브란스연합의학전문학교가 되었다. 학생 정원은 80명, 수업 연한은 4년이었다.

그런데 1918년에 공포된 '대학령'에 따라 종전까지 제국대학 이외에는 대학으로 인정하지 않던 방침이 바뀌어 사립대학 설립이 가능해졌다. 이는 조선총독부가 '조선교육령'만 개정하면 식민지 조선에도 사립대학이 들어설 수 있다는 걸 의미했다. 이 흐름에 발 빠르게 대응한 곳이 에비슨(O. R. Avison)이 교장으로 있던 세브란스연합의학전문학교였다. 에비슨은 1921년 7월 조선총독부에 치과의학교 설립을 청원했다. 하지만 조선총독부 입장에서는 사립대학 설립을 인정하기가 어려웠다. 에비슨은 연희전문학교 교장도 겸임하고 있었는데, 여차하면 연희전문학교와 세브란스연합의학전문학교를 통합해 기독교 종합대학이 탄생할 수도 있었다.

하지만 사립대학 설립을 꺼렸던 일본 정부의 입장대로 식민지 조선에는 해방될 때까지 사립대학이 들어서지 못했다. 조선인이 찾은 차선책은 사립 전문학교의 설립이었다. 1922년에 서울에서 보성전문학교가 문을 열었다. 1925년에는 평양에 숭실전문학교가, 서울에는 이화여자전문학교가 설립되었다.[70] 사립 전문학교 대부분은 입학 대상을 조선인으로 제한했다. 이들 사립 전문학교는 이름은 전문학교였으나 대학교육을 지향했고, 대학 수준의 교육이 이루어졌다.

1932년에 김성수가 재단을 인수하면서 보성전문학교는 면모를 새롭게 했다. 먼저, 안암동 일대에 6만 2,000평의 땅을 마련해 고딕 양식의 3층 석조건물로 본관을 준공했다. 특히 법과를 중심으로 실용적인 수준을 넘어 학문으로서 법학을 배울 수 있도록 교과과정을 확장하고 교수진을 늘렸다. 1932년 교장에 취임한 김성수는 유진오를 비롯한 김광진, 오천석, 최용달, 안호상, 현상윤, 박극채 등 전도유망한 학자들을 한꺼번에 교수로 채용했다. 이듬해에는 30주년 기념사업으로 도서관과 대강당, 체육관을 건설하기 위해 모금운동에 들어갔다. 그 취지서를 보면 보성전문학교는 종합대학의 면모를 갖출 계획을 갖고 있었다.

이제부터의 사회가 요구하는 인재를 양성하는 민간의 최고 학부로서의 보성전문학교를 생각해볼 때, 현재의 보성전문학교의 시설로는 불충분한 감이 있음과 동시에 일반 동포도 큰 책임을 자각하지 않으면 안 됩니다. 그러기 위해서는 우선 이 학교에 첫째로는 도서관, 대강당, 체육관 등의 필요한 시설을 구비하는 것이며, 둘째로는 이 학교를 현재의 법과, 상과 이외에 문과, 이과, 의과, 농과 등의 제 과를 포함하는 종합대학으로 향상시켜 명실공히 조선 문화의 원천으로 되는 조선 인재의 연총(淵叢)을 이루는 것이라 할 수 있습니다. …… 이 학교의 오늘날까지의 역사는 결코 몇 사람의 경영자의 힘만으로 이루어진 것이 아니라, 실로 다수 인사의 협력과 일반 사회의 성원에 의해 성취되었던 것입니다. 보성전문학교는 명실공히 한두 개인의 것이 아니라, 진실로 전 조선의 것이라 하지 않을 수 없습니다.[71]

실제로 보성전문학교는 1941년에 법학부와 상학부에 농학부를 더하여 종합대학을 설립할 계획을 세우기도 했다.

연희전문학교는 문과와 상과를 중심으로 충실한 교수진을 갖추어나갔다. 특히 국학 연구와 조선 경제 연구에 힘썼다. 연희전문학교 교수를 지낸 백낙준은 당시 교수진이 민족주의 성향을 갖고 있었다고 회고했다.

국내에서 교육받은 이와 일본이나 구미 각국에서 유학하고 돌아온 분들이었다. 이분들은 그 교육 배경은 각기 달랐으나 한 가지 뚜렷한 공통점이 있었다. 모두가 다 독립국가의 국민으로서 구국운동에 직접, 간접으로 관계하였다가 일제의 한일합병으로 나라를 잃고 구국전선에서 후퇴한 애국자들이요, 학자들이었다. 이들은 각기 그 가르치는 과목은 달랐으나 그들이 지녔던 사상은 자연히 잃어버린 국가의 독립을 회복하고 빼앗긴 민족의 자유를 되찾으려는 한 가지 집념뿐이었다. …… 이분들의 교육적 배경은 달랐으나 모두들 교육을 자기들의 생활 수단으로 생각하지 아니하고, 교육을 통하여 민족의 실력을 길러 국권 회복의 기초를 쌓으려고 하였던 것이다. 한국인 교수들 중에는 학교에 재직하여 있으면서도 기회가 허락되는 대로 혹은 기회를 애써 만들어가면서 사회문제와 민족운동에 직접, 간접으로 참여하기도 하였다.[72]

이화여자전문학교는 1930년 신촌에 7만 평의 땅을 새로 마련하고 선교사와 기독교회의 기부금으로 학교 건물을 신축한 뒤 1935년 정동에서 옮겨왔다.[73]

1930년대 들어와서는 사립 전문학교를 통합해 종합민립대학을 창립하자는 제안이 등장했다. 전문학교마다 방문해 대학 설립 구상을 살펴본 기획 기사가 언론에 실리기도 했다. 경성제국대학을 중심으로 한 관학파에 대항해 전문학교를 중심으로 사학파가 등장하는 것 아니냐는 지적이 나

오기도 했다. 전문학교들이 속속 새로 들어섰기 때문이다. 불교전수학교
는 1930년에 전문학교로 승격해 중앙불교전문학교가 되었다. 중앙불교전
문학교는 주로 불교학과 동양 문학에 관한 교육을 했다. 그런데 불교 교단
과 갈등을 겪고 학교 운영이 파행으로 치닫자, 1940년에 6월에 조선총독
부의 압력으로 혜화전문학교로 개편되었다. 1938년에는 숙명여자전문학
교가 개교했다. 경학원을 모태로 하여 유교교육을 했던 명륜전문학교 역시
1942년에 전문학교로 승격했다. 하지만 조선인을 위한 고등교육은 일본인
에게 주어진 기회에 비하면 턱없이 부족했다. 백낙준은 1933년 당시 "관립
전문학교가 5교요, 사립 전문학교가 8교이다. 생도 수는 조선인이 1,534명
이요, 일본인이 1,923명이니 조선인은 1만 2,322명에 1명씩 고등교육을 받
고, 일본인은 275명에 1명씩 고등교육을 받는다"라고 지적했다.[74]

　1937년 중일전쟁 이후 전개된 일본의 침략전쟁은 식민지 고등교육의
말단에 위치한 사립 전문학교에 혹독한 시련을 안겼다. 먼저, 창씨개명을
거부했던 숭실전문학교로 인한 파문은 1938년 장로교가 경영하던 18개
학교가 문을 닫는 사태로 확대되었다. 또한 식민권력은 문과계 사립 전문
학교를 이과계로 전환하라고 강요했다. 이 조치로 1943년 12월에 이화여
자전문학교는 '이화여자전문학교 여자청년연성소 지도자양성과'라는 긴
이름으로, 연희전문학교는 1944년에 경성공업경영전문학교로, 보성전문
학교는 법과와 상과를 없애고 경성척식경제전문학교로 개편되었다.[75] 그
리고 일본인 관리가 직접 학교를 운영했다. 이화여자전문학교에는 김활란
교장이 있었지만 조선총독부 시학관인 곤도 히데오(近藤英男)가 사실상 학
교를 운영했다.[76] 이처럼 문과를 줄이고 이공계를 늘리기 위해 사립 전문
학교에 공업전문학교를 설치하는 일은 일본에서도 일어났다. 이를 두고 당
시 '일본 대학교육은 사실상 기능이 정지되었다'고 평가하기도 한다.[77]

　식민지 조선에서 사립 전문학교는 경성제국대학 밖에서 조선인을 위한

고등교육을 담당했다. 식민지 타이완에는 타이완인만을 교육하는 사립 전문학교가 존재하지 않았다고 한다. 일제 시기 사립 전문학교 운영자와 교수진은 해방 후 미군정 아래에서 대학 재건과 개조를 위한 징책 수립과 실행에 참여했다. 경성제국대학이 서울대학으로 바뀌고 이후 서울대학교라는 국립 종합대학이 탄생하는 데도 큰 역할을 했다. 이처럼 사학 출신들이 관학을 재건하고 개조하는 일에 참여할 수 있었던 것은, 미군정이 대부분 미국 유학과 기독교를 배경으로 삼고 있는 그들을 교육정책의 동반자로 선택했기 때문이다. 식민권력 '밖'에서 고등교육을 이끌었던 이들이 이제는 미군정 아래에서 고등교육의 재건과 개조에 참여하며 권력의 일원이 되어갔다.

2장

/

대학 재건과 개조의 권력, 미국

미군정, 미국식 대학 모델을 심다

1945년 9월 8일에 들어선 미군정은 9월 28일 중등 이상 학교의 수업 재개를 허용했다. 그날로 세브란스의학전문학교가 바로 문을 열었다. 미군정은 관공립 고등교육기관에 10월 1일에 당장 수업을 시작하라고 지시했으나, 관공립에서 사립까지 대부분의 대학과 전문학교가 수업을 다시 시작하는 데는 6개월 이상이 걸렸다.[1]

미군정은 수업을 시작하면서 일제 시기 교육과정을 참조하라고 관공립 고등교육기관에 지시했다. 또한 과거 일본에 협력했거나 군사 점령에 적극 반대한 교원을 교체하도록 했다. 단, 안보 때문이라면 일본인과 그에 협력한 한국인을 일시적으로 고용해도 좋다는 유보 조항을 달았다. 종전 고등교육의 골격을 유지하는 선에서 일단 학업을 다시 시작하겠다는 방침은 식민 잔재 청산이라는 시대적 대의보다 현상 유지를 중요하게 여겼던 미군정의 정책 기조에 따른 것이었다.

곧이어 미군정은 학무국 담당 장교인 로카드(E. N. Lockard) 대위를 중심으로 교원 임명에 들어갔다. 교원 인사에는 조선교육위원회가 영향력을 행사했다. 학무국 자문기구로 설치된 조선교육위원회 위원으로는 김성달, 김성수, 김활란, 백낙준, 유억겸, 윤일선, 정인보, 조백현, 최규동, 현상윤 등이 활동했다. 이들 중 김성수, 현상윤(이상 보성전문학교), 김활란(이화여자전문학교), 백낙준, 유억겸(이상 연희전문학교), 윤일선(세브란스의학전문학교), 정인보(연희전문학교, 이화여자전문학교, 중앙불교전문학교) 등 7명이 일제 시기 사립 전문학교 운영자이거나 교수 출신이었다. 관립학교 교수 출신으로는 수원농림전문학교에 근무했던 조백현이 유일했다.[2]

1945년 11월에는 조선교육위원회 위원을 포함한 확대 자문기구로서 조선교육심의회가 탄생했다. 조선교육심의회에는 교육이념, 교육제도, 교육행정, 초등교육, 중등교육, 사범교육, 고등교육, 직업교육, 교과서 등 9개 분과를 설치했으나 곧 의학교육 분과가 추가되어 열 개로 늘어났다. 각 분과별로 7명 내지 10명의 위원을 두었는데, 고등교육 분과에는 김성수, 박종홍, 백남운, 유진오, 조병옥과 함께 서울대학 학장인 크로프츠 소좌, 미군정 학무국의 페처(J. G. Fechter) 소좌가 참가했다.[3]

조선교육심의회 구성을 보면 미군정 교육정책이나 교육 개편의 방향과 내용을 대략 짐작할 수 있다. 조선교육심의회 한국인 위원 62명 가운데 외국 유학 출신은 46명이었다. 이 가운데 15명이 미국 유학 출신이었다. 우파 정당인 한민당 관련자는 20명이었고, 기독교인은 23명이었다. 특히 조선교육심의회를 주도한 핵심 인사 대부분은 미국 유학-기독교-한민당의 경력을 갖고 있었다. 또한 위원들 역시 대부분 친미-반공-보수 성향의 인사들이었다. 좌파로는 백남운이 유일했다. 이처럼 미군정은 교육 분야에서 자신들이 지향하는 목표를 손쉽게 달성하기 위해 보수적이고 친미적인 인

사들을 선별해 활용했다.[4)]

　조선교육심의회 위원들은 교육제도의 핵심인 학제부터 미국식인 6-3-3-4제를 선호했다. 6-3-3-4의 단선형 학제는 미국에서도 대도시나 부유한 지역에서 실시하는 제도로, 중소 도시나 빈곤 지역에서는 거의 8-4-4 또는 6-6-4제를 실시하고 있었다. 경제적 여유가 없는 지역에서는 중등학교를 둘로 구분하는 것이 곤란했기 때문이다. 시설과 교사에 비용이 더 드는 6-3-3-4제는 사치스러운 제도라는 것이다.[5)] 하지만 조선교육심의회는 1945년 12월 14일에 6-3-3-4제를 확정하는 '현행 교육제도에 대한 임시 조치안'을 발표했다. 고등교육과 관련해서 임시 조치안은 전문학교와 대학 예과제도를 폐지하고 수업 연한 4년 이상의 대학만 고등교육기관으로 인정하도록 규정했다. 결국 기존 전문학교는 일정한 심사를 거쳐 4년제 대학으로 승격하거나 아니면 폐교해야 하는 운명에 처했다. 다시 말하면 모든 전문학교가 대학으로 승격될 길이 열린 셈이다.

　조선교육심의회는 1946년 3월 7일 학무국에 최종 보고서를 제출하고 해산했다. 같은 달 29일에는 학무국이 문교부로 승격했다. 문교부는 최종 보고서를 바탕으로 구체적인 실천 방안을 마련하기 위해 조선교육심의회가 그랬던 것처럼 부문별 분과위원회를 설치했다. 1946년 4월에 제일 먼저 전문학교와 대학을 다룰 고등교육 분과위원회를 결성했다. 고등교육 분과위원회에는 김활란, 백낙준, 손정규, 신기범, 심호섭, 안동혁, 유진오, 윤일선, 이인기, 이태규, 정문기, 조백현, 조윤제, 채관석, 현상윤 등이 참가했다.[6)] 고등교육 분과위원회는 전문학교의 대학 승격과 그에 따른 경과 조치, 입시제도 등을 심의했다.[7)] 문교부는 고등교육 분과위원회의 심의를 거쳐 4월 26일에 고등교육기관 입학시험 요강을 담은 '현행 고등교육제도에 대한 임시 조치 요항'을 발표했다.

　한창 전문학교의 대학 승격에 대한 기대감이 높아지고 있던 1946년 7월

13일에 미군정은 '국립서울대학교안'(이하 국대안)을 발표했다. 핵심은 서울 대학과 서울에 있는 관립 전문학교를 전부 폐교하고, 전 학계를 대표할 만 한 종합대학교로 국립 서울대학교를 신설한다는 것이다. 미군정은 통폐합 의 명분을 일제 잔재의 청산에서 찾았다. 문교부 차장 오천석은 "민주주의 독립국가에 권위 있는 종합대학 하나 없어서야 말이 안 된다"며 국대안에 강한 집착을 보였다. 그는 국대안이 무능력하거나 좌경적인 교수를 몰아내 는 데도 유효한 안이라고 보았다.[8]

하지만 서울대 운영을 담당할 이사회 구성을 놓고 논란이 일었다. '당분 간'이라는 단서가 있었지만, 6명의 이사를 모두 미군정과 한국인 문교부장, 문교부 차장, 고등교육국장 등 관리로만 구성하려 했기 때문이다.[9] 이사회 구성 문제는 곧 국대안 반대운동의 쟁점이 되었다. 미군정이 교수회의 자 치 허용은커녕 교수의 이사회 참여까지 막아버리자, 백남운은 국대안에 반 대하며 1946년 5월 서울대 교수직을 사퇴했다.[10] 강력한 저항에 국대안이 표류하자, 미군정은 한발 물러서서 2년 임기의 한국인 이사 9명으로 이사 회를 구성하도록 법령을 개정했다. 하지만 교수의 이사회 참여는 끝내 허 용하지 않았다.

미군정이 내놓은 국대안은 미국의 주립 종합대학교를 모델로 한 것이었 다. 대학 조직에는 크게 미국형과 유럽형이 있다. 미국형은 전문직 대학과 학술대학을 합쳐 하나의 대학을 조직한다. 유럽형은 직업계와 학술계의 대 학을 각각 독립적으로 조직, 운영한다. 국대안은 학술계와 직업계의 교육 과정을 한 대학에 공존시키는 미국형 대학 모델을 따랐다.[11] 이사회를 통 한 학교 운영, 문리과대학을 중심으로 한 여러 전문대학과 대학원 구성, 교 수·부교수·조교수·전임강사의 직제 등도 미국 주립대학에서 들여온 제도 였다.

국대안에 대한 저항이 예상 밖으로 커지자 미군정은 1947년 1월 27일에 미국 대학 설립을 통해 미국인들이 원하는 방식으로 고등교육을 재편하려는 계획을 마련했다. 미국인 교수들이 미국식 건물에서 미국 주립대학의 교육과정에 따라 미국 교재를 사용해 영어로 강의하는 대학을 만들자는 안이었다. 미군정이 생각한 대학 설립안은 다음과 같다.

- 미국인 교수와 학자의 지도하에 적합한 과학 및 기술 훈련을 제공한다.
- 미국식 건물을 신축하되, 미국인 교육자들이 생활할 시설을 포함한다.
- 교과과정은 한국에 가장 부족한 분야로 하며, 미국의 많은 주립대에서 가르치는 내용이 가장 적절하다.
- 학생 수용 규모는 1,000명 정도가 적합하며, 남녀공학으로 한다. 행정 요원으로는 남학생 처장, 여학생 처장, 상담 직원, 총무처 직원, 보건소 직원을 둔다.
- 강의는 영어로 한다.
- 학부 과정 이외에 대학원 과정이나 기타 특별 과정을 고려한다.
- 대학은 반드시 미국으로부터 자금 지원을 받고 미국 교재나 시설을 활용한다. 그래야만 한국이 세계시장에 흡수되었을 때 미국 상품을 소비하는 진정한 시장의 역할을 하게 될 것이다. 미국 물건이나 교재를 사용하던 사람들은 미국 상품을 원하기 마련이다.
- 대학의 성격과 규모를 결정하기 위해 제일 먼저 과학적인 조사를 한다.
- 대학 설립 계획은 가능한 한 조기에 실행한다.[12]

미국 대학 설립안은 학부와 함께 교수 양성을 위한 대학원 설치를 고민하는 등 점차 구체화되었다. 하지만 검토 과정에서 재정 부족을 이유로 철회되었다.[13]

권력과 법령을 통해 미국식 제도를 옮겨올 수는 있었지만 이를 감당할 유능한 교수를 확보하는 것은 쉬운 일이 아니었다. 이 난감한 문제에 대해 두 가지 조치가 뒤따랐다. 먼저, 교수 재교육을 위해 미국의 전문가를 초빙해 단기간에 교육하는 방안이 마련되었다. 특상노 준비되었다. 1947년 5월 초, 문교부 고등교육국의 한국인과 미국인 관리들은 미국의 고등교육을 주제로 대학교수에게 특강을 실시할 계획을 세웠다. 1947년 5월 24일부터 매주 토요일에 서울대 강당에서 실시할 예정이었다. 특강 계획안은 다음과 같다.

- 미국 대학의 교수와 학생기구(염광섭)
- 미국 대학의 교재 사용, 도서관·연구소 설비(스트리터Robert. E. Streeter)
- 미국 대학 과정의 학생 창의성과 개인 연구 개발(아른트C. O. Arndt)
- 미국 고등교육에서의 연구 방법 및 그것과 강의와의 관계(밀러E. L. Miller)
- 미국 대학교수의 교육과 훈련(백낙준)
- 교육과 애국: 국가 건설에서의 그 역할(피셔James Fisher)
- 주한 미군정의 고등교육정책(오천석, 언더우드Horace. H. Underwood)[14]

박사 학위 소지자 가운데 한국인과 교분이 두터운 이들이 강사로 나섰지만, 미비한 준비와 참석자 부족으로 특강은 중단되고 말았다.

역시 대세는 유학이나 파견 교육을 권장하는 쪽이었다. 미군정은 1946년 초에 교육원조 계획을 마련해 교수 양성을 위해 미국 유학에 주력한다는 원칙을 세우고 인문과학계 30명, 사회과학계 30명, 자연과학계 40명 규모의 유학생 파견을 추진했다. 이 계획은 일부 축소된 채 시행되었으나, 이처럼 교수 양성을 외국 유학으로 해결하려는 풍조에 대해 유진오는 다음과 같이 통탄했다.

우선 당장 급한 교수진의 양성은 국내에서도 불가능은 아닌 것이다. 그런데 필자가 보기에는 지금 수적으로 교수 양성에는 유학생 해외 파견밖에 방도가 없는 것으로 생각하고 있는 듯하여 교수진을 우리 손으로 양성하는 데 대해서는 아무도 관심을 갖지 않는 듯하니 이것도 또한 가탄할 일이다.[15]

이처럼 미군정은 고등교육기관을 대학으로 일원화하고 미국 주립대학 방식을 따르는 국립 종합대학을 설치하면서 식민지 시기 일본식 대학을 해체해갔다. 짧은 시간에 이루어진 개조와 재편 속에서 대학의 자율과 자치가 설 자리는 없었다. 해방이 되고 바로 다음 날 경성제국대학에 결성된 자치위원회의 입지는 미군정과 충돌하면서 계속 좁아졌다. 미군정 시기 대학의 개조와 재편은 한국인이 참여한 조선교육위원회와 조선교육심의회를 거쳐 이루어졌다고는 하나, 결국은 미군정이라는 권력이 지향하는 방향으로 흘러갔다.

사립대학 인가와 국립대학 설립

미군정이 1945년 9월 28일 중등 이상 학교의 수업 재개 방침을 발표하자, 몇몇 전문학교는 수업 시작과 동시에 대학 승격을 추진했다. 미군정은 1945년 10월 21일에 전문학교의 대학 승격과 신설에 대해 보류 조치를 내리고 나중에 방침을 결정하겠다고 밝혔다. 미군정의 조치가 있었음에도 그 다음 날인 10월 22일 세브란스의학전문학교가 동창회를 열고 전원 찬성으로 대학 승격을 결의했다.[16] 대학 승격 움직임은 이화여자전문학교, 연희전문학교, 보성전문학교, 명륜전문학교 등으로 계속 번졌다. 1945년 11월에 결성된 조선교육심의회에서 대학 승격 문제에 대한 본격적인 논의가 이루어졌다.

앞에서도 살펴보았듯이 조선교육심의회는 전문학교와 예과를 폐지하고 고등교육기관을 4년제 대학으로 일원화한다는 안을 내놓았다. 또한 학위에 대한 규정을 정하고 기존 관립 전문학교의 대학 승격을 결정했다. 문교부 고등교육 분과위원회는 1946년 6월 8일에 고등교육에 관한 임시 조치를 발표해 사립 고등교육기관도 국립 고등교육기관에 대한 임시 조치에 따라 대학 승격을 준비하도록 권했다. 기존 사립 전문학교가 관공립 전문학교과 동일하게 대학으로 승격할 수 있는 길을 열어준 것이다.

일본에 자리한 GHQ(연합국군최고사령관총사령부)도 대학으로 일원화 방침을 추진했다. GHQ는 기회 균등의 원칙에 따라 고등교육의 문호를 개방하고 대학이 정부나 관료의 지배에서 벗어나도록 고등교육정책을 펼쳤다. 특히 기존 전문학교, 사범학교, 대학 등을 모두 4년제 대학으로 일원화했다.[17] 1947년에 공포한 '학교교육법' 제52조에 따르면, 대학에는 '학술의 중심으로서, 지식을 널리 익힘과 동시에, 전문 학예를 깊게 교수·연구하고 지적·도덕적 및 응용적 능력을 전개하도록 하는' 역할이 부여되었다. 또한 이제까지 문부성에서 대학 설립 기준을 정하던 방식을 고쳐 대학기준협회가 정한 기준에 따라 문부성 안에 만들어진 대학설치위원회가 심사한 뒤 가부를 결정하도록 했다. 사립대와 공립대는 1948년부터, 국립대는 1949년부터 새로운 학제에 따라 운영되었다. 특히 '하나의 부·현마다 한 개의 대학을 세운다'는 원칙에 따라 동일 지역 고등교육기관을 통합하도록 한 '국립대학설치법'을 근거로 70개의 국립대학이 세워졌다.[18] 1945년에 국립 19개, 공립 2개, 사립 28개로 총 49개였던 대학이 1949년에는 국립 70개, 공립 18개, 사립 92개 등 총 180개로 크게 증가했다. 대학 수는 계속 늘어 1953년에 국립은 72개였으나 공립은 34개, 사립은 120개로 총 226개에 달했다.

미국은 일본과 한국의 대학교육 개편에 대해 군국주의 교육에서 벗어나 민주주의 교육으로 전환한다는 의미를 부여했다. 특히 한국에서 경성제국 대학과 전문학교 체제로 운영되던 과거의 고등교육은 식민지적 차별과 교육 불평등에 기초한 것이라며 교육의 민주화, 즉 기회 균등을 전면에 내걸었다.

사립 전문학교의 대학 승격이 법적으로 가능해지자 전문학교들은 승격 인가를 받기 위한 작업에 들어갔다. 1946년 5월 무렵에만 28개의 관공립과 사립 전문학교 들이 승격 준비를 하고 있었다.[19] 사립대학 인가제도는 미국에서 1900년대 초에 대학이 난립하고 학위가 마구 수여되자 대학의 질을 유지하기 위해 마련한 제도였다. 미군정은 사립대학으로 승격하거나 설립 인가를 받는 전제 조건으로 학교들에 재단법인 설립을 요구했다. 그리고 재단 설립 허가 신청서와 대학 설립 인가 서류를 동시에 제출하도록 했다. 1946년 8월 15일에 처음으로 이화여대, 연희대, 고려대가 종합대학교로 승격했다.

당시 대학 설립에 대한 인가 여부는 대학과 미군정 당국자 간의 교분 관계와 밀접한 연관이 있었다. 연희대, 고려대, 이화여대 등의 대학 승격이 순조로웠던 것도 이런 관계에서 기인한 바가 컸다. 지방의 대학 승격과 설립 인가에서도 학무국 또는 지방 군정청과 맺은 관계가 중요했다. '교제만 잘 하면 대학 인가가 다른 나라 중학교 설립 인가보다 더 쉬웠다'는 조롱 섞인 후일담이 신문지상을 오르내릴 정도였다.[20] 하지만 인가 서류 준비와 절차가 복잡해 중앙대, 조선대, 동아대는 시설 및 서류 미비, 재단 기본금 부족 등을 이유로 여러 차례에 걸쳐 서류가 반환되는 곤욕을 치러야 했다.[21] 미군정은 뒤늦게나마 1946년 12월 3일에 대학 승격 및 신규 설립에 대한 임시 조치안을 마련해 교수 자격의 표준, 대학 명칭 문제, 재정 규모 등의 기준을 제시했다.

그런데 미군정의 사립학교 인가정책에 대해 조선총독부의 '사립학교 규칙'을 연상시킨다며 사실상 통제정책이 아니냐는 우려가 등장했다. 이에 학무국장 로카드는 "인가받지 않은 사립학교는 폐쇄한다는 발표 이후에 몇몇 한국인들은 사립학교 인가를 요구하는 정책이 민주주의적 원칙에 부합하는가에 대해 의문을 제시했다. 군정은 그러한 정책이 민주주의적이라고 믿는다. 이 정책은 기본적으로 재정이 불충분하여 적절한 교수진을 갖추지 못하고, 또 학교제도는 '모든 국민에게 봉사한다'라는 원리에 무관심한 사람들로부터 공교육기관을 보호하기 위한 것이다"라고 해명했다.[22] 실제로 사립학교 인가제도를 실시했음에도 미군정 3년 사이에 고등교육기관의 숫자는 21개에서 42개로 두 배나 늘어났다. 학생 수는 7,110명에서 2만 4,000명으로 세 배 넘게 늘었다.

미군정은 사립대학에 대해 인가제도를 실시하면서도 국립 종합대학의 설치에 힘썼다. 미군정은 국가 재정을 통해 국립 종합대학을 설립해 새로운 국가 건설에 필요한 엘리트를 국가에서 직접 양성하는 동시에 고등교육의 기회를 더욱 확대한다는 명분을 내세웠다. 국립 종합대학 설립은 미국에서 내한하기 시작한 교육조사단이나 사절단의 강력한 지지를 받았다. 한국 교육의 재편을 조언하기 위해 내한한 교육사절단은 빠짐없이 고등교육 확대와 개편의 중요성을 강조했다. 1947년 6월 미 국무성과 국방성이 공동으로 파견한 '대한 교육·정보조사단'은 고등교육이 최고의 수준을 유지할 수 있도록 전반적인 정책 개선을 요구하면서, 국내에서 확보 가능한 재원·시설·인원의 범위에서 고등교육기관을 늘려야 한다고 강조했다. 그리고 그 방안으로 국립 서울대학교 설립 계획을 지지했다.

1946년 7월 13일에 미군정이 발표한 국대안은 서울대학과 관립 전문학교의 통폐합을 토대로 한 것이었다.

- 문리과대학: 서울대학 법문학부 문과 계통 및 이공학부 이과 계통의 통합 개편
- 법과대학: 서울대학 법문학부 법과 계통 및 경성법학전문학교의 통합 개편
- 공과대학: 서울대학 이공학부 공과 계통 및 경성공업전문학교와 경성광산전문학교의 통합 개편
- 의과대학: 서울대학 의학부와 경성의학전문학교의 통합 개편
- 농과대학: 수원농림전문학교의 개편
- 상과대학: 경성경제전문학교의 개편
- 치과대학: 경성치과의학전문학교(사립)의 흡수 개편
- 사범대학: 경성사범학교 및 경성여자사범학교의 통합 개편
- 예술대학: 경성음악학교(사립)를 흡수해 음악부로 개편하고, 미술부를 신설
- 대학원 신설[23]

국대안 추진은 통폐합 대상이 된 학교의 반발을 잠재워야 하는 쉽지 않은 길이었다. 미군정은 일제 시기 고등교육이 갖고 있던 폐쇄성과 소규모 학교들이 군웅할거하면서 불필요하게 벌이던 경쟁을 없애고, 인적·물적 자원을 최대한 활용하면서 재정의 합리성도 도모할 수 있는 고등교육기관을 건설하겠다는 입장을 내놓았다.[24] 국대안 발표는 해당 학교는 물론 국민들에게도 큰 충격을 주었다. 국민들은 미군정이 학교 당국과 사전 협의나 양해 한마디 없이 일방적으로 국대안을 추진한다는 사실에 놀랐다. 그리고 엄청난 규모의 종합대학 구상에 또 한 번 놀랐다.

국대안은 발표 직후부터 거센 반대에 부딪혔고 1년 넘게 계속된 반대운동으로 표류해야만 했다. 먼저, 경성공업전문학교와 서울대학 이공학부 등이 반대 의사를 표시했다. 1946년 7월 31일에는 조선교육자협회 주도로 전국 각급 학교 교원 대표와 서울 시내 전문학교 및 학부 학생 대표가 참석해 국대안 반대 결의대회를 열고, 국립대학안 교육자공동대책위원회를

조직했다.

앞에서 언급했듯이, 쟁점은 서울대학교 이사회와 총장직을 미군정 산하 미국인 관료들이 장악한 데 있었다. '민선 이사회가 조직될 때까지 군정 기간의 잠정적 조치로 미군과 한국인의 문교부장, 문교부 차장, 고등교육국장 등 6명으로 구성된 임기 6년제의 임시 이사회를 두며 그 아래에 총장, 부총장, 사무국을 둔다'는 규정에 따르면, 6명 모두 미 군정청 문교부 산하 관료이고 그중 3명이 미국인이었다. 초대 총장에도 미국인 앤스테드(Harry B. Ansted)가 임명되었다. 이탈리아계 해군 중위였던 앤스테드는 법학박사 학위 소지자라는 이유 하나만으로 서울대학 총장으로 임명되었다. 게다가 총장을 이사회 아래에 둔다는 조항은 '이사회가 학교를 장악하면서 교수회의 자치를 거부한다는 점에서 국대안은 곧 노예교육'이라는 거센 반발을 불러일으켰다.

하지만 미군정은 1946년 8월 22일에 군정법령 102호로 '국립 서울대학교 설립에 관한 법령'을 공포하면서 국대안을 밀어붙였다. 9월에도 국대안 반대운동이 계속되었는데, 9월 17일에 발표한 국립대학안 교육자공동대책위원회의 성명서에 현직 서울대학과 전문학교 교수가 다수 포함되어 세상을 놀라게 했다. 이 성명서는 국대안에 대해 전문학교와 대학의 전통을 파괴하는 처사이며, 학교 규모가 커지면 오히려 자치적 운영에 지장을 불러올 것이고, 관선 이사만의 이사회 구성안은 반민주·반민족적인 방안으로 학원의 자율과 자치를 말살하려는 정책이라고 비판했다.[25] 민주주의민족전선, 즉 민전에서 내놓은 요구 사항 역시 대학의 자율과 민주화에 관한 것이었다.

  ─ 관료 독재적인 이사회를 철회할 것
  ─ 교수와 학생의 자치를 승인할 것

– 미국인 총장과 처장 등은 사임하고 조선인으로 선거할 것
– 현 조선인 문교 책임자는 인책, 사직할 것[26]

　국대안 반대운동이 격렬해지면서 서울대학 학생 8,040명 중 4,951명이 등록을 거부했고, 상과대학, 법과대학, 문리과대학 학생들은 동맹휴학에 들어갔다. 미군정은 12월에 휴교령을 내렸다가 1947년 1월에 해제하면서 등교를 거부하는 학생은 제명 처분하겠다고 발표했다. 하지만 학생들은 국대안 철회와 학원의 자치 운영, 민주화 실현 등을 요구하며 동맹휴학을 계속했다. 국대안 반대운동은 다른 대학은 물론 전국 주요 도시의 중학생, 심지어 초등학생까지 참여하는 시위로 확대되었다. 당시 동맹휴학에 참여한 학교 수는 57개에 이르렀고, 시위 가담자는 4만여 명에 달했다.[27]
　결국 미군정은 국대안 반대운동이 제기한 문제 중 이사회 관련 규정을 수정했다. 미군정 부·처장회의에서 이사회 이사를 추천해 군정 장관이 임명하되 남조선과도입법의원의 승인을 반드시 얻도록 했다. 이사장 임기는 6년에서 2년으로 단축했다. 이에 따라 5월에 한국인 9명으로 이사회가 구성되었는데, 그들은 다음과 같다.

최규동(사대 이사, 중동중학교 교장, 이사장), 오건영(상대 이사, 조선저축은행 감사역), 서광설(법대 이사, 변호사), 이춘호(문리대 이사, 연희대학 이사), 안종서(치대 이사, 현 치과의사), 이헌구(농대 이사, 조선임업개발 사장), 박경호(예대 이사, 중앙방송국 기획과장), 이의식(의과대, 개업 의사), 유재성(공대, 용산공작회사 이사장)[28]

　하지만 이들은 본인이 대표하는 단과대학을 위해 경쟁할 뿐 종합대학을 바라보는 안목이 없다는 비판을 받았다.
　미군정은 이사회를 구성한 뒤 본격적인 수습 단계에 들어갔다. 서울대

는 5월 24일에 학장회의를 열고 제적 학생에 대한 복교 대책을 논의했다. 이사회는 6월 13일에 조건 없는 복교를 결정하고 8월 9일까지 서류를 제출하도록 했다. 국대안 반대 학생공동투쟁위원회는 7월 31일에 네 가지 요구 조건을 내건 성명서를 발표하고 복교 투쟁으로 운동 방향을 바꾸었다. 요구 조건은 전체 학생의 조건 없는 복교, 학생 자치권 승인, 옛 교수의 복직, 학원에 대한 경찰의 간섭 중지 등이었다. 이 결정에 따라 많은 학생이 복교원을 제출했지만[29] 1,000여 명의 학생과 300여 명의 교직원은 끝내 돌아오지 않았다.

서울대 새 총장으로는 한국인 이춘호가 임명되었다. 하지만 그 과정도 순탄치 않았다. 이춘호는 미국에서 중학교부터 다녔고 연희전문학교 교수를 지냈다. 외국인 같은 인상을 주는 한국인이고 미군정과 가까운 인물이라는 이유로 남조선과도입법의원들이 인준을 거부했다. 미군정의 재심 요청에 이춘호는 겨우 인준을 받아 총장 자리에 오를 수 있었다. 이렇게 1947년 10월이 되어서야 종합대학으로 서울대가 운영되기 시작했다. 북한에서도 국립 종합대학이 등장했다. 1946년 9월 1일, 북조선인민위원회의 결정에 따라 남한에서 국대안 파동이 한창이던 10월 1일에 김일성대학이 개교했다.[30]

미군정이 내놓은 국대안은 1년의 파동을 거쳐 결국 관철되었지만, 미군정의 독단적 권력 행사를 상징하는 대표 사건으로 낙인찍혀 전국적인 반대운동을 불러일으켰다. 이러한 세인의 따가운 눈총은 문교부 차장으로서 국대안을 설계하는 데 큰 역할을 담당했던 오천석조차 인정하는 바였다.

사려 있는 교수나 학생들이 내세운 반대에도 정당한 이유가 있었다. 그 중요한 것은, 이 안이 관계자와의 협의 없이 문교부만의 독단으로 단행되었다는 것과 우리나라 사람과 같이 집단생활의 경험이 부족한 실정에 있어서는 종전의 단과

대학을 보존하여 이를 독자적으로 발전시킴이 상책이라는 것이다.[31]

대구, 부산, 광주 등지에서도 국립대학 설립 시도가 있었지만 국대안 반대운동의 영향으로 사립대학으로 바뀌거나 보류되었다.[32] 해방 직후인 1945년 10월 20일, 미군정 시기에 경상북도 학무과장을 지낸 이규원을 중심으로 대구 유지 30여 명이 모여 대학 설립의 필요성에 공감하며 종합대학설립준비위원회를 구성했다. 다음 달에는 100여 명의 유지가 모여 1946년 개교를 목표로 경북종합대학기성회를 발족했다. 하지만 국대안 반대운동으로 설립을 미루다가 1946년 11월 27일에야 대구국립종합대학 설립 인가를 문교부에 신청했다. 그런데 당시 문교부는 국대안 반대운동을 의식해 종합대학 추진안을 철회하고 단과대학을 설립하도록 권고했다. 결국 국립 종합대학 건립 계획은 백지화되었고, 1947년 일부 지주의 토지 기부와 향교 재산을 주요 재원으로 해서 대구문리과대학이 설립되었다. 그리고 다시 그해 8월에 이름을 대구대학으로 바꾸었다.[33] 이러한 설립 과정은 전국적인 국대안 반대운동으로 당시 지방에 국립대학을 설립하는 일이 여의치 않았음을 보여준다.

부산대의 경우를 살펴보자. 해방 직후 부산에서는 미 군정청에 소속된 경상남도 고위 관리들이 민립대학설립기성회와 남선대학설립기성회 등을 조직해 대학 설립을 준비했다. 그러자 경상남도 내무부 학무과장으로 있던 윤인구와 미군 고문관 에디(John Edie) 중위는 대학설립기성회의 난립을 막기 위해 국립대학 설립 계획을 세웠다. 그 계획에 따라 경상남도에 있던 131개의 조선총독부 산하 단체가 해산하면서 조성한 청산금을 밑천으로 삼고, 기존 대학설립기성회 간부의 후원을 받은 부산대가 문을 열었다.[34] 그러나 국립 종합대학으로 설립된 부산대 역시 통폐합 대상이 된 대학들의 반대와 사회적 저항으로 다시 인문과대학과 수산대학으로 분리되는 어려움을 겪었다.

국대안 반대운동에 다소 주춤하긴 했지만, 미군정 문교부 당국은 각 지방에 국립 종합대학을 세우고사 하는 의지를 분명히 갖고 있었다. 이미도 일본에서 미군정이 '1부·현 1국립대학정책'을 펼쳤으므로 같은 구상을 한 듯하다. 미군정은 1946년 9월경부터 서울대 설립과 함께 부산, 대구, 광주, 춘천, 대전 등지에도 국립대학을 설치하기 위해 현지와 긴밀한 접촉을 갖기 시작했다. 당시 도립 공주사범대학의 설립을 주도했던 서진순 충남도지사는 추진 배경에 대해 '실질상으로나 체면으로나 본 도에 대학 1교는 지사로서 꼭 설치하여야 할 책임감을 절실히 느꼈기 때문'이라고 밝혔다.[35] 미군정 시기에 다소 난관에 부딪혔던 지방에 국립 종합대학을 설립하려던 계획은 정부 수립 이후 제2대 문교부 장관에 백낙준이 취임하면서 다시 추진되었다.

이처럼 미군정은 사립대학 인가제도와 국대안을 주축으로 고등교육의 뼈대를 만들고자 했다. 재정이 허약한 상태에서 고등교육의 확대는 온전히 사립대학의 몫이었다. 미군정은 사립대학의 역할을 인정하면서도 이들을 관리하기 위해 인가제도를 실시했다. 또한 고등교육 예산이 많지 않은 상황에서 선택과 집중의 전략을 담은 국대안을 내놓았다. 전자는 비교적 순조롭게 추진되었으나, 국대안은 거센 반대에 부딪혔다. 결국 이때부터 70퍼센트를 웃돌게 된 사립대학의 비율은 이후로도 계속 상승하는 양상을 보였다.

미국의 대학교육 원조

미국의 교육원조는 1945년 10월 아널드(A. V. Arnold) 군정 장관이 교육원조 요청안을 작성하도록 지시하면서 시작되었다. 학무국은 자문기관인 조선교육위원회에 미국교육원조추진심의회(Korean Council on Educational Aid from America)를 설치하고, 한국인 교육계 인사들과 학무국 직원 등 19명을 위원에 임명했다. 이들은 1945년 10월 31일부터 같은 해 11월 22일까지 네 차례 회의를 열고 보고서를 제출했다. 보고서의 핵심 내용은 다음과 같다.

- 한국인 교육자 100명을 미국에 단기간 파견한다.
- 미국인 교육 전문가 10명을 고문으로 한국에 초빙한다.
- 미국은 전문가로 구성된 교육조사단을 한국에 파견한다.
- 한국인 학생을 미국 대학에 유학시킨다.
- 미국인 교사 100명을 한국에 초빙하여 1년간 각지의 사범학교에서 교원 및 학생 지도에 임하게 한다.
- 미국은 도서 및 실험 설비를 기증한다.[36]

미국교육원조추진심의회에서 요구한 교육원조의 핵심은 기술원조, 즉 한국 교육자 및 학생의 미국 파견과 미국 교육자의 한국 파견에 있었다. 미국식 교육을 모델로 생각하고 이를 되도록 빨리 도입하기 위해 인적 교류가 가장 중요하다고 본 것이다. 1946년 3월 처음으로 도미교육사절단이 파견되었다. 이 사절단은 고황경, 구영숙, 김훈, 나기호, 문장욱, 장이욱 등 여섯 사람으로 구성되었다. 모두 미국 유학 출신자로 미군정과 밀접한 관계를 맺고 있었다. 미국 정부는 1947년 4월 뉴욕 대학 교수인 아른트를 단장으로 하는 교육시찰단을 파견했다. 1948년 2월에는 몬태나 대학 총장인 셀케(George A. Selke)가 이끄는 교육시찰단이 한국의 교육 현황을 살피기 위해 방한했다.[37]

미국의 교육원조는 1950년대에 본격적으로 이루어졌다. 1945년에서

1960년까지 교육원조 총액은 약 3,500만 달러로, 총원조액 30억 달러 가운데 1퍼센트에 불과했지만, 문교부 교육 예산의 9~10퍼센트를 차지했다. 미국의 내학 원조는 원조기구를 통해 계획적으로 추진되었다. 대표적인 기구가 운크라(United Nations Korean Reconstruction Agency, UNKRA: 유엔한국재건단)와 FOA(Foreign Operation Administration: 대외활동본부)/ICA(International Cooperation Administration: 국제협조처)였다.

운크라의 교육원조는 한국전쟁기인 1952년 9월에 유네스코-운크라 교육계획사절단(UNESCO-UNKRA Educational Planning Mission to Korea)이 한국에 파견되면서 본격화되었다. 원조는 1953년부터 1956년까지 집중되었고 이후에는 급격히 줄어들었다. 원조액은 약 1,100만 달러로, 운크라 전체 원조액인 1억 2,200만 달러 가운데 약 9퍼센트를 차지했다. 그중 55퍼센트에 해당하는 540만 달러가 1,133개 학교의 약 3,800개 교실을 복구하는 데 쓰였다. 고등교육에 대한 운크라의 원조는 교육원조 전체에서 23퍼센트 정도를 차지했다. 교실 복구 사업 다음으로 비중이 높았다.[38]

운크라는 전후 재건에 집중하며 많은 대학에 분산 지원하는 방식을 취했다. 주로 자연과학 계열을 지원했는데, 경북대 의대와 부속병원에 54퍼센트, 한국해양대학에 15퍼센트, 기타 9개 대학에 31퍼센트가 제공되었다. 경북대 의대와 부속병원에 대한 운크라의 원조를 살펴보면, 대학과 병원 시설을 복구하고 기술원조로서 스위스 의료단을 파견했다. 의료단은 의사·간호사·기술자로 구성되었고, 주로 교수 방법과 병원 운영을 개선하기 위한 역할을 했다. 1954년에 시작된 스위스 의료단의 활동은 1958년 6월까지 계속되었다. 경북대 병원의 의사 한 사람과 간호사 한 사람도 스위스로 건너가 2년간 실무 훈련을 받았다.[39]

운크라는 교육과 연구에 필요한 서적과 실험도구 등도 제공했다. 1953년부터 1955년까지 영어, 독일어, 프랑스어로 된 문학, 교육학, 자연과학,

〈표 1〉 연도별 FOA/ICA 교육원조 현황(단위: 1,000달러)

	1954	1955	1956	1957	1958	1959	1960	1961
서울대	736	526	3,290	2,277	700	1,011	868	44
해양대	–	–	30	–	123	–	61	–
연세대·고려대	–	–	125	200	200	261	261	260
교원 교육	–	–	305	1,076	1,206	668	456	214
교실 건축	–	–	1,109	672	499	–	40	–
직업교육	–	–	700	957	956	337	–	(−327)
기타	–	–	–	68	339	–	17	–
합계	736	526	5,559	5,250	4,023	2,277	1,703	191

공학 관련 서적 3만 6,315권을 구입해 경북대, 고려대, 부산대, 서울대, 수산대, 연희대, 이화여대, 전남대, 전북대 등 9개 대학에 배부했다. 1954년 10월까지는 실험실용 기구와 약품을 구입해 경북대, 부산대, 서울대, 연희대, 이화여대, 전남대, 전북대 등 7개 대학에 나누어주었다.[40]

미국이 추진한 대학 원조의 핵심은 FOA/ICA를 통한 원조였다. FOA/ICA의 교육원조는 〈표 1〉[41]에서 알 수 있듯이 1956년에서 1958년 사이에 절정을 이룬 뒤 급격히 줄어들었다.

FOA/ICA에서 지원한 교육원조는 총 2,000만 달러에 달했다. 이는 운크라 교육원조의 두 배 가까운 규모였다. 먼저, 원조를 배정한 분야를 보면 고등교육 55퍼센트, 교원 교육 19퍼센트, 중등교육 13퍼센트, 교실 건축 12퍼센트, 기타 2퍼센트 정도로 고등교육에 절반 이상이 지원되었다. 시설 원조에서는 고등교육 46퍼센트, 교실 건축 19퍼센트, 중등교육 19퍼센트, 교원 교육 16퍼센트, 기타 순으로 배분되었다. 기술원조는 고등교육 66퍼센트, 교원 교육 25퍼센트, 중등교육 5퍼센트의 비중이었다. 시설과 기술원조 모두 고등교육에 집중되었는데, 고등교육기관 중에서도 특히 서울대에 집중적으로 지원이 이루어졌다. 서울대 원조는 전체 FOA/ICA 교육원조의 47퍼센트, 고등교육 원조의 86퍼센트를 차지했다.

이처럼 1950년대 대학 원조의 최대 수혜사는 서울대였다. 고등교육 원조 가운데 60퍼센트 이상이 서울대에 집중되었다. 1950년대 중후반 서울대 예산에서 원조가 차지하는 비중은 30~50퍼센트 정도였다. 1957년에는 원조가 예산의 절반인 50.3퍼센트를 차지했다.[42] 원조 계획은 1961년 9월까지 연장되었는데, 총 434만 달러와 대충자금 약 73억 환이 서울대에 지원되었다. 대충자금이란 미국의 대외 원조 물자를 제공받은 이승만 정부가 이를 국내에 팔아서 얻은 대금을 말한다. 이 원조 액수는 미국이 다른 나라 대학에 지원한 사례 중 가장 큰 규모였다.

미국이 교육원조를 고등교육, 특히 서울대에 집중 제공하는 불평등 발전 전략을 취한 것은 원조의 목적을 반공 연대를 유지할 지배 엘리트 육성에 두었기 때문이다. 미국의 대외 원조가 갖고 있는 이러한 정치적 목표를 당시 한국인도 명확히 인식하고 있었다. 1956년에 유진오가 집필한《국제생활》이라는 교과서를 살펴보자.

> 미국의 대외 원조는 단순한 인도주의적 동정에 인한 것이 아니라, 소련의 침략에 대항하는 미국 전략의 일부분인 것이다. 우리나라는 아시아의 민주 보루로서 대소전의 첨단에 서 있으니 우리나라에 대한 원조는 고마운 것이지만, 미국으로서는 당연한 일이다.[43]

이처럼 한국인들은 미국의 대외 원조가 반공 연대에 대한 반대급부로 이루어진 것이라는 분명한 인식을 갖고 있었다. 이러한 목적을 가진 교육원조의 정점에 서울대에 대한 다각적인 집중 지원이 있었다.

서울대 원조의 68퍼센트는 FOA/ICA와 미네소타 대학 간의 계약을 통해 이루어졌다. 당시 FOA 책임자인 스타센(H. Stassen) 처장이 바로 미네소타 주지사 출신이었다. 미네소타 대학은 농학 분야에서 두각을 나타내던 곳이었다.[44] 우리나라와 기후가 비슷한 점도 미네소타 대학을 선정한 이유로 꼽혔다. 이른바 '미네소타 계획'의 가장 큰 특징은 모든 학과에 전체적으로 지원이 이루어진 것이 아니라, 농대·공대·의대가 1 대 1로 교류한 점이었다.[45] 나머지 원조 자금은 직접적인 시설과 소규모 기술 지원에 사용되었다. 서울대 원조는 농학을 비롯해 공학, 의학, 행정학 등에 집중되었다. 인문학, 사회과학 분야와 기초과학에 대한 지원은 거의 이루어지지 않았다.

서울대에 원조가 집중되면서 많은 교원이 미국에 유학을 갈 수 있었다. 1954년에서 1961년 사이에 농대, 공대, 의대와 행정대학원 교수, 강사, 조교, 대학원생 등 모두 226명이 짧게는 6개월에서 길게는 4년 동안 미네소타 대학을 비롯해 미국의 여러 대학에 유학했다. 이 가운데 15명이 박사 학위를, 71명이 석사 학위를 받았다. 또한 미네소타 대학 교수 50여 명 등 총 76명이 서울대에 파견되어 학교 행정, 교육 시설 재건, 교수 방법 개발 등에 관한 기술 지도를 했다. 또한 서울대 법대 안에 특수대학원인 행정대학원을 만들었다. 이렇듯 기술원조와 함께 상당한 규모로 투입된 시설원조는 서울대가 국내 선도 대학으로 면모를 갖추는 데 결정적인 역할을 했다.[46]

미네소타 계획이 서울대 재건에 미친 구체적인 영향을 의대 사례를 통해 살펴보자. 서울대 의대는 원조 자금으로 기초 교실의 지붕과 수도, 도서관, 동물실, 항온실, 강당 등을 고쳤다. 대학병원은 난방 설비와 전기 시설, 취사장, 세탁소 등을 새로 짓거나 고쳤다. 간호학과에서는 교사(校舍)와 기숙사를 신축했다. 원조 자금은 교육과 연구를 위한 기자재를 도입하고 보충하는 데도 크게 활용되었다. 기초 및 임상 교실이 최신의 연구 시설을 갖추게 되었고, 도서관에도 도서와 열람 시설을 늘렸다. 160종의 의학 잡지도 들여왔다. 또한 1954년부터 1960년까지 50명의 교수가 해외 유학을 다녀왔는데, 1959년 전체 교직원 수가 93명인 것에 비하면 결코 적은 수가 아니었다.[47] 이와 같은 미네소타 계획을 통해 서울대 의대와 부속병원에 남겨진 전쟁의 상흔이 말끔히 복구되었을 뿐 아니라 전쟁 전보다 더 나은 시설을 갖추게 되었다.[48]

〈표 1〉에서 알 수 있듯이 연세대와 고려대에도 FOA/ICA의 원조가 이루어졌다. 이는 백낙준과 유진오가 ICA 원조가 서울대를 비롯한 국공립대학에 집중된 것에 강력히 항의하며 유력한 사립대학에도 배정해야 한다고 요구했기 때문이다.[49] 두 대학 모두 경영학 관련 원조를 받았다. 워싱턴 대학 교수가 내한해 두 대학에 시범 과정을 설치하고 경영학 교육과정과 경영학과 운영을 지도했다. 또한 도서, 교수 자료, 기자재를 제공하고 교수방법 개발 등을 지원했다. 연세대는 워싱턴 대학과 함께 경영학과 교과과정연구회를 공동 운영하고, 경영학 교과과정의 합리적 편성과 교과 내용 충실화를 위한 개선 방안을 검토했다. 1958년에는 산업경영연구소를 창립했다. 또한 연세대와 고려대 교수 22명이 워싱턴 대학에 유학하기도 했다. 이들은 뒤에 경영학과가 신설된 연세대와 고려대는 물론 서울대, 중앙대, 성균관대 등 여러 대학에 진출해 미국 경영학의 도입과 보급에 중심 역할을 했다. FOA/ICA 원조는 해양대에도 제공되었는데, 이는 운크라 원조 사업의 연장으로서 주로 설비와 서적을 늘리고 교육과정과 시설 이용법에 대해 교원을 훈련하는 데 쓰였다.

이처럼 원조기구를 통한 대학 원조는 소수의 대학, 특히 서울대에 집중된 불균등 발전 전략에 따라 추진되었다. 하지만 원조기구만 대학에 손길을 뻗은 것은 아니었다. 미국의 아시아재단(The Asia Foundation)과 한미재단(American-Korean Foundation) 같은 민간 원조단체, 그리고 주한 미8군 등이

국·공·사립을 막론하고 전후 재건과 연구 및 교육 시설을 늘리는 데 자금과 물자를 제공했다.

아시아재단은 캘리포니아를 중심으로 미국 각계 인사들이 기부금을 모아 1954년에 설립한 단체이다. 그해 7월에 한국 지부가 설치되었는데 영어교육, 사법 및 행정, 과학기술, 사회과학 연구, 노동교육, 청년 및 학생 활동, 언론, 국제문제, 문화 등 다양한 분야에 걸쳐 원조를 했다. 민간 차원에서 가장 많은 지원을 한 한미재단은 아이젠하워(D. Eisenhower)가 대통령에 당선된 직후인 1952년에 밴 플리트(J. A. Van Fleet) 유엔군 총사령관 등 미국 내 친한(親韓) 인사들을 중심으로 창립된 원조기구였다. 초대 이사장에는 아이젠하워 대통령의 동생인 해밀턴 아이젠하워(Hamilton Eisenhower)가 취임했는데, 전쟁으로 어려운 처지에 있는 한국의 보건, 후생, 교육 사업 등을 지원했다. 특히 기금을 모으기 위해 한국 원조를 호소하는 대통령의 사진이 나오는 광고가 일주일에 다섯 번이나 텔레비전에 방송되기도 했다.[50]

민간 원조에서는 해방 이전부터 사립 기독교계 전문학교로 있었던 연희대, 세브란스의대와 이화여대가 가장 많은 혜택을 입었다. 연희대는 미군정 고문을 지낸 언더우드(Horace H. Underwood)와 미국 유학파로 문교부 장관을 지낸 백낙준의 활약으로 많은 자금을 확보했다. 언더우드는 경신학교를 세운 언더우드(Horace G. Underwood) 목사의 아들로, 연희전문학교 3대 교장을 지냈으나 아시아-태평양전쟁이 일어난 직후인 1942년 6월에 추방되었다. 2차 세계대전 말기에는 미 육군성 전략국에서 특수임무 책임자를 맡았다. 해방 후에는 한국으로 들어와 아널드와 러치(A. L. Lerch)의 군정장관 시절 문교부장 고문으로 활동했다.[51] 연희대 총장인 백낙준이 재건하고자 한 대학의 모델은 자신이 역사학을 전공한 프린스턴 대학이었다.[52] 백낙준은 1952년에 직접 미국으로 건너가 기독교 재단과 대학을 돌며 대학 재건을 위한 자금을 모금했다. 1953년에는 하버드 대학과 하버드-엔칭연구소의 재정 지원으로 국학 연구기관인 동방학연구소를 세우고 기관지인《동방학지》를 발간했다. 세브란스의대는 주한 미군대한원조기관(United Armed Forces Assistance to Korea, AFAK)의 원조로 흉부외과 병원을 시었나.

이화여대에서는 역시 미국 유학파인 김활란, 오천석, 박마리아 등이 미국에게 자금 지원을 받기 위해 동분서주했다. 한국전쟁 중 부산에 임시 학교 건물을 짓는 자금도 미국으로부터 제공받았다. 전쟁 이후에는 한미재단을 비롯해 미국여성선교회, 캐나다 선교부, 교회여성연합회 등 국내외 기독교 재단에서 재건 자금을 지원받았다. 미국여성선교회가 제공한 2,500달러는 본관 수리비로, 캐나다 선교부가 제공한 7,000달러는 기숙사 수리비로, 한미재단이 제공한 8,000달러는 부속병원 증축과 장학금에 썼다.[53] 한미재단과 아시아재단의 도움과 주선으로 교수들이 유학을 가기도 했다. 교환교수 또는 장학금으로 해외 유학을 다녀온 교수는 1955년부터 1965년 5월까지 114명이었는데, 이 가운데 79명이 미국을 다녀왔다. 기독교계 대학인 숭실대도 1959년 8월에 이사장과 학장이 미국 각지를 돌며 지원을 요청했다. 그 결과 퓨재단(Pew Foundation)과 크로웰재단(Crowel Foundation)으로부터 3만 5,000달러를 기부받아 제2기숙사를 지었다.[54]

미국과 인연이 적었던 고려대는 원조 혜택을 받는 데 상대적으로 불리했다. 유진오 총장은 취임하자마자 하버드 대학에 교환교수로 가서 10개월 체류하며 한미재단을 직접 찾아가는 등 미국과 관계를 개선하기 위해 노력했다. 그러나 원조 자금을 끌어오는 데는 성공하지 못했다. 유진오는 이 일에 대해 "미국인과 특별한 관계가 있거나 교제에 특별한 재승을 가진 사람이 아니면 몇 만 불, 몇 십만 불의 원조를 따내는 것은 도저히 불가능한 일"이라고 회고했다.[55] 그래도 당시 대표적인 사립대였던 고려대에는 최소한의 선별적인 혜택이 주어졌다. 1954년에 한미재단이 기부한 2,000달러는 학생 장학금으로 사용되었다. 또한 앞서 살핀 대로 1956년에 경영학 발전을 명목으로 연희대와 함께 ICA 자금을 원조받아 1958년 6월에 기업경영연구소를 창립했다. 미국 전략정보국(OSS) 출신인 김준엽 교수의 주도로 1957년 6월에 창립된 아세아문제연구소는 창립식에 주한 미국 대사 다울링(W. C. Dowling)을 초청해 강연을 듣는 등 친미 인맥을 쌓아 자금 지원을 받기 위해 고군분투했다. 그 결과 아시아재단, 록펠러재단(Rockefeller Foundation), 포드재단(Ford Foundation), 하버드-옌칭연구소 등이 아세아문제 연구소의 연구 활동을 지원했다.

이와 같이 미국의 대학 원조는 소수 몇몇 대학에 집중되는 불균등 발전 전략을 취했지만, 원조기구들은 적은 액수나마 여러 대학의 재건을 위해 자금을 꾸준히 제공했다. 또한, 주한 미군과 미국의 민간 원조단체를 비롯해 개인들까지 한국전쟁 이후 대학 원조에 참여함으로써 대학 사회 전반에 우방으로서 미국의 이미지를 확대하는 데 역할을 했다.

숙명여대는 주한 미군으로부터 본관과 대강당 건축을 위한 각종 자재와 인쇄용품을 제공받았다. 미국 대학교수협회는 현미경과 펌프, 그리고 도서를 기증했다. 개인적으로는 마이닉 부인(Mrs. Meinick)이 도서를, 밴 플리트 유엔군 총사령관이 피아노를 기증했다.[56] 부산대는 원조 덕에 도서관을 확장할 수 있었다. 1953년 4월 문교부는 전국에 있는 대학에서 운크라 원조로 구입할 도서목록을 신청받았다. 부산대는 학과별 강좌명과 미국 각 대학 요람에 실린 중요 강좌명을 비교하면서 관련 전공 서적을 꼼꼼히 적어 냈다. 운크라 관계자에게는 관련 서적 모두 구비할 수 있도록 해달라고 요청했다. 이로 인해 전국 어느 대학보다 양적으로 많고 질적으로 좋은 2,300여 권의 책을 확보했다.[57] 충남대는 농대의 본관 신축 공사에 운크라로부터 12개 교실분의 시멘트와 목재를 지원받았다. 춘천농대는 주한 미군의 'AFAK 프로젝트'로 본관 건물을 지을 수 있었다. 이렇듯 당시 주한 미군이 제공하는 건축 자재로 건물의 신축과 보수를 한 대학이 여럿 있었다.

주한 미국경제협조처(United States Operations Mission, USOM)의 조사 보고에 따르면, 1950년대 후반 약 5년간의 고등교육 원조는 90퍼센트가 국립대에, 10퍼센트가 사립대에 제공되었다. 국립대에 제공된 원조액의 약 80퍼센트는 서울대가, 사립대에 제공된 원조액의 약 90퍼센트는 연세대와 고려대가 차지했다. 그 내역을 살펴보면, 교사 훈련(25.5퍼센트), 공학(25.4퍼센트), 의학(17.4퍼센트), 농학(16.8퍼센트), 경영 행정(8.6퍼센트), 공공행정(3.8퍼센트), 도서관학을 포함한 기타 부분(2.5퍼센트) 순이었다.[58] 즉, 미국의 고등교육 원조는 소수의 대형 국·사립대학과 교원 확보, 그리고 이공계와 응용 학문에 집중되었다.

이와 같은 대학교육 원조가 불러온 종속성을 우려하면서 던진 근본적인 질문은 "교육을 재건하고 향상시키기 위한 미국의 노력이 계속되는 동안 한국의 문화가 중핵을 이루고 서구 문화는 중핵적인 문화의 기능이 발휘될 수 있도록 보완적인 요소가 되어야 한다는 점이 인식되어야 하지 않을까?"[59] 하는 것이었다. 하지만 실제는 이와 달랐다. 미국 교육사절단의 통역을 맡았던 연세대 교육학과 성내운 교수는 사절단원이 한국 민족과 문화에 대한 사전 이해가 부족하고 몇 개월을 머물면서도 그것에 무관심한 것에 놀랐다고 한다. 그들은 오로지 미국식 교육의 씨를 뿌리는 데만 관심이 있었다. 결국 "미국 사절단원들은 젊어도 항시 선생이었고 우리 교육자들은 늙어도 누구나 학생이었다. 미국 사절단원은 가득 찬 물동이를 기울여 붓는 사람이었고, 우리 교육자들은 빈 물동이에 그 물을 받는 사람들"[60]이었다.

이처럼 미국의 원조는 반공 연대의 구현체인 동시에 미국 문화 전파의 첨병으로 기능했다. 불균등 발전 전략에 따라 최대의 원조 수혜자가 된 서울대는 미네소타 계획을 거치며 명문대로 더욱 입지를 굳혔다.

'아메리칸 드림'의 실현, 미국 유학

미국에 의해 대학이 재건되고 개조되면서 1950년대 대학가에 '아메리칸 드림'의 바람이 몰아쳤다. 학보나 잡지에 넘치는 여행기, 시찰기, 유학 경험담은 대학생의 꿈을 더욱 부풀게 했다. 연세대 학보인《연세춘추》에서는 '아메리카 통신'이라는 고정란을 통해 미국 유학 과정에서 일어나는 구체적인 일들을 자세하게 알려주었다. 또한 미국 대학을 탐방하거나 대학 문화를 소개하는 글들도 실렸는데, 대부분 문명화된 미국 대학제도의 우월성을 선전하고 있었다.[61) '미국 대학교육의 주요 목적은 개인이 잘살고 동시에 그 사회의 복리를 증진시킬 수 있는 능력을 갖추는 데 있다'[62)는 글처럼, 미국의 문화와 교육, 그리고 대학의 우월성을 선전하며 아메리칸 드림을 자극하는 글들이 1950년대 각종 잡지의 단골 메뉴였다. 그렇게 '미국의 문화와 교육은 새로운 교육 문화에 적응하기 위해서라도 알아야 하는 지식'[63)이 되어갔다. 그러한 가운데 미국의 원조로 재건되고, 미국을 다녀온 경험자가 가장 많이 모여 있는 대학이 미국 문화가 들어오는 통로로서 미국의 영향력이 가장 직접적이고 전면적으로 펼쳐지는 제도 공간으로 자리 잡아갔다.

　미국화의 공간인 대학에서 아메리칸 드림의 실현은 바로 미국 유학이었다. '유학병 환자'라는 말이 등장할 만큼 유학은 동경의 대상이었다. 미국 유학을 다녀온 교수도 "한 사람이라도 더 많이 미국 유학을 가는 것이 좋다고 생각한다"[64)라며 유학을 권유했다. 그런데 유학의 길에 오르기 위해서는 사상 검증이라는 관문을 거쳐야 했다. 이승만 정부는 '세계적으로 반공주의와 유혈사상전이 격렬한데, 신생국가로서 국제 무대에 등장한 대한민국이 한 명의 공산분자나 또는 그의 주구를 해외에 보낸다는 것은 국가와 국민의 명예에 관한 문제이고 국가 안위에 관련되는 위험천만한 것'[65)

이라는 이유로 사실상 유학을 억제하는 정책을 펼쳤다. 하지만 정부 당국의 우려는 기우였을지 모른다. 반공 연대의 맹주인 미국으로 유학을 꿈꾸는 사람들에게 반공의식은 이미 내면화되어 있을 가능성이 높았나. 이화여대 출신인 이춘란이 밝힌 유학의 동기는 다음과 같다.

> 한국 사회의 민주주의적 기초는 1945년 이래 다만 그 골각만을 세워놓았으나 이것 역시 북한의 공산정권의 위협을 받고 있는 것이다. 따라서 인간의 행복, 인간의 존엄성과 평등함을 촉진할 수 있는 사회 건설을 가능하게 하는 일반 원리를 공부하는 것은 매우 중대한 문제이다.[66]

반공이 곧 애국이며, 미국은 문명이요, 선진이요, 나아가 보편이라는 미국 유학생의 현실 인식을 느낄 수 있다. 아메리칸 드림을 실현할 길이 막막한 이춘란에게 유학의 기회를 제공한 것은 미국 버나드 대학의 장학금이었다. 동경의 대상, 미국이 자신에게 꿈을 실현할 기회를 준 것이다.

이처럼 미국 유학은 지배 엘리트의 미국화를 위한 가장 효율적인 방안으로 미국의 대학 원조에서 큰 비중을 차지했다. 이승만 정부는 적극 지원할 재정적 여력도 없었지만 앞서 언급한 사상적 이유와 함께 외화 유출까지 걱정하던 터라 유학을 억제했다. 자비 유학을 하려면 정부 보유 달러로 환전을 해야 했기 때문이다.

원조에 의한 교육 교환 계획을 통해 교수들은 주로 교환교수나 연수라는 명목으로 단기 미국 유학을 다녀올 수 있었다. 미국은 이를 통해 대학의 중진 및 소장 교수들에게 미국 학문을 접할 기회를 최대한 주고자 했고, 대학 총장이나 학과장 및 행정 요원들에게는 대학 운영 방법을 전수하고자 했다. 학생을 주축으로 하는 청년층에게는 장기 미국 유학의 기회가 제공되었다.

구분	인원(명)	구분	인원(명)
한국인 지도자	198	한국인 대학원생(여비 장학금)	98
한국인 전문가	216	교원 발전 계획	33
한국인 학생 지도자	13	미국인 강사	51
미국인 전문가	86	미국인 학생	10
학술 과정	460	동서문화센터 계획	114
한국인 연구교수	54	대학원 과정	88
한국인 강사	8	교원 교환 계획	23
한국인 대학원생(전액 장학금)	290	학술 연구 계획	3

　　대학에 제공된 대표적인 단기 유학으로는 미 국무성의 교환 계획에 의한 유학 사례가 있다. 〈표 2〉[67]에서 알 수 있듯이 1950년부터 1967년 사이에 1,500명이 미국으로 유학을 갔다. 지도자에는 국회의원, 교육계, 경제계, 언론계, 출판계, 법조계, 노동계, 대학 행정계 등 각계의 지도층이 포함되었다. 전문가에는 언론계, 법조계, 영어교육계, 경찰 행정계 등 각계의 중견 인물이 포함되었다.[68] 또한 147명의 미국인 학자와 학생이 내한했다. 국무성의 교환 계획에 따른 유학 중에서 '학술 과정'과 '동서문화센터(East-West Center) 계획'을 제외하고는 대부분 6개월 이내의 단기 유학이었다. 1960년 연방정부 재정으로 하와이 대학 안에 설립된 동서문화센터는 협동적 연구, 훈련, 조사를 통해 아시아·태평양 국가와 미국 간의 이해관계 증진을 목적으로 활동했다. 이처럼 미 국무성의 교환 계획은 시찰 성격이 강했고 비교적 기간도 짧았다. 전남대 초대 총장인 최상채는 1951년 전남대 개교 이후 최초로 미 국무성 연수 대상자가 되었다. 1953년 겨울에 미국 연수를 다녀온 최상채는 미국 교육제도와 내용에 깊은 영향을 받고, 귀국하자마자 대학교수들을 연수에 참여시키기로 결정했다. 이후 4년 동안 25

명의 전남대 교수들이 교육 교환 계획에 참여했다.[69]

대학교수들은 미 국무성 초청 교환교수와 ICA 기술원조 계획에 따른 장학금 제공으로 미국 유학의 꿈을 실현할 수도 있었다. 미 국무성 초청 교환교수 유학은 '스미스-문트법(Smith-Mundt Act)'에 의한 교환 교육으로 운영되었다. '스미스-문트법'이란 1946년 미국의 국제적 이해 증진을 목적으로 제정된 공법이었다. 해마다 35세 미만의 조교와 전임강사급의 젊은 교수 10명 정도가 미국으로 파견되었다. 기간은 1년이었고, 모든 유학 경비를 미 국무성이 부담했다. 1952년부터 1959년까지 총 152명이 파견되었다. 추천 과정은 대학-문교부-미 대사관-필기 및 구두 영어시험-한미합동전형위원회의 전형 등을 거쳤다. ICA 기술원조 계획을 통한 유학으로는 직업교육(10여 명), 경영학(4명), 교사(피바디 계획, 20여 명), 서울대(미네소타 계획) 교원 또는 행정 실무자(226명) 등의 파견이 있었다. 피바디 계획은 테네시주 내슈빌에 있는 조지 피바디 사범대학(이하 피바디 대학)과 ICA가 계약을 맺어 진행한 프로그램이었다. 애초 4년 예정이었으나 2년이 연장되어 1962년 8월에 마무리되었다.

장기 유학에는 자비 유학도 있었지만 장학금을 받는 경우도 많았다. 미국 각 대학이 제공한 장학금은 한미장학위원회에서 선발한 유학생들에게 지원되었다.[70] 한미장학위원회는 1954년 7월에 방한해 교육계를 시찰했던 콜비주니어 대학 부학장인 마이네케(C. Meinecke)가 조직했다.

1957년에 처음으로 유학 관련 사무에 관한 규정인 '해외 유학생에 관한 규정'이 마련되었다. 이때까지 외무부, 국방부, 문교부에 분산되어 있던 유학 관련 행정이 이 규정에 따라 일원화되었고 유학생의 자격 기준도 명확해졌다. 1960년에는 교환교수와 연수생을 위한 '해외 연구생에 관한 규정'이 마련되었다. 그런데 정부 차원에서 재정적·사상적인 이유로 유학을 권장하지 않는 까닭에 유학 관련 수속의 자격 요건과 절차가 매우 복잡했다.

연도	유학생(명)	미국 유학생(명)	미국 유학생 비율(%)	인문계/자연계 비율(%)
1953	634	576	90.9	35.2/62.7
1954	1,129	1,041	92.2	39.0/59.3
1955	1,079	963	89.2	46.4/51.8
1956	520	429	82.5	65.2/29.8
1957	435	359	82.5	59.1/37.9
1958	378	299	79.1	54.2/44.7
1959	418	350	83.7	51.9/47.1
1960	396	312	78.8	52.5/45.5
1961	417	324	77.7	56.8/41.7
합계	5,406	4,653	86.1	

이로 인해 유학 절차가 향학열을 억제한다는 비판이 일기도 했다.

그렇다면 1950년대 미국 유학의 규모는 어느 정도였을까? 〈표 3〉[71]에서 알 수 있듯이 1953년부터 1961년까지 정식 유학생은 5,406명이었다.[72] 종전 직후 전후 복구를 위한 원조가 실시되던 1954년과 1955년에는 1,000여 명을 웃도는 수치를 보이다가 1956년부터 급격히 감소해 해마다 400명 내외를 유지했다.

유학생의 전공별 분포를 보면 1953년에서 1955년의 경우를 제외하고는 인문계가 더 많았다. 정부에서 자연계 유학생의 비율을 되도록 높이려 했지만 1960년대 말까지도 인문계의 비율이 높았다

유학생 중에는 미국 유학자가 4,653명으로 전체 유학생의 86퍼센트를 차지했다. 그러므로 '유학' 하면 자연스럽게 미국 유학을 떠올리는 정서가 형성되었다. 미국의 외국인 유학생 중에서도 한국인은 1958년 당시 캐나다와 중국에 이어 3위를 차지했다.[73] 따라서 유학생 수의 변화와 미국 유

학생이 차지하는 비율의 변화가 거의 일치하고 있다. 1954년에서 1955년 유학생의 급증도 미국 유학생이 갑자기 증가한 결과였다. 단기 유학과 장기 유학의 수를 헤아려본 연구 결과에 따르면, 1967년까지 정식 미국 유학생은 7,500여 명에 이른다. 단기 연수, 시찰, 교환 교육 등을 통한 유학 경험자 3,000여 명을 합하면 해방 이후 1960년대 중반까지 미국 유학 경험자는 총 1만여 명을 웃돈다.[74]

마침내 미국 유학의 꿈이 실현되어 태평양을 건너는 학생들에게 문교부가 작성한 〈미국 유학 지망자의 편람〉은 이런 행동 요령을 알려주었다. 미국의 풍속, 역사, 당면 문제 등에 관해 되도록 풍부한 지식을 쌓기 위해 노력하고 미국에 도착한 뒤에는 교수, 학우는 물론 동포들에게 누를 끼치지 말고 독립 행동을 하라는 것이다.[75] 또한 유학생은 한국을 알리는 외교 사절이므로 미국과 한국의 훌륭한 가교자가 되어야 한다고 했다. '세계 영도자로서의 미국은 물론 세계 각국의 문화와 그들이 당면한 여러 문제를 알아야 하겠거늘 그 중간 역할을 하는 인사 중 하나가 유학생'[76]이라는 것이다. 이와 같이 미국 유학은 전쟁으로 피폐해진 환경 속에서 탈출구를 찾던 대학생들에게 아메리칸 드림의 실현이요, 대학 생활의 완성형이었다. 이렇게 미국 유학길에 올라 다시 돌아오지 않는 이들을 가리켜 '돌아오지 않는 화살'이라 부르기도 했다.[77]

미국화의 거점이 된 대학

1950년대 미국 유학생은 미국적 질서와 학문을 우러러보는 정서를 공유하며 지배 엘리트로서 현대사의 주역으로 떠올랐다. '스미스-문트 프로그램'으로 단기 유학을 다녀온 신태환은 자신의 경험을 다음과 같이 회고했다.

해방이 되고 미군정이 시작되니 미국 대학에서 공부한 사람들이 미군정에 대거 등용되었다. 일본 대학 졸업생들은 갈 바를 몰랐다. 그들은 완전히 로스트 제너레이션이 되었다. 그런 때 나와 내 아내(그도 일본 동북제국대학 출신으로 사대에서 영문학을 가르치고 있다)는 아직 나이가 있으니 미국 대학에 가서 다시 공부를 하고자 결심을 했다. 다행히도 미 국무성 주관의 '스미스문트 프로그램'에 참여할 수 있게 되어 교환교수 자격으로 1953년 도미, 노스웨스턴 대학과 시카고 대학에서 공부를 했다. 아내는 1955년 컬럼비아 대학에 가서 공부를 하고 돌아왔다. 비록 짧은 기간이었으나 미국의 대학이 어떤 것이고 미국인의 생활이 어떤 것인가를 대개 알고 돌아와 자신을 갖고 학계는 물론 관계에까지 등용되어 활동을 했다. 장관도 두 차례나 지냈다.[78]

미국 유학의 꿈을 이루고 그 경력을 발판으로 장관까지 지낸 이력에 대한 자부심을 느낄 수 있다.[79] 하지만 신태환의 회고에 따르면, '일제 때는 미국 대학 출신의 실력을 일본이나 유럽 대학 출신의 그것에 비해 시원치 않은 것으로 보는 편이었고, 그 외에도 여러 가지 이유로 극소수를 제외하고는 출세하기가 어려웠다'고 한다.[80]

우마코시 도루(馬越徹)가 합동통신사에서 발간한 《현대한국인명사전》을 분석한 결과에 따르면, 1969년 당시 이 인명사전에 이름을 올린 3,336명의 엘리트 가운데 유학 경험자는 1,708명(51.2퍼센트)이었다. 해방 이후 유학 경험자는 443명이었는데, 이 가운데 348명(78.6퍼센트)이 미국으로 유학을 다녀왔다. 이들이 가장 많이 진출한 분야는 학계였다. 그의 조사에 따르면, 해방 전후 미국 유학을 다녀온 428명 중 49.8퍼센트가 대학 교원, 연구자, 교육자로 종사했다.[81] 단기 미국 연수와 교환 교육을 더한다면 이 비율을 훨씬 웃돌게 된다. 또한 우마코시는 1953년부터 1973년까지 20년간 해외 유학을 간 1만 2,370명의 학생 가운데 90퍼센트 가까이가 미국 유학을

갔기 때문에 유학이란 곧 미국 유학을 의미하는 풍토가 만들어졌다고 지적했다.[82]

이처럼 미국 유학생들은 학계로 다수 진출했고, 1960년대 말에 이르러서는 학계의 주도권을 장악했다. 실제로 유학생이 가장 선호하는 직업 역시 대학교수직이었다.[83] 1967년 당시 서울대 교수 660명의 유학 경험을 분석한 정범모의 연구에 따르면, 전체 교수 가운데 62퍼센트가 해외 유학 경험자이고, 그중 52퍼센트(342명)가 미국 유학 또는 시찰의 경험을 가지고 있었다. 그 가운데 대다수인 326명은 장기 미국 유학 경험자였다. 서울대 개교 이래 교수를 해외에 파견한 건수가 1,921건이고 그중 567건이 미국 파견이었다. 이를 대략 따져보면 서울대 교수는 1인당 두 번 정도 외국에 다녀왔고, 그중 한 번은 미국에 간 셈이었다. 단과대학별로 미국 유학 경험자의 비중이 높은 순으로 나열하면, 대학원 연구소(73퍼센트), 공대(65퍼센트), 농대(65퍼센트), 의대(56퍼센트), 문리대(45퍼센트), 사대(45퍼센트), 치대(34퍼센트), 상대(30퍼센트), 약대(27퍼센트), 법대(17퍼센트), 미대(15퍼센트), 음대(11퍼센트) 등으로 나타난다.[84] 미네소타 계획 및 피바디 계획과 관련된 단과대가 특히 높다는 것을 알 수 있다.

한편, 《한국사회과학연구인명록》1976년도 판에 수록된 서울대, 연세대, 고려대, 이화여대의 사회과학 연구자를 분석한 결과, 국내 박사 학위 취득자는 343명이고, 해외 박사 취득자는 376명이었다. 해외 박사 취득자 중 미국 유학자는 282명으로, 국내외 박사 취득자의 39퍼센트, 해외 박사 취득자의 75퍼센트를 차지했다. 이 현황을 조사한 박동서는 미국 유학생이 압도적으로 많아 불균형이 심각하다고 우려했다. 미국에서 박사 학위를 많이 받은 분야는 교육학, 행정학, 지리 및 도시계획학, 사회학, 신문·방송학 등이었다. 이후로도 미국으로 유학생이 몰리는 현상은 계속되었다. 1990년 한 조사에 따르면, 서울에 있는 5개 주요 대학의 인문사회 계열 24개 학과 교수 230명 가운데 78.2퍼센트가 유학 경험자이며, 이 가운데 77.8퍼센트가 미국 유학 출신이었다.[85]

이처럼 미국 유학파가 교육계와 학계를 장악하는 상황은 곧 한국 주류 사회에 미국화의 토대가 마련되고 있다는 것을 의미했다. 1950년대에 미국 유학을 떠나는 이들에게 서울대 법대 김증한 교수는 '선진 문물을 배워 국가 발전의 초석이 되길 바란다'는 충고를 던졌다.[86] 하지만 미국 유학파에게는 이러한 국가적 사명감보다는 주변부 또는 제3세계 지배 엘리트와 마찬가지로 선진 미국 문화를 향유했던 자신들만이 이 사회를 계몽할 수 있는 자격을 갖춘 엘리트라는 선민의식이 앞섰다. 그들에게 미국은 국민 단결이 잘되며 국가 기능이 일사불란하게 움직이는 나라였고, 도시와 지방 농촌의 문화 시설에 큰 차이가 없으며 1955년도 미네소타 대학의 연간 예산이 우리나라 총예산과 맞먹을 정도로 국력이 위대한 나라이고, 그런데도 청소년은 아르바이트로 경제적 자립과 개척 정신을 기르고 근검절약에 철저해 본받을 점이 많은 나라였다.[87] 그것은 선진 대국에 열등감을 느끼는 동시에 미국을 접하지 못한 대다수에게 선민의식을 갖게 만드는 이중적인 인식이었다. 김종영은 이들 미국 유학파를 미국 대학의 지식인보다는 열등한 위치에 있지만 국내 학위자보다 우월한 위치를 점한다는 차원에서 '트랜스내셔널 미들맨(transnational middle man) 지식인(초국가적 중개인으로서의 지식인)'이라 명명했다.[88]

이처럼 미국 유학파가 최고 엘리트로 떠오르는 과정에서 미국 유학은 개인적인 출세의 방편인 동시에 '선진' 문물과 의식을 도입하는 강력한 통로 역할을 했다. 이를 통해 한국에서 미국식 또는 미국이 의도하는 근대화가 일방적으로 진행되었을 개연성이 높다. 아래의 글은 이러한 사정을 잘 보여준다.

도미 유학파들이 정계·재계·학계·군부 등에 신진 엘리트로 두루 진출하게 되는데, 그들은 영어 실력 하나만 가지고도 일본어 세대인 직장 선배들을 능히 비웃을 수 있었다. 그들의 세계관은 보편주의·기능주의였다. 그들에게 있어서 세계는 하나이고, 그 세계는 미국을 구심으로 한 태양계이며, 영어는 세계어이고, 한국의 이익은 미국의 이익에서 부수적으로 창출된다고 보았다. 그들은 대미 관계의 실무에서 영어를 잘하고, 외교석상의 술자리에서 자기가 노래 부를 차례가 되면 으레 영어 노래를 해야만 체면이 서는 것으로 알았다.[89]

1950년대부터 학계에 터를 잡기 시작한 미국 유학파는 미국 학문을 본격적으로 소개하기 시작했다. 사회학의 경우를 살펴보자. 1957년에 미국 연수를 마치고 귀국한 서울대 사회학과 이만갑, 이해영 교수는 파슨스(T. Parsons)의 미국식 구조기능주의를 갖고 들어와 그것을 보편화하면서 주류 사회학이라는 명목으로 사회학계를 평정했다. 그 뒤 사회학은 유럽의 역사주의 경향을 경시하며 일방적인 미국화의 길을 걸었다. 이는 미국에서 그 이론이 힘을 잃는 순간 한국에서도 설 자리를 잃고 또 다른 이론이 그 자리를 차지하는 유행 현상이 반복되는 결과를 가져왔다.[90]

1950년대 교육원조로 추진된 '피바디 계획'은 학자도, 이념도 아닌 미국 대학의 이름을 끌어다 쓴 '피바디 학파'를 만들어냈다. 피바디 계획에 따른 유학이 마무리될 시점인 1968년까지 해외에서 교육학 학위를 받고 귀국한 86명 중 미국 대학 출신이 80명이었고, 이 가운데 33퍼센트인 26명이 피바디 대학에서 학위를 받았다. 1960년대 후반 이후 피바디 대학 출신들은 교육계에 하나의 엘리트 집단을 형성해 미국 교육 이론의 전파와 교육정책 결정에 영향력을 행사했다.[91]

이러한 흐름에 대한 반성으로 학계에서 학문의 토착화나 창조적 연구가 그나마 모색되기 시작한 것은 1960년대 후반의 일이다.[92] 하지만 역설적이게도 이 시기에 이르러 정치학, 행정학, 경제학, 경영학, 교육학 등 대표적인 사회과학 분야들을 미국 유학파가 독식하기 시작했다.[93] 오히려 한국적 학파의 형성 가능성은 더욱 희박해졌다. 서울대의 자성적 성찰에 따르면, '동아문화연구소는 하버드-옌칭의 연구비에 그 운영을 과도하게 의존하여 하버드-옌칭의 학문적 관심사와 관련되는 경향이 짙었고, 교육학은 자매 관계에 있는 미국 피바디 대학 교육학의 영향이 컸고, 행정대학원의 행정학은 역시 자매 관계에 있는 미국 미네소타 대학 행정학의 이식이 적지 않았다'고 한다.[94]

1968년 1월, 연세대 교육대학원이 주최한 '대학과 국가 발전'을 주제로 한 학술회의에서는 '한국 대학의 회고와 현실 및 전망'에 관한 대담이 개최되었다. 사회는 역사학자이자 언론인인 천관우가 맡았고 김활란, 백낙준, 장이욱이 참가했다. 여기서 백낙준은 학계를 회고하며 "서양 제국에 모방하는 단계에 있는 것밖에 되지 못합니다. 모방도 철저히 잘하지 못했습니다. 우리가 서양 사람들이 가진 바 학문을 지금 겨우 이해하려고 애쓰는 과정에 있다고 해도 과언이 아닐 줄 압니다. 그래서 첫째 이해하는 그 연구부터 해야 할 것입니다"라고 주장했다. 아직도 서양 문명에 대한 이해가 불충분하다는 것이다. 이에 반해 천관우는 "우리나라 정치 현상을 분석해주고 주변의 이야기를 해주는 것이 우리나라 정치학이 아닐까요? 서양의 정치학도 우리나라 정치 현상을 고찰하기 위한 하나의 보조 수단입니다"라며, 연구와 교육의 내용이 우리 것을 대상으로 삼고 우리 것을 해부하고 분석하는 방향으로 나아가야 하다고 역설했다.[95] 두 사람의 입장 차이는 미국화가 강화되는 속에서도 주체성을 모색하는 움직임이 일기 시작한 당시 학계의 상황을 그대로 보여주고 있다.

이처럼 미국으로 유학생이 집중되던 시대 흐름은 곧 미국적 학문 기반의 형성으로 이어졌다. 대학이 미국화의 근거지가 되었던 것이다. 1950년대에 교육 원조와 미국 유학을 거치며 대학이 빠르게 미국화되면서 자립·자주의 전통을 수립하지 못했던 현실에 대해 이화여대 교육학과 이규환 교수는 이렇게 한탄했다.

중심국의 대학에 학문적·교육적으로 종속되어 있어 마치 다국적 회사와 같은 인상을 주고 있다.[96]

근대 고등교육이 본격적으로 시작된 것은 일제 시기였다. 식민지의 제국대학이던 경성제국대학과 관립 전문학교, 그리고 조선인을 위한 사립 전문학교가 식민권력의 타율적 통제 아래에 있었다. 해방이 되고 식민권력이 떠난 자리에 미군정이 들어섰다. 미국은 한국의 대학을 재건하고 개조했으며, 원조와 유학을 통해 미국식 대학 모델을 심고 미국적 학문의 토대를 마련했다. 물질적·정신적으로 가장 미국화된 곳이 바로 대학이었다. 이처럼 근대 고등교육의 골격을 마련한 주체는 식민권력이었고, 또한 미군정이었으며, 결국에는 미국 그 자체였다.

2부

사학 주도
대학권력의 형성

1장

국가의 방관 속에 성장한 사립대학

고등교육 기회의 확대

해방 이후 가장 급속히 교육 기회가 열린 것은 고등교육 영역이었다. 고등교육 확대의 주역은 사립대학이었다. 일제 시기에 식민권력은 사립대학의 설립을 허가하지 않았다. 앞에서 살펴보았듯이 해방이 되자 사립 전문학교들은 대학 승격을 요구하며 이를 위한 준비에 들어갔다. 전국 각지에서는 대학설립운동이 일어났다.

미군정기에 고등교육기관이 신설되거나 승격된 현황을 살펴보면, 1946년에 10개의 관·공·사립대학이 문을 닫았고, 2개의 관립대학이 신설되었으며, 3개 학교가 대학으로 승격했다. 또한 4개의 전문학교가 대학으로 승격했으며, 8개의 사립대학이 신설되었다. 1947년에는 공립 2개, 사립 6개 학교가 신설되었고, 대부분의 사립 전문학교가 대학으로 승격했다. 1948년에는 공립 2개, 사립 4개 학교가 신설되었다. 전체적으로 보면 미군정기에 관공립대학의 학교 수는 12개에서 10개로 오히려 축소되었다. 하지만 사립대학은 9개에서 27개로 증가해 사립대학 위주로 학교 수가 늘어났음을 알 수 있다. 1948년 8월 당시 사립대학의 비율은 전체 37개 학교 가운데 27개로 약 73퍼센트를 차지했다.[1]

미군정기 3년 동안 고등교육의 기회가 확대되고 사립대학을 중심으로 대학 설립이 유행처럼 번진 것은 무엇 때문일까? 당시 미군정 관료는 다음과 같이 추정했다.

> 부산에서는 많은 부유한 사람들이 자기 돈을 새 인문계 대학 설립을 위한 기금에 기부했다. 하지만 관공립대학이 이미 존재하고 있다. 문교 당국은 왜 시민들이 정부 편에 서지 않고 재정적 지원을 매우 필요로 하는 새로운 교육기관의 설립을 돕는지 의아해했다. 일제시대에 사립학교는 박해받았으며 정부 지원을 받는 관공립 교육기관을 싫어했다. 지금 그들은 국가 기구 같은 모양의 관공립 교육기관을 싫어하고 그들을 돕고자 하지 않는다.[2]

정부 주도의 관공립학교를 두고 굳이 사립학교 설립을 위해 기성회를 만들고 여기에 큰돈을 투자하는 현상을 일제 시기 식민통치에 대한 반발과 연결해 이해하고 있다.

사립대학을 중심으로 고등교육의 기회가 급격히 확대된 데에는 미군정이 1946년 12월 3일에 발표한 임시 조치안도 제도적 차원에서 상당한 역할을 했다. 당시 미군정 문교부는 고등교육기관의 명칭을 대학교, 대학, 대학관, 학관 이렇게 네 등급으로 나누어 사용하도록 했다. 여기서 대학교는 3개 이상의 단과대학으로 구성된 종합대학이며, 대학은 단과대학을 뜻한다. 대학관은 주야간 상관없이 정규 대학으로 인정할 수 없는 대학 정도의 기관이며, 학관은 주야간 상관없이 고등 학술·기예를 전수하는 곳이었다.[3] 그런데 네 등급의 고등교육기관은 엄격한 역할 차이나 교육 내용 등의 질적 차이보다는 학교 규모나 학생 정원과 같은 양적 차이에 따라 구분되었다. 이를테면 대학교와 대학은 단지 단과대학 수로만 구분될 뿐이었다. 대학관은 대학에 걸맞은 재정적·인적 조건을 갖추지는 못했지만 교육 내용이나 교과과정이 4년제 대학과 같았으므로 대학으로 승격 내지 이행하기 위한 일종의 준비 기관이었다.[4]

사립대학을 중심으로 고등교육의 양적 팽창을 가져다준 또 하나의 제도적 장치로는 당시 각 대학에 설치되었던 전문부를 들 수 있다. 전문부는 본래 전문학교가 4년제 대학으로 승격·개편될 때, 일제 시기에 전문학교에 입학한 학생을 위한 과도기적 조치로 1949년까지 유지한 한시적인 3년제 전문 과정이었다. 이에 따라 해방 직후 대부분의 대학에서는 학부와 전문부를 함께 설치했다. 1946년 12월 당시 서울대에는 공과, 사범, 법과, 상과, 의과, 농과대학에 각각 학부와 함께 전문부가 개설되어 있었다. 또한 연희대, 고려대, 이화여대 등 종합대학에도 학부와 전문부가 함께 설치되었다. 특히 고려대와 동국대 등에서는 전문부가 제1전문부와 제2전문부로 이중 개설되기도 했다.[5] 그런데 당시 전문부의 설치 취지는 엄격하게 지켜지지 않았다. 해방 후 신설된 일부 사립대학이나 조선정치대학관, 국민대학관과 같은 대학관에도 전문부가 부설되었다.[6] '재학생 중에 단기 교육으로 전문 지식을 습득하고자 하는 학생이 많다'는 게 전문부 설치 이유였다.[7]

이 밖에 별과생 및 청강생제도, 야간대학 제도도 고등교육 기회의 양적 확대에 기여했다. 별과생제도는 해방 직후 서울대 등 일부 대학에서 대학에 입학하지 못한 자에게 대학교육의 기회를 주기 위해 실시했던 제도이다. 1947년 5월 서울대의 별과생 규정[8]에 따르면, 별과생은 갑을 두 종류로 나뉘는데, 갑종 별과생은 정식으로 학부에 입학할 수 없는 자, 본교 교수 자녀, 가입학으로도 본교에 입학할 수 없는 자로 되어 있다. 직업 관계상 전문 과목을 배울 수 있을 정도로 경력과 실력이 있는 자들이었다. 을종 별과생은 대학 입학 자격이 있는 자로서, 직업 이외의 이유로 정해진 수업 시간마나 등교와 수입이 불가능한 자로 되어 있다. 갑종 별과생의 신분만으로는 대학 입학 자격이 부여되지 않았지만, 재학 중 적당한 시기에 정규 학생과 동등한 학점을 취득하고 또 정규 수업이 가능한 경우에 한해, 학장 및 교무처장의 승인을 얻어 해당 정규 학년에 편입할 수도 있었다.[9] 당시 별과생의 규모를 정확히 알 수는 없지만 1948년 서울대에는 의과대학에만 70명의 별과생이 있었다.[10]

청강생제도는 별과생제도와 함께 고등교육 기회를 확대하는 주요한 장치였다. 청강생제도는 1946년부터 몇몇 대학의 학칙에 규정되기 시작했다. 대개 청강생은 수강할 실력을 가진 자로서, 빈자리가 있을 때 실력고사를 거쳐 입학이 허용되었고, 정해진 입학 자격을 갖춘 후 입학 성적이 우수하면 정규 학생으로 편입할 수 있었다. 따라서 청강생제도는 정원 외 입학을 허용하는 공식 통로로서, 일부 대학 운영자들에게 정원 확보의 방편으로 적극 활용되었다.[11]

야간대학 제도는 '야간 교수에 주력하여 생활상 이유로 주간에 업무에 종사하며 배우고자 하는 수많은 청년에게 최고 학술을 연구하는 기회를 주어 최고 교육의 보편화를 목적'으로 한 4년제 대학으로 출발했다.[12] 대표적인 정규 야간대학으로는 국민대, 한국대, 청구대 등이 있었다. 이러한 야간대학은 사립에 집중되었고 국공립대학에서는 대부분 개설되지 않았다. 야간대학으로 출발했다가 정규 대학으로 승격하면서 주간대학으로 전환한 사립대학도 생겨났고, 주야간 강좌를 동시에 개설했다가 대학 인가를 받을 때 정원을 대폭 늘려나간 사립대학도 있었다. 당시 야간대학 개설은 대학 운영에 부족한 경비를 마련하는 장치로 활용되기도 했다.[13] 부산대는 국립대학임에도 문교부의 정식 허가 없이 교수 후생비 마련의 한 방법으

로 야간학부를 개설하고 1947년에 학생 150명을 모집했다.[14]

1948년 대한민국 정부 수립 당시 고등교육기관 수는 모두 37개였다. 교원 수는 1,265명, 재학생 수는 2만 4,000명에 달했다. 해방 당시 19개 고등교육기관에 908명의 교원과 6,948명의 재학생이 있었던 상황과 비교해보면, 학교 수는 두 배 이상, 학생 수는 세 배 이상 증가했다. 이러한 고등교육 기회의 확대는 한국인의 교육열에 기반을 둔 것이었지만, 미군정이 대학교육을 기회 균등을 지향하는 대중 교육으로 인식하고 있었기에 가능한 일이었다. 하지만 이러한 인식은 지식인 사이에서 저항을 불러일으켰다. 국대안 파동에서도 대학과 전문학교를 통폐합해 종합대학을 만드는 것이 곧 최고 엘리트의 산실인 대학의 위상을 흐리는 일이라고 반대하는 이들이 있었다.

그럼에도 미군정은 '국립서울대학교 설치령' 제1조에 대학의 위상을 "조선 청년으로 하여금 개인으로서의 조선인 자신 및 현대사회의 국민으로서의 조선 인민의 향상을 위한 곳"이라고 설정해 대학이 개인이자 국민인 인민의 향상을 목적으로 하는 대중 교육기관임을 분명히 했다. 하지만 이승만 정부는 1949년에 '교육법'을 제정하면서 대학에 대해 "국가와 인류사회의 발전에 필요한 학술의 심오한 이론과 그 광범하고 정치한 응용 방법을 교수·연구하며 지도적 인격을 도야하는 것을 목적으로 한다"라고 규정했다. 대학이 학술 연구와 인격 도야를 통해 국가와 인류의 지도자를 양성하는 엘리트의 산실임을 분명히 했다.[15] 1950년에는 '교육법'을 개정해 초급대학 제도를 도입했다. 고등교육을 실시할 수준은 되나 4년제 대학을 운영할 능력이 없는 학교들을 수업 연한 2년의 초급대학으로 인가해주었다.[16] 대학에도 초급대학을 병설할 수 있는 기회를 주었다. 엘리트의 산실이라는 대학의 정체성을 유지하면서도 초급대학 확산을 통해 고등교육에 대한 국민의 열망을 수렴하고자 한 것이다.

전쟁 속 대학의 성장

한국전쟁이 일어나면서 대학교육은 중단되었다. 전쟁이 다소 소강상태에 들어간 1951년 2월 26일, 임시 수도 부산에서 이승만 정부는 수업 재개를 알리는 '전시하 교육특별조치요강'을 발표했다. 하지만 교수와 시설에서 어느 정도 여건이 충족되어야 하는 대학들은 쉽게 문을 열지 못했다. 대학마다 또는 학과마다 여기저기 모여 앉을 공간만 마련되면 강의를 시작해야 하는 형편이었다. 서울대 사학과 교수였던 김성칠은 피난지 부산에서 쓴 일기에서 당시 사정을 이렇게 전했다.

오전 중에는 툇마루에 나가서 한나절 햇볕을 쬐고 오후엔 아직도 부기가 가시지 않은 얼굴 그대로 법대의 강의를 나갔다. 남하한 후 처음의 강의이므로 몸이 아프다고 쉬기엔 내 마음이 허락지 않았다. 재판소 앞 변 씨의 법률사무소 방한 칸을 빌려서 학생 스무남은 명이 그 툇마루에까지 넘칠 지경이고 그리고 이 우리들의 교실의 한구석엔 네댓 살 먹어 보이는 아기가 낮잠을 자고 있었다. 이렇듯 가열한 현실 속에서도 이러한 학문적 분위기를 가질 수 있는 것이 여간 다행한 일이 아니며, 또 제군은 아무리 비통한 현실 속에 처하여서도 그 현실의 힘에 짓눌리기만 하지 말고 이성적인 눈으로 현실을 볼 수 있는 젊은 학도로서의 긍지를 가져야 한다고 이야기한다는 것이 그 가열한 현실, 비통한 사태를 표현함이 좀 지나쳤는지 학생들이 이 구석 저 구석에서 훌쩍거리기 시작하여 나 자신 자꾸만 목이 메었다.

—1951년 3월 4일[17]

오후엔 법대 강의. …… 오는 길에 문리대 임시 사무소에 들러서 사학과 과목에 관한 상의에 응하였다. 전찻길가, 구멍가게보다도 더 허술한 양철집 바라크의

한 귀퉁이를 쓰고 있으나 그나마 쫓겨날 처지여서 대한민국의 최고 학부가 보따리를 걸머지고 길거리에 나서야 할 지경이다.

－1951년 3월 11일[18]

결국 정부가 나섰다. 이승만 정부는 1951년 5월 4일에 '대학교육에 관한 전시특별조치령'을 공포하고 전시연합대학을 설치했다. 이미 1950년 9월 28일에 서울이 수복된 뒤 11월에 서울대를 중심으로 약 2개월간 전시연합대학이 운영된 적이 있었다. 서울 지역 대부분의 대학이 전시연합대학에 참여했고, 연세대만 단독으로 개강했다.[19] 이러한 경험을 바탕으로 다시 서울을 빼앗기고 피난 간 임시 수도 부산에서는 정부가 나서서 전시연합대학을 설치한 것이다.

전시연합대학은 당시 문교부 장관인 백낙준과 대학교수단을 이끌던 유진오의 합작품이었다. 대학교수단은 피난지에서 누구의 도움도 받지 못하고 궁색하게 지내던 수백 명의 교수가 자발적으로 모여 결성한 단체였다. 고려대 총장인 유진오를 단장으로 방종현(서울대), 이정규(성균관대), 김기석(서울대) 등이 간부로 활약했다.[20] 대학교수단은 백낙준 문교부 장관에게 전시연합대학을 다시 조직하자고 건의하고 자체 활동에 들어갔다. 1951년 1월 25일에 부산극장에서 '정신무장 국난극복'이라는 주제로 창립 기념 강연회를 열었고, 2월 19일에는 합동 개강을 했다.[21] 이러한 대학교수단의 활동을 바탕으로 전시연합대학이 설치되었다.

전시연합대학 운영은 당시 문교부 차관 겸 서울대 총장인 최규남과 대학교수단 단장 겸 고려대 총장인 유진오가 맡았다. 전시연합대학의 운영 요강은 다음과 같았다.

첫째, 관계 대학이 협의하여 운영위원과 학장을 선출한다.

둘째, 소요 경비는 관계 대학이 공동 부담하도록 한다.

셋째, 교원은 참가 대학에서 의무적으로 출강하게 한다.

넷째, 학생이 연합대학에서 취득한 학점은 각 대학에서 취득한 것으로 인정한다.[22]

이에 따라 먼저 전시연합대학 운영을 위한 중앙운영위원회가 조직되었다. 위원장은 문교부 장관이 맡았다. 운영위원회에는 서울대, 고려대, 국학대, 한국대, 국민대, 신흥대, 단국대, 세브란스의대, 숙명여대, 서울여자의대 등 10개 학교가 참가했다. 34명의 운영위원 가운데 23명이 서울대 소속이었다.

운영에 필요한 경비는 본래 각 대학이 나누어 부담하기로 했으나, 주로 서울대·부산대 등 국립대학의 예산, 즉 국가 재정으로 충당했다. 본래 학생들은 3개월 치 등록금 1만 원을 소속 대학에 납부하고, 각 대학은 학생 한 사람이 듣는 한 강좌(매주 1시간)당 500원을 부담해 연합학부(학과)위원회에 납부하도록 되어 있었다. 하지만 학생들은 등록금을 제대로 납부하지 못했다. 따라서 전시연합대학은 국립대학과 사립대학의 연합체였으나 실제로는 국립대학, 특히 서울대에 운영을 의존해야 했다. 여기에 운크라가 원조를 제공하면서 재정에 숨통이 트이기도 했다.

전시연합대학에는 법정학부, 경상학부, 이학부, 공학부, 의약학부, 예술학부, 종교학부, 농수산학부, 가사과 및 체육과가 설치되었다. 부산전시연합대학 학장은 당시 서울대 총장인 최규남이, 부학장은 서울대 문리대 학장인 방종현과 세브란스의대 학장인 김명선이 맡았다. 그리고 부산시청 앞 광복동 어귀에 있는 극장에 강의실을 마련했다. 두 시간 강의를 들으면 한 학점씩 주고 소속 대학 학점을 취득한 것으로 인정한다는 방침을 세우고 학생들을 모집했다. 강의는 오전에 교양과목을 합동 수강하고, 오후에는 전공과목별로 수강하도록 구성했다. 강의실은 극장을 중심으로 비어 있는 건물, 개인 사무실, 교수 사택, 창고 등을 사용했다. 전시연합대학의 교육과정은 약식으로 운영되었다. 1950년의 휴교로 학점 취득이 불가능했던 공백 기간을 보충하기 위해 1951년은 3학기로 나누어 운영했다. 학점은 한 학기에 30학점 이상 신청하도록 했다.

부산에 이어 전주, 대구, 광주, 대전에서도 전시연합대학이 운영되었다. 전시연합대학을 다닌 학생은 모두 6,505명이었다. 부산전시연합대학에 4,268명, 대전전시연합대학에 377명, 전주전시연합대학에 1,283명, 광주전시연합대학에 577명이 거쳐갔다. 강의를 담당했던 교수는 모두 444명이었다.[23]

전시연합대학은 1951년 9월 이후 각 대학이 단독 개강을 서두르면서 사실상 해체되었다. 이화여대가 제일 먼저 단독으로 개강했다. 10월 중순에는 부산대가 전시연합대학에서 이탈했고 이후 다른 대학들도 임시 건물을 마련해나갔다. 대부분의 사립대학이 부산에서 개강했으나, 고려대는 대구, 홍익대와 국학대는 대전, 중앙대는 이리에서 개강했다.[24] 단독 개강이 급히 이루어진 까닭은 각 대학이 적어도 최종 학년만은 자기 대학에서 수강하게 한 뒤 졸업장을 수여하려고 했기 때문이다.

단독 개강 이후 학생 수는 전시연합 때보다 증가했다. 연희대는 전시연합대학에서는 156명이 수강했으나 〈표 1〉[25]처럼 단독 개강할 당시에는 학생이 522명이었다. 1952년에는 1,239명, 1953년에는 1,868명으로 급격히 늘어났다. 1952년에는 졸업생이 62명에 불과했으나, 입학생은 625명이었다. 국민대는 전시연합대학에 100여 명이 참여했으나 단독 학교를 세운 1952년에는 학생이 380명이었다. 1953년에는 758명이 입학했다.

1952년 3월에 신학기가 되면서 전시연합대학은 사실상 문을 닫았다. 학생들은 본래 다니던 학교로 돌아가거나 단독 강의를 하고 있는 가까운 대

〈표 1〉 사립대학의 단독 대학 설립 현황

대학	시기	학생	교수	위치(부산)
이화여대	1951년 9월	900	80	서구 부민동
동국대	1951년 9월	800	50	중구 신창동
중앙대	1951년 9월	287	33	서구 암남동
성균관대	1951년 10월	604	22	서구 동대신동
연희대	1951년 10월	522	29	영도구 신선동
해인대	1952년 3월	–	–	해인사 경내
국민대	1952년 7월	380	–	중구 보수동

학에 입학했다.[26] 전시연합대학의 공식 해체는 5월 31일에 이루어졌다. 이날 문교부는 시국이 어느 정도 안정되면서 전시연합대학이 필요 없어져 각 대학이 단독 수업을 추진한다고 발표했다.[27] 다만, 대전전시연합대학은 대전에 종합대학이 없으므로 계속 운영하기로 했다. 그런데 전쟁이 끝나고 원래 서울에 있던 대학들이 본교로 돌아가는 과정에서 문제가 발생했다. 지방 학생들의 서울 유학이 쉽지 않았던 것이다. 이러한 사정으로 연희대는 부산분교를 운영했고, 중앙대는 1951년에 문을 연 이리분교를 계속 운영했다.

전쟁 중이지만 대학교육이 활발히 지속된 데는 대학생 징집 연기 조치가 결정적 역할을 했다. 이 조치 덕분에 1952년부터 1953년까지 대학생 수가 무려 1만 1,778명이나 늘었다.

백낙준 문교부 장관은 대학생이 징집 대상 연령이어서 대학교육이 사실상 어려워진다는 판단 아래 국방부와 협의해 1951년 2월 18일에 '대학생 징집 연기 조치'를 발표했다. 하지만 중국군에 밀리는 상황이 계속되자 이 조치의 실시를 연기했다. 5월 4일에는 '대학교육에 관한 전시특별조치령'을 공포해 학기마다 3, 4학점의 군사훈련을 이수하는 조건으로 대학생의 입대를 연기할 수 있도록 했다. 특히 이공계는 징집을 전면 보류하도록 했다. 하지만 대학생들은 확실한 징집 보류를 요구했다. 5월 20일 전시연합대학 학생총회는 대통령과 문교부 장관, 국회에 성명서를 보내 징집 보류를 확실히 보장해달라고 요구했다.[28] 전시연합대학 운영자들도 징집 보류 조치의 실질적인 실행을 위해 뛰어다녔다.

> 나(유진오)는 전시연합대학 부학장 방종현 씨와 김두헌 문교부 고등교육국장을 대동하고 경남지구 병사구사령관 김종원 대령을 찾아가 수업 중인 대학생에 대한 징집 보류를 교섭하였다. 같은 나이 또래의 청년들이 일선에 나가 피를 흘리는 판국에 대학생에게는 징집을 보류하라는 것은 모순된 일 같지만 나의 요청도 생떼만은 아니었다.
>
> 학생들 중에는 자진해 총을 들고 일선으로 나간 사람도 많이 있었지만은 총후에서 빙빙 도는 사람이 더 많았는데, 그런 학생들은 자격지심에 빠져 쭈볏거리고 시간을 보내게 하느니보다는 정식으로 징집 보류의 특전을 주어 전시연합대학으로 모아가지고 한편으로는 대학교육을 계속하면서 한편으로는 군사훈련을 실시하다가 필요할 때에 일선으로 동원한다면 일거양득이 아니겠느냐는 것이 나의 이론이었다.[29]

이후에도 대학생 징집 보류 문제는 사회문제가 되었다. 1951년 11월 7일에 열린 임시국회는 이승만 정부에 '재학생의 수업 계속에 관한 특별조치요강'을 건의했다. 1951년 11월부터는 각 대학에서 매주 군사훈련을 실시했고, 토요일마다 오전 9시부터 4시간에 걸쳐 야외훈련을 실시하기도 했다.[30]

마침내 이승만 정부는 1952년 3월에 징집보류정책을 확정하고, 5월 31일에 각 대학과 협의를 거쳐 2만 5,000명 이하의 대학생에게 징집 보류 혜택을 주기로 결정했다. 1952년 9월부터는 전시학생증제도를 실시했다. 대학, 사범학교, 고등학교, 고등학교 수준의 공민학교, 단기 교원 양성소 학생들에게 징집 보류 증명서 격인 전시 학생증을 나눠주었다.[31] 대학생에 대한 징집 보류 혜택은 대학 진학률을 크게 높이는 역할을 했다.[32]

전쟁 중 징집 보류 혜택을 받은 대학생들은 부산정치파동 등이 이어지면서 계엄령 아래에서 공부를 지속해나갔다.

> 부산정치파동의 거센 탁류는 백골단이 백주에 횡행천지 하는 사태로 변모했고 관제 민의는 부산 거리를 휩쓸었다. 혈기에 찬 젊은 학도들 사이에는 반독재 투쟁에 나서야 한다고 들먹들먹하는 축도 있었지만, 워낙 삼엄한 전시의 비상계엄 명령에 기가 질린 탓인지 행동으로 옮기지는 못하고 그저 울분을 달래며 냉소에 찬 시니시즘(cynicism)에 젖어 있었다. 이 무렵 법과대학에서는 H교수의 유모아와 새타이어(satire) 넘치는 시국담이 인기를 끌기도 했으나, 어마어마한 감시의 눈이 번득여 학원은 완전히 몸조심 제일주의의 침묵에 잠기고 말았다.[33]

한편, 각 지역에 설치되었던 전시연합대학은 국립대학으로 발전했다.[34] 이승만 정부는 전쟁 중이긴 하나, 지방 문화를 육성하고 지역사회의 특수성을 살리며 대학의 서울 집중으로 인한 폐단을 바로잡는다는 명분을 내세워 지방 분산 계획과 아울러 1도 1교의 국공립대학 설치 방침을 세웠다. 백낙준 문교부 장관은 지방에 국공립대학을 설치하는 것은 고등교육기관의 지역 불균형을 없애고 사립대학 신설을 억제하는 목적을 갖고 있다고 밝혔다. 당시는 1950년부터 실시한 초급대학 제도를 기반으로 사립대학이 늘어나고 있었는데 국립대학을 설치해 이를 흡수하거나 신설을 억제하겠다는 것이다. 또한 동일 지역에 흩어져 있는 몇몇 국공립대학을 통합해 운영의 효율성을 꾀하고, 국고 지원으로 대학의 질적 향상을 추진하고자 했다. 이를테면 대구에는 3개의 국립대학, 즉 대구농과대, 대구사범대, 대구의과대 등이 있었다. 또한 사립대학으로 대구대와 청구대가 신설되어 한 지역에 5개 대학이 몰려 있었다. 문교부는 이들을 통합해 하나의 국립 종합대학을 설립하려 했으나 사립대학의 거센 반발로 3개의 국립대학만을 통합해 경북대를 설립했다.

당시는 국공립 고등교육기관이 16개, 사립 고등교육기관이 34개로, 사립대학 수가 전체 고등교육기관의 3분의 2를 차지했다. 대학 소재지를 보면, 약 3분의 2에 해당하는 30개 학교가 서울에 집중되었고, 나머지 20개 학교는 지방에 분산되었다. 그럼에도 충청남도, 전라북도, 제주도에는 고등교육기관이 빈약한 상태였다.

문교부는 1952년 10월에 대구, 전주, 광주에 국립 종합대학으로 각각 경북대, 전북대, 전남대를 설립했다. 1953년에는 충남대와 충북대가, 1955년에는 제주대가 문을 열었다. 이들 대학 중 충남대를 제외하고는 기존 국·공·사립대학을 통폐합하는 방식으로 신설되었다. 경북대는 앞서 언급한 3개의 국립대학을, 전북대는 도립 이리농과대학, 사립 전주명륜대학, 군산대학관 등 3개의 공사립대학을 주축으로 설립되었다.[35]

이처럼 한국전쟁을 거치면서 국공립은 물론 사립대학까지 늘어났다. 1948년에 37개이던 대학은 1953년에 57개로, 학생 수는 1948년 2만 9,218명에서 1953년 6만 7,818명으로 크게 증가했다. 서울대 강사인 안병욱은 전쟁을 거치며 이렇게 대학과 대학생이 크게 늘어난 현실을 다음과 같이 우려했다.

대학과 대학생의 과잉은 전시체제가 빚어낸 병든 꼴이요, 비뚤어진 타락상이요, 시정을 요하는 혼란에 불과하다.[36]

대학을 세우자, 학생을 늘리자

'너도나도 대학 설립'[37)]이라는 사회적 비난에 직면할 징도로 사립대힉을 중심으로 고등교육의 기회가 확대되던 상황에서 신생 사립대학의 재정 충실도는 대학의 질적 수준과 역할을 결정하는 열쇠였다. 국립대학의 재원은 국고와 지방세로 충당되고 있었다. 반면, 사립대학은 학생 등록금 이외에는 재단법인이 부담해야 했고 국고 보조는 전혀 없었다. 이러한 현실은 일제 시기의 형편과 큰 차이가 없었다.

사립대학은 재정 보충을 위해 미군정기부터 비합법적으로 후원회를 운영했다. 1953년 6월, 이승만 정부는 후원회를 문교부 장관 훈령 제16호로 합법화했다. 후원회를 통해 마련된 재정은 주로 교육 시설의 확장과 교원 생활 보장을 위한 후생비에 쓰였다. 문제는 후원회가 주로 학부형으로 구성되었기 때문에 실제로 후원회비는 학생의 등록금처럼 수익자 부담에 해당하는 것이었다. 게다가 대부분의 사학재단이 재단 전입금을 제대로 내놓을 형편이 못되었으므로 대학 운영은 전적으로 학생 등록금에 의존했다. 사립대학의 가난한 형편은 시설에서도 뚜렷이 드러났다. 일제 시기에 설립되어 일정한 땅을 확보하고 있는 대학을 제외하고는 대부분 곁방살이 아니면 창고, 기숙사 등을 고쳐서 수업을 했다.[38)]

사립대학이 재정난을 벗어나는 방법은 단 하나였다. 바로 학생 정원을 늘리는 일이었다. 대학 재정에서 학생 등록금의 비율이 70~80퍼센트를 차지하고 있었기 때문에, 일정 규모 이상의 학생 확보는 대학의 사활이 걸린 중대한 문제였다. 각 대학은 학생 정원을 더 많이 배정받기 위한 경쟁에 뛰어들었다. 당시 새로 생긴 사립대학은 대부분 궁핍한 재정 여건 때문에 소수 정원의 대학관이나 각종 학교 등으로 출발했다. 개교 이후엔 더 많은 정원을 인가받을 수 있는 종합대학으로 승격받기 위해 필사의 노력을 기울

이는 동시에 기회가 있을 때마다 집요하게 학생 증원을 시도했다.[39]

사립대학은 정원 확대를 위해 문교부 인가를 받는 합법적인 노력뿐만 아니라 실질적인 진학 희망자를 놓고 치열한 경쟁까지 해야만 했다. 당시 고등교육기관의 급격한 양적 확대로 1953년경 인문계 고등학교 졸업자 수가 1만 7,388명인 데 비해 대학 입학자 수는 1만 8,041명으로 대학 입학 정원이 더 많은 상황이었다. 이러한 현실에서 국립대학과 일부 사립대학을 제외한 대부분의 사립대학은 합법적으로 인가받은 정원조차 채우기가 쉽지 않았다.

서울대와 일부 사립대학의 입학 경쟁과 학생 모집 상황을 보면 당시 사정을 짐작할 수 있다. 해방 직후인 1946년과 1948년 서울대의 입학 경쟁률은 각각 2.8 대 1, 2.5 대 1이었다. 그런데 1953년경부터 해마다 평균 4 대 1 내지 5.5 대 1의 경쟁률을 기록함으로써 치열한 입학 경쟁을 보였다. 연희대 역시 해방 직후에 입학시험이나 편입 기회가 있으면 지원자가 몰려들어 안정적으로 정원을 확보할 수 있었다.[40] 하지만 해방 이후 신설된 사립대학은 학생 모집에 어려움을 겪었다. 정원 미달로 수시로 입학을 허가하는 대학이 생겨났는가 하면,[41] 덕성여자초급대학은 1950년 개교 당시 120명 정원에 겨우 47명만 등록하기도 했다.[42] 이로 인해 사립대학에서는 정원을 무시하고 무자격 학생을 포함해 지원자 모두를 거의 그대로 받아들이는 일이 흔하게 일어났다.

1950년대 내내 대학과 대학생 수가 증가했다. 해방 당시 고등교육의 혜택을 받고 있는 학생 수는 8,000명을 넘지 못했다. 하지만 전쟁 중에 오히려 급격히 증가하면서 1955년에는 8만 명에 육박해 10년 만에 열 배에 달하는 양적 팽창을 보였다. 1954년에는 인구 1,000명당 고등교육 인구가 약 3명으로, 당시 일본의 4분의 1, 미국의 7분의 1 수준에 불과했지만 국민학교나 중·고등학교에 비하면 상대적으로 가장 큰 비율로 증가한 것이었다.

1960년 당시 대학생과 대학 출신자는 38만여 명에 이르렀다.[43]

이 시기 고등교육의 팽창은 취업난으로 인한 진학자 증가와 계층 상승 욕구에 따른 교육열 고조의 영향이 컸다. 이러한 대학교육의 비대화 현상에 대해 미국 교육사절단 단장인 벤자민(Harold Benjamin)은 "초등학교 교육이 잘되어 있는 국가나 사회는 건전·착실하며, 이와 반대로 초등교육을 등한시하고 대학교육만 잘된 국가나 사회는 도리어 건전치 못할 수도 있다"라며 우려를 나타냈다.[44]

사립대학의 부실과 부패는 심각한 수준이었지만 대학 진학을 위한 향학열은 쉽사리 식지 않았다. 학기 초마다 총통화량의 4분의 1 또는 5분의 1이 대학 등록금으로 들어가는 현상이 반복되었다. 이 소동을 비판하며 대학망국론이 등장하기도 했다. 당시 70퍼센트 이상이 농업에 종사하던 인구 구성으로 볼 때, 교육에 대한 이런 투자는 지나친 현상이었다. 이때부터 소와 밭을 팔아서 대학 등록금을 마련한다는 의미로 상아탑에 빗대어 '우골탑'이라는 말이 등장했다. 문제는 1950년대의 빈약한 산업구조에서는 대졸자의 취업률도 저조할 수밖에 없다는 사실이다. 대학을 졸업한 사람들은 말 그대로 '고등 유민'이 되어가고 있었다.[45]

이러한 대학 사회의 혼돈을 유진오는 이렇게 회고했다.

한국전쟁기부터 학생 등록금을 벌이 삼고자 많은 대학이 설립되었다. 이로 인해 대학은 영리사업화하고 학생 정원은 이권화했다. 그리고 대학 다닌 일도 없는 사람에게 학사증을 팔아먹는 일이 성행했다. 문교부는 부실 여부를 가리지 않고 공평무사의 원리를 들이대며 대학정원정책을 실시하여 오히려 부실 재단을 보호·육성하고 말았다. 당시 대학 중에는 수백 장, 수천 장의 학사증을 팔아먹는 대학, 전임교원 한 명도 없이 시간강사로만 강의 시간을 채우는 대학, 수십 명 정원에 수백 명 학생을 입학시키는 학과 등 부도덕한 학교들이 허다했다.

…… 학생들의 기강 해이도 극에 달했다. 교련을 강화했으나 학생들은 사열식에서 교관의 구령이 떨어져도 그에 따르지 않기 일쑤였다. 고려대에서는 학점 미달자에게 졸업장을 주지 않자, 졸업생들이 졸업식을 거부하는 소동을 부리기도 했다.[46]

유네스코-운크라 교육계획사절단의 보고서에도 당시 대학 상황에 대해 "학구적 연구를 위한 시설이 없고 조건이 불충분하기 때문에 고등교육은 불행하게도 주로 학생들이 고급 취직자 계급에 참가한다든가, 그렇지 않으면 현재는 병역의무를 피하기 위한 것 이외에는 명확한 목적 없이 군집하는 피난처가 되어 있다"라고 묘사하고 있다.[47]

대학의 타락은 결국 정부의 발목을 잡았고 정부 관료들을 공범자로 만들었다. 1953년부터 《교육주보》 기자와 대한교육연합회 기관지인 《새한신문》의 편집인으로 활약한 정기성 씨의 일갈이다.

마구 늘여놓은 대학 간판은 결국 대학의 값어치를 떨어뜨리고 말았다고 누구나 개탄한다. 그러기에 대학을 바로잡아야 할 필요는 꾸준히 문제로 삼아졌다. 혹은 시설 기준을 마련, 규제하려 했고 입시의 국가 관리 혹은 학사증의 수여 등등 여러 가지 방법이 시행되었지만, 아직도 신통한 방안은 없는 듯하다. …… 또 얼마 전에는 문교 당국의 어떤 실무국장이 "이번만은 정말 공갈이 아닙니다" 하는 묘한 여운과 엄포마저 곁들여가면서 대학 학사 감사를 한 끝에 비위를 적발해놓고서도 '태산(泰山)이 떠나갈 듯이 요동히게 히더니 뛰어나온 것은 쥐 한 마리뿐이었다'는 말처럼 송사리만 무너뜨린 일 등을 보면 과연 대학 문제는 만만한 문제가 아닌 것 같다. 마구 늘려놓은 대학들 때문에 이제는 늘려준 측이 꼼짝 못하는 격이라면 지나칠는지……. 대학 설립 인가 관청의 덕분으로 학교를 차리고는 그 학교로 해서 어엿한 대학 출신이라는 간판 딱지를 힘 안 들이고(기실은 제대로 공부를 않고) 얻은 사람이 너무나도 많다는 그 순환 속에 대학 문제가 속 시원히 풀려지지 못하는 마디가 있다는 것은 결코 근거가 없는 바가 아니다. 전직이나 현직의 문교 관리 중에 언제 대학에 다닐 틈이 있었을까 싶은데 그 이력서를 보면 버젓이 모 대학 출신으로 되어 있다. …… 어쨌든 요지경 속인 것이 바로 대학과 그 핵 및 주변의 세계이다. 교사를 양성한다는 대학에 호텔 관광과를 두게 한 일은 차라리 애교로 볼 수 있다. 대학이 늘고 줄고가 아니라 떼었다 붙였다 그러다가는 또 단장을 달리하는 등 요괴무쌍할 지경인가 하면 아예 홍정꺼리가 되기까지 했다. 정말 쿼바디스 한국 대학이다. 우리나라 발전의 길을 교육에서 구한다면 대학은 바로 교육의 희망이어야 할 것인데, 치부가 되고 있다. 그것도 오랜 시일에 걸치는 동안 거의 고질에 가까운 병상을 가지면서 사이비 대학이 건전할 수 없는 까닭은 누구보다도 그런 대학을 있게 한 분들이 더 잘 아는 일이겠다.[48)]

대학 문제의 책임이 대학 당국만이 아니라 정부에도 있다는 점을 상세히 짚고 있는 글이다.

정부 위의 사립대학

1950년대 대학의 양적 팽창을 주도한 것은 사립대학이었다. 교육 재정은 부족한데 교육열은 높았으므로 이승만 정부는 재단이 부실하더라도 사립대학을 인정하는 방임적 태도를 취했다. 그리하여 급조된 사립대학은 대학 재정을 전적으로 학생들의 등록금에 의존하면서 정원 늘리기에 급급했다. 대학이 영리사업 기관으로 전락하자, 정부는 대학의 난립과 학과 증설, 학생 증원 등을 억제하기 위해 1955년 '대학설치기준령'을 공포했다.[49)]

'대학설치기준령' 초안은 1950년 5월에 나왔으나 한국전쟁으로 공포되지 못했다. 전쟁이 끝난 뒤에도 정식 인가를 받지 않은 불법 대학이 학생 모집을 하거나 부정 입학 같은 비리와 횡령이 발생하는 등 대학교육의 혼란은 계속되었다. 1954년 5월에 개최된 전국총학장회의는 대학의 신설과 증가를 막고, 단독으로 경영할 수 없는 대학을 정비·통합하며, 대학 설치 기준을 제정해 신설 대학은 물론 기존 대학에도 적용한다는 데 합의했다. 대학 정비는 '폐점 휴업 상태로 유명무실하고, 거액의 입학금을 받으며 학생 신분증을 팔고, 징병 기피자의 소굴 역할을 하는 대학'으로 낙인찍힌 사립대학에 대한 강력한 사회적 요구이기도 했다.

이승만 정부는 '대학설치기준령'을 공포하면서 5년에 걸친 대학 정비 계획을 발표했다. 설치 기준에 못 미친 대학을 통폐합하거나 학과와 학생 정원을 감축한다는 내용이었다. 하지만 이 계획은 뜻대로 추진되지 못했다. 당장 정원 확보에 사활이 걸린 사립대학이 정부의 정원정책을 따르지 않은 것이다. 사립대학은 자신들이 합의한 내용조차 지키지 않았다. 중앙대는 1955년에 문교부가 책정한 정원을 무시한 채 초과 모집을 했고, 분교를 없애라는 명령도 무시했다. 이화여대, 동국대 등도 초과 모집을 단행하며 문교부에 맞섰다.

등록금 인상액을 두고도 이승만 정부와 사립대학 간의 신경전이 계속되었다. 단국대, 동국대, 숙명여대, 숭실대, 연희대, 이화여대, 중앙대 등은 1955년 2학기에 대학이 마음대로 올린 등록금 인상분을 학생에게 반환하리는 정부의 요구를 기부했다. 1956년에는 문교부가 등록금으로 5민 3,400환을 제시하자, 사립대학은 7만 환대로 인상해달라고 강력히 요구했다. 결국 사립대학이 문교부의 인상 요구액을 넘는 등록금을 거두었으나 문교부는 별다른 조치를 취하지 않았다.

학생의 시설비 부담 문제를 놓고도 정부와 사립대학 간에 갈등이 빚어졌다. 사립대학은 '대학설치기준령'에 맞추려면 학생들에게 학교 건축 공사비를 거둘 수 있도록 해야 한다고 주장했다. 성균관대는 전체 건축 공사비의 50퍼센트가 부족하다며 신입생에게는 1만 환, 재학생에게는 3,000환씩 거두는 것을 허가해달라고 문교부에 요청했다. 동국대도 건축 시설비로 신입생은 1만 환, 재학생은 5,000환씩 거두게 해달라고 요청했다. 이러한 요구는 1956년에 시설 증설이 필요한 경우 학생 1인당 5,000환 한도로 시설비를 거둘 수 있도록 문교부와 사립대학 측이 합의하면서 일단락되었다. 학교 시설비마저 수업료와는 별도로 학생에게 걷는 편법을 정부가 승인한 셈이었다.

사립대학과 이승만 정부 간 갈등의 핵심은 역시 '대학설치기준령'의 실행 여부였다. 문교부의 시행 의지는 강력했다. 1956년 1월 문교부는 전국 사립 고등교육기관 설립자대표회의를 개최해 시설이 부족하면 학생 등록금이 아닌 설립자의 재정 지출을 통해 기준에 이르도록 하며, 그것이 불가능하면 학과와 정원을 스스로 줄이라고 요구했다. 이와 함께 다음과 같은 사학재단의 운영 지침을 제시했다.

첫째, 설립자·이사장 등에게 수당 기타 명목으로 다액의 금액을 지급하지 말 것.
둘째, 법인 변경 등기 및 재산 소유권 이전 등기는 반드시 법정 기일 내에 완료할 것.
셋째, 기본 재산 처분 및 임원의 임기 만기에 따른 임원 개선과 그 인가 절차는 그 즉시로 수속을 밟도록 하여야 하며, 특히 임원 개선 인가는 반드시 임기 만료 전에 절차를 완료하도록 할 것.
넷째, 임원과 사무직원을 겸직하지 말 것.[50]

또한 '대학설치기준령'으로는 사학재단을 조사할 법적 근거가 불충분하므로 학교 재단 육성을 위한 새로운 기준령을 마련하겠다고 밝혔다.

문교부는 1956년 8월 16일부터 열흘간 학교 건물, 교지(校地), 체육장, 교원, 도서 등 다섯 개 항목의 기준 충족 여부에 대한 심사를 진행했다. 그 결과 전체 대학의 30퍼센트가 기준에 못 미치는 것으로 드러났다. 이 심사 결과로 경기여자초급대는 동국대에 통폐합되었고, 국제대는 신입생 모집을 정지당했으며, 국학대는 정원을 절반으로 줄여야 했다. 대부분의 사립대학은 정원 감축을 요구받았다. 8만 명 정도의 전체 정원 중 6,690명을 줄였고, 총 499개 학과 중 29개 학과를 폐지했다. 하지만 결과적으로 '대학설치기준령'은 사립대학보다는 국공립대학에 큰 영향을 미쳤다. 국공립대학의 학생 수는 줄어들었지만, 사립대학의 학생 수는 계속 증가했던 것이다.[51]

'대학설치기준령'에 대한 사립대학의 입장은 분명한 반대였다. 사립대학은 '대학설치기준령'이 공포되자마자 적용 시한의 연장을 요구했다. 사립대학이 대부분 신생 대학이므로 초창기에 시설을 제대로 갖추지 못했다는 이유로 폐교시켜서는 안 되며, 시간을 충분히 주어 대학다운 여건을 마련하도록 유도하는 게 문교부의 역할이라는 것이다. 게다가 정부가 시설이 부족하다는 것을 제대로 알고 있으면서도 이제 와서 기준을 내세우며 시설을 갖추라고 강요하는 것은 부당하다고 항의했다. 그러므로 인문계 대학은 5년, 자연계 대학은 6년인 시설 완비 기한을 각각 7년과 8년으로 연기해달라고 요청했다.

또한 사립대학은 전국사립대학연합회를 결성해 비상사태에 조직적으로 대응하고자 했다. 이 연합회는 연희대 총장인 백낙준을 회장으로, 고려대 총장인 유진오를 부회장으로 내세웠다. 하지만 원활히 운영되지는 못했다. 유진오의 말에 따르면, '입으로는 교육의 자유, 대학의 자율을 내걸었으나, 실속은 두 사람을 방패막이로 대학 기업의 자유를 관철하고자 했다. 회의에 한두 차례 나가보니 교육자인지 아닌지 알 수 없는 젊은 사람들이 잔뜩 나와 시장판같이 떠들어대서 나중에는 백낙준 자신도 참석지 않았다'[52]고 한다. 백낙준 역시 '거기서 우리 학교 자체의 발전을 위해서 어떤 결의를 하자고 할 때는 번번이 투표해볼 것 같으면 어폐 있는 말로 2류, 3류, 4류 대학이 도리어 수가 많기 때문에 언제나 거기서 승리합니다. 필경은 없애 버리고 말았습니다'[53]라고 회고했다. 두 사람 모두 당시 새로 생긴 사립대학에 부정적인 인식을 갖고 있었다.

사립대학은 결사체를 통해 집단행동을 시도하는 한편, 문교부 산하 고등교육 관련 심의회와 위원회에도 적극 참여해 대학 자치를 명목으로 되도록 정부의 간섭을 배제하는 데 힘썼다. 1957년 문교부 산하 교육특별심의회는 대학 자치를 위해 교직원 및 학생 정원 문제를 각 대학에 일임하는 동시에, 사립대학 수업료를 비롯한 일반 경리는 문교부령으로 고정하지 말고 자유경쟁 원리에 따라 감독관청의 인가제로 하자는 결의안을 문교부에 제출하기도 했다. 사립대학의 강한 압력에 밀린 문교부는 1958년에 모든 등록금을 각 대학에서 자율적으로 책정하되, 대학 납부금의 최고·최저 한도액을 문교부가 제시하는 선에서 하는 것으로 한발 물러섰다.

1958년에도 이화여대, 연세대, 고려대 등 12개 대학에서 재적 학생이 법정 정원보다 5,578명이나 초과한 사실이 드러나면서 문교부의 대학 정비 의지를 더욱 무색하게 만들었다. 시설 기준에 근거한 정원 감축은 아무런 효과가 없음을 만천하에 드러낸 셈이었다. 문교부는 정원 초과 대학에 학장 승인을 취소한다는 엄포를 놓으면서도 초과 모집 사실 자체를 은폐함으로써 사립대학의 불법 처사를 묵인한다는 비판을 받았다.

결국 문교부는 사립대학의 주장을 일부 수용해 '대학설치기준령'에 따른 시설 완비 기한을 인문계 6년, 자연계 7년으로 1년씩 연장하는 내용을 골자로 개정안을 마련했다. 재정난에 허덕이고 있는 사립대학에 시설 확장을 강요하는 것은 결과적으로 학생들의 부담을 과중하게 한다는 것이었다. 사립대학에 자금 마련과 건물 확장을 위한 시간적 여유를 준다는 것도 이유였다. 백낙준, 유진오를 비롯한 전국사립대학연합회 간부들이 참여한 대학조사위원회는 1958년 8월에 대통령에게 5개년 계획을 8개년 내지 9개년 계획으로 연장하는 선에서 '대학설치기준령'의 개정을 건의했고, 이를 반영한 개정안이 9월 1일에 공포되었다. 이처럼 사립대학의 집요한 압력에 '대학설치기준령'은 사실상 유명무실해졌고, 사학재단 조사를 위한 법령은 만들어지지 않았다.[54]

이승만 정부의 대학정책이 사립대학에 잘 먹혀들지 않은 이유는 이승만 대통령 역시 '너나나도 대학 설립'이라는 유행에 가담한 장본인이었기 때문이다. 이승만은 하와이 한인기독학원의 토지와 재산을 매각한 15만 불을 쌈짓돈으로 해서 하와이 한인 이민 50주년을 기념하는 사립 공과대학을 설립할 계획이었다. '국립이나 공립보다도 하와이 동포와 국내 동포의 합작으로 재단을 설립하는 것이 더 의의가 크다'고 생각했기 때문이다.

문제는 대학을 설립하고 운영하는 데 정부를 동원한 점이었다. 이승만은 1952년에 김법린 문교부 장관에게 그와 같은 구상을 밝히고 구체적인 계획 수립을 지시했다. 학교 이름은 인천과 하와이의 첫 음을 딴 인하에, 미국 MIT와 같은 공과대학을 세우겠다는 뜻을 더해 인하공과대학으로 결정했다. 국가 부흥을 위한 과학기술인 양성에 힘쓰는 공과대학을 만들겠다는 것이었다. 이후 국무회의 의결을 거쳐 1953년 2월 8일 국무총리 이하 전 국무위원과 각계 대표가 참여한 인하공과대학 설립기성위원회가 조직되었다. 정부가 나서서 설립 보조금으로 6,000만 환을 내놓았다. 이승만은 직접 대지 선정에 나서서 인천항 부근 학익동과 용현동에 12만 7,000평의 시유지를 확보했다. 인하공과대에는 기계공학과, 조선공학과, 광산공학과가 들어설 예정이었다.

1953년 6월 4일에는 이승만이 직접 '인하대학 설립에 관하여'라는 특별 담화를 발표했다. 사립대학을 만들면서 이를 국가적 의제로 부상시켜 온 국민에게 알린 것이다. 이는 인하공과대 실립 자금을 국민모금으로 마련하겠다는 의지의 발현이었다. 국무총리 이하 전 국무위원이 참여하고 김법린 문교부 장관이 위원장을 맡은 인하공과대학 설립기성위원회는 대학을 설립하기 위한 돈을 모아오는 일에 나섰다. 전체 필요 경비의 5분의 1에 해당하는 6,000만 환을 민간에 기부받아야 했다. 모든 부처의 차관이 나서서 설립 기금 조성 분담조를 6개조로 나누고 모금 대상과 배당액을 정했다. 국민모금은 애초 불가능했고, 가장 먼저 각 부처 공무원들이 모금이라는 이름으로 쌈짓돈을 나누어 내야 했다. 그리고 대한중석광업주식회사, 대한금융단, 대한수리조합연합회, 대한항공사, 동양방직주식회사 등에서 민간기금을 내놓았다. 그럼에도 1954년 6월 20일 당시 민간에서 걷은 기부금은 2,700만 환으로 목표액에 반도 못 미치는 상황이었다.

설립 기금 조성과 함께 1954년 2월 5일 재단법인 인하학원과 인하공과대학이 문교부로부터 설립 인가를 받았다. 재단법인 인하학원은 이사회를 구성하고 2월 27일에 법적 등록을 마쳤다. 초대 재단 이사장은 이승만의 측근인 이기붕이 맡았다.[55] 관권을 동원해 만든 사립대학인 인하공대가 한진상사에 넘어간 것은 1968년이었다.

'대학설치기준령'이 힘을 잃고 1959년부터 대학 설립이 허용되면서 다시 대학 승격과 설립 신청이 이어졌다. 그리고 학생들에게 등록금을 걷어 시설을 늘리면서도 설립자는 기본 재산을 한 푼도 내지 않고 대학을 경영할 수 있는 현실은 계속되었다.

이에 대해 유진오는 다음과 같이 비판했다.

대학의 편성과 학생 정원 등이 엄격한 문교부의 통제를 받게 된 것은 6·25동란이 터진 이후의 일이다. 대학생에 대한 징집 유예가 제도화되자 대학 지원자의 수가 급격히 늘어나서 대학의 영리적 경영이 가능케 되고 그에 따라 문교부는 강력한 통제권을 가질 필요가 생기게 된 것이다. …… 그러한 새로운 사태에 응해나가는 과정에 있어서 문교부가 강력한 통제권을 지나치게 발동하여, 한편으론 새로운 대학 설립 인가를 남발하면서 한편으로는 기성 대학의 팽창을 억제하는 모순된 정책을 계속한 것은 큰 잘못이었다 아니할 수 없다. 한때 우리나라 대학교육이 질적으로 저하되고 대학 건물이 우골탑 운운의 지탄을 받게 된 중요한 원인은 그러한 곳에 있었던 것으로 나는 생각한다.[56]

사립대학의 입장에서 이승만 정부를 어떻게 바라보았는지 잘 드러나 있다. 고려대 총장 유진오는 이승만 정부가 내놓은 '대학설치기준령'을 사립대학에 대한 통제라고 인식했다. 신설 사립대학이 부패한 책임을 모든 사립대학에 물으며 기존 전통적 사립대학에까지 칼날을 들이대는 것은 부당하다고 보았다. 연희대 총장 백낙준은 대학에 자치를 부여하는 것이 곧 민주교육이라고 주장했다.

대학은 한 민족의 이상을 조성하는 기관이다. 그리스도의 정신으로 이 민족을 새로 나게 하여 새 국민, 새 국가를 이 땅 위에 세우려는 사명을 가지고 학교를 경영하는 반면에 이 목적을 못 이루게 하는 폭력과 싸워온 것이 이 학원이 겪은 역사이다. 국가의 고등교육기관인 대학은 자치기관이 되어 대학을 그 자체에서 관리하고 운영하여야 민주교육이 이룩될 것이다.[57]

이것이 곧 유진오와 백낙준이 '대학설치기준령'에 반대한 논리였다.

이승만 정부는 여러 국공립대학을 세웠고, 한국전쟁을 거치면서 많은 사립대학이 들어섰으며, 대학생 수 또한 급속히 늘었다. 이승만 정부와 사립대학 간의 '대학설치기준령'을 둘러싼 줄다리기는 사립대학의 승리로 끝났다. 사립대학을 설립한 사학재단은 역사의 길고 짧음에 관계없이 국가의 지원 없는 통제에 강력히 반발했다. 이처럼 국가권력에 대항하는 과정에서 사립대학, 즉 사학을 주축으로 한 대학권력이 형성되어갔다.

4·19 직후 학원 민주화운동

1950년대 대학이 혼란스러웠던 건 사실이지만 희망의 싹도 움트고 있었다. 반공주의의 굴레를 벗고 '좀 더 민족적 양심에서 민족적 의분에 폭발하는 화산과 같은 새로운 운동을 기대'[58]하는 목소리가 등장하기 시작했다. 1950년대 중반부터 전교생이 모이는 대규모 축제가 시작되면서 학생들의 집단 정체성이 강화되었고, 선진적인 학생들을 중심으로 사회 비판의식이 성장했다. 서울대 정치학과 신진회와 법대 신조회, 고려대 협진회와 같은 이념 동아리도 만들어졌다. 이들은 특히 자유와 민주, 민족과 주체성에 큰 관심을 보였다.[59] 이러한 변화에 힘입어 학생들이 거리로 나와 독재에 저항하는 4·19가 일어났다.

4·19 당시 학생들은 학원의 자유를 요구했다. 이승만 대통령이 물러나고 다시 학교로 돌아온 학생들은 학원 민주화운동, 즉 어용교수 퇴진과 어용 자치조직인 학도호국단의 해체를 요구하는 운동을 벌였다.

1960년 4월 29일에 허정 과도정부가 들어서면서 문교부 장관에 서울대 사학과 교수인 이병도가 발탁되었다. 차관으로는 고려대 법학과 교수인 이항녕이 취임했다. 두 사람 모두 친일 행보로 논란이 될 수 있는 인물이라는 점에서 허정 과도정부의 성격을 엿볼 수 있는 인사였다. 이병도 장관은 '젊은 학도가 흘린 고귀한 선혈이 헛되지 않도록 진정한 민주학원의 육성과 우리 문화의 앙양 및 뿌리박힌 학원의 부패상을 시정하도록 하겠다. 그리고 앞으로 더 이상 학도들의 희생이 나지 않기를 바란다'는 취임 인사를 남겼다. 또한 학원의 정치 도구화와 경찰의 학원 간섭 등을 철저히 배격하겠다고 약속했다. 이병도는 3대 교육 방침으로 학원의 정상화, 사도(師道)의 확립, 교육의 중립성 확보를 제시했다.

1960년 5월 3일에 허정 과도정부 국무회의의 결정으로 학도호국단이 해체되었다. 열흘 뒤인 5월 13일에는 20개 대학 학생 대표들이 모여 선거로 구성되는 새로운 학생 자치조직의 명칭을 학생회로 통일하는 데 합의했다. 학생회 준비를 위한 사전 조직으로 먼저 학생자치위원회가 만들어졌고 대부분의 대학에서 1960년 말까지 학생회 선거를 실시했다.

학생회 건설과 달리 어용교수 퇴진과 대학 행정의 민주화를 구현하는 일은 쉽지 않았다. 가장 먼저 어용교수 퇴진에 나선 학교는 성균관대였다. 1960년 4월 29일, 성균관대 학생들은 이선근 총장이 참석한 학생 조회 시간에 공청회를 열고 총장의 사퇴를 요구했다. 이선근은 이승만 정부에서 문교부 장관을 지냈고, 3·15부정선거 당시 자유당 정부통령선거 중앙대책위원회 지도위원을 맡은 대학 관계자 9명 중 유일하게 총장 출신이었다. 결국 이선근은 5월 9일에 총장직을 사임했다. 이후 서울대, 연세대, 경북대, 조선대, 숙명여대 등 30여 대학에서 어용교수와 무능 교수 퇴진운동이 일어났다. 수업 거부, 동맹휴업, 단식투쟁, 장기 농성에 유혈 사태까지 격렬한 양상으로 학원 민주화운동이 진행되었다.[60]

대학가에서 광범위한 학원 민주화운동이 일어나자 문교부는 독단적이고 비합리적인 대학과 재단 운영을 개선하기 위한, 즉 학원 정상화를 위한 방안을 내놓았다. 행정 당국의 지도 아래 학교별 사친회와 동창회, 교직원들이 긴밀히 협조해 분규를 수습하고, 학생의 정당한 요구를 반영하기 위해 노력하라고 지시했다. 정부까지 나서서 학원 민주화운동을 지원할 만큼

4·19 이후 대학과 사회에서 혁명의 주역인 대학생들의 위상은 전에 없이 높았다.

> 4·19 당시 등록금이 너무 비싸다고 교정에서 성토를 한번 하니까 허겁지겁 등록금을 내려주고 이미 납부된 등록금에서 100환씩 돌려주는 웃지 못할 일도 있었다. 어용 무능 교수를 추방하자는 운동이 여기저기서 터져 나왔다.[61]

문교부는 한 걸음 더 나아가 1960년 5월 26일에 '학원 정상화를 위한 긴급조치의 건'을 발표했다. 이 긴급조치는 부정선거에 적극 가담해 손가락질을 받고 있던 교육공무원은 법대로 처리하고, 사립학교 관계자는 '교육법' 제87조에 따라 총장·학장·교장 및 법인 임원의 취임 승인 또는 인가를 취소한다는 내용을 담고 있었다. 다음과 같은 행위를 저지른 교육공무원은 청산 대상이 되었다.

- 3·15정부통령선거에 적극 가담하여 교육계나 일반 국민의 지탄 대상이 되고 있는 자
- 구정권을 배경으로 학교 경영, 교육행정 수행에 있어 독재와 부정·불법을 자행하여 개인의 명리를 도모하고 학원의 질서를 문란케 하여 교육계의 위신을 손상케 한 자
- 불순한 동기로 학생 또는 동료를 선동하여 학원의 질서를 문란하게 하거나 직무를 유기 또는 태만히 한 자
- 4·19 이후에 부정 입학을 시켰거나 부정 경리를 자행한 자[62]

사립학교 교원과 법인 임원 가운데 3·15부정선거에 적극 가담한 자는 자진 사퇴하도록 권고하고, 이를 따르지 않는 자에게는 총장·학장·교장

등에 대한 취임 승인과 법인 임원에 대한 인가를 취소할 수 있도록 했다. 다만, 문교부는 이에 직접 나서기보다는 학원 스스로 사태를 수습하라고 권고했다.

그해에 7·29선거를 통해 장면 정부가 들어섰고 문교부 장관으로 오천석이 취임했다. 문교부는 과거의 모든 독재적 요소를 없애고 교육행정의 민주화를 정책의 최우선 과제로 삼겠다고 밝혔다. 오천석은 취임사를 통해 교육의 민주화를 선언했다.

젊은 세대의 피로 이루어진 4월혁명은 우리 사회로부터 모든 비민주적 독소를 일소하는 계기를 만들었는데, 이제 남은 일은 하루바삐 모든 제도와 시책을 민주화하는 일인 것이다. 그리고 그러한 혁명정신은 그대로 교육에 반영되어야 할 것이며, 거기에는 교육의 민주화를 구현하는 오직 한길이 있을 뿐이라고 생각하는 것이다. 교육의 민주화는 오늘날 새롭게 논의된 문제가 아니라 과거 15년간 한결같이 부르짖어왔던 것이며, 그것이 다만 구호에 그쳤을 뿐 실질적인 보람을 거두지 못하였던 까닭에 이제 다시 우리가 당장 해결해야 할 과제로서 드러나게 된 것이다. 따라서 본인은 교육 면에서 혁명의 과업을 완수하는 첫 단계가 교육을 민주화하는 일이라고 생각한다. 본인은 해방 이래 아직도 우리의 교육이 민주주의 나라의 터전을 닦을 만큼 완전히 민주화되지 못하였다고 생각하고 있다.[63]

오천석은 학원이 민주화란 교유이 이루어지는 학원에 민주적 분위기가 조성되는 것을 의미한다고 주장했다. 구체적으로는 학원에 정신의 민주화, 체제의 민주화, 교육 내용과 방법의 민주화를 구현하는 일을 말한다. 이처럼 오천석은 교육행정의 기본 원칙을 교육 민주화에 두면서 상당한 비난을 받기도 했다. 상대적으로 반공교육에 관심이 적다는 것이었다. 오천석은 반공교육보다는 민주교육이 민주국가 건설이라는 목적을 위해서는 더 긍정적인 교육이라고 반박했다. 그는 중앙집권적인 행정 권한의 지방 분권을 시도했다. 또한 대학생에게 장학금을 대여하는 대여장학금제도를 신설했다.

4·19 직후부터 교수들 역시 대학 자치와 자율의 목소리를 높였다. 대학의 자치와 자율을 주장하는 목소리는 1950년대에도 있었다. 1952년 4월 23일에 공포된 '교육법시행령' 제148조에 따르면, 국립대학에는 평의원회를 설치하고 대학 또는 부설기관의 설치와 폐지, 학부 또는 학과의 설치와 폐지, 학칙 등을 다루도록 했다.[64] 하지만 평의원회는 본래 의미대로 자치기구의 역할을 할 수 없었다. 각 단과대학장, 대학원장, 교수, 교육에 저명한 인사 중에서 총장이 위촉한 자로 구성되었기 때문이다. 총장에게 평의원 선출 권한이 집중되고 보직 교수들이 참여한다는 점에서 집행기관인 교무회의와 구별할 수 없다는 한계를 갖고 있었다. 이에 서울대 총장은 1952년 6월 전국총학장회의에서 진정한 자치제도를 확립해 대학의 권위와 학문 연구의 자유를 보장할 것, 교육공무원법을 조속히 실시해 교수의 신분 보장 및 처우 개선에 관한 근본 조치를 강구할 것, 그리고 국립대학의 재정 독립을 인정해 자유로운 발전을 도모할 수 있도록 할 것을 정부에 요구했다.[65] 대학 자치를 위해서는 무엇보다 교수의 신분 보장, 대학의 재정 독립, 자율적 운영 등이 이루어져야 함을 강조한 것이다.

1953년에 공포된 '교육공무원법'에 따라 국립대학에서는 총장과 학장을 조교수 이상으로 구성된 교수회의 동의를 얻어 임명하도록 했다. 또한 조교수 이상의 교수 임명에도 교수회의 동의를 얻도록 했다. 교수 인사에 대한 권한을 교수회가 장악하는 셈이므로 반대의 목소리도 적지 않았다. 1954년 7월에 취임한 이선근 문교부 장관은 전국총학장회의에서 교직원 임명에 대한 교수회 동의제를 폐지하도록 법률을 개정할 방침이라고 밝혔으나, 대다수 참석자들이 일단은 올바른 운영을 위해 노력하자는 쪽으로 의견을 모았다.[66] 하지만 제한적이나마 대학 자치, 더 정확히는 교수 자치를 누리는 것은 국립대학이었기에 가능한 일이었다.

4·19 당시 4월 26일에 발표된 〈대학교수단 시국선언문〉에서 교수들은 학원의 자유를 절대적으로 보장할 것을 주장했다. 국립대학은 물론이고 사립대학에서도 교수들이 대학 이사회 또는 이를 대표하는 총장의 독재적 권한을 배격하고 자치 권한을 행사할 수 있는 교수회 조직을 시도했다. 또한 1960년 5월 22일에는 대학교수를 포함한 각급 학교 교원 300여 명이 모여 교원노조를 결성했다.

4·19 이후 학원 민주화운동이 전개되면서 대학의 자치와 자율이 수면 위로 떠올랐다. 교수와 학생은 물론 사회도 대학의 민주화를 지지하고 성원했다. 사회 민주화가 앞으로 한 걸음 나아갈 때마다 대학의 자치와 자율, 그리고 민주화가 주목받으며 학원 민주화운동이 일어나는 일은 이후 현대사에서도 계속 반복되었다.

2장

사학 중심 대학권력의 탄생

대학교육을 재건한 사학 3인방

해방이 되면서 경성제국대학과 관립 전문학교에서 일본인 교수와 학생이 사라졌다. 미군정이 들어서고 대학교육을 이끈 것은 사립 전문학교의 교장과 교수 들이었다. 그중에서도 이화여자전문학교 교장 김활란, 연희전문학교 교수 백낙준, 보성전문학교 교수 유진오, 이 3인방이 대학교육 재건의 주역으로 활약을 펼쳤다.

    일본에서는 정부가 제국대학을 설립한 이래 사학보다는 관학 위주의 대학 행정을 펼쳤다. 사학은 전문학교에 많았다. 하지만 미군정이 등장해 고등교육의 서열을 무너뜨리고 전문학교의 대학 승격을 유도하면서부터 사학이 대학 행정에 영향을 미치기 시작했다.[1] 식민지로부터 해방된 한국에서 일본인이 떠난 자리를 메우며 대학을 재건할 능력을 가진 사람들은 사학에서 나올 수밖에 없었고, 그들은 순식간에 대학 재건의 주역으로 떠올랐다.

1945년 11월에 미군정이 만든 조선교육심의회에서 김활란과 백낙준은 교육이념 분과, 유진오는 고등교육 분과에서 활동했다. 1950년대에는 각각 이화여대, 연희대(연세대), 고려대 총장으로서 대학과 정계를 넘나들며 대학권력을 형성해나갔다. 일제 시기에 문을 연 사립 전문학교의 경험을 토대로 대학 재건에 앞장서고 세 대학을 명문 사립대학으로 일구어내는 데 3인방의 역할이 절대적이었다.

이화여대 총장 김활란은 기독교인으로서 이화학당 중학과와 고등과를 졸업하고 대학과에 입학한 전형적인 이화인이었다. 대학을 졸업하고 이화학당에서 교사 생활을 하면서 1922년에는 YWCA를 창립했다. 그해에 미국 유학을 떠난 김활란은 1924년까지 오하이오주 웨슬리언 대학에서 종교철학 석사과정을 마쳤다. 1925년에 돌아와서는 YWCA, 태평양문제연구회 조선지회, 흥업구락부 등에서 기독교 사회개혁운동을 펼쳤다. 민족협동단체인 신간회와 근우회에 창립 회원으로 참여했으나 1928년에 사회주의 진영이 근우회 집행부를 장악하자 탈퇴했다. 이후 김활란은 YWCA를 중심으로 농촌개혁운동에 심혈을 기울였다. 야학과 강습소를 열어 여성을 대상으로 한글, 편물, 산수, 음악, 요리 실습, 위생 등 기초 교양을 가르쳤다. 농촌계몽운동이 한창이던 1930년에 김활란은 컬럼비아 대학으로 유학을 떠나 박사 학위를 받고 1932년에 돌아와 이화여자전문학교 교수로 부임했다.

김활란은 1937년 7월 중일전쟁 발발 직후에 결성된 애국금차회에 발기인으로 참여하며 본격적인 대일 협력, 즉 친일 행보를 시작했다. 애국금차회는 조선총독부 조선중앙정보위원회가 상류 여성층을 중심으로 조직한 친일단체였다. 황군(일본군)의 환송연, 총후가정(전쟁터에 자식을 보낸 집) 위문 격려와 조문, 국방비 헌납 등의 사업을 위해 금비녀와 금반지를 모아 헌납하는 운동을 펼쳤다. 조선총독부는 기독교계 학교의 서양인 교장을 조선인으로 바꾸는 정책을 내놓으면서 아펜젤러(A. Appenzeller)를 추방하고 김활란을 이화여자전문학교 교장 자리에 앉혔다. 그렇다고 조선총독부가 이화여자전문학교를 온전히 놔둔 것은 아니었다. 결국 이화여자전문학교는 1943년에 1년제인 이화여자청년연성소 지도자양성과로 바뀌었다.[2]

김활란은 이화여자전문학교 교장으로서 친일 행보를 이어갔는데 임전대책협의회, 국민총력조선연맹, 조선교화단체연합회, 조선임전보국단 등 친일단체에서 활동했다. 징병제 실시가 다가오자 각종 강연과 글을 통해 '여성이 국민으로서 최대의 책임을 다할 기회가 왔고, 그 책임을 다함으로써 진정한 황국신민으로서 영광을 누리게 되는 것'이라는 주장을 펼쳤다.

> 국가를 위해서는 즐겁게 생명을 바친다는 정신이다. 모든 것이 내 것이 아니다. 내 남편도 내 아들도 물론 국가에 속한 것이다. 최후의 내 생명까지 국가에 속한 것이라는 것을 절실히 깨달아야 한다. 그리고 보면 국가에 속한 내 남편이나 아들 또 내 생명이 국가에서 요구할 때 쓰인다는 것은 너무나 당연한 일이다. 못 쓰인다면 오히려 그 얼마나 부끄러운 일인가.[3]

그런데 해방 이후 김활란은 자신의 친일 행보는 '강요'에 의한 것이었다고 해명했다.

> 때때로 나는 교장으로서 중요한 연설을 강요당했다. 나는 많은 일본인 간부 교직원의 보고 대상이 되어가면서 일본말로 준비된 연설문을 낭독하곤 했다. 나의 일거일동은 샅샅이 상부에 보고되었고, 나의 연설문을 작성하는 사람은 정부에서 파견된 사람이었다.[4]

해방이 되자 김활란은 조선교육심의회에서 활약하는 한편, 이화여자전문학교 교장으로서 종합대학 수립에 나섰다. 독립촉성부인회를 조직해 여성운동도 계속했다. 1948년에는 제헌국회의원 선거에 무소속으로 출마했으나 낙선했다.

한국전쟁이 나자 김활란은 임시 수도 부산에서 이승만 정부의 공보처장으로 일했다. 김활란의 활약으로 이화여대는 1951년 9월에 전시연합대학에 속한 대학 중 가장 먼저 30개의 천막 건물을 부민동에 세우고 단독 개강을 했다. 1953년에는 100명의 졸업생을, 1954년에는 5명의 석사 학위자를 배출했다. 1950년대를 거쳐 1961년까지 이화여대 총장으로 활동하면서 김활란은 한국여성단체협의회를 결성하고 유엔총회에 한국대표단으로 참여하기도 했다.[5]

1950년대에 김활란이 이화여대 총장으로서 주력한 것은 전후 복구와 시설 확장이었다.[6] 아펜젤러 기념관의 성격을 갖는 과학관, '위치타 하우스(Wichita House)'라는 이름을 가진 총장 공관을 비롯해 학부형과 후원회, 그리고 재미합동위원회 등의 도움을 받아 공사비 2억 환을 들인 대강당을 줄줄이 준공했다.[7] 기숙사는 미국여성선교회 한국 담당 대표인 빌링즐리(Alice M. Billingsley)의 주선으로 마련되었다. 교실, 실험실, 실습 유치원과 부속 중·고등학교, 병원 증설, 사회관, 체육관, 예배당, 이화교, 정문 등이 이때 새로 지어졌다.[8] 이처럼 김활란은 대학 총장으로서 학교 시설을 늘리는 데 힘쓰는 한편, 대외적인 정치·외교 활동과 사회운동을 병행하며 자신과 대학의 입지를 굳혀갔다.

백낙준은 미국 유학을 다녀온 기독교인으로서 기독교계 사학인 연희전문학교 교수를 지냈고 친일의 길을 걸었다는 점에서 김활란의 행보와 크게 다르지 않았다. 기독교계 학교인 평북 선천의 신성학교를 졸업하고 중국으로 건너가 톈진의 신학서원(Anglo-Chinese College)을 다녔다. 이후 1916년에 미국으로 건너가 미주리주의 파크 대학에 입학했다. 1922년에 파크 대학에서 역사학으로 문학사 학위를 받았고, 1925년에 프린스턴 신학교에서 신학사 학위를, 또 프린스턴 대학에서 역사학으로 석사 학위를 받았다. 1927년에는 예일 대학에서 종교사학을 전공하고 철학박사 학위를 받았다. 그해 가을에 연희전문학교 성경교수로 부임했고 1932년부터는 문과과장으로 재직했다. 미국에서 목사 자격을 얻어 들어왔으므로 YMCA, 조선기독교연합공의회 등에서 종교 지도자로 활약하기도 했다. 또한 민속학회, 진단학회, 조선어학회 등 학회 활동에도 참여했다. 한편, 백낙준이 1937년 5월 미국에 건너갔을 때 국내에서 수양동우회 사건이 일어나면서 이 사건에 관련된 혐의로 기소 중지 상태에 처했다. 결국 1939년에 귀국해 경찰에서 불구속 조사를 받고 교수직을 사임했다.[9]

이후 백낙준 역시 김활란과 마찬가지로 친일 행보를 걸었다. 무엇보다 여러 기독교 단체를 이끌며 종교인으로서 친일에 앞장섰고 임전대책협의회, 조선임전보국단 등 친일단체에서도 활동했다. 1942년에 징병제 실시가 발표되자 "우리에게 병역의 의무를 주심은 천황께옵서 우리를 신뢰한다는 분부이옵니다"[10]라고 말했으며, 전쟁 수행을 위한 근로 동원에 적극 나서도록 독려했다.

명일의 도의의 신질서를 세우려면 미영의 침략·착취의 구질서를 완전히 부셔버려야 하고 명일의 협동 안정, 공존 공영의 새 질서를 세우려면 미영의 이기주의와 약육강식의 경쟁 질서를 부셔버리지 아니하여서는 아니 될 것입니다. …… 총후에 있어서는 우리의 일터가 광산이든지 농장이든지 공장이든지 임야이든지 또한 우리 각 개인이 하는 일이 무엇이든지 다 전력(戰力) 증강을 위하여 전력을 다하지 아니하여서는 아니 됩니다.[11]

해방이 오기까지 백낙준은 미국과 영국을 침략자로 비판하고, 일본 제국의 일원으로서 희생을 각오하라고 독려하는 글을 쓰면서 연설과 강연을 다녔다.

해방 후에는 정치 활동을 시작했는데 한민당 중앙집행위원 겸 선전부 차장을 맡았다. 미군정 학무국은 경성제국대학을 인수받으며 백낙준을 법문학부 부장에 앉혔다. 조선교육심의회에서는 안재홍, 하경덕, 김활란, 홍정식과 함께 제1분과에서 교육이념을 수립하는 역할을 맡았다.[12] 백낙준은 여기서 교육이념으로 '홍익인간'을 주장해 논란을 일으켰다. 이에 반대하는 측은 과학적으로 증명할 수 없는 설화에서 나온 말이고, 일본인이 즐겨 쓰던 팔굉일우(八紘一宇, 온 천하가 한집안이라는 뜻으로, 일본 천황제 파시즘의 핵심 사상)라는 말과 비슷한 인상을 준다고 주장했다.[13] 하지만 백낙준의 주장은 관철되었다.

홍익인간이란 말이 고기(古記)에서 따온 것으로 개념 정립이 좀 모호한 듯하고 팔굉일우 사상의 재판이라는 인상도 풍기고 있는 것도 사실입니다. 그러나 팔굉일우 사상은 일본이 그들의 제국주의를 합리화하려는 하나의 위장된 문구임에 반하여, 홍익인간이란 글자 자체가 표현하듯이 만인을 이롭게 하는 인도주의 사상이라는 점에서 우리가 지향할 민주주의 이념과도 부합되는 사상입니다.[14]

홍익인간의 교육이념은 대한민국 정부가 수립되고 1949년 '교육법'이 제정될 때 그대로 계승되었다. 지금도 '교육기본법' 제2조(교육이념)에는 "교육은 홍익인간의 이념 아래"라고 밝히고 있다.

한편, 백낙준은 조선교육심의회 활동을 이어가면서 서울대학 법문학부 부장으로서 조윤제, 이희승, 이병도, 안호상, 이태규 등을 교수로 초빙했으나 유진오는 끝내 사양하고 보성전문학교에 남았다.[15]

백낙준은 1946년 1월에 연희전문학교 교장으로 돌아왔다.[16] 그리고 그해 8월 15일에 연희전문학교가 종합대학으로 승격되어 연희대학교가 되면서 초대 총장 자리에 올랐다. 이화여대, 고려대와 함께 종합대학으로 승격될 당시 학교 이름과 관련된 일화를 백낙준은 이렇게 전했다.

당시 우리나라에는 3대 전문학교가 있었습니다. 연희, 보성, 이화전문이었지요. 나와 김성수 씨와 김활란 씨가 각 학교를 대표해 모임을 갖고 교명 문제들을 의논했습니다. 의견들이 분분한 중에 해방도 되고 했으니 우리나라의 옛 이름들을 따서 쓰는 것이 어떻겠느냐는 얘기가 나왔어요. 이를테면 조선이니, 고려니, 신라니 하는 식으로 말이에요. 인촌은 '보성'을 '고려'로 하겠다고 확고하게 정했으나, 나와 김활란 씨는 돌아가서 학교 측 및 동문회 측과 의논해 다시 모일 때 확정키로 하고 미루었습니다. 다시 모인 결과 '보성'만이 고려대학교로 변하고 '연희'와 '이화'는 명칭을 그대로 유지하자고 결정이 났던 것입니다.[17]

백낙준은 교과를 필수와 선택으로 나누고 등록금 선납제를 채택하는 한편, 우리나라에서는 처음으로 연희대에 남녀공학제를 도입했다.[18]

백낙준은 한국전쟁 직전 제2대 문교부 장관에 올랐다. 사실 그는 제1대 문교부 장관으로도 물망에 올랐다. 하지만 대한민국 정부 수립 당시 이승만은 문교부 장관으로 안호상을 낙점했다. 예상 밖의 인사에 대해 이승만 대통령이 내각 임명에서 친미계 인사를 꺼렸다는 이야기가 나돌기도 했다.[19] 문교부 장관으로서 백낙준은 한국전쟁 중에 전시연합대학을 설치해 운영했고, 1도 1국립대학정책을 추진했다.[20] 하지만 1952년 서울대에 고위급 인사 자제를 입학시키려 한 일이 논란이 되어 장관직에서 물러났다.[21] 이후 연희대로 돌아와 총장이 되었는데, 그가 연희대를 운영하면서 염두에 둔 모델은 프린스턴 대학이었다. 학교 건축도 프린스턴 대학의 건축 방식을 따랐다. 또한 국립대학처럼 모든 학문을 다 다루지 않고 가장 잘할 수 있는 학과목만을 교육하고자 했다.[22] 그가 지향하는 대학교육의 목표는 1955년과 1956년 연희대 개교 기념사에 잘 드러나 있다.

연희학원은 민주교육의 선봉으로 나서서 신흥 대한의 역군을 내세우려는 자부심을 가지고 재출발하였던 것이니, 과거 40년 동안 연희학원은 국가의 동량, 사회의 중진, 교회의 지도자들을 양성하려고 진리와 자유의 기치를 높이 들었던 것입니다. …… 연희는 학원으로서 학문을 가르치고 새 이치를 연구하는 기관이 될 것입니다. 학문을 가르친다는 것은 우리 선조들과 세계 인류가 걸어온 전 과정에 대한 지식과 이해력을 후생에게 가르쳐주는 것입니다. 연희는 학문을 가르치는 기관인 동시에 또한 새로운 이치와 알지 못하던 기술을 연구·발명하는 기관이 되어야 할 것입니다.[23]

오늘 우리로서는 이 나라의 교회와 국가를 위하여 지도자 될 자격을 갖춘 중견 인물들을 양성하기 위하여 설립되었다고 하는 것을 기억하지 아니할 수 없는 것입니다. 이 학교는 이렇게 출발한 이후 일본의 압제하에 발전해오면서 우리 학문은 그리스도의 정신을 받들어 속죄구령의 복음을 전하고 민족적 정신을 깨우치고 가르침으로써 존속해왔던 것입니다. …… 우리 학문을 체계화하고 과학화하며 우리의 자연 부원을 가장 잘 이용할 기술을 가르치는 것이 이 학원의 사명으로 되어 있습니다.[24]

백낙준이 볼 때 대학은 국가적·사회적·종교적 지도자를 양성하는 곳이었고, 연희대는 일제 시기를 견디며 역사를 이어온 민족의 대학으로서 학문과 교육에 매진하며 대학교육을 이끌어나가야 하는 선구자였다. 1956년 10월 16일에 열린 과학관 개관식에서 그가 남겼던 헌당사에는 대학교육의 이념이 좀 더 분명하게 드러나 있다.

1. 우리는 이 교사를 성부·성자·성신 삼위일체 하나님의 광영을 위하여 바치나이다.
2. 우리는 이 교사를 대한민국 건국 정신에 철하고 교육이념에 종하여 민족 번영과 진리 탐구에 진충갈력할 지도자와 학자 기술인의 양성을 위하여 바치나이다.
3. 우리는 이 교사를 우방 미국의 원조 정신을 체득함으로 세계 항구 평화와 자유·정의의 실현을 위하여 바치나이다.
4. 우리는 이 교사를 학문의 심오한 연구 실천과 국난에 처하여 불굴·불요하고 문화 창조로써 국난을 극복하던 우리 선인들의 유풍 선양을 위하여 바치나이다.
5. 우리는 이 교사를 본교 창립 이래 과학교육으로 진리의 거화(炬火)를 밝혀주신 선인들에 대한 기념과 그 뒤를 따라가는 우리 후배로 하여금 진리와 자유의 정신을 구현하기 위하여 바치나이다.[25]

기독교 학교로서 대한민국 건국이념에 충실한 엘리트를 키워내고, 미국 원조 덕에 지어졌으므로 이에 감사하며, 세계를 향해 나아가는 엘리트를 키우는 곳, 그곳이 바로 연희대라는 얘기다.

1957년 1월 15일에 문교부 인가를 받아 연희대와 세브란스의대를 합병한 연세대학교가 탄생했다.[26] 한국전쟁 이전부터 시도한 합병이 우여곡절 끝에 이루어진 셈이었다. 백낙준은 연세대 초대 총장 자리에 올라 기독교 사학으로서 세계적인 대학을 만들겠다는 포부를 밝혔다.[27]

두 학교는 같은 근원에서 출발하여 같은 지도자들의 방침 아래 발전해왔으며,

또한 같은 목적을 향하여 한국 교육계에 공헌하고 있는 줄로 압니다. 이 두 학교의 상호적인 발전을 위하여 유기적인 통합체를 이룩하려고 함은 여러 선배들의 이상으로 되어 있던 것입니다. 현존한 기록으로서는 1929년 이후에 이 병합운동이 계속되었으며, 해방 직후에는 이 운동이 두 학교의 교직원 중에서도 추진되어 양 교의 이상인 그 구체적인 방안을 모색하기 위하여 오랜 세월 천연해오게 되었던 것입니다. …… 한국 기독교계의 사학으로서 세계적 대학 기준에 손색이 없는 대학을 완성하여 민족에게 봉사하고 세계의 문화에 공헌할 수 있는 대학부의 완성을 꾀하고자 합니다.[28]

그런데 1950년대 미국의 원조가 국립대학에 쏠리면서 연세대 총장 백낙준은 위기의식을 느꼈다. 국립대학이 전후 복구와 시설 확장, 그리고 교수와 학생의 유학 등에서 집중 지원을 받으며 약진하자, 전통적인 관존민비 사상이 영향을 미치면서 사립대학에 위기가 오지 않을까 우려했다.

아직까지 관존민비의 사상이 남아 있기 때문에 앞으로 관학과 사학의 매듭을 어떻게 짓느냐도 중요한 일입니다. 교육에 있어서 제일 중요한 것은 영재를 모아 가르친다는 것입니다. …… 관학으로 영재가 모두 쏠리고 그 나머지 2류 학생들이 온다면 우리의 향하는 바가 어떠하겠습니까?[29]

그리고 백낙준은 직접 미국으로 건너가 기독교 재단과 대학을 돌며 민간 원조 자금을 확보하는 데 힘썼다. 그는 1960년 4·19 직후에 실시된 7·29총선에서 무소속으로 출마해 전국 최다 득표로 당선되었고, 참의원 의장으로 선출되었다. 또한 이듬해에 5·16이 일어나자 연세대로 돌아와 명예총장을 맡았다. 1980년에는 전두환 정부에서 국정자문회의 운영위원으로 활동하기도 했다.

이처럼 김활란과 백낙준이 기독교인이자 미국 유학파였던 반면, 유진오는 국내파였다. 그럼에도 해방 전후 유진오의 행적은 백낙준과 크게 다르시 않았다. 중일전쟁이 터지자 친일 행보를 걸었고 해빙 이후에는 함께 조선교육심의회에서 일했다. 한국전쟁 중에는 대학교수단 단장으로서 전시연합대학을 함께 꾸렸다. 말년에는 전두환 정부에서 국정자문회의 운영위원을 함께하기도 했다.

유진오는 1924년에 처음 문을 연 경성제국대학 예과에 수석으로 입학했다. 1926년에는 법문학부 법학과에 들어가 수석으로 졸업했다. 유진오는 경성제국대학을 다니면서 경제연구회라는 마르크스주의 단체에서 활동했다. 1929년 4월부터 경성제국대학 법문학부 조수를 지내다가 1931년에 법철학연구실 조수로 옮기면서 예과 강사로서 법학통론을 강의했다. 1932년에는 김성수가 보성전문학교를 인수하면서 법과 강사로 출강하기 시작했고, 1937년에 보성전문학교 교수로 부임했다. 1939년부터는 보성전문학교 법과 과장을 맡았다. 유진오는 시와 소설을 쓰는 문학가로 문단에서 활약하기도 했다.

유진오는 1939년에 중국에서 싸우고 있는 일본군을 위문하기 위해 파견되는 북지황군(北支皇軍) 위문단을 격려하는 글을 발표하면서 친일 행보를 시작했다. 이후 문인협회, 문인보국회, 국민총력조선연맹, 조선언론보국회, 조선임전보국단 등의 간부로 활동했다. 대동아문학자대회에는 조선 대표로 두 번 참가했다. 그는 일본이 일으킨 아시아-태평양전쟁을 다음과 같이 찬양했다.

전쟁의 귀추는 벌써 뚜렷해졌습니다. 침략자와 자기 방위자, 부정자와 정의자, 세계 제패의 야망을 좇는 자와 인류상애의 이상에 불타는 자의, 한마디로 말하면 악마와 신의 싸움인 것입니다. 정의는 태양처럼, 사악은 먹구름처럼, 구름은 마침내 태양의 적수가 될 수 없습니다. 우리는 정의로워 정의자가 일어설 때는 그 승리는 저절로 명백한 것입니다.[30]

하지만 유진오 역시 자신이 자발적으로 학도병을 격려하는 글을 쓴 것은 아니라고 밝혔다.

학병 지원 소동이 일단락되어 해당 학생들이 대부분 학병으로 나가게 되자, 이번에는 모모하는 인사들에게 학병을 격려하는 글을 신문에 쓰라는 명령이 총독부로부터 내려온 것이다. 신문이라야 그때 우리말로 간행되는 총독부 기관지인 《매일신보》 하나뿐이었다. 나에게 그 명령을 전달해온 것은 《매일신보》 기자인 김병달 군이었다. …… 김의 말에 의하면 집필자 명단은 경무국에서 직접 인선한 것으로서 김성수, 송진우, 여운형, 안재홍, 이광수, 장덕수, 나와 그 밖에 2, 3인이었다.[31]

유진오는 해방 직후 조선교육심의회 고등교육 분과에서 활동하면서 서울대 교수진을 편성하는 한편, 헌법·법철학·비교정부론 등을 강의했다.[32] 또한 보성전문학교의 재건과 대학 승격에도 관여했다. 유진오는 당시를 "내가 세 군데를 위해 새긴 시간은 나의 총시간의 각각 3분의 1가량이었다 할까. 보전, 서울대학, 군정청 학무국을 위해 나는 대략 비슷한 정도의 시간과 정력을 소비하였다"라고 회고했다.[33]

1946년 8월 보성전문학교가 고려대로 승격하자 유진오는 법정대학장으로 부임했다. 그는 무엇보다 제헌헌법을 기초한 인물로 유명하다. 1947년 법전 편찬위원회 헌법분과위원을 시작으로 1948년에 대한민국 헌법 제정을 위한 기초위원과 초대 법제처장으로 활약했다. 1949년에는 고려대로 돌아와 대학원을 신설하고 대학원장을 맡았으며, 중앙교육위원회, 중앙노동조정위원회, 중앙선거위원회, 외교위원회 등에서도 활동했다. 1951년에는 전시연합대학 총장으로 일하다가 이듬해에 고려대 총장으로 부임했다. 유진오는 총장으로서 이학부 건물과 실험실, 농대 본관과 실험실, 의대 건물, 대학 식당, 대강당, 여학생회관, 중앙도서관, 박물관 등의 시설을 늘려 나갔다. 재원은 학생 등록금에서 나온 것이었다.[34)]

유진오는 고려대 총장으로 있으면서 사립대학이 서울과 지방 국립대학과 경쟁 관계에 들어섰다는 점을 초조하게 생각했던 것 같다. 그는 사립대학의 위상이 점차 하락하고 있는데, 이는 국립대학의 약진과 사립대학의 부정부패만이 아니라 전통적인 관존민비 사상 때문이라고 진단했다.[35)] 백낙준과 같은 판단을 한 셈이다. 유진오는 1950년대에 고려대 총장으로서 대학교육심의회, 대학조사위원회, 교육특별심의회 등에서 활약하며 대학 교육을 이끌었다.[36)] 1966년에 유진오의 회갑을 맞아《고대신문》은 다음과 같은 헌사를 실었다.

일제하에서 은인자중하며 묵묵히 근면하여 쌓은 헌법학, 행정법학 등의 지식을 건국의 기초 작업에 활용하였으니…… 이와 같이 선생은 이 나라의 건국에 초석을 쌓은 오직 한 분의 법학자이다.

일제로부터 해방되어 신생한 이 나라는…… 건국함에 당하여 이론의 박약과 경험의 부족으로 국가의 기본적 권력구조, 경제정책의 방향 등에 관하여…… 중구난방인 때에, 선생님의 심오한 학리와 예민한 통찰력으로써…… 헌법의 기초를…… 규정짓고 이어 초대 내각에 법제처장으로 취임하여서는 이 나라 초장기에 법제의 기틀을 마련하셨다.

유진오 박사는 선비의 길, 스승의 길을 유감없이 꾸준히 밟아온 분으로서 그 인물과 학문은 우리나라에서뿐만 아니라 어느 곳에 나서던지 우리들의 자랑이요, 명예가 될 수 있는 분이다.[37)]

선비이자 스승으로서 건국의 기초를 닦았다는 헌사를 받으며 유진오는 정치에 뛰어들었다. 이미 1950년대부터 한일회담을 통한 국교 회복을 주장한 그는 5·16 이후에 국가재건국민운동본부장을 지냈다. 그리고 회갑이 지난 1967년에는 정계로 들어가 신민당 총재가 되어 그해 제7대 국회의원에 당선되었다. 1980년 전두환 정부에서는 백낙준과 함께 국정자문회의 위원에 위촉되었다.[38)]

김활란, 백낙준, 유진오, 이 3인방은 일제 시기에 사립 전문학교 교수로 활동했고 해방 이후 대학교육의 재건을 이끈 주역들이다. 미군정기 조선교육심의회에도 함께 참가했으며, 1957년 이승만 정부가 만든 교육특별심의회에서도 고등교육 분과에서 함께 활약했다.[39)] 그들은 대학 총장의 역할을 넘어 각각 공보처장, 문교부 장관, 법제처장으로 정부에 참여했다. 모두 총선에 나갔는데 김활란은 낙선했고, 백낙준과 유진오는 당선되어 국회의원으로 활동했다.

유진오는 김활란이 이끄는 이화여대와 백낙준이 이끄는 연희대, 그리고 고려대의 출발에 대해 다음과 같이 회고했다.

출발 당시 고려대학교의 규모가 대단히 작았던 이유인데 그것은 털끝만큼도 문교부 등 외부의 간섭을 받았던 것이 아니라 순전히 학교 자체의 자주적인 생각으로 그렇게 된 것이었다. 고려대학교뿐 아니라 그때 함께 대학으로 승격·출발한 연희대학교와 이화여자대학교도 고려대학교와 마찬가지로 기구나 학생 정원을 허황되게 늘어놓지 않았는데, 그것은 세 학교가 다 그 당시의 제한된 재정 형편과 시설 및 교수진 등을 고려하여 무리한 확장을 시도하지 않았기 때문이다. 무턱대고 학생을 대량 입학시켜놓고 그들에게 받는 등록금으로 대학을 경영하는 것 같은 일은 누구의 염두에도 없는 것이 그때의 상황이었다. 기구도 학생 정원도 마음내로 확장할 수 있었는데도 이들 세 대학은 자발적으로 그런 일을 하지 않았던 것이다.[40]

일제 시기부터 전문학교라는 이름으로 대학교육을 실시한 전통을 가진 세 학교는 신설 사립대학과 달랐다는 점을 분명히 하고 있다. 하지만 이는 사실과 다르다. 앞에서도 살펴보았지만 고려대, 연희대, 이화여대 모두 정원 초과 입학 문제를 놓고 문교부와 줄다리기를 했다.

그런데 김활란, 백낙준, 유진오 등 사학 출신들이 미군정에서 교육정책을 결정하는 위원회나 심의회를 주도하는 것에 대해 미군정 안에서도 비판의 목소리가 있었다. 이에 대해 미군정 문교부는 다음과 같이 설명했다.

– 공립학교가 사립학교에 비해 보다 철저히 일본화되어 있다.
– 한국인 교육자, 특히 미국에서 훈련받은 교육자들은 일제 시기에 사립학교 말고는 요직을 맡을 수 없었다.
– 사립과 공립을 구분하는 미국인의 생각과는 달리 사립학교와 공립학교를 사실상 동일하게 취급하는 정책이 존재했고, 아직은 그러한 관행이 있다.[41]

식민권력이 남겨놓은 식민통치의 유산으로 인해 사학 출신들을 중심으로 교육정책을 마련해갈 수밖에 없다는 얘기다. 하지만 결국 친일 논란이 벌어졌다. 김활란, 백낙준, 유진오 역시 이 논란을 피할 길이 없었다. 미군정은 이에 대해 다음과 같은 입장을 취했다.

모든 위원들의 정치적 성향이 급진적(좌익)이라기보다는 보수적(우익)인 것은 사실이며, 이러한 사실로 인해 공격을 받은 것 같다. 하지만 정보국이 실시한 여론조사나 한국 언론의 기사에서와 같이 위원들은 국민의 존경을 받았다. 위원회가 이들 개개인의 이해관계나 배경에 의해 영향을 받았다는 사실은 말할 나위가 없다. 그러나 동 위원회를 조직하고 지금까지 함께 일해온 미 군정청 학무국장의 견해와 같이 이보다 더 훌륭한 위원회를 만들 수 없으며, 동 위원회가 한국 교육을 위해 열심히 그리고 훌륭하게 일해왔다는 것 또한 사실이다.[42]

미군정이 친일 논란을 보수-우익, 급진-좌익의 구도로 바꾸어 위원들을 옹호했음을 알 수 있다. 백낙준을 서울대학 법문학부 부장으로 임명하는 과정에서 친일 행적으로 반대의 목소리가 커지자 조선교육위원회는 다음과 같이 건의했다.

그는 해당 직위에 충분히 자격이 있는 사람이고, 그의 친일파적인 활동은 강요된 것이었거나 아니면 다른 사람에 의해 조작된 것이다. 그러한 사람을 파면한다면 다른 많은 교육자들이 똑같은 공격에 직면할 것이고, 결국 급진적인 학생들의 손아귀에 놀아나게 될 것이다.[43]

이로써 분명해진 것은 해방 후 대학교육의 재건을 이끈 3인방은 미군정의 비호 아래 친일 논란이라는 장애물을 넘어 자신의 입지를 굳혀나갔다는 사실이다. 그들은 미군정이 인정했듯이 보수·우익에 해당하는 인물이었다. 또한 대학에 안주하지 않고 정계와 행정부를 넘나들며 권력의 일원으로 활약한 정치적인 인물이었다. 정치와 대학의 거리는 그만큼 가까웠던 것이다. 그들에게 대학은 결코 상아탑이 아니었다. 대학 밖에서 펼친 정치활동과 사회 활동은 대학 안에서 그들의 권위를 강화시키는 역할을 했다. 3인방은 해방 이후 1950년대까지 사실상 사립대학을 이끌며 정치권력 그리고 행정 당국과 밀착해 대학권력으로 군림한 인물들이었다. 앞서 살펴보았듯이 '대학설치기준령'을 무력화할 만큼 그들의 위세는 대단했다.

대학설립운동과 기업주의

해방 직후 대학설립운동의 바람이 불었다. 식민권력에 억눌려 있던 교육열이 폭발하면서 특히 고등교육을 향한 열기가 그 어느 때보다 뜨거웠다. 지방 유지들을 중심으로 대학설립운동이 일어난 곳도 있고, 독립운동가들이 주도한 곳도 있었다. 대한민국 임시정부 요인들도 귀국한 뒤 대학 설립에 나섰다. 이를 주도한 이는 신익희였다. 신익희는 1945년 12월부터 대학 설립을 준비했다. 임시정부의 정신을 계승해 독립국가 건설에 필요한 인재를 육성하기 위한 대학을 만든다는 게 그의 생각이었다. 이름은 국민대학으로 정했다. 이듬해 1월 신탁통치반대운동으로 정국이 한창 시끄러울 무렵, 임시정부 요인들은 김구의 숙소인 경교장에서 대학 설립 문제를 논의하고, 2월경 일본인의 피복공장이던 건물에서 기성회 설립을 위한 준비를 시작했다.

1946년 3월 3일에 발족한 국민대학설립기성회의 고문에는 임시정부 주석 김구, 부주석 김규식이, 명예회장에는 외교부장 조소앙, 회장에는 내무부장 신익희가 이름을 올렸다. 이사에는 교육계, 학계, 법조계, 여성계, 언론계, 관료 등 각계각층의 인사들이 참여했다. 백낙준도 이사로 참여했다. 반탁운동을 발판으로 임정법통론이 힘을 얻어가는 가운데 임시정부 요인들이 나서서 만드는 대학이었으므로 정치·사회적으로 각별한 관심을 받았음을 알 수 있다. 일종의 민족대학 설립이었던 셈이다. 국민대학설립기성회는 '청년에게 심오한 학술을 배양하여 국민 대중의 지도자가 될 소질과 국가 유용의 인재를 육성하고자 한다'는 교육목표를 제시했다. 또한 법학과, 정경학과, 종교학과, 이공학과, 의학과와 같은 전문학부와 예과를 포함한 종합대학을 구상했다.

하지만 5,000만 원의 창립 기금 모집이 제대로 이루어지지 않자 미군정의 인가를 받기 전인 1946년 9월 1일, 서울의 종로구 내수동 보인상업학교 별관 건물을 빌려 일단 개교를 했다.[44] 먼저 법학과를 설치하고 야간 수업을 실시했다. 미군정은 1946년 12월 18일에 국민대학관으로 인가를 내주었다. 국민대학관이 국민대학으로 승격된 것은 조선불교중앙총무원 총무부장인 최범술이 해인사 사찰 재산을 기반으로 재단을 구성하면서였다. 결국 1948년 10월에 대한민국 정부로부터 재단법인 설립과 대학 승격을 인가받았다.[45]

그런데 국민대 설립 과정에서 가장 큰 난항을 겪은 것은 재단 설립 문제였다. 국민대학설립기성회가 설립 기금 모집을 위해 몇몇 기부자를 접촉했으나 여의치 않았다. 이때 독립운동 자금을 대주던 대지주 박기홍의 미망인인 조희재가 5만 평의 토지 기부를 약속했다. 하지만 이 약속은 이루어지지 못했다.[46] 조희재의 토지는 1947년 11월 3일에 문을 연 단국대의 재단 설립에 쓰였다.

국민대의 사례에서 알 수 있듯이, 뜻만으로 대학을 세울 수는 없었다. 반드시 재단이 있어야 했는데 재단에는 기본 재산이 확보되어야 했다. 해방의 시기에 대학을 세울 만한 기본 재산은 사실상 토지밖에 없었다. 이는 역으로 토지를 가진 지주들이 대학 설립을 부의 축적 도구로 활용할 수 있도록 길을 열어주었다. 실제로 토지를 기본 재산으로 삼아 사립대학 설립에 나선 이들이 적지 않았다.

대학 설립이 부를 쌓는 수단이 된 것은 미군정이 적산(敵産)을 처리할 때부터였다. 해방이 되자, '각 시도에서 우후죽순과 같이 대학설립기성회를 조직하여 그 설립 인가서가 문교부에 쇄도했다'고 한다. 하지만 그것은 '교육을 위한 학교의 설립 유지가 아니라 학교 자체의 설립 유지를 위한' 것이었다. 미군정 초기에 각지에서 난립한 대학설립기성회의 간부들은 기성회 이름으로 가장 먼저 적산을 입수하는 데 열중했다. 부를 쌓기 위해 대학을 세웠다는 의미에서 이들을 '기업주의식 육영론자'라고 불렀다.

미군정이 1946년에 일정한 기본 재산을 소유한 재단법인만 대학을 설립할 수 있도록 규정을 만들자, 기업주의식 육영론자들은 토지와 토지를 가진 대지주들에 주목했다. 미군정은 기존에 설립된 기관은 5,000만 원, 신설 기관은 1억 200만 원의 기본 자금이 있어야 대학을 세울 수 있다고 규정했다. 이를 토지로 계산하면 기존 기관은 63만 평, 신설 기관은 133만 평이 있어야 대학 설립이 가능했다. 지주들은 토지개혁이 이루어질지 모른다는 두려움에 토지를 기본 재산으로 한 대학 설립에 관심을 보였다.

실제로 해방 직후에 신설된 대학들은 설립자 또는 지역 유지의 토지 기부를 바탕으로 설립된 경우가 많았다. 당시 토지 기부와 관련해 신문에 등장한 미담을 보면, 정병조와 그의 부인은 1946년 3월 시가 1,000만 원인 목포 땅을 감리교신학대의 승격 설립 기금으로 기부했다. 앞서 언급한 조희재는 시가 1억 원의 토지를 기부해 단국대를 설립했다. 국학대는 화산재단 설립자인 정봉현이 남긴 시가 1억 원의 땅을 가족이 기부하면서 정규대학 인가를 받을 수 있었다. 청주상과대는 설립자인 김원근, 김영근 형제가 기부한 65만여 평의 토지를 기반으로 설립되었다.

하지만 미군정은 오히려 토지개혁이 이루어지면 대학 설립 유행이 사라질 거라 생각했다.

대학 설립이 무한히 계속되리라고는 생각하지 아니하였다. 그 이유는 토지개혁을 예상한 때문이다. 교육기관 설립은 재단법인이라야만 했고 재단법인은 일정한 기본 재산을 가져야 되므로 그 당시 대학 설립 기본 재산은 주로 토지였다. …… 그러므로 만일, 과도정부 말기까지 토지개혁이 실시된다면 재단을 구성할 기본 재산에 극히 제약을 받을 것이므로, 그 시기에는 대학 설립 인가 신청도 그다지 없을 것이라는 예측을 한 것이다.[47]

그러나 이 예측은 틀렸다. 정부 수립 이후에도 대학 설립은 지속되었다. 토지개혁을 해도 '학교 소유 전답 및 문교재단의 자산인 농지는 수용하지 않는다'는 소문이 힘을 얻으면서 대지주들이 재산 보존의 수단으로 사립대학 설립에 뛰어들었다. 여기서 문교재단이란 문교부 장관의 허가를 얻어 유치원, 학교, 장학회 또는 교화 사업을 경영하는 재단법인을 말한다. 농지개혁을 전후해 신설된 사립대학 개인 설립자들은 대부분 관료, 지주, 자본가와 같이 농지개혁과 관련 있는 사람들이었다.

1951년에 이승만 정부는 백낙준 문교부 장관의 주도 아래 '문교재단 소유농지특별보상법'을 공포해 사학재단을 설립한 지주들에게 특혜를 주었다. 사립대학이 소유했던 전답에 대한 지가증권을 특별보상증권으로 바꾸어 현금과 같이 유통할 수 있도록 해준 것이다. 당시 특별 보상을 받은 문교재단의 비율은 사학재단이 64퍼센트, 사찰 및 불교재단이 13퍼센트, 향교재단이 12퍼센트, 종교재단이 6퍼센트, 기타 재단이 5퍼센트를 차지했다. 그런데 이 조치는 곧 악용되고 말았다. 기존에 있던 사립대학에만 적용되는 것이 아니었으므로 너도나도 사립대학을 세우는 사태를 빚었던 것이다. 한낱 종잇조각인 줄만 알았던 지가증권을 학교에 기부하면 돈이 된다는 것을 지주들이 알았기 때문이다.

이처럼 대다수 사립대학이 토지를 기반으로 재단을 설립하거나 학교 재정을 충당하면서 대학 설립자와 가족들이 대학 운영을 장악해갔다. 대학 설립자와 가족들이 재단 이사장뿐만 아니라 대학 총장과 이사장 직책을 번갈아 맡으면서 운영에 직접 참여했다.[48] 교육적 차원에서 자신의 부를 사회에 환원하기 위해서가 아니라, 자신의 부와 명예를 보호하기 위해 사립대학을 설립하면서 생긴 병폐였다. 또한 대학 설립자가 사학재단과 대학을 개인 재산으로 인식하면서 대학 운영을 등록금에 의존하는 풍토가 퍼져나갔다. 재단 관련 비리들이 심심치 않게 발생한 것은 학교를 교육 목적으로 운영하지 않았음을 의미했다. 학생들이 낸 후원금을 재단이 임의로 사용하는 일도 많았다.

> 분규의 대부분의 원인은 경리 면에 있었다. 원래 학생으로부터의 징수금 중 후원회비는 후원회 계정으로, 수업료는 재단 계정으로 각각 유입되는 것인데, 재단 측에서는 후원회 명목만 설정하고 실제 인물은 없든지 또는 있다 하더라도 재단에서 임의로 움직일 수 있는 자를 내세워놓아 분리된 경리를 자유로 이용한다든가, 또 이사회에서 학교 경비의 예산을 총장에게 사전에 영달해주지 아니하는 등의 처사는 그 전부가 분규의 원인이 된 것이다.[49]

본래 사립대학 운영권은 재단법인 의결기관인 이사회 소관이었다. 그런데 영세한 재단법인은 대학을 위한 여러 기능을 충분히 발휘하지 못했다. 이에 미군정기부터 후원회를 세울 수 있도록 했는데, 시간이 흐르면서 후원회 역시 이사회와 대학 학장에게 압력을 가하는 집단으로 변해갔다. 이사회는 교직원에 대한 인사권, 학교 재정 감독권을 갖고 있었으므로 이를 통해 학장의 권한을 축소하려 했다. 심지어 학교 예산을 학장에게 미리 알려주지 않는 대학도 있었다. 결국 사립대학에서는 후원회, 이사회, 학장 사이에 일어나는 치열한 삼파전이 하나의 풍경으로 자리 잡아갔다. 문교부는 재정 보고서를 요구하는 등 행정 규제를 통해 사립대학을 건전하게 만들려 했으나, 이를 피해 가는 사립대학 이사회의 전략도 다양했다. 따라서 학장, 이사회, 후원회 사이의 갈등은 더욱 깊어졌다. 재단과 대학에서 내놓는 문서들도 대부분 거짓으로 작성한 것이었기에 그 진상을 파악하는 일조차 어려웠다.[50]

이처럼 해방 이후 신설된 사립대학 설립자와 운영자들의 치부용은 대학교육이라는 육영사업을 점차 기업화했다. 문제는 정당한 기업 정신으로 육영사업을 추진한 게 아니라는 점이다. 기업주의적 육영론자들은 부정 입학과 정실 입학을 통해 학생 정원을 늘리고 그들에게 받은 등록금으로 부를 쌓기 위해 대학을 운영했다. 서울대 국문과 교수인 이숭녕은 대학이 마치 시장과 비슷하다고 비판했다.

> 대학에 따라서는 학기 도중에 얼마라도 학생이 취학하게 되어 일금 X만 원으로 학적을 얻을 수 있다는 이 사실은 대학 사회의 글자 그대로의 타락이 아닐 수 없다. 입학기에 교수에 1인씩 배당이 가는 것을 필자도 X대학에서 경험한 일이 있었고, 채점과 사정회의에서 책정된 수보다 개강을 하고 보니 무더기의 '야매' 입학을 보고 놀란 일도 있다.[51]

해방 이후 1950년대까지 정치적 격변 속에서 많은 사립대학이 재건되거나 개편되고 또 새로 설립되었다. 이러한 사립대학의 양적 성장 과정에는 독립운동가나 지역 유지들이 교육의 목적으로 설립한 대학도 있었지만, 치부의 수단으로 대학을 만든 기업주의적 육영론자들도 있었다.

대학교육의 이념, 반공

1949년 12월 31일에 공포된 '교육법'에 따르면, "대학은 국가와 인류사회의 발전에 필요한 학술의 심오한 이론과 그 광범하고 정치한 응용 방법을 교수·연구하며 지도적 인격을 도야하는 것을 목적으로 한다".[52] 하지만 권력이 요구하는 실질적인 대학의 상은 이와 달랐다. 그들에게 대학은 반공 연대의 보루였다. 특히 한국전쟁이 끝난 후 미국이 원조를 통해 대학 재건을 지원하고 유학을 주선하면서 반공 연대의 보루로서 대학의 입지는 더욱 강화되었다.

한국만이 아니라 미국의 영향권에 있던 대부분의 나라에서는 교육 분야에서 반공주의가 특히 강조되었다. 냉전이 시작되면서 미국에서는 애국주의와 이에 기반을 둔 반공주의가 맹위를 떨쳤다.[53] 그리고 원조국에는 원조의 대가로 공공연하게 반공교육을 요구했다. 이러한 반공교육은 애국주의라는 이름으로 미국이라는 중심국과 주변국의 불평등한 관계를 은폐하고, 미국의 야망 실현을 위해 헌신적으로 싸울 수 있는 전사를 키워내며, 주변국 지배 엘리트의 정치·경제적 특권을 존속시키는 데 크게 기여한 것으로 평가되고 있다.[54]

이승만 정부 역시 대학은 사상 통제의 대상이라는 미군정의 인식을 그대로 계승했다. 미군정은 좌익 정당과 연계된 교수와 학생들을 대학에서 몰아내기 위해 학원 동향을 예의 주시하며 학생들의 움직임과 학원 소요에 대한 정보를 수집했다. 그리고 대학에서 좌익을 몰아내지 않고서는 교육정책은 물론 미군정 전반의 정책 수행 자체가 불가능하리라는 판단 아래 국립서울대학교안을 비롯한 각종 고등교육정책을 추진했다.[55]

한국전쟁 직후 이승만 정부는 가장 먼저 반공·민주교육의 추진을 내세웠다. '북진 통일에의 민족적 요망에 호응하여 반공교육을 강조하고, 동란 때 겪은 공산주의의 포악무도한 만행의 쓰라린 경험을 토대로 철저한 반공의식을 함양함으로써 교육을 통하여 국민적 사상 통일을 도모하는 데 주력한다'는 것이다.[56] 공산주의에 반대하는 것이 곧 민주주의 수호라는

논리가 아무런 논란 없이 교육목표에 표명될 만큼 북한에 대한 적개심이 높던 시대였다.[57]

이승만은 공산주의자와 싸우기 위한 이데올로기적 무기로 '일민주의'라는 국시를 내세웠다. 일민주의는 정치·경제·사회적 평등에 근거한 민족으로의 균등화, 즉 '일민(一民)'으로 통합을 추구한 이승만의 통치 이념이었다.[58] 이승만은 일민주의에 대해 '온 국민이 신봉할 민주주의 지도 이념으로, 국민 평등의 의미로, 한국 민주주의의 토대'라고 역설했다.[59] 하지만 일민주의가 말하는 민주주의의 본질은 공산주의에 반대하는 반공적 민주주의였다.

> 공산당을 타도하고 일부 동족 간의 투쟁을 하는 것은 우리 동포 마음속에 민주주의 정신을 확립하여 국가의 독립과 국민의 자유를 확보하는 동시에 그 토대를 영구히 지속하는 데 그 의의가 있다는 것과, 일민주의는 이 목적을 달성하는 데 있어 근원이 되는 것으로서 차후에 영웅주의를 가진 자가 나선다거나 또는 외국에서 침입을 할지라도 그것을 배제할 수 있도록 국민에게 민주주의 정신을 지시하는 것이다.[60]

제1대 문교부 장관인 안호상은 일민주의 이론가였다. 그는 민주주의로 공산주의를 쳐부술 수도 있지만, 이 막연한 민주주의만으로는 공산주의와 강력히 싸우기 어렵다며, 민주주의 대 공산주의라는 틀을 일민주의 대 민주주의로 바꾸자고 주장했다.[61] 이에 대해 대한민국이 내건 국시인 민주주의는 남에게서 빌리거나 주어진 것이 아니라 쟁취한 것이므로 정부의 일률적인 규제 속에서는 민주주의 정신이 길러질 수 없다는 비판이 일었다. 또한 안호상이 독일에서 공부했던 점을 들어 히틀러 유겐트(Hitler Jugend, 독일 나치당이 나치즘 교육을 위해 만든 청소년 조직)의 재탕이라는 힐난도 있었다.[62]

문교부 장관으로서 일민주의를 상징하는 배지를 교직원과 학생들에게 달고 다니도록 종용했던 안호상은 결국 퇴임 압박을 받아야 했다. 그에 대한 비판은 그가 말로만 민주주의를 외친다는 것이었다.

> 장관의 한마디 지시나 관리의 생각이 그대로 하달·집행되어야 하고, 교육 현장은 오직 이 지시에 따라야 하고, 또한 지휘 감독을 받는 것으로 족하다는 문교부 우위의 입장은 교육의 민주적 성장을 저해하는 요소로 제거되어야 했으나 결과는 그 반대였다.[63]

제2대 문교부 장관을 맡아 한국전쟁기에 전시연합대학을 만들었던 연세대 총장 백낙준은 1950년대 내내 교육목표의 하나로 국방교육을 주장했다. 여기서 국방교육이란, '대한민국의 목적 달성을 위해 밖으로 우리를 해치고 방해하는 세력을 없애는 교육'을 의미했다. 국방교육이 필요한 이유는 우리의 나아갈 길이 공산주의에 대한 총력전이었기 때문이다. 철저한 반공주의를 토대로 한 교육론이었다.

> 국방교육은 우리 대한민국의 목적 달성을 위하여 밖으로 우리를 해치고 방해하는 세력을 없이 하는 교육이다. 이것 또한 한국 교육의 진로인 것이다. 우리를 방해하는 힘, 그것은 첫째 공산 세력이다. 6·25침략으로 우리들은 공산주의가 그 어떤 것인가를 누구보다 잘 알고 있는 터이지만, 오늘날 우리는 다시 한 번 비참한 현상을 가져오지 아니하기 위하여, 행복한 생활을 영위하기 위하여 공산주의를 때려 부수고 공산주의의 음모와 모략을 세계에서 말살하기 위하여 싸우고 있는 것이다. …… 근래에 와서 어떠한 나라들이 소위 중립주의를 취하고 있지만 이 사상이야말로 공산주의 그 자체에 비해서 조금도 다름없는 위험성을 내포하고 있는 사상인 것이다. 그것은 공산주의에 굴복하는 제일선이요, 공산

수의로 하여금 자유주의에 대하여 총 한 방 쏘지 않고 승리할 수 있도록 만들어 주는 길인 것이다.[64]

백낙준은 국방교육의 내용으로 '사상교육, 국민 체위 향상, 군사적 기술 배양을 위한 교육, 도의 정신을 진작하고 실천·고무하는 교육, 세계 안전 공동방위에 대한 교육' 등을 제시했다. 또한 국방교육과 함께 민주교육을 강조했다.

> 공산주의의 그릇된 점만을 가르치는 것은 소극적 교육이다. 우리가 그릇된 것을 배척하고 옳은 것을 가르치지 않으면 그 결과는 진공상태를 만들고 만다. 공산주의를 가르치지 못하게 하며 또한 이미 물들은 것을 숙청하는 것에서만 만족할 것이 아니요, 민주주의의 나은 점과 옳은 방향을 밝히 가르치고 실천해야만 사상 태세를 갖추리라고 믿는다.[65]

이처럼 반공이 곧 민주주의 수호라는 인식 아래 미국화의 중심인 대학이 '주변부의 중심'으로서 반공 연대의 보루가 되었다.

반공교육의 제도적 조치가 바로 학도호국단 설치였다. 준군사 조직 형태인 학도호국단은 1949년 여순사건으로 거세게 일어난 학생 통제의 분위기 속에서 설립되었다. 학도호국단은 중학교 이상의 학교에 설치되어 학생들에게 군사훈련을 실시했다. 문교부는 학도호국단을 발족하면서 그때까지 활동하던 학생 단체들을 모두 해산시켰다. 학도호국단은 반공 사상과 군대식 집단 훈련을 통해 학교에서 좌익 학생과 좌익 사상을 뿌리 뽑겠다는 목표를 갖고 출발했다.[66] 안호상 당시 문교부 장관은 '학원의 민주화와 학원을 파괴하려는 모든 불순·반동분자를 숙청하여 민족적 단합을 꾀하는 사상 통일을 이룬다'는 생각으로 학도호국단을 만들었다고 말했다. 그는 1949년 2월 20일 중앙학도호국단 결단식에서 다음과 같이 연설했다.

거룩한 투쟁과 희생의 대가로서 된 우리의 조국을 영원히 발전시키고 보호하는
것이 우리 3,000만 민족의 신성한 의무며 영예이며, 이 의무와 영예를 완전히 다
하며 영원히 보장하기 위해 300만 학도여! 붓대와 총자루를 다 같이 굳게 잡고
철석같은 학도호국단 대열에 뛰어들어 이북에 총진군, 조국 통일을 기하자.[67]

초기 학도호국단 간부들은 반공 사상이 투철한 전국학생총연맹원들로
채워졌다. 학도호국단은 1950년대 내내 유지되다가 4·19 직후에 해체되
었다.[68]

1950년대 대학의 반공적 색채는 두터웠다. 이른바 국대안 파동 당시 '좌
익계 교수와 학생들이 척결된 후' 서울대 예과부장으로 취임한 이숭녕조
차 학생필화사건에 휘말리면서 좌익 교수로 몰려 고초를 겪었다. 이숭녕은
그 일을 겪고 나서 "대학이 상아탑인 줄 알았더니 가장 비겁하고도 무기력
한 멸시의 표적 같다"라고 한탄했다.[69] 대학에 대한 정치적 간섭과 학원 사
찰도 공공연했다. 1958년에는 문교부가 사상 문제를 빌미로 서울대 법과
대학 황산덕 교수에 대한 박사 학위 승인을 보류했고, 다음 해에는 문리과
대학 박양운 전임강사에 대한 승진 발령을 내주지 않았다.[70]

반공주의가 대학에서 견고한 성을 구축한 것은 한국전쟁의 경험 때문이
었다. 한국전쟁 당시 이화여대의 상황을 보면, 1950년 6월 27일에 기숙사
학생들을 모두 귀향시키고 김활란 총장도 서울을 떠났다. 남은 교수와 교
직원들은 인민군이 파견한 교책이란 인물의 지휘를 받았다. 교책으로 부
임한 이운제는 1936년에 가사과를 졸업한 동문이었는데, 모든 교수들에게
자술서를 강요했다. 인민군은 교직원의 성분을 심사하고 7월 중순경부터
자신들에게 필요하다고 인정되는 사람만 불러들였다. 이때 불리지 않으면

파년인 셈이었다. 7월 31일에 총궐기대회가 있다는 말을 듣고 그 자리에 나간 몇몇 교수는 납북되었다.[71] 이와 같은 공포스러운 경험과 기억은 대학에 반공주의가 뿌리내리는 데 결정적인 토양이 되었다. 유진오는 다음과 같이 한국전쟁을 회고했다.

6·25사변은 우리 민족의 자유와 공산주의에 대한 인식을 일변시켰다. 공산주의자가 무슨 소리를 하든 간에 공산 치하에서는 사람은 살 수 없다는 것을 뼈저리게 알게 되었는데, 그것은 공산 치하에서는 자유가 없기 때문이다.[72]

한국전쟁이 끝나고 다시 서울로 돌아온 대학에서 반공주의는 일상적 표어이자 신념이었다. 연희대 총장 백낙준은 서울의 학교로 돌아온 직후 반공주의는 연희대의 이념인 진리와 자유의 완전한 실현과 같음을 역설했다.

이제 본 교사에 돌아온 엄연한 사실 아래 우리는 재건의 무거운 사명을 깨달았으며 우리는 이 사명의 완수를 회피하지 않으려 한다. 이 사명의 완수는 공산도배의 침범하에 드러낸 순교의 정신, 진리로 싸우는 정신, 애국애족의 정신, 곧 우리 학교의 정신인 진리와 자유의 완전한 실현을 위한 생활을 영위함으로 영원히 변치 않는 정신적 자본을 온축함에 있을 것이니, 연희의 학우들이요, 힘쓰고 힘쓸지어다.[73]

고려대 총장 유진오는 대한민국 정부가 민주와 반공 위에 수립되었다면서, 1955년 고려대 50주년 기념식에서 학교의 전통을 반공에 둔 기념사를 발표했다.

해방과 함께 보성전문학교가 고려대학교로 확장된 이후의 역사는 너무나 생생한지라 지금 이곳에 되풀이하지 않으나 한 가지 특기할 것은 본교가 해방 직후의 혼란기를 통하여 6·25사변에 이르기까지 시종일관, 확고부동한 반공의 대로를 걸어왔다는 사실입니다. 그것은 본교의 전통으로 보아 당연한 일이지만 그러나 한편, 초대 총장 현상윤 박사의 헌신적이고 또 의연한 지도 밑에 비로소 가능했던 것입니다.[74]

또한 유진오는 대학이 반공주의를 지향한다는 점에서 정치와 같은 길을 걷고 있다고 밝혔다.

공산주의로부터 인류의 앞길을 구해내는 길은 자유로운 대학을 진흥하여 인간의 자유를 불멸의 기초 위에 확립하는 곳에 있는 것입니다. …… 대학은 인간의 자유를 옹호하고 그 노예화에 반대하는 것이기 때문에 환언하면 공산주의라는 정치 이념과 그 활동에 반대하는 것이기 때문에 그 의미에 있어서는 정치와 관계가 없다 할 수 없습니다.[75]

이처럼 1950년대 사립대학을 이끌던 대학권력은 대학교육이 반공주의를 따라야 한다는 점을 거침없이 주장했다. 대학의 자유, 즉 학원의 자치와 자율을 주장하지만 이념적으로 자유에 반하는 공산주의는 용납되지 않는다는 것이었다. 앞에서 살펴본 것처럼 대학권력이 갖고 있는 보수·우익적 요소는 미군정도 인정한 바였다. 이 시기에 보수-우익-기독교-친미에 덧붙여 반공이 대한민국의 권력을 구성하는 연결고리들이었다면, 사립대학을 중심으로 형성된 대학권력 역시 이 모두를 갖추고 있는 셈이었다.

대학혁신론=사립대학 개혁론

1950년대가 저물어갔고 대학은 점점 위기에 몰렸다. 여기저기서 대학망국
론이 등장했고, 이에 대한 대안으로 대학 개혁을 논하는 목소리도 높아졌
다. 사립대학을 중심으로 한 대학의 양적 성장이 이제는 질적 도약으로 나
아가는 데 절대적인 걸림돌이 되고 있었다. 백낙준은 대학은 교육 공금으
로 운영되어야 한다는 원론을 제시하며 학생 등록금에 전적으로 의존하는
대학 운영에 문제를 제기했다.

> 학교교육이 주로 학생 수입에 의존하여 운영하는 일은 신흥국가에서만 볼 수
> 있는 현상이다. 국가 지도자를 양성하는 교육은 교육 공금으로 운영하여야 하
> 지 학생들에게 받은 수입으로 충당하는 관례는 없다. 학생들이 교육비의 대부
> 분을 부담하여 학교가 학문의 시장화되고 선생과 학생 사이의 의리가 물질적
> 관계로 이루어진다고 하면 학문의 권위와 사제의 의리가 서기 어려운 줄로 안
> 다.[76]

이처럼 1950년대 말 대학의 문제는 곧 사립대학의 문제였다. 사립대학
이 70퍼센트 이상을 차지하는 현실에서 대학개혁론 역시 사립대학 개혁론
과 다름 없었다.

오천석은 미군정 시기에 문교부 차장에 발탁된 뒤 부장 자리에 올라 교
육 전반을 재편한 인물이었다. 일본에서 중학교 시절을 보내고 미국으로
건너가 컬럼비아 대학에서 교육학을 전공한 오천석은 이후 보성전문학교
교수를 지냈으며, 조선총독부에 협조하지 않고 상하이로 피신했다가 해방
직후 귀국했다.[77] 오천석은 이화여대 대학원장으로 있던 1958년에 '대학교
육의 위기'라는 제목의 글을 《새벽》에 실었다. 그는 여기서 대학망국론이

등장한 원인과 현실, 그리고 이를 극복하기 위한 대안을 제시했다. 오천석은 1950년대 대학의 어두운 자화상을 다음과 같이 짚었다.

첫째, 대학들이 무계획적으로 생겨나고 있었다. 그는 백낙준 문교부 장관이 각 도에 국립 종합대학을 하나씩 세운 것을 유일하게 계획적인 대학 정책으로 꼽았다. 하지만 이것 역시 지역적 관점의 계획이지 국가의 종합적 요청에 따라 이루어진 계획은 아니었다. 국가가 대학과 관련한 계획조차 갖고 있지 않아 사립대학이 과연 국가에 필요한 교육을 하고 있는지 알기 어렵다는 것이다.

둘째, 대학들이 질적으로 부실한 상태에 놓여 있었다. 주로 건물만 있을 뿐, 도서, 실험실 설비 등에서 중·고등학교만도 못한 대학이 얼마든지 있었다. 충실한 도서관은 대학의 심장부인데 이런 공간을 갖춘 대학을 찾기가 어려웠다. 역시 가장 큰 문제는 교수의 질이었다. 50여 개 대학을 채울 만한 자격 있는 교수가 턱없이 부족한 상태에서 대학만 늘어난 것이다. 게다가 교수들은 연구할 시간도 공간도 부족했다. 낮은 임금으로 인해 생계를 위해 이 대학 저 대학으로 지식 행상을 다녀야 할 처지였다. 어떤 사람들은 교수 부족을 기회 삼아 본격적인 돈벌이를 위해 여러 대학을 오락가락하기도 했다. 학생의 질에도 문제가 컸다. 학생의 질적 저하는 대학교육을 받을 능력이 없는 사람들이 대학생이 된 데 있었다. 이는 상업적으로 변한 대학 운영의 당연한 산물이었다. 어학 실력이 부족해 원서를 읽을 수 없는 대학생이 넘쳐나는 현실이었다.

셋째, 대학교육의 목표가 왜곡되어 있었다. 지식 전달을 유일한 목표로 삼고 있었는데, 이는 일제 시기 대학교육의 목표를 그대로 좇는 것이었다. 많이 아는 교수가 좋은 교수요, 많이 아는 대학생이 좋은 학생이 되는 문화를 벗어나 도덕적으로 올바른 생활을 지향하는 대학교육이 되어야 하는데 현실은 그렇지 않았다.[78]

오천석은 대학의 현실을 비판적으로 분석하면서 다음과 같은 대학혁신론을 펼쳤다.

첫째, 대학교육의 목표를 세워야 한다. 대학은 지식 편중의 교육을 넘어서서 학문 연구와 함께 사회 지도자를 양성하는 도장이자, 좋은 교유 생활을 통하여 인격을 함양하는 장소여야 한다.

둘째, 필기식 교육 방식을 지양하고 자학(自學)제도를 적극 추진해야 한다. 주입식 교육은 전제주의 사회의 교육 방식이다. 민주사회에서는 스스로 문제를 해결하는 자주적 인물을 양성해야 한다. 중등학교에서는 추진하고 있으나, 대학은 요지부동인 게 문제이다.

셋째, 도서관을 확충해야 한다. 외국 도서를 구입하고 우리말 도서를 마련해야 한다. 재정이 부족하면 각 대학이 공동 사업으로 표준도서관을 세워야 한다. 문교부는 이를 재정적으로 적극 후원해야 한다.

넷째, 교수의 질적 향상을 위한 적극적인 시책이 절실하다. 외국에 유학을 보내는 동시에 대학 스스로 연구 환경을 조성할 필요가 있다. 교수의 타교 출강을 반드시 제한해야 한다. 이를 위해서 대우 개선이 선결 과제이다. 연구실과 연구비의 정비도 필요하다.

다섯째, 외국어 교육을 강화해야 한다.

여섯째, 입학자의 선택을 신중히 해야 한다. 자격 여하를 불문하고 입학을 허용하는 일을 하지 말아야 한다. 또한 유능한 입학생을 위해서는 반드시 장학제도를 실시해야 한다.

일곱째, 좋은 대학들로 구성된 대학 자치단체가 조직되어야 한다. 관청의 구속을 받지 않고 자율적으로 대학의 질적 향상을 꾀하는 학문의 자유를 보장하며 대학의 자치를 확보해야 한다. 또한 대학 간에 교수를 교환하며 시설과 도서를 공동 사용하여 대학의 질을 높이는 데도 기여할 수 있을 것이다.[79]

이처럼 오천석은 대학교육의 질을 높일 수 있는 구체적인 방안을 제시했는데, 이는 '오늘날 대학교육의 비극은 대학교육다운 대학교육이 성립될 수 없다는 사실이다'라는 절박한 인식에서 나온 것이다. 특히, 대학 자치단체를 조직하자는 요구는 절대적인 재원 부족으로 대학별 발전 전망이 불투명한 가운데 상호 연대해 대학교육의 수준을 끌어올리자는 주장이어서 이목을 끈다.

유진오 역시 대학교육과 관련해 많은 글을 남겼다. 그는 1950년대 말에 대학망국론을 제기하며 대학의 팽창에 대해 다음과 같이 진단했다.

> 해방 후 우리나라 대학교육이 폭발적으로 발전하였다 해도 그것은 결코 대학교육 발전을 위한 조건이 갖추어져서 그렇게 된 것은 아니었다는 점이다. 대학을 세우기 위해서는 막대한 재정이 필요하고, 유능한 교수진이 있어야 하고, 효과적으로 교육을 할 수 있는 시설이 갖추어져야 하는데, 우리는 응급의 필요에 응하기 위하여 이것도 저것도 없이 거의 맨주먹으로 이곳저곳에 대학의 간판을 내건 것이었다. 해방 후 대학 하나를 세우려면 그때 돈으로 100억 내지 200억 원은 있어야 하는데, 1억 원 정도로 평가되는 재산만 있으면 대학 설립 인가를 거뜬히 얻을 수 있었으며, 그 당시 우리가 대학교수로 등용할 수 있는 기성 인물은 모두 합해야 최대한 수삼 개의 대학을 구성할 정도에 지나지 않는데 대학교육도 책상과 흑판만 있으면 되는 것으로 일반이 알고 있는 형편이었다. 일정시대에 농업학교로 쓰던 시설이면 농과대학으로, 공업학교로 쓰던 시설이면 공과대학으로 충분하다고 생각하는 한심한 상태였다.[80]

유진오는 이러한 대학 팽창의 책임을 학생과 학부형도 반은 나누어서 져야 한다고 일갈했다.

대학 간판만 붙여놓으면 덮어놓고 몰려들던 학생이나 학부형도 책임의 반은 나누어 져야 한다. 대학은 덮어놓고 무슨 특허 면허장을 내주는 곳이 아니라 '국가와 인류사회 발전에 필요한 학술의 심오한 이론과 그 광범하고 정치한 응용 방법을 교수·연구'('교육법' 제108조)하는 곳이다. 즉 대학은 돈 받고 학사의 칭호를 팔아먹는 곳이 아니라 학생들에게 힘든 공부를 시켜 졸업 후 보통 사람은 하지 못하는 어려운 일을 맡아 할 수 있는 고도의 능력을 길러주는 곳이다. 홍수처럼 대학으로 몰려들던 수많은 젊은이들 가운데 대학의 실질보다는 대학 간판을 더 원하는 사람이 많았던 것 같다. 대학에 들어가 공부할 생각보다는 무슨 방법으로든지 학사의 칭호만 얻어가지고 그것으로써 입신출세의 발판을 삼아보자는 생각이 더 지배적이었던 것 같다. 부실한 대학이 많이 생긴 책임이 학생이나 학부모에게 있다고 하는 이유다. 우리나라 젊은이들의 불타는 향학열 속에는 지금도 무엇인가 병적인 요소가 있는 것 같다. 그것은 우리 민족이 특권을 가진 양반 관료사회였던 우리의 과거로부터 물려받은 근로 천시의 사상이 아닌가 한다.[81]

유진오의 지적처럼 대학교육보다 대학 간판을 더 원했던 건 여자대학이라고 해서 다르지 않았다.

혼수용 학벌로서 가장 인기 있는 모 여자대학의 경우에는 정원의 두세 배에 달하는 입학생을 뽑았다. 왜냐하면 입학하는 그때부터 결혼으로 자퇴하는 수가 늘어나 4년 뒤에는 정원에도 못 미칠 정도의 졸업생만이 배출되기 때문이었다.[82]

유진오는 앞에서 드러난 것처럼 대학을 엘리트 교육의 과정으로 생각하고 있었다. 전문교육기관이라는 것이다.

대학은 학생이 직업적·전문적 지식을 배우는 곳이다. 대학은 단순히 상식이나 교양 또는 학문을 위한 학문을 가르치는 곳이 아니라 학생들의 졸업 후의 직업을 위하여 필요한 전문적 지식을 가르치는 곳이다. 대학의 이러한 목적은 근대 사회조직의 분업화·전문화에 그 배경을 둔다. 물론, 근대 사회 이전에 있어서도 성직자, 의사, 법률가 등 특정한 직업인을 양성하는 직업교육의 목적도 가지고 있었지만 그러한 특정한 학과를 제외한 이외의 대학교육은 주로 고전이나 교양을 가르치는 것을 사명으로 삼고 있었음에 대하여 근대의 대학은 근대 사회조직의 분업화, 전문화에 대응하여 허다하게 세분화된 직업을 위한 전문교육을 그 사명으로 삼게 된 것이다. 사회뿐만 아니라 근대국가 자체가 근대적 산업의 발전에 따라 점점 더 그 기능을 복잡화해갔다. 근대적 산업이 발달하기 이전의 국가는 외적 방어와 내부적 질서 유지에 그 기능이 국한되고 있었지만 오늘날 국가는 외적 방어와 질서 유지 외에도 산업의 육성, 무역의 증대, 교육의 기회 균등, 생활 무능력자의 보호, 국민 보건의 향상 등 다채다양한 사회적·문화적 기능까지 부하하지 않을 수 없게 되었으며, 따라서 종래 단일한 직업으로 생각하던 공무원도 고도의 분업화·전문화된 지식을 갖추지 않으면 그 직책을 완수할 수 없게 된 것이다.[83]

대학 본연의 목적에 충실하기는커녕, 최소한의 자격 요건조차 되지 않으면서 대학 간판을 달고 있는 사립대학에 대한 불만과 비판이 1960년대를 넘어오면서 본격적인 대학 개혁 요구로 터져 나왔다.

이 무렵 일본에서도 사립대학 개혁론이 등장했다. 일본 정부는 제국대학을 설립한 이래 사학보다는 관학 위주의 대학정책을 펼쳤다. 사학은 전문학교에 많았지만, GHQ가 대학으로 일원화한 이후 사학은 대학 경영을 확대하며 대학정책에 영향을 미치기 시작했다.[84] 하지만 이미 출발점부터 국가의 지원을 받았던 국공립대학과 벌어진 차이를 뛰어넘기는 쉽지 않았다. 사학, 즉 사립대학 안에서도 상당한 차이가 있었다. 결국 재정 부족으로 인해 사립대학은 학생 등록금으로 수지를 맞추며 사기업처럼 변해갔고, 교육과 연구 환경은 더욱 열악해졌다. 이에 1960년대로 넘어가면서 일본에서도 사립대학이 공공성을 회복해야 한다는 목소리가 나오기 시작했다.[85]

4·19 직후 개혁의 바람이 불면서 고려대에서 경제학을 가르치던 최호진이 대학혁신론을 내놓았다. 그는 첫째, 대학교육의 근대화를 주장했다. 지금까지 인문·사회과학에서 칠판과 분필로만 가르치던 방식 대신 도구와 기계로 실기와 시청각 수업을 실시하고, 이와 같은 시설이 완비되지 않은 교육기관은 폐쇄하자고 주장했다.

둘째, 교수의 질적 향상을 위해 하루빨리 '교육법'과 '교육법시행령'을 개정해야 한다고 요구했다. 해방 후 부족했던 교수를 충당하기 위해 제정·공포했던 모든 법령을 선진 국가의 것을 참조해 새로운 시대에 맞게 바꾸자는 것이다. 특히 대학교수의 승진 기준과 직위를 엄하게 해야 한다고 주장했다. 현재는 교육 경력과 연구 실적을 동등하게 취급해 교육 경력 10년 이상이면 교수가 될 수 있는데, 교육 경력과 연구 실적을 엄격히 구별해 연구 실적 없이는 승진시키지 말아야 한다고 제안했다. 전임강사에서 조교수로, 조교수에서 부교수로, 부교수에서 교수로 승진하는 데는 반드시 업적이 따라야 하며 연한도 현재보다 배로 올려야 한다고 했다.

셋째, 교수의 질적 향상을 위해 유럽과 마찬가지로 교수에 대해 정부와 사회가 최고의 우대를 해주어야 한다고 주장했다. 물질적 대우가 따라야 우수한 학자가 배출된다는 것이다.

넷째, 예나 지금이나 대학만 나오면 직장에 있다가도 교수가 될 수 있다고 착각하고 또 그렇게 실현되고 있는데, 이와 같은 폐풍은 빨리 없어져야 한다고 주장했다. 대학은 실업자 구제처나 인생의 도피처가 아니라는 것이다.

다섯째, 이승만 정부가 미처 마련하지 못했지만, 반드시 사립대학의 총장 자격 규정을 마련해야 한다고 주장했다. 강사부터 교수까지는 자격 규정이 있는데 총·학장은 이사장의 임명와 문교부 승인만 있으면 무조건 인정되는 풍토가 문제라는 것이다. 최호진은 우리나라는 후진국이므로 대학의 책임자가 되려면 교수 자격보다 더 엄중한 자격 규정이 따라야 한다고 보았다. 따라서 총·학장은 적어도 사회에서 우러러보는 고결한 인격의 소유자로, 오랜 대학교수 경험이 있는 자가 되어야 한다고 주장했다. 최호진은 누구나 대학 총·학장이 될 수 있는 현실이 대학의 혼란을 가져온 근본 원인이라고 판단했다.

여섯째, 우리나라처럼 정상적인 근대화의 길을 밟지 못한 후진국에서는 사립대학 총·학장만이 아니라 각급 사립학교 재단을 운영하는 이사도 엄중한 자격 규정이 있어야 한다고 주장했다. 초등학교도 못 나온 무식한 사람도, 불법과 부정을 저지른 사람도 돈만 있으면 재단법인을 만들고 학교 이사장과 이사가 될 수 있는 현실이 문제라는 것이다. 그러면서 대학이 어떠한 곳인지 잘 알지도 못하면서 돈이 있거나 교제를 잘해서 이사장이 되고 이사가 되는 현실을 비판했다. 최호진은 고결한 인격의 소유자 대신 수신제가도 똑똑히 못하는 사람들이 교육행정과 재정을 담당해 학원의 부패가 생겼다고 판단했다.

일곱째, 백화점식 교육기관이 아닌 특색 있는 교육기관을 만들자고 주장했다.[86]

최호진이 주장한 대학혁신론의 핵심은 교수의 자격을 강화하며 대우를 개선하고, 사립대학 난립에 따른 부작용을 없애기 위해 사립대학을 설립하고 운영하는 재단 이사진과 총·학장의 자격을 제한해야 한다는 것이다.

앞에서 살펴보았듯이 1950년대 한국의 대학교육은 혼란스럽고 무질서했다.

한국전쟁을 계기로 대학들은 전시 상황에 대응하는 반공교육을 강화하고 비상 수업 체제를 갖추었다. 다른 한편 무계획한 교육정책으로 고등교육기관은 양적으로 팽창했으며 대학 재정과 학사 운영은 극도로 혼란했다.[87]

이러한 혼돈 속에서 급성장한 사립대학을 기반으로 대학권력이 형성되었다. 상아탑으로서 대학 '안'의 권력이 아니라 대학 '안'과 '밖'을 단단히 묶어 빚어낸 권력이었다. 대학 총장이 장관도 하고 국회의원도 하면서 대학 안팎의 경계를 넘나들며 권력을 누리는 상황은 바로 해방 이후 사립대학을 중심으로 대학이 양적 성장을 하는 가운데 이루어졌다.

하지만 1950년대가 저물어가면서 사립대학을 중심으로 급성장한 대학은 위기를 맞았다. 4·19 이후 대학에서는 학원 민주화운동이 전개되었다. 학도호국단이 폐지되었고, 학생 자치기구인 학생회가 생겨났다. 교수들 역시 자치기구인 교수회와 교수평의회를 만들어 신분 보장과 대학 자치 실현에 나섰다.[88] 오천석은 장면 정부에서 문교부 장관에 올라 교육의 민주화를 위한 교육행정을 약속했다. 1950년대 정치에 대한 실망이 4·19를 불러왔듯이, 대학이 처한 위기는 학생과 교수가 나서서 대학 민주화를 실천하는 변화를 가져왔다.

3부

국가 주도
대학교육 시대의 개막

1장

근대화정책과 대학 근대화

근대화정책과 대학교육

1960년대는 세계적으로 근대화 열풍이 불던 이른바 '개발의 시대'였다. 한국의 1960년대도 예외는 아니었다. 한국을 개발의 시대로 이끈 세력은 5·16으로 집권한 군부였다. 민정 이양이라는 껍데기를 썼지만 결국 군사 쿠데타의 주역으로 대통령 자리에까지 오른 박정희 군부 세력이 본격적인 개발 성장의 시대를 열었다. 그 개발 성장을 상징하는 구호가 바로 '조국 근대화'였다. 박정희가 처음 '조국 근대화'라는 표현을 쓴 것은 1963년 11월의 연설에서였다.[1] 경제성장 제일주의가 요구하는 조국 근대화는 곧 경제성장을 위해 정치·사회·문화적 역량을 총동원하는 체제의 구축을 의미했다.

교육 역시 근대화라는 목표 달성을 위한 건설의 역군, 즉 인력을 개발한다는 측면에서 조정되거나 정비되었다. 특히 대학에는 산업화, 공업화를 이끌 고급 기술자를 양성하기 위한 강도 높은 근대화가 요구되었다. 박정희 정부는 이를 위해 1950년대식 대학 방임정책에서 벗어나 대학에 대한 확고한 관리 체제를 마련하고자 했다. 이러한 대학정책에 학생운동 세력이 강력히 반발했다. 당시 근대화 의지가 높았던 양대 세력이라 할 수 있는 군부와 학생운동 세력은 1960년대 내내 근대화의 노선과 방식을 놓고 민주 대 반민주, 민족 대 반민족의 전선을 형성하며 격렬히 갈등했다. 함석헌은 학생과 군인의 대립을 지식(知)과 능력(能)의 분열로 바라보며 아직 국민 성격이 약하기 때문이라고 보았다.[2]

1960년대를 거치면서 학생운동 세력과 달리 사학이 이끄는 대학권력은 국가 관리 체제 안으로 끌려 들어갔다. 박정희 정부는 국립은 물론 대학의 70퍼센트 이상을 차지하는 사립에 대한 관리 체제를 확립하는 동시에 재정을 지원하면서 길들여갔다. 그러나 그 과정에서 박정희 정부의 일방적 강압에 의한 사학의 투항만 있었던 것은 아니다. 박정희 정부와 대학권력 간에는 대학의 자율성과 국가 통제를 둘러싼 논쟁과 갈등이 뒤따랐다. 그 귀결점인 대학 근대화의 방향은 1960년대 말에 이르러 정부와 대학 모두 이공계 중심의 인력 개발에 집중하는 것으로 모아졌다.

1960년대 박정희 정부의 근대화정책은 이중적 기반 위에서 추진되었다. 당시 근대화의 전략과 재원은 미국으로부터 들여왔으며, 근대화의 이념과 동력은 반서구 민족주의에 바탕을 둔 국민 총동원 체제를 통해 끌어내고자 했다. 1961년에 들어선 케네디 정부는 한국을 비롯한 저발전국에 공산화를 막는다는 명목으로 경제원조와 군사원조를 실시했고 이를 유인책으로 적극적인 개입을 시도했다. 근대화 이론은 이러한 미국의 주도권을 관철하기 위한 프로젝트였다. 실제 미국의 근대화 이론가들은 저발전국의 정치, 경계, 사회, 문화에 걸친 총체적인 사회 개혁 방안을 마련하고 직접 근대화정책에 관여하기도 했다. 이렇듯 미국의 근대화 이론이 수출되고 현지에 적용된 데는 대학이 국가에 복무할 의무가 있다며 1950년대 미국 대학에 확고히 자리 잡았던 지역 연구가 중요한 구실을 했다.[3] 저발전국에서 그들의 동반자는 대부분 1950년대 군사원조를 통해 선진적으로 근대화를 터득하고 쿠데타로 정권을 장악한 장교 집단이었다.[4] 한국에서도 미국의 군사원조로 육성된 장교 집단이 1961년 군사 쿠데타로 집권하면서 근대화의 주도권을 장악했다.

초기 박정희 정부에서 근대화의 핵심은 경제성장이었다. 이는 근대화라는 시대정신에는 동의하나 근대화를 정치적 민주화·경제적 산업화·문화적 선진화를 포함하는 광의의 개념으로 파악하던 《사상계》 등의 노선과는 결을 달리하는 것이었다. 이들과 달리 박정희는 '진정한 민주주의를 위해 우선 경제적 토대를 세워야 한다'면서 끊임없이 민주주의의 시행을 뒤로 미루었다.[5] 그 대신 근대화의 동력으로 반서구 민족주의를 활용하고자 했다. 이에 따르면, 공산주의는 물론 자유주의와 민주주의도 서구의 것이었고 반민족적인 논리였다.[6] 제3세계 근대화론의 전도사였던 로스토(W. W. Rostow) 역시 저발전국의 근대화 과정에서 나타나는 불안정은 공산주의의 침투를 불러올 수 있으므로, 민주주의보다 경제성장을 먼저 추진하는 과정에서 민족주의를 국민 통합의 힘으로 이용해야 한다고 보았다.[7] 특히 한국에서는 '이승만 정권의 부정부패와 사대주의를 비판하며 근대화를 지향하는 민족주의'가 근대화의 동력이 될 수 있다고 보았다.[8] 따라서 박정희식 대중 어법에 따르면 경제성장 제일주의와 냉전 민족주의에 근거한 근대화라, '조국을 근대화하여 선진 열강과 같이 잘사는 나라를 만들어 민족을 중흥시킨다'는 의미였다.[9]

박정희 정부의 근대화는 국가가 주도하는 개발독재 방식으로 추진되었다. 박정희는 이승만 정부의 방임적 통치가 국민 경제활동의 자유를 보장해 번영을 이룩할 수 있으리라 생각했으나 실제로는 빈부 차이와 실업자를 양산했다고 비판하며, 개인의 경제생활을 보장하기 위해서라도 국가가 나서서 적극 관여하고 계획하겠다고 밝혔다.[10]

이와 같은 박정희 정부의 계획과 통제에 따른 통치 방식은 근대화를 명목으로 경제 분야만이 아니라 국가 구조 전반에 퍼져나갔다. 교육 분야 역시 예외가 아니었다. 이제 교육이 국가가 주도하는 관리 체제 아래 놓이면서 경제성장 제일주의라는 정치적 이념을 국민교육을 통해 인식시키는 한편, 경제성장을 주도해나갈 인력을 개발하는 선도적 역할을 맡게 되었다. 나아가 가치관 형성을 위한 국민교육도 교육의 몫이 되었다.[11]

박정희 정부의 근대화가 겉으로는 반서구적 민족주의를 표방했지만 실제로는 반공주의에 근거한 근대화 전략에 충실했다면, 어느 집단보다 반공적이고 친미적이던 대학권력이 박정희 정부의 근대화 노선에 이질감을 느낄 리는 없었다. 한국전쟁을 치른 뒤 대학에서는 정치적 간섭과 학원 사찰이 공공연하게 이루어졌고, 이 과정에서 부당하게 좌익 교수로 몰리는 사례가 빈번할 만큼 반공 색채가 두터웠다. 또한 아메리칸 드림으로 상징되는 미국 유학의 사례와 경험담이 넘쳐나던 대학은 선진적인 미국 문화가 들어오는 통로로서, 미국의 영향력이 가장 직접적이고 전면적인 공간이었다. 그렇기에 대학권력에게 근대화란 '지금의 나쁜 것을 보다 좋은 것에로의 개혁이며, 우리들이 바라는 방향에로의 발전'을 의미했다.[12]

대학 근대화의 방향

1960년대에는 세계적으로 대학 개혁의 바람이 불었다. 영국은 1963년에 고등교육위원회를 구성하고 대학 개혁에 나섰다. 미국에서는 학생 수가 감소하면서 대학 간에 생존경쟁이 벌어지자 대학들은 교육의 질을 높이고 우수한 학생을 끌어들이기 위한 방안을 모색했다.[13] 일본에서도 산업계의 연구 수요와 인력 수요에 이바지하는 쪽으로 대학의 학문 연구와 교육 기능을 맞추어 국가와 기업의 이익에 봉사하는 방향으로 대학을 개혁하려는 움직임이 일었다.[14]

1960년대에는 한국만이 아니라 대부분의 저발전국이 근대화를 산업화로 이해하며 과학과 기술 분야의 발전을 통한 경제성장을 추구했다. 이에 따라 대학교육에서도 직업, 기술 분야의 확장에 주력했다. 이 시기에는 많은 국가가 교육 예산의 절반 가까이를 고등교육에 투자했다.[15] 그런데 대학에 대한 국가의 투자는 결국 국가가 요구하는 책무를 이행하느라 대학의 자율성이 위축되는 현상을 낳았다. 강력한 정부일수록 재정 지원이라는 유인책을 매개로 대학의 자율성을 제한했다. 정부가 직접 나서서 고등교육의 목적을 정하고 세부적인 대학 기능을 결정하기도 했다. 이처럼 아직 학문의 전통이 자리 잡지 않은 상태에서 대학의 사회적 역할에 대한 합의도 없이 많은 요구가 강제되면서 대학은 국가에 끌려다니는 처지로 전락하고 말았다. 대학권력 스스로 '민족의 내일의 번영은 청년 학도들의 책임'이라며, 국가가 이끄는 조국 근대화를 찬양하고 동조했다.[16]

한국에서도 국가가 나서서 대학 구조 조정을 진행하면서 5·16 직후부터 대학의 자율성 확보와 국가 관리 체제의 강화를 둘러싼 갈등이 불거졌다. 장면 정부에서 문교부 장관을 지낸 오천석의 표현에 따르면, '교육의 내용, 인사에 대한 통제는 말할 것도 없고 학교 관리의 세목에 이르기까지 획일적인 지시와 명령으로 규림하려는 정부'[17]를 상대로 대학의 자치와 자율을 수호하기 위해 가장 적극적이었던 쪽은 학생들이었다. 한일기본조약 체결을 둘러싸고 박정희 정부와 학생운동 세력 간에 격렬한 충돌이 일어났던 1964년에 여당인 공화당은 학생과 교원의 정치 활동을 금지하고 수사기관의 학원 출입을 허용하는 '학원보호법' 제정을 시도했다.[18] 그러자 학생들

은 학문은 국가의 생존 수단이 아니며, 대학은 학문의 전당이어야 한다며 강력히 반발했다.[19]

국가가 국립대학이라는 것을 핑계 삼아 대학을 어떠한 국가 목적의 수단으로 생각하여 중·고등학교에 대한 간섭과 동일한 수법으로 지휘·감독하려는 태도는 전혀 대학의 본질을 모르는 일이고 이것은 연구기관으로서의 대학을 말살하는 것이다. 국가는 대학에 대하여 학문을 연구할 수 있는 경제적·사회적·정신적 조건을 뒷받침하여줌으로써 그것이 바로 국가 목적의 달성이 되는 것이다.[20]

대학교수를 비롯한 지식인 중에도 국가가 대학 자치를 훼손하는 상황을 우려하는 이들이 있었다. 연세대 교육학과 성내운 교수는 정부의 대학 통제가 고등교육의 질적 향상을 위한 방법이 아니라고 주장했다. 정부는 행정적인 통제를 없애고 오직 부패에 대한 감독만 철저히 하면 된다는 것이다. 또한 대학 존립의 성패를 가늠하는 것은 국가가 아니고 국민이어야 한다는 논리를 내세웠다. 즉, 자유경쟁에 의해 대학이 자연 도태하도록 유도하는 정책으로 전환하라는 것이다.[21] 서울대 법대 학장인 유기천은 독일과 일본처럼 후진 국가도 학문의 자유를 보장한 덕에 발전했으며, 학문을 멸시하고 학원의 자유를 침범한 나라는 모두 망했다고 주장하며 대학의 자유를 적극 옹호했다.[22] 이처럼 대학의 자치를 중시하는 지식인들은 국가가 대학의 자율성을 존중하는 것이 곧 대학교육 정상화의 길임을 역설했다. 반면에 사학이 무절제하게 난립하고 있다고 비판하던 지식인 중에는 국가가 나서서 대학을 통제해야 한다고 주장하는 이도 있었다. 국가가 대학 관리 체제를 확고히 확립하고 대학의 질적 향상을 도모하기 위해 교수와 학생을 보조하는 적극적인 역할을 해야 한다는 것이다.[23]

1960년대 중반을 넘어서면서 이러한 대학의 자율성과 국가 통제를 둘러싼 논쟁이 점차 잦아들었다. 대학권력은 정부의 요구에 충실한 대학 개조에 본격적으로 나섰다. 여기서 말하는 대학 개조를 교육평론가인 이창세는 '대학 근대화'라고 불렀다.

조국의 근대화 작업이 대학의 근대화로부터 출발되어야 한다는 것을 잊어서는 안 된다. 더욱이 경제 발전이 독립적 기업에 의하여 자동적으로 이루어지면서 학문과 사회 발전의 관계를 맺는 사회와는 달리 지식인에 의한 프로그램이 주도적인 역할을 하여야 할 우리나라의 경우 대학의 근대화야말로 모든 근대화 작업에 필수불가결한 선행 요건이 아닐 수 없다.[24]

이러한 대학 근대화는 본질적으로 대학의 내부 요구에 의한 것이 아니라 외부, 즉 국가 차원의 요구에 부응하거나 끌려가는 타율적 근대화였다. 여기에는 대학 관리 체제의 정착과 정부의 재정 지원 및 차관 주선이 결정적 역할을 했다. 국공립은 물론 사립대학에서도 근대화 전략에 충실한 대학 구조 조정, 즉 이공계 정원과 학과의 증설이 가장 절박한 문제가 되었다. 개발 시대에 과학기술 분야의 학생 수를 늘리는 것은 세계적인 추세이기도 했다.

그런데 과학기술에 치중하려면 교수 요원과 실험·실습을 위한 시설 정비에 엄청난 비용을 들여야 하므로 정부의 재정 지원이 필요했다. 무엇보다 연구 기능을 강화하기 위해서는 연구 조성비의 증대, 연구교수 및 연구전담직 설치, 대학원교육의 강화, 연구 시설 개선, 연구 결과의 활용 증대, 연구 결과에 대한 포상제도 강화 등이 제도적으로 마련되어야 했다. 여기에 국가의 집중 지원이 필요했던 것이다.[25] 이제는 국가가 적극 뒷받침하고 후원해야 대학이 정상적으로 발전한다면서 대학 스스로 나서서 국가의 재정 지원을 압박했다.

한편, 1960년대 말에 대학 근대화를 위한 또 하나의 협력 주체가 등장했다. 국가와 대학은 산학협동 체계를 요구하며 산업계가 대학에 시설과 연구를 위한 재원을 제공해야 한다고 압박했다. 선진국처럼 산업계가 대학에 관심을 갖고 협조해야 대학이 건전하게 발전할 수 있다는 것이다. 선진 공업 국가에서 산업 발전에 따라 대학의 전문교육이 확대된 것은 20세기 초의 일이었다. 이러한 변화는 대학교육을 받은 사람들이 사회의 중심 인력이 되는 것을 의미했다. 근대화와 고도성장이 현실화될수록 인력 자원을 개발하는 중추기관으로서 대학의 역할이 더욱 중요해졌다.

인력 개발이란 국민 사회의 근대화 과정이다. 여기서 근대화란 공업화 또는 산업화 또는 국민 생활의 과학화를 의미한다. 과학기술교육을 통한 과학기술 능력의 개발이 인력 개발의 핵심이다.[26]

대학은 이제 근대화 정신과 기술로 무장한 유능한 과학기술 인력을 개발하는 데 선도적 역할을 해야 했다. 실현 못할 꿈만 지닌 영웅호걸이 아니라 전문적인 지도자를 양성하는 데 매진해야 했다.[27]

이렇듯 대학의 근대화는 1960년대에 급속한 근대화에 휘말리면서 국가의 관리 체제 아래에서 근대화정책을 이끌 고급 인력 양성기관의 역할을 하는 방향으로 진행되었다. 국공립과 사립을 가리지 않고 과학기술자 양성기관의 역할에 충실해야 정부와 산업체로부터 더 많은 재원을 제공받을 수 있는 현실이 대학 근대화의 방향과 내용을 결정했다. 1950년대부터 대학권력을 대표하던 백낙준은 1968년 국제대학총장연합회가 마련한 특강에서 대학이 국가의 목표를 실현하는 데 중요한 역할을 담당해야 한다고 역설했다.

기술 개발이 우리 삶에 매우 중요한 위치를 차지한 만큼, 우리의 고등교육, 특히 직업교육은 이를 중시하지 않을 수 없습니다. 대학교육의 전문화 및 협소화에 대한 비판이 있기도 하지만 기술적 연구는 산업화에 기반한 국가 계획 및 대학교육과 함께 발전해갈 것입니다. 기술적 학문 탐구 없이는 이미 대학 그 자체의 존재가 무가치하기 때문입니다. 고등교육은 각 나라의 국가적 목표를 실현하는 데 중요한 역할을 담당해야 합니다. 국가적 목표 달성을 위해 국민들은 국가적 자원을 총동원시켜 단결해야 합니다.[28]

1969년 서울대 졸업식에 참석한 박정희는 대학 졸업생의 사명은 '민족의 중흥이며, 조국의 경제 발전이며, 그 국력을 토대로 70년대에 제기될 통일 과업'이라는 점을 강조했다. 서울대에서 발간하는 《대학신문》은 졸업생들을 '조국 근대화의 새 기수들'이라고 불렀다.[29] 1970년대를 눈앞에 둔 시점에서 이제 대학은 '국가 발전의 중책을 맡은 사명감으로 조국에 공헌하는 기수를 양성하는 기관'이라는 위상을 갖게 되었다. 이렇듯 정부에 의해 타율적으로 추진되던 대학 근대화 과정에서 대학은 산업 인력 개발 양성소로서 정체성을 갖춰갔다.

군사정부의 대학 정비

5·16 이후 군사정부가 추진한 대학정책의 핵심은 대학 개혁이 아니라 '정비'였다. 1950년대 후반부터 대학망국론, 즉 대학의 양적 팽창과 기업화에 대한 비판의 목소리가 높아지고, 4·19 직후 대학에서 각종 부조리를 둘러싸고 분규와 민주화 요구가 폭발하자 결국 군사정부가 대학 정비의 칼을 빼어 든 것이다.[30] 이로써 대학에 대한 정부의 방임적 입장은 마침표를 찍

었다.

군사정부가 대학을 정비해야 하는 이유로 내세운 것은 다음과 같았다. 첫째, 우리나라가 전체 인구에 비해 대학생 비율이 지나치게 높다. 둘째, 대학 졸업생 중 많은 이가 실업 상태에 있어서 사회 불안을 일으킨다. 셋째, 대학교육은 국가와 사회의 인력 수요에 적합하도록 실업교육과 과학기술교육 위주가 되어야 한다. 넷째, 많은 사립대학이 기업처럼 변해 부정부패의 온상이 되고 있다. 이에 대처하는 대학 정비 방향으로 군사정부는 대학 정원의 합리적 감축, 대학교육의 질적 향상, 대학교육과 관련된 부정부패 제거, 대학 운영의 정상화 등을 꼽았다. 군사정부는 1961년 9월 1일에 '교육에 관한 임시특례법'을 공포했다. 9월 5일에는 국공립대학 정비 방안을 발표하는 동시에 사립대학에 대한 실태 조사에 들어갔다. 같은 해 11월 18일에는 사립대학 정비 기준을 공포했다.

이러한 과정을 거쳐 확정한 대학 정비안의 주요 내용은 다음과 같았다. 첫째, 부정 및 분규 대학의 정비, 대학의 지역 분산, 인문계 축소 및 실업계 증강을 원칙으로 한다. 둘째, 전국 대학생 수를 10만 명 선에서 7만 명 선으로 줄인다. 셋째, 대학교육 정상화를 위해 사립대학은 경상비의 30퍼센트를 재단이 지출하고, 교수 60세 정년제, 대학입학자격고시제, 학사자격 국가고시제, 교수 연구 실적 심사 등을 실시한다. 넷째, 국공립대학 정비는 같은 지역에 있는 독립 단과대학을 종합대학의 단과대학으로 흡수하고, 전·남북과 경·남북의 사립대학은 설립자의 의견을 존중해 되도록 단위 지역 내 국립대학으로 흡수한다. 다섯째, 사립대학 가운데 정원이 700명 미만인 대학은 폐지하고, 같은 지역 학과 수를 제한한다. 여섯째, 실업계에 한해 대학입학자격고시를 거치지 않고 초급대학에 입학하도록 하고, 농·공·상계 4년제 대학과 시설이 우수한 실업고등학교에 초급대학을 따로 편성하며, 주간부 설치 학과에 한해 초급대학 야간부를 허용한다.[31]

하지만 군사정부가 내놓은 일방적인 대학 정비안은 강력한 반대에 부딪혔다. 무엇보다 국공립대학 통폐합정책이 격렬한 반발을 불러일으켰다. 정부는 국립대학의 사범대학에서 가정, 체육, 생물, 사회를 제외한 모든 학과를 폐지하고자 했다. 지방 국립대학에 대해서는 같은 지역에서 중복되는 단과대학을 폐지하고 인근 대학에 통합해 학생 정원을 조정하고자 했다. 이때 충남대는 충북대와 합쳐져 충청대로 발족하면서 도립에서 국립으로 전환되었다.[32] 부산대에서는 법대가 경북대로 통합되었다.[33] 이러한 국립대학 정비안에 대해 서울대 사범대학을 비롯해 통합 또는 폐지 대상인 대학과 학과의 교수와 학생들이 거세게 반발했다. 박정희 정부의 대응도 강경했다. 선동이나 배후 조종을 하는 자를 엄단하겠다고 밝히는 한편, 서울대 사범대학장 윤태림 교수를 비롯해 3명의 교수를 구속했다.[34] 1962년 군사정부는 대학 정비정책이 대학을 난맥상에 빠지게 한 책임을 인정하고[35] 사실상 원상 복구에 가까운 수정안을 발표했다. 이로써 통폐합되었던 국립대학의 단과대학이 모두 부활했다. 충남대는 다시 살아났고 부산대 법대도 부활했다. 전북대와 전남대에서 통폐합 대상이 되었던 단과대학들도 모두 부활했다. 군사정부는 사립대학에 학생 증원과 학과 증설을 인정하는 대신 인문계 대 이공계 비율을 3 대 7로 유지하라고 압박했다.

이와 같은 대학 정비를 둘러싼 혼선에 대해 군사정부는 인력 수급 계획과 국민경제의 부담을 감안해 나름의 계획을 수립했으나 정책 입안 과정이 졸속으로 처리된 데서 문제가 비롯되었다고 평가했다.[36]

대학 운영 관리에 나선 국가

1960년대 군사정부와 박정희 정부는 대학 운영에 대한 국가 관리 체제를 마련하는 데 주력했는데, 특히 정원 문제를 비중 있게 다루었다. 정원 문제가 가장 고질적인 대학 비리였기 때문이다. 1950년대 내내 '대학생 정원은 학과 설치와 관련하여 감독관청인 문교부의 인가를 받도록 한다'는 법조문이 무색할 정도로, 재정을 등록금에 의존하던 사립대학에 의해 대학생이 급격히 증가했다. 이로 인해 대학교육의 질적 저하는 물론 고등실업자가 양산되면서 대학망국론이 등장했다. 해병대 대령 출신으로 군사정부에서 문교부 장관을 맡은 문희석은 '대학교육이 폭리를 추구하는 허울뿐인 곳으로 전락해 쓸데없는 학사를 배출한다'고 비판하며 대학 정원 감축에 앞장섰다.

문교부는 1961년에 9만 1,920명이던 대학 정원을 40퍼센트 줄여서 1962년 6만 1,164명으로 확정했다.[37] 서울대는 학생 정원을 1만 2,700명에서 8,460명으로 4,240명이나 줄였다. 이공계는 별 변화가 없었고 주로 인문계가 크게 줄었다. 대학 정원감축정책의 주요 표적이었던 사립대학 역시 크게 줄었다. 1961년 당시 정원이 3,420명이던 동아대는 1962년에 1,760명으로 절반이나 줄어들었다.[38] 대학 정원감축정책은 사립대학에 원칙 없이 적용되고 있다는 이유로 곧바로 비판의 도마 위에 올랐다. 고려대 교수 김상협은 '이화여대는 군정이 유한마담을 양산하는 대학이라며 학생 수를 명맥만 유지할 정도로 줄이고, 연대는 설립자가 미국인이니 미국 대학이라고 학생 정원을 줄이고, 고려대는 민족대학이라며 마구 늘려주는 식'이라며 비판했다.[39]

1960년대 중반에 들어 박정희 정부는 대학 관리 체제를 마련하는 데 최대 장애물인 사립대학의 고질적인 정원 외 초과 모집 관행을 뿌리 뽑기 위한 조치를 잇달아 내놓았다. 1965년 1월 문교부는 정원 초과 모집이 드러나면 총·학장을 인사 조치하겠다는 방침을 내놓았다. 그러나 이화여대에서 다수의 정원 외 초과 모집이 드러나면서 정부와 사립대학 간의 공방은

1년 내내 계속되었다. 그해 12월 박정희 정부는 '대학학생정원령'을 공포해 대학 정원에 대한 국가 관리를 시도했다. '대학학생정원령'에 따르면, 위탁 학생, 외국인 및 교포 학생을 제외하고는 대학이 '대학학생정원령'에서 밝히고 있는 정수를 초과해 입학을 허가할 수 없었다. 1966년에는 아예 대학입학선발고사에 합격한 자에 한해 미리 문교부 장관의 승인을 받아 입학 허가서를 발급받도록 '대학학생정원령'을 개정했다. 그리고 정원 외 초과 입학을 형사 범죄로 취급해 사립대학 정원 초과를 단속하기 위한 합동수사반을 편성하고, 적발되면 행정처분 또는 총·학장에게 형사책임을 묻겠다고 엄포를 놓았다.

1960년대 후반에 들어와 박정희 정부는 사립대학의 정원 외 초과 모집을 억제하면서도 이공계에 한해서는 증원정책을 펼쳤다. 이공계와 인문계의 비율을 종전의 7 대 3에서 6 대 4로 조정하고, 1967년부터는 제2차 경제개발 계획의 하나인 제2차 과학기술진흥 5개년 계획에 따라 과학기술계 인력을 전략적 차원에서 개발하기 시작했다. 해마다 6만 4,000여 명의 과학기술 인력이 증가해야 한다는 계획에 따라 국공립은 물론 사립대학에서도 이공계 정원을 늘리는 방안이 마련되었다. 이 시기에 대학 정원은 이공계를 중심으로 꾸준히 늘어났다. 인문계 학과를 자연계 학과로 전환하는 방법을 통해서도 증원이 이루어졌다.

정부는 학생 선발 관리에도 나서기 시작했다. 대학별 선발고사를 폐지하고 1962년부터 대학입학자격고시를 실시한다는 방안을 내놓았다. 대학입학자격고시에 합격한 사람들을 대상으로 각 대학이 실기 검사, 신체검사, 면접을 실시해 성적순으로 신입생을 선발하도록 했다. 대학입학자격고시제도는 부정 입학과 무능력자의 대학 입학을 막는 데 목적이 있었다.

그런데 시행 과정에서 대학입학자격고시가 입학 자격을 부여하는 데 그치지 않고 사실상 선발 기능을 하는 부작용이 일어났다. 고등학교와 대학의 서열화가 발생했고, 성적 우수자가 서울에 있는 대학으로 몰리면서 지방대학 특히 사립대학은 미달 사태에 직면했다. 이를테면 동아대의 야간대학은 지원자 수가 1961년 1,069명에서 1962년에 118명으로 크게 감소했다.[40] 대학입학자격고시가 결국은 대학의 선발권을 박탈한 것에 불과하다는 여론이 높아지자, 문교부는 1963년부터 대학입학자격고시를 자격고시로만 활용하도록 했다. 하지만 대학입학자격고시는 결국 시행 1년 만인 1963년 4월에 폐지되었다. 1964년부터 입학시험제도는 대학별로 치르는 예전 방식으로 되돌아갔다.

하지만 1960년 5월 주한 미국경제협조처에서 내놓은 고등교육 개혁안에서 대학 입학시험을 전국에 걸쳐 공동 출제하는 방식을 건의한 이후로 사립대학 정원 외 초과 모집의 폐단을 심각히 우려하던 지식인들은 대학입학자격고시 실시를 찬성해왔다.[41] 국가적·사회적 수요에 맞춰 입학 정원을 정하고 이에 맞춰 시험을 치러야 부정 입학의 여지를 없앨 수 있다는 것이다. 박정희 정부는 다시 1966년부터 대학입학자격고시제 도입을 준비해 1969년에 대학입학예비고사제를 시행했다.

군사정부와 박정희 정부는 학위 수여에 대한 관리도 시도했다. 1961년부터는 국가가 시행하는 학사자격고시에 합격해야 대학 졸업이 가능했다. 4년제 대학 전 과정을 이수하고 국가에서 시행하는 학사자격고시에 합격한 자에게만 대학 졸업장을 주겠다는 발상이었다. 그해 12월에 첫 학사자격고시가 전국에서 실시되었다. 졸업 예정자의 72퍼센트인 1만 8,346명이 응시해 85퍼센트인 1만 5,628명이 합격했다.

그러나 학사자격고시 역시 날선 비판에 직면해야 했다. 획일적인 국가고시가 자율성, 비판성, 창의성, 다양성을 추구하는 대학교육의 본질에 위배된다는 근본적인 문제 제기부터, 객관식 문제가 학업 능력을 마비시키며, 출제 기간 부족으로 문제의 질이 너무 조잡하고 획일적이라는 비판도 쏟아졌다.[42] 결국 문교부는 1962년부터 교양과목만 국가가 관리해 객관식으로 출제하고, 전공과목은 각 대학이 주관식과 객관식을 함께 출제하도록 했다. 하지만 군사정부는 합격률이 97퍼센트를 웃도는 학사고시에 소모되는 인력과 경비에 비해 실효성이 없음을 인정하고 1963년 4월에 대학입학자격고시와 함께 학사자격고시를 폐지했다. 두 차례의 학사자격고시에서 불합격한 학생 전원을 구제해주었다. 이후에도 박정희 정부는 면학 풍토 조성이라는 명분 아래 학사자격고시를 대학과 학생운동을 압박하는 수단으로 활용했다.[43]

박정희 정부는 1965년에 '대학학생정원령'과 함께 학위등록제를 실시해 학위에 대한 국가 관리를 재시도했다. 학위등록제는 대학 또는 대학원에서 정해진 과정을 이수하고 일정한 시험에 합격한 자에게 정원의 범위에서 학위를 수여하는 제도였다. 학사·석사·박사 학위를 받을 예정자 명부를 문교부에 등록하면 문교부 장관이 그 사실을 증명하는 등록증을 주도록 했다. 학위등록제는 대학에 대한 국가 관리 체제를 강화하는 동시에 정원 외 초과 모집으로 들어온 학생에게 졸업장을 마구 주던 풍토를 없애기 위한 장치였다.

그런데 시행 첫해인 1966년에 사립대학이 정원 초과 실태를 줄이려고 입대자나 휴학자를 학사 등록 신청에서 제외하면서 정상적으로 입학했던 약 6,000명의 학생이 학사 등록을 하지 못하는 촌극이 벌어졌다. 정원 외 초과 입학한 학생에 대한 정부의 선처를 기대하며 학사등록증 발급 신청을 미루어 졸업식을 제대로 치르지 못하는 일도 발생했다. 이에 정부는 더욱 강경한 조치로 학사등록증이 없는 학생에게는 국가고시는 물론 공기업 채용시험에 응시할 자격을 박탈하는 한편, 졸업 자격이 있는 자에게 대학은 졸업장을, 문교부는 학사증을 수여하는 방안을 마련하기도 했다.

1960년대 말에 이르면서 국가에 의한 대학 관리 체제도 차츰 정착되어갔다. 박정희 정부에게 대학 정원과 입학 및 졸업에 대한 국가 관리를 통해 고질적인 부정부패와 비리를 뿌리 뽑는 일은 곧 대학 근대화의 토대를 닦는 과정이었다.

사립대학에 대한 통제와 지원

군사정부는 대학 정비 과정에서 전체 대학의 70퍼센트에 달하는 사립대학에 대학 난립에 대한 책임을 물었다. 먼저, 학교 재단의 운영 쇄신을 위해 총장이 재단 이사장 또는 학무 이사직을 겸임하지 못하도록 지시하고, 사립대학 두 곳의 총·학장을 비리를 문제 삼아 해임했다. 한양대 김연준 총장은 학생 정원 초과, 경리 부정, 정치 관여 등을 이유로 해임되었다.[44] 또한 사립대학의 정원을 5만 5,040명에서 3만 5,000명으로 줄였다. 4년제 주간대학은 종전 27개에서 25개로 줄였고, 4년제 야간대학은 4개에서 8개로 늘렸다.[45]

군사정부가 대학 정비의 실패를 인정하면서 1962년부터 1963년에 걸쳐 국립대학과 마찬가지로 사립대학도 예전으로 복귀할 수 있었다. 박정희 정부는 또다시 '사립학교법'을 제정해 사립대학에 대한 정비와 통제를 기획했다. 사학 보호와 육성을 위한 '사립학교법' 제정은 1950년대 말부터 요구가 있었으므로 사실 새삼스런 정책은 아니었다.[46] 하지만 1963년에 공포된 '사립학교법'은 보호와 육성보다는 통제와 규제에 초점을 두고 있었다. '사립학교법'에서 논란이 된 조항은 다음과 같다.

— 사립학교는 감독청의 지휘, 감독을 받는다.
— 학교법인의 수익 사업에 관하여 그 종류와 계획을 일일이 신고해야 된다.

- 학교법인 임원의 정원과 구성 및 임기 등에 관하여 세밀한 제한 규정을 두고 임원의 취임에는 감독청의 승인을 요건으로 한다.
- 문교부 장관의 직권에 의하여 임시 이사를 선임할 수 있도록 한다.
- 학교법인의 예산 편성 요령과 회계 규칙, 기타 예산 또는 회계에 관한 필요 사항을 문교부 장관이 정할 뿐만 아니라 감독청이 예산안의 시정을 요구할 수 있다.
- 감독청은 학교법인이 경영하는 수익 사업의 정지를 명령할 수 있고, 필요할 때에는 학교법인에 대하여 보고서 제출을 명하고 장부 및 서류 등을 검사할 수 있으며, 이에 따른 필요한 조치를 명할 수 있다.
- 사립학교의 장을 임명함에 있어 감독청의 승인을 요건으로 한다.
- 사립학교 법인의 이사장이나 사립학교 경영자에 대하여 사립학교법 소정의 규정을 위반하였을 때 징역과 벌금 등 실형을 받을 수 있다.[47]

'사립학교법'은 사학의 자주성을 확보하고 공공성을 높인다는 취지를 내세웠지만, 제정 당시부터 사학의 자율성을 침해한다는 이유로 강한 반대에 부딪혔다.[48] 한국의 '사립학교법'은 1950년부터 시행되던 일본의 '사립학교법'을 본떠 만든 것이었다.[49] 그런데 1964년 일본의 감독청이 학교법인 임원과 학교장의 승인을 취소할 수 있도록 한 '사립학교법' 조항을 개정해 정부의 감독권을 제한한 것과 달리, 그해 11월 한국에서는 오히려 감독청이 학교법인 임원과 학교장의 승인을 취소할 수 있도록 '사립학교법'을 개정했다.

1963년 6월에 '사립학교법'이 공포되자, 한국사학재단연합회와 대한사립중등학교장회는 물론 대한교육연합회까지 나서서 법 개정을 요구했다. 이듬해 11월에 개정이 이루어졌으나 내용은 오히려 그들의 요구에서 후퇴한 것이었다. 개정안이 국회에 상정되자, 문교재단연합, 사립대학 총·학장,

사립초급대학학장회연합 등은 '조국 광복과 근대화의 선구를 담당해온 사학'의 자주성을 말살하는 개악이라며 항의했다.[50] 그리고 1,500여 전국 사학 대표들이 모여 한국사립학교총연합회를 조직해 정부의 사학 통제에 대응하고자 했다.[51] 헌법에 보장되어 있는 교육의 자주성과 특수성을 말살하려는 반민주적 악법이라며 '사립학교법'의 폐지를 요구하는 여론도 만만치 않았다. 민주주의국가에서 사립기관 책임자의 인사권을 정부가 장악한다는 것은 어불성설이라는 의견이었다. '사립학교법' 시행으로 교육자가 정치권의 눈치를 보게 되거나 학원 분쟁이 일어날 수 있다는 우려도 제기되었다.[52] 이에 대해 박정희 정부는 사학의 공공성을 확보하기 위해 '사립학교법'을 제정한 것이라고 응수했다. 게다가 1963년에는 '학교법인 정관준칙', 1964년에는 학교법인 수익 기본 재산과 수익액의 기준, 1966년에는 '사학기관 재무회계규칙' 등을 마련해 사학을 더욱 옥죄었다.[53]

1969년 1월에는 국회가 나서서 사립대학에 대한 특별감사를 진행했다. 특별감사를 위한 실태 조사에서는 일부 사립대학이 청강생의 등록금을 쌈짓돈 삼아 재벌로 군림하고 있음이 드러났다.

수많은 정원 외 학생, 청강생들을 뽑았고, 학생들로부터 받은 납입금은 재단에 유입시키거나 교육 이외의 목적에 사용해왔고, 시험 성적과는 관계없이 돈 많이 내는 학생을 부정 입학시켰으며 부정 졸업장을 남발해왔다. 불과 5년 또는 10년 동안에 재산이 100배, 1,000배씩 기하급수적으로 늘어났으나 그 재산은 학교를 위해 투자되거나 교수들의 처우를 높여주는 데는 한 푼도 사용되지 않았다.[54]

그런데 특별감사에서 정부가 '사립학교법' 제·개정의 논거로 제시한 사학의 부패가 비단 사학만의 책임이 아니라는 주장이 제기되었다. '학원 경영 문제가 오늘날처럼 확대된 책임의 절반을 문교부의 조절 내지 감독 기능의 부진에 돌릴 수밖에 없다'[55]라는 주장에서 알 수 있듯이, 사립대학의 비리를 방관한 정부도 일부분 책임이 있다는 것이다.[56] 문교부 장관이 정원 외 학생을 모집해도 좋다고 묵인하거나 정원 외 학생을 신고하면 인정해주겠다고 한 사실도 드러났다.[57]

> 과거 문교부 장관은 20~30퍼센트의 정원 외 학생을 모집해도 좋다고 묵인한 적이 있으며, 65년 권오병 문교 장관은 정원 외 학생을 신고하면 양성화해준다고 해서 이를 인정해준 일이 있다. 이래서 정원 외 학생 모집은 하나의 관례가 되었다.[58]

사립대학은 특별감사가 사립대학을 길들이기 위한 수단이라며 반발했다. 이때 특별감사를 받은 경희대는 대학 육성을 위해 정부가 보조는 못할망정 오히려 국회까지 나서서 억압을 목적으로 감사를 벌인 것은 부당하다고 비판했다.

> 사실상 감사 결과에 나타난 성과를 볼 때 육성책에 대해서는 일언반구도 없이 오히려 사학의 독립성을 유린하였고 그 자주성을 침해하였으며 강압과 탄압의 인상만을 남긴 반면, 시종 규탄만으로 일관한 데 불과하였다고 논평해도 과언이 아닐 것이다. 외국 정부에서는 그 많은 대학들을 보조하고 있다. 그러나 보조한 정부 당국이 대학 당국을 감사했다는 그러한 말을 아직껏 들어본 적이 없다.[59]

박정희 정부는 사학 통제의 반대급부로 사립대학 재정난을 해결하기 위한 지원 방안을 마련했다. 해방 이후 정부의 사립대학 지원은 '사립학교법'

이 제정된 1963년에 지급한 학술 연구 조성비가 최초였다. 문교부는 1963년부터 국립대학은 물론 사립대학까지 대학교수와 부설 연구기관을 대상으로 한 학술 연구 조성비를 제도화했다.

1965년부터는 사립대학 등록금 한도액을 없애고, 1969년에는 기성회비 한도액까지 없애면서 등록금을 자율화했다. 또한 교육 차관, 대일청구권 자금 등을 이용해 사립대학 이공계 학과의 시설 확장에 지원했다. 교육 차관은 정부가 주선하고 보증을 섰다. 정부가 나서서 주한 미국경제협조처를 통해 세계은행과 미국의 민간 차관 2,000만 달러를 20년 거치 연 3퍼센트의 이자로 들여오기도 했다.[60] 1965년 한일기본조약 체결과 함께 일본에서 1975년까지 제공한 대일청구권 자금 중 고려대에 20만 달러, 연세대에 17만 달러, 한양대와 인하공대에 9만 달러, 조선대에 8만 달러, 동아대와 대구대에 6만 달러, 중앙대·경희대·성균관대에 5만 달러, 광운공대와 수도공대에 각각 1만 5,000달러씩 배분되었다.[61] 고려대와 연세대에 대한 집중 지원은 '대일청구권 자금의 성격상 일제 때 가장 혹독하게 탄압당한 고려대와 연세대에 우선적으로 보조한다'는 원칙에 따른 것이었다.[62]

이처럼 1960년대에 와서 사립대학은 국가로부터 통제당하면서도 지원받는 상황을 맞이했다. 본디 사립대학이 요구한 것은 대학보조위원회를 두고 사립대학 재정의 70퍼센트 이상을 지원하는 영국 수준으로 국가가 지원하는 것이었다.[63] 당시 일본 정부는 '사립학교진흥법'을 제정해 사학에 융자를 실시하는 동시에 1963년부터 해마다 20억 엔을 보조하는 정책을 시행하고 있었다.[64]

한편, 이승만이 행정조직을 동원해 사립대학인 인하대를 만들고 측근인 이기붕을 이사장에 앉혔듯이, 박정희는 1947년에 개교한 대구대와 1950년에 개교한 청구대를 통합해 1967년에 생겨난 사립대학인 영남대의 교주 자리에 올랐다. 대구대는 1945년 11월 국립 종합대학을 목표로 경북종합대학기성회가 활동을 시작한 이래 우여곡절 끝에 단과대학인 대구문리과대학을 거쳐 1947년에 개교한 사립대학이었다. 청구대는 경북포화조합이 대구문리과전문학원을 발판 삼아 대학 설립을 추진하면서 탄생한 사립대학이었다. 이후 청구대는 재정난으로 1964년에 삼성재단으로 넘겨졌다. 두 대학을 통합해 영남대가 탄생하는 과정을 주도한 사람은 당시 대통령 비서실장이자 청구대 이사로 있던 이후락이었다.

대구대와 청구대의 통합 추진 과정이 세간에 알려진 것은 1967년 12월 10일 자 《대구일보》를 통해서였다. "양 대학의 일부 인사들은 서울의 일류 사립대학과 같은 훌륭한 종합대학을 대구에서 만들자면 양 대학이 통합되어야만 한다는 의견에 원칙적인 찬동을 보이면서 공적·사적으로 통합 방법을 구상해온 것으로 알려지고 있는데, 구대(대구대)에서는 오는 15일, 청대(청구대)에서는 금월 내에 각각 이사회를 열고 문제를 진지하게 토의·확정할 것으로 보인다"라는 내용이었다. 두 대학의 통합과 영남대 설립은 신문 보도의 예상보다 빨리 추진되었다. 12월 15일에 대구대와 청구대가 각각 이사회를 열어 합병약정서를 통과시키고 그날로 문교부에 인가 신청을 냈다. 문교부는 다음 날 바로 학교법인 영남학원의 설립을 인가했다. 영남대의 최초 법인 이사는 '영남 출신으로서 박정희 대통령과 가까이 있으면서 그 뜻을 깊이 이해하고 실천에 옮기는 데 노력해온 인사'들로 구성되었다. 이동녕(이사장), 이효상, 김성곤, 서정귀, 이후락, 신현확, 성상영, 백남억, 김인, 최준, 한석동, 신기석, 여상원 등 13명이 이사를 맡았다. 1967년 12월 18일에 처음 열린 이사회는 만장일치로 결의문을 채택했다. 결의문에는 이런 내용이 나온다.

따라서 우리는 박정희 씨를 우리의 법인과 학교의 최고 지도자, 교주로 모시고, 그 지도를 받고 그 지도에 따를 것을 굳게 결의하는 바이다. 이 결의는 장구히 우리 법인과 영남대학의 기본 정신이 될 것이며, 또 행동의 헌장임을 확인하고 이사 전원이 이에 서명 날인한다.[65]

이처럼 대통령 비서실장이 주도한 대구대와 청구대의 통합, 그리고 영남대의 탄생은 최고 권력자인 박정희 대통령을 교주로 받드는 것으로 귀결되었다. 그런데 지금도 청구대와 대구대 관계자들은 정수장학회처럼 박정희 대통령에게 대학을 빼앗겼다고 주장한다. 이처럼 국가 수장인 대통령이 사립대학의 교주 자리에 오르는 상황은 결과적으로 사학재단을 기반으로 한 대학권력에 상당한 힘을 부여해주었다.

이공계 중심의 대학 근대화

1960년대 대학 근대화는 이공계를 중심으로 이루어졌다. 근대화의 재원을 쥔 정부가 경제개발 전략, 곧 공업화를 통한 근대화 추진에 필요한 고급 기술 인력의 확보를 위해 이공계에 지원을 집중했기 때문이다. 정부의 이공계 지원 전략에 따라 국립과 사립을 가리지 않고 이공계 학과와 학생 수는 가파르게 증가했다.

국립대학의 경우를 살펴보자. 1950년대에 정부가 대학에 해외 원조를 배분할 때 몇 개 대학을 선별해 집중 지원했던 것처럼, 이공계 지원에서도 국립대, 특히 서울대에 재원을 집중해 이공계 고급 인력을 키우는 전략을 취했다. 서울대는 1965년 한일 국교 정상화의 대가로 받은 대일청구권 자금을 학과별로 배정받아 실험용 기자재를 늘렸으며, 1969년부터는 정부 주선으로 이공계 확대를 위한 교육 차관을 도입했다. 박정희 정부가 서울대 공대에 집중 투자함에 따라 서울대는 1964년부터 1966년까지 학과 신설, 학생과 교수의 대폭 증원, 건물 신축 등을 핵심으로 하는 '공과대학 확충 3개년 계획'을 시행했다. 서울대 공대 집중 육성은 무엇보다 정원의 변화를 통해 뚜렷이 알 수 있다. 1961년 서울대 공대의 정원은 1,580명이었으나 1962년에는 정부의 대학 정원감축정책에 따라 1,240명으로 감소했다. 그러나 1964년 '공과대학 확충 3개년 계획'으로 다시 1,840명으로 증가했으며, 1968년에는 2,400명으로 크게 늘었다. 이듬해에는 무려 800명을 증원했다. 그 결과 1961년에 비해 1969년 공대 정원이 두 배 이상 늘었다.[66] 경북대와 같은 지방 국립대학 이공계 역시 정원과 학과가 꾸준히 증가했다.[67]

사립대학에서는 1960년대 중반을 넘어서야 공대를 설치하거나 이공계 학과를 증설하는 등의 움직임이 본격적으로 이루어졌다. 이공계는 많은 시설과 교수 요원이 필요한 분야인데, 국가 지원에서 사립대학이 국립대학에 밀렸기 때문이다. 그러나 공과대학으로 출발한 사립대학은 1960년대 초부터 이공계 정원과 학과를 늘리는 데 적극적이었다. 한양공과대학에서 출발한 한양대는 1963년에 10개 학과, 1964년에 3개 학과, 1967년에 2개 학과를 신설하는 등 공업화 전략에 적극 대응했다. 그 결과 1969년 문리과대학 정원은 절반으로 줄어든 반면, 이공계 정원은 17개 학과 760명으로 크게 늘어났다.[68] 인하공대도 박정희 대통령이 직접 참관을 오는 등 국가적 관심을 받으며 1963년에 무려 20퍼센트의 정원을 늘렸으며, 대일청구권 자금과 교육 차관 등을 통해 기반 시설을 늘려나갔다.[69]

연세대, 고려대와 같이 규모가 큰 사립대학은 정부 지원을 받아 이공계 정원을 늘리고 시설을 확장했다. 연세대는 1960년대 초반부터 이공대학을 이학부와 공학부로 분리한 뒤 1960년대 내내 이공계 관련 학과를 신설하고 학생 수를 늘렸다. 대일청구권 자금으로 받은 17만 달러로도 주로 이공계 시설을 늘렸다.[70] 고려대도 사립대학에 지원된 대일청구권 자금 중 최고액인 20만 달러를 배정받아 이공계에 투여했다. 정부로부터는 국고보조금 1,000만 원을 받아 이공대학의 학생 실험용 기자재와 교수 연구용 기자재 등 여러 실험기구를 늘렸다.[71)]

성균관대는 이공계와 관련해 1966년에 2개 학과, 1967년에 1개 학과, 1969년에 4개 학과를 설치했다.[72)] 경희대는 1969년에 공대를 설립하고 5개 학과를 신설했다.[73)] 동국대는 1966년 산업대학에 6개 학과를, 1967년에는 3개 학과를 신설했다.[74)] 1965년에 이공계 학생 수가 1,820명이었으나 1971년에는 3,000명으로 늘어났다. 동아대는 1967년에 3개 학과, 1969년에는 3개 학과를 신설했다.[75)] 특히 동아대는 공대를 중심으로 산학협동체제를 구축하는 데 적극적이었다. 공업경영학과에서는 1969년부터 인근지역 공장에서 700여 명에 달하는 학생들이 실습 또는 견학을 했다.[76)]

한편, 이공계와 함께 경영학, 무역학 등 공업화와 수출 주도 전략에 필요한 인문계 학과가 신설되었다. 서울대는 1961년 12월에, 부산대는 1962년에 경영학과를 신설했다. 한양대는 1964년에 상학과와 경제학과의 정원을 늘리고 80명 정원의 무역학과를 신설했다. 1966년에는 경제통계학과를 신설했고, 1968년에는 경영학과 정원을 20명에서 60명으로 크게 늘렸다.

이처럼 국공립대학과 사립대학이 이공계 증원에 경쟁적으로 뛰어든 1960년대 중반부터 산업계가 요구하는 인력 개발 수요에 맞는 합리적인 학과 배치와 학생 수 조정이 이루어지지 않고 있다는 비판도 본격적으로 제기되었다. 이에 박정희 정부는 경제개발을 위한 인력 개발에 초점을 둔 고등교육 계획을 세우고자 고등교육 실태 조사에 나섰다. 1966년과 1967년에 걸쳐 한국산업개발본부와 중앙교육연구소는 문교부, 과학기술처, 주한 미국경제협조처 등 삼자의 협력을 얻어 고등교육기관에 관한 종합적인 실태 조사를 실시했다. 그리고 1968년에는 장기종합교육계획심의회를 발족했다.[77)]

산업계도 기술계 전문직을 중심으로 인문계를 포함한 모든 직업인을 분류·파악하고, 대학 학부나 대학원에서 양성되는 학생 수와 사회적 수요를 맞추어나갈 것을 요구하기 시작했다. 실제 인력 수급 계획(1967~1971)에 따르면, 이공계 대학교육을 필수 조건으로 하는 과학기술자의 총수요는 2만 1,000명인데 공급 능력은 3만 6,000명으로 공급 과잉이 일어나는 상황이었다. 하지만 화학, 전기, 기계, 금속, 야금, 섬유 부분에서는 기술자가 현저히 부족할 것으로 예측되었다. '과학기술진흥법'에 따라 설치된 인력개발위원회가 이 기간 중 과학기술자 공급이 부족할 것으로 예상한 분야를 위해 박정희 정부는 1968년부터 신속히 관련 이공계 정원을 늘려나갔다. 1960년대 말에 이르러 조국 근대화를 앞세운 대학의 성장과 발전 척도는 학문 공동체의 풍요로운 지적 가치의 발산이 아니라, 과학기술 발달에 기여할 인력 개발 능력이었다. 제3세계 대학이 그러했듯이 국공립과 사립을 가리지 않고 대학은 국가의 관리 체제 아래에서 재정 지원을 받으며 이공계 중심으로 성장하는 길을 선택했다. 그것은 형식적으로는 국공립과 사립이 구분되나, 내용적으로는 모두 관학으로 획일화되는 궤적이기도 했다.

1960년대 중반부터는 이공계 중심의 학생 증원과 함께 연구소, 대학원 등과 같은 연구직과 고급 인력을 개발하는 기관에 대한 관심도 높아졌다. 1960년대 초만 해도 대학원은 교수와 시설, 연구비 부족으로 경제 발전에 공헌할 수 없는 형편에 놓여 있었다. 정부의 집중 지원을 받으며 일찍부터 대학원 중심 대학이 되어야 한다는 요구를 받았던 서울대 대학원조차 자체 교수 정원도 없이 강사로만 충원될 정도로 운영이 허술했다.[78] 심지어 단독 건물도 없었다. 따라서 대학원은 '대학의 의붓자식, 대학의 부속물, 취직 못하는 바보들의 집단, 있어도 좋고 없어도 좋은 기관'으로 불리기도 했다.[79] 이런 사정으로 교수들은 학생들에게 대학원 진학 대신 유학을 권장했다.

대학원교육 확장의 자극제가 된 것은 경제개발에 필요한 고급 인력 양성이라는 현실적인 요구였다. 1960년대에 확산된 대학원교육의 특징은 일반대학원이든 특수대학원이든 이공계보다는 경제개발의 실천 전략을 다루는 경영 또는 행정, 사회개발 등의 분야가 주를 이루었다는 점이다. 1964년 고려대를 시작으로 서울대, 연세대, 부산대, 동아대 등에 산업부흥과 기업 혁신을 위한 유능한 인적 자원 개발을 목적으로 하는 경영대학원이 설립되었다. 한양대에는 '기술계 현장 종사자에게는 산업공학적·합리적 관리 방법을, 비기술계 관리자에게는 기술의 이해와 과학적 관리 방법을 연구·습득하도록 한다'는 취지를 내세운 경영공학대학원이 설립되었다.[80] 성균관대에는 경제개발을 위한 인력 확충을 목적으로 경제개발대학원이 설립되었다.[81] 경희대에도 '산업부흥과 경제 자립을 당면 과제로 삼은 국가 시책에 부응하여 유능한 실업가, 경영자, 행정가를 재교육한다'는 명목으로 산업경영대학원이 개설되었다.[82]

이처럼 1960년대에 비로소 대학원교육이 뿌리를 내리는 과정에서 일반대학원보다는 경제개발의 거시적 또는 미시적 전략과 관련된 특수대학원이 먼저 생겨났다. 이는 이공계와 인문계를 가리지 않고 마찬가지였다. 이러한 특수대학원의 유행은 '대학학생정원령'에 구애받지 않으므로 대학이 영리를 목적으로 학생들을 마구 받아들이면서 생겨난 현상이었다. 이에 대한 대책으로 문교부가 내놓은 방안은 구체적이었다. 대학원에 출석부를 설치하고 학생좌석제를 실시하며, 학과마다 전임·주임교수를 두고 일반 대학과 독립된 건물을 확보해 강의실과 연구실을 충분히 활용하는 한편, 각 학생은 전공과목마다 한 달에 한 편씩 연구논문을 제출하도록 했다.[83]

대학원교육을 둘러싼 논란이 계속되는 가운데 1967년 말 당시 대학원의 35.8퍼센트를 이공계가 차지하고 있었지만 사실 그 절반은 의약계였다. 여전히 부진한 이공계 대학원의 확장은 더 이상 미룰 수 없는 사안이었다. 무엇보다 유능한 대학 졸업자들이 유학을 가면서 인재 유출 현상이 심각했다. 또한 과학기술 향상과 연구 능력 확보라는 국가 과제를 해결하려면 이공계 대학원을 육성·강화해야 한다는 목소리가 산업계를 중심으로 높아지고 있었다. 연구를 위주로 하는 이공계 대학원교육을 먼저 육성하고 이를 차츰 이공계 대학교육으로 확산시키는 방안이 제기되기도 했다.[84] 이와 함께 대학원교육에서 가장 중요한 것이 대학원생의 연구 역량 강화라는 차원에서 이공계 대학원생 전원에게 장학금을 지급하는 방안, 대학원생이 정부·연구소·산업계 등과 사전 고용계약을 맺고 재학 중에 학자금을 지급받는 방안, 이공계 대학원 재학생 및 이수자의 군 징집을 연기하거나 면제하는 방안 등이 제시되었다.

무엇보다 대학원교육의 사활은 국가의 전폭적인 지원에 달려 있다며 재정적이고 제도적인 지원을 촉구하는 목소리가 높아졌다. 국가의 대학원 지원은 소비가 아니라 국가가 해야 할 완전하고 직접적인 투자라는 것이다. 이제 대학원은 순수한 지식과 예술의 유지와 발달을 꾀하는 곳이 아니라 전문 기술교육과 연구의 전당[85]이므로, 정부가 대학원 진흥에도 도로 건설 못지않게 의욕을 보여 예산을 늘려야 한다는 주장도 있었다.[86] 사립대학에서는 경비가 막대한 기술계 대학원을 운영하기 어려우므로 경제개발에 중요한 학문 분야에 대해서는 국가가 재정을 부담하는 국립대학원을 사립대학 안에 부설하자는 방안도 등장했다. 하지만 1970년대 중반까지도 여전히 대학원 운영에 정부의 재정 지원은 물론, 행정과 제도에서도 적극적인 지원이 필요하다는 요구가 계속 제기되었다. '대학원 중심 대학'에 대한 사회적 동의도 부족하고, "대학원이 좀 더 소중하게 여겨지는 풍토의 조성이 아쉽다"는 내용이었다.[87]

경제개발을 위한 연구의 토대인 연구소들도 각 대학에서 문을 열었다. 1960년대 초에 정부는 대학의 연구 능력을 기르고 과학기술 개발에서 산학협동 체제의 확립을 유도하기 위해 몇몇 대학 부설 연구기관과 연구 용역 계약을 맺기는 했으나 자금이 여전히 부족했다. 게다가 대부분의 연구소가 대학 밖에 있었다. 1965년 당시 과학기술 분야 연구소는 79개소였는데, 이 가운데 49개 기관이 국공립 연구기관이었고 민간 기업 부설은 13개, 대학 부설은 10개에 불과했다.

1966년에는 동양 최대 연구소를 표방하며 한국 과학기술의 총본산으로서 한국과학기술연구소(KIST)가 설립되었다. 박정희 정부는 산업기술 개발을 통해 경제 발전에 기여하는 것을 목표로 했던 한국과학기술연구소를 조국 근대화의 상징으로 자리매김시키려 했다.[88] 이렇게 대학 외부에 국책 연구소가 설립되자, 대학의 고유 영역인 연구가 대학 밖으로 옮겨가면 대학은 강의나 하는 곳, 학사시험에 통과하기 위해 다니는 곳, 취직 준비를 위해 이름이나 걸어놓는 곳으로 전락하고 말 거라는 우려가 제기되었다.[89]

1960년대 각 대학에 설치된 연구소는 대학원과 마찬가지로 경영, 행정, 지역개발 등의 분야에 치우친 경향을 보였다. 고려대의 행정문제연구소, 사회경제연구소, 노동문제연구소, 동국대의 경영관리연구소, 해외개발연구소, 서울대의 한국경영연구소, 행정조사연구소, 연세대의 산업경영연구소, 외국어대의 해외사정연구소, 무역연구소, 전남대의 지역개발연구소, 전북대의 기업경영연구소, 한양대의 자립화연구원 등이 대표적인 사례이다. 한양대의 자립화연구원은 정치, 경제, 사회, 문화, 산업 등 모든 분야에서 한국의 후진성을 극복하기 위해 여러 사정을 조사하는 것을 목적으로 발족했다. 한국외대의 무역연구소는 역조 현상을 면치 못하는 한국 무역 실태를 분석해 앞날을 모색한다는 취지에서 설립되었다. 동국대의 해외개발연구소는 동남아 시장 개척과 해외 문화 이해를 통해 외교 관계를 개선한다는 목적으로 설립되었다. 모두 경제개발의 거시적·미시적 전략을 세우고 추진하는 실용 연구를 내세운 연구소였다.

국립과 사립대학의 이공 계열 연구소로는 고려대의 한국기술연구원, 생산기술연구소, 동아대의 한국자원개발연구소, 한국공장관리연구소, 부산대의 생산기술연구소, 전남대의 동위원소연구소, 공업기술연구소, 한국농산어촌개발연구소, 응용물리학연구소, 전북대의 공업기술연구소, 인하공대의 산업과학기술연구소 등을 꼽을 수 있다. 하지만 이들 중에 실험 기자재를 갖추고 연구를 수행하는 본격적인 이공계 연구소는 많지 않았다. 부산대의 생산기술연구소도 이공계의 과학기술 연구보다는 산업기술 문제해결과 개발 및 공업화를 촉구하기 위해 공동 연구 체제를 구성하고 국내 기술 수준과 실태에 맞는 연구 계획을 세우는 한편, 각 기관과 기업체에서 위탁받은 여러 기술 문제의 연구·조사와 용역을 주요 업무로 했다. 고려대의 한국기술연구원 역시 과학기술에 관한 모든 연구 및 조사, 교육 훈련 또는 이와 관련된 기업 경영에 대한 연구를 목적으로 설립되었다.

이처럼 1960년대 대학원과 연구소는 학부가 이공계 중심으로 꾸준히 증원된 것과는 달리, 과학기술 관련 연구보다 경제개발의 이론과 현실을 개척해야 하는 학제 간 협업이 필요한 분야에서 더욱 발전했다.

군사정부의 대학 정비가 낳은 가장 큰 변화는 4년제 대학이 정비되고 2년제 대학이 크게 늘어난 점이었다. 이는 정부가 산업 진흥에 필요한 중견 기술인을 양성하고자 초급실업대학 육성에 적극 나섰기 때문이다. 박정희 정부는 경제개발 5개년 계획의 완수를 위해 지금까지 기술자:기술공:기능공=1:1.3:33이었던 비율을 산업 개발에 최적격이라고 하는 1:5:25의 구성비로 전환하고자 했다. 초급실업대학은 이 가운데 기능공처럼 준전문가적인 기술인 양성을 목표로 설립되었다.[90] 이론교육이 아닌 실험·실습 위주로 교육함으로써 자활·자영하는 기술자와 직업인을 양성하자는 것이었다.

1961년에 10개 정도에 불과했던 초급대학은 1962년에 대부분 초급실업대학으로 개편되었고, 17개의 초급실업대학이 신설되었다. 1963년에는 10개의 초급실업대학이 신설되었다. 인하공대, 단국대, 동아대 등에도 1962년부터 초급실업대학이 병설되었다. 1963년 당시 초급실업대학으로는 국립(교육)대학 11개, 공립대학 3개, 사립대학 33개 등이 있었다.[91] 1962년부터 시작된 대학입학자격고시를 거치지 않아도 되는 초급실업대학 신입생 모집이 처음 실시되자 한꺼번에 지원자가 몰렸다. 서울문리실과대학에는 모집 정원 480명에 3,085명이 지원해 7 대 1의 경쟁률을 기록했다. 상과는 14 대 1의 경쟁률을 보였다.[92]

하지만 초급실업대학은 제구실을 하지 못하고 어느새 4년제 대학 편입을 위한 수단으로 변질되고 말았다. 결국 1966년부터 박정희 정부는 군산수산초급대학, 상주잠업초급대학, 충주공업초급대학 등을 시작으로 초급실업대학을 실업고등전문학교로 개편하기 시작했다.[93] 그리고 초급실업대학을 포함한 29개 초급대학 중 시설이 좋은 대학을 4년제 대학으로 승격하고, 시설이 부족한 곳은 전문학교로 떨어뜨리겠다고 발표했다. 인하공대에 병설되었던 초급실업대학은 1967년에 인하공업고등전문학교가 문을 열면서 1970년에 폐지되었다.[94] 군사정부가 내놓은 초급실업대학안이 '실제적인 생활 기술을 교육하는 민중의 대학, 준전문직 인물을 양성하는 초급대학'이라는 본래의 취지를 잃어버린 채 폐기된 것은 대학 정비안이 그랬듯이 주먹구구식으로 접근해 인력 수급 문제를 제대로 예측하지 못했기 때문이다.

이처럼 과학기술 인력을 양성하기 위해 실시했던 초급실업대학안 등 조급한 정책이 낳은 실패를 거울삼아 박정희 정부는 1967년에 '과학교육진흥법'을 제정하고, 1968년에는 국무총리를 위원장으로, 경제기획원 부총리와 문교부 장관을 부위원장으로 하는 국가적 규모의 장기종합교육계획심의회를 발족했다.

1960년대 대학 근대화는 국가가 주도하는 대학 정비와 사학 통제를 기반으로 이공계 중심의 인력 개발을 추구하면서 추진되었다. 군사정부와 박정희 정부가 마련한 대학 관리 체제는 대학의 자율성과 국가 통제를 둘러싼 논란을 거쳐 1960년대 중반을 넘어서면서 정부의 통제와 지원 전략에 따라 이공계 중심의 인력 개발과 대학원, 연구소를 통한 연구 인력 확충에 나서는 과정과 맞물리며 정착되어갔다.

1960년대를 거치면서 대학은 국가의 근대화 전략에 따라 연구와 교육 방향이 결정되면서 고유의 개성을 잃은 채 획일화되었다. 사립대학에 기반을 둔 대학권력은 경제성장에 따른 급격한 근대화로부터 살아남기 위한 자구책을 마련할 여력이 부족했다. 결국 급격한 변화에 허약한 체질로 대응할 수밖에 없었던 대학권력을 상대로 국가는 통제와 지원 전략을 동시에 구사하며 국가가 목표로 하는 과학기술 인력을 개발하기 위해 대학을 개조했다. 즉 1960년대 대학 근대화는 국가와 대학권력 각자의 필요에 따라 형성된 공생관계에 기반을 둔 것이었다. 대학 스스로 학문 공동체의 면모와 자존감을 존중하기보다는 국가의 교육 및 학문정책에 순응하며 더 많은 재정을 확보하기 위해 동분서주해온 시간들이었다.

2장

/

국가 주도형 대학 개혁, 실험대학

국립·지방·이공계 위주의 대학정원정책

1968년은 세계적으로 대학교육의 전환점이었다. 1968년을 전후해 유럽과 미국, 그리고 일본에서 격렬히 일어났던 대학생의 사회와 대학개조운동을 '68혁명'이라 부른다. 한국에서 1968년은 이와 같은 아래로부터의 대학개혁운동이 아니라, 위로부터 국가권력이 대학 운영에 직접 개입하며 개혁을 압박한 해였다. 대학 입시에 예비고사가 도입되었고, 장기종합교육계획심의회가 구성되어 본격적인 대학교육의 재편을 논하기 시작했다. 그리고 서울대 종합화 10개년 계획의 첫 삽을 뜬 해였다. 이 모든 변화를 이끈 권력의 중심에 국가, 즉 박정희 정부가 있었다.

1968년 10월, 박정희 정부는 대학입학예비고사를 실시하겠다고 발표했다. 대학입학예비고사란 각 대학이 실시하는 입학시험에 응시할 자격을 얻기 위해 먼저 치르는 예비시험을 뜻했다. 당시 권오병 문교부 장관이 내놓은 예비고사 실시 이유는 다음과 같다.

우리나라 대학교육의 근본 문제는 고등학교 졸업생의 학력 수준의 저하와 대학 간 격차에 있다. 특히 질적으로 문제가 있는 고교생이 대학 졸업증서를 쉽게 취득할 수 있는 실정은 우리나라 대학교육의 질적 향상과 대학 간 평균화 및 고등학교 교육의 평준화를 고려해볼 때, 큰 문제라 하지 않을 수 없다. 이를 시정하기 위해 우선 대학 진학 자격을 주기 위한 학력고사를 실시하고 대학생으로서의 진학 능력이 있는 자를 국가가 통일적으로 검정하고 이에 합격한 자를 대상으로 대학별 입학시험을 실시하도록 하여, 대학교육의 실질적 효과를 기대하는 것이 긴급한 과제로 되었다. 현행 대학 입시제도는 고등학교의 졸업 자격만으로 각 대학이 독자적으로 선발 시험을 실시했지만, 입시 관리의 철저하지 못함과 대학 간 입시 기준의 불일치 및 대학생으로서의 기본 능력 부족 등에 의해 대학교육의 본질적 기능을 충분히 발휘할 수 없는 것이 현실이다. 그리하여 대학입학예비고사를 국가 관리로 실시함으로써 통일적으로 평균적인 기준을 작성하고 대학생 간 및 대학 간의 질적 격차를 해소함과 동시에 고등학교 교육의 목적 달성과 그 질적 향상을 촉진하려고 하는 것이다.[1]

지금껏 대학별로 실시해온 입학시험이 대학교육의 질을 높이는 데 실패했으므로 국가가 나서서 일단 자격을 거르겠다는 얘기다. 박정희 정부는 여기에 덧붙여 서울과 지방, 국립대학과 사립대학 간의 격차를 바로잡고, 국가의 경제 발전 계획에 유기적으로 결합된 인력 계획을 세우기 위해 예비고사를 시행한다고 밝혔다. 여기서 직접 언급하지는 않았지만, 예비고사는 사립대학의 묻타기 입학, 즉 정원 초과 모집을 막기 위한 목저도 갖고 있었다. 박정희 정부가 대학 운영을 관리하기 시작했음에도 일부 사립대학이 특정 사업에 필요한 자금 동원을 위해 입학 때마다 등록금을 인상하는 등, 등록금 인상을 대학만이 누릴 수 있는 특권으로 여기는 풍토가 사라지지 않고 있었다.[2] 대학이 재원 확보에만 혈안이 되어 학생 자질에는 관심도 없으며, 대학의 비대화가 농촌 경제 파탄을 가져왔다[3]는 등 비판의 목소리도 여전히 높았다.

예비고사 실시가 발표된 1968년은 중학교와 고등학교 진학률이 가파르게 상승하기 시작한 해였다. 그리고 1970년대에 오면 10명 중 9명의 초등학생이 중학교로 진학하고, 10명 중 8명의 중학생이 고등학교에 진학하는 중등교육 보편화 시대를 맞게 된다. 하지만 고등교육 진학률, 즉 대학 입학의 기회는 그에 비해 넓어지지 않았다. 10년간 대학 입학 지원자는 2.8배나 증가했으나 대학 입학 정원은 1.7배 증가하는 데 그쳤다. 1978년에 와서도 여전히 진학률은 23.9퍼센트에 그쳤다. 대학 지원자 4명 중 1명만이 대학에 갈 수 있었다.

대학 가는 문이 더 쉽게 열리지 않은 데는 이유가 있었다. 해방 이후 대학교육에 대한 사회적 수요는 폭발했고, 미군정기 이래 줄곧 그와 같은 상황을 추후 인정하는 대학정원정책을 추진했다. 그래서 사립대학의 정원 초과는 고질적인 사회문제가 되어버렸다. 1965년에 공포된 '대학학생정원령'은 이러한 병폐를 막기 위한 조치였다. 하지만 1960년대 말까지는 그다지 효력을 발휘하지 못했다. 1962년에 175퍼센트였던 정원 초과율은 1966년에도 사립대학에서 여전히 173.6퍼센트를 기록하고 있었다.[4] '대학학생정원령'의 적용으로 정원 초과율이 실제로 사라진 것은 1970년대의 일이었다.

1960년대 후반부터는 산업화가 요구하는 인력 수요라는 관점에서 대학정원정책이 추진되었다. 그런데 국가의 인력 수요에 중점을 둔 대학정원정책은 중학교, 고등학교 진학률 상승에 맞춰 대학 진학률도 상승해야 한다는 여론에 부응하지 못하는 결과를 낳았다. 1968년만 해도 고등교육기관 중 4년제 대학이 72.2퍼센트를 차지했고, 대학도 서울에 몰려 있었다. 또한 사립대학이 전체 대학의 70퍼센트를 넘었다. 박정희 정부는 대학 진학률

상승보다는 인력 수요가 필요한 부문에 더 집중하는 구조로 전환하기 위한 정원정책을 펼쳤다.

먼저, 4년제 대학의 정원을 억제했다. 그리고 1970년에 2년제 또는 3년제로 단기 실업 고등교육기관인 전문학교를 설치했다. 전문학교는 급성장했고 1978년에 이르러 고등교육 총정원의 27.7퍼센트를 차지했다. 대학의 서울 집중도도 차츰 낮아졌다. 1968년부터 1978년까지 서울의 대학 정원은 1.4배 늘어난 데 비해 지방은 2.8배나 늘어났다. 지방에서는 사립대학이 아니라 국립대학을 중심으로 정원이 늘었다. 1968년부터 1978년까지 사립대학의 정원이 1.8배 늘어난 반면 국립대학은 2.3배 늘었다. 이는 곧 지방 국립대를 중심으로 정원 확대를 추진했음을 의미한다. 대학 총정원에서 국립이 차지하는 비율도 1968년 23.2퍼센트에서 1978년 27.8퍼센트로 조금 늘어났다. 이는 박정희 정부에서 추진한 인력 수요 중심의 대학정원정책이 지방 국립대에 이공계를 늘리는 방향으로 나아갔기에 가능한 일이었다.

1970년대 대학정원정책이 지방 국립대학 이공계에 집중된 것은 1974년부터 시작된 대학 특성화정책의 영향이기도 했다. 대학 특성화정책이란 지역 산업의 특수성에 부응해 지방대학의 인재 양성 기능을 강화하기 위해 특정 학과에 정원과 재원을 집중 투입하는 정책을 말한다.[5] 1974년 제1차 특성화 대상으로 공학계 25개 학과, 농학계 19개 학과, 수산학계 3개 학과, 해양학계 2개 학과, 항공학계 2개 학과 등 총 51개 학과가 선정되었다.[6] 이들 특성화 학과에는 총 1억 5,000만 원의 실험·실습비가 투입되었다. 또한 교수 연구비 중점 지원, 학생 장학금 지원, 외환이나 차관의 우선 배정, 정원 우선 배정 등의 특혜가 주어졌다.[7] 1977년에는 특성화 공과대학 추진방안을 세워 창원 기계공업단지를 배경으로 한 부산대 기계공학 계열, 구미 전자공업단지를 배경으로 한 경북대 전자공학 계열, 여천 화학공업단지를 배경으로 한 전남대 화학공업 계열, 기존 공업교육 기술을 담당할 교사를 배출하기 위해 설립된 충남대 공업교육대학 등 4개의 국립 공과대학을 선정해 특성화했나. 이에 덧붙어 1980년에는 진북대 금속정밀기계 계열과 충북대 건설공학 계열을 특성화 공과대학으로 선정했다.[8]

이처럼 1970년대에 이공계 중심의 대학정원정책이 추진되면서 1968년에는 사회계가 20.7퍼센트로 최대 정원을 보였지만, 1978년에 이르면 공학계가 23.5퍼센트로 우위를 차지했고 사회계는 18퍼센트로 밀려났다. 문과계와 이과계의 비율은 1968년부터 45.7퍼센트 대 54.3퍼센트로 이미 이과가 우위를 차지했고, 1978년에도 44퍼센트 대 56퍼센트로 이과 우위 현상이 지속되었다. 이과계 중에서도 정원 증가율이 가장 높았던 분야는 공학계로 10년간 2.2배 증가했다.[9] 1970년대 후반 들어 전문학교와 같은 단기 실업 고등교육기관이 개편되면서 전문대학이 탄생했고, 1977년부터 1980년 사이에는 사립대학이 23개나 증가했다.[10] 이로 인해 1970년대 말에 대학 정원이 크게 늘어났다.

국가가 주도하는 대학 개혁

1968년에는 예비고사를 실시하고 장기종합교육계획심의회를 결성하면서 본격적으로 국가가 나서서 대학 개혁 방안을 마련하기 시작했다. 장기종합교육계획심의회의 발족에 앞서 1966년부터 2년간 고등교육에 관한 실태 조사가 이루어졌다. 국·공·사립 18개 종합대학과 51개 4년제 단과대학, 29개 초급대학을 대상으로 전국에서 최초로 실시한 고등교육 실태 조사였다. 여기에는 문교부, 과학기술처, 주한 미국경제협조처 등이 참여했다. 조사 결과로서 한국산업개발본부가《전국 고등교육기관 실태조사 연구보고서—행정·재정·시책》을 발간했고, 중앙교육연구소에서는《대학교육내용에 관한 종합적 연구》를 발간했다.

《전국 고등교육기관 실태조사 연구보고서—행정·재정·시책》에서는 당시 대학 현실을 '질적 보장 없는 양적 팽창이 뚜렷하다'라고 평가했다. 대체적인 내용을 정리하면 다음과 같다.

- 대학 및 대학생의 대도시 집중 현상이 뚜렷하고 지역적 분포도 불균형하다.
- 국·공·사립대학 행정조직의 유형은 대동소이하다.
- 전임교수의 수업량이 과다하며 시간강사가 담당한 수업량도 지나치게 많다.
- 대학원에 대한 행정적 관심이 매우 미약하며, 야간대학 운영은 건전하지 못하다.
- 학생 장학제도의 운영이 유명무실하다.
- 교수 연구 활동에 대한 지원은 실효성이 거의 없다.
- 대학교육 행정에서 최대의 문제점은 재정난이다.
- 사립의 경우 학교와 법인이 완전히 구분되지 않은 곳이 있다.
- 건물, 즉 교사(校舍)와 실습 공장은 대학 설치 기준에 현저히 미달한다.
- 도서 자료는 사립대학보다 국공립대학에 기준을 미달한 학교가 더 많다.[11]

이러한 지적 사항 대부분은 본래 잘 알려진 사실들이었지만, 대학의 열악한 현실이 전국적 조사와 통계 분석을 통해 드러났다는 점에서 대학교육의 개혁 방향을 모색하는 데 큰 영향을 미쳤다.

1968년에는 대학들도 스스로 나서서 개혁 방향을 논의하는 학술회의를 열었다. '대학과 국가 발전'이라는 주제를 내걸고 1월 19일부터 이틀간 연세대 교육대학원 주최로 학술회의가 진행되었다. 여기서 나온 대학교육 방향에 관한 논의를 살펴보면 다음과 같다.

대학은 지적인 관점에서는 문화권을 초월한 제 학문의 집결체이지만, 그것을 매개로 한 교수와 학생들이 하나의 공동 생활체를 이루는 곳으로, 국가 사회의 일부분을 구성하는 사회직인 기구이므로 대힉 체제는 그것의 기반인 국가 사회와 분리해서 생각할 수가 없기 때문입니다. 근대국가의 형성과 발전 과정 속에서 점차로 대학은 지역적으로나 민족적인 단위로서의 성격이 깊어지면서 국가를 단위로 한 학문 활동이 활기를 띠어왔으며 국가 사회에 공헌하는 면이 강조되고 있습니다. 한 나라의 경제 및 문화에 활력소를 부여하는 대학교육은 개인의 발달뿐 아니라 사회의 진보 및 국가의 발전 수단으로 여겨지고 있습니다.[12]

오늘날의 산업사회에 있어서는 대학교육 제도는 사회구조의 모든 면의 발전에, 특히 경제 발전에 결정적인 요인이 되어 있다. 사실 산업사회로 발전되어가는 속도는 그 나라의 대학교육 제도가 어떠한 전통을 가지고 있느냐에 달려 있는 것 같다. …… 근대 산업주의의 부흥과 함께 대학의 경제적 기능이 시작되었고 발전하는 산업사회의 요청에 따라 직업적 전문교육으로 확대되어갔다.[13]

대학교육이 국가 발전의 열쇠라는 대학 운영자와 교수들의 논리는 국가가 대학교육에 관심을 갖고 일관된 정책을 추진하면서 사립대학에 적극적인 재정 지원을 해야 한다는 주장으로 이어졌다.

한편, 1968년에 발족한 장기종합교육계획심의회는 1972년을 기점으로 하는 제3차 경제개발 5개년 계획에 따라 1986년을 목표로 15년에 걸친 장기 교육계획을 세우고자 했다. 고등교육의 양적 성장과 질적 균형을 어떻게 유지할 것인가가 심의회가 해결해야 할 핵심 과제였다. 2년 뒤인 1970년에 내놓은 장기종합교육계획안의 핵심 내용은 다음과 같다.

― 대학교육의 목적은 국가 발전에 필요한 고급 인재의 육성과 민주사회에서

요청되는 지도성을 발휘할 수 있는 역량과 인간성의 함양과 더불어 국가, 사회 발전에 필요한 연구 개발을 수행함에 있다.

- 대학교육을 받을 수 있는 사람은 성, 연령에 관계없이 능력만 구비하면 누구나 혜택을 받을 수 있도록 하기 위해 대학의 문호를 점차적으로 개방한다.

- 고등교육기관의 질적 수준을 유지·발전하기 위해 교수, 교육과정, 교육 시설, 교수 대 학생 비율, 학생 1인당 교육 투자에 대한 지표를 정하고 주기적으로 고등교육기관으로서의 적부를 평가한다.

- 고급 전문 인력의 양성과 대학의 교수 요원을 확보하기 위해 대학원 교원을 질적·양적으로 보강한다.

- 대학에 대한 통제는 점차 완화하여 대학 자율화의 원칙을 표방하되, 대학의 질 여하에 따라서 개방정책과 차별적인 통제정책을 병행한다.

- 고등교육에 대한 공비 부담률을 점차적으로 증대시켜나간다는 원칙 밑에 사립대학의 질적 향상을 위하여 국고에서 재정 지원을 증가시켜나간다.[14]

박정희 정부가 대학 정원을 늘리는 데 소극적인 것과 달리, 심의회가 대학 정원을 크게 늘려야 한다는 주장을 펼친 점이 주목된다. 심의회는 4년제 대학생 수가 1971년에 15만 6,800명이라면 1986년에는 69만 100명으로 4.4배 증가할 것이라 예측하며 이에 맞는 정원정책을 수립해야 한다고 요구했다. 또한 대학의 질적 수준을 높이기 위해 대학 평가를 제안한 점, 대학원교육의 강화를 요구한 점, 사립대학에 대한 국가 지원 확대를 요구한 점 등은 이후 대학교육정책의 추이와 관련해 주목할 만하다. 신의회가 대학 평가를 통해 질적으로 일정한 수준에 못 미치는 대학에 대해 차별적 통제정책을 적용하고, 수준 이상의 대학에 대해 자율화정책을 적용하자고 제안한 점도 흥미롭다. 심의회가 말하는 자율화란 학생 정원과 학생의 교육비 부담, 즉 등록금 책정의 자율화였다. 사립대학을 기반으로 하는 대학권력이 줄곧 요구한 자율화의 내용과 일치한다.

　장기종합교육계획심의회가 해산한 후 문교부는 1971년 9월에 교육정책심의회를 설치했다. 교육정책심의회는 '문교부 장관의 자문에 응하여 교육계획 및 교육정책에 관한 중요 사항을 연구·심의하기 위한' 목적으로 출범한 심의기구였다. 교육정책심의회 아래로 고등교육 분과위원회도 설치되었다.[15)]

　고등교육 분과위원회는 1972년을 '고등교육 개혁을 위한 연구의 해'로 설정하고 지역 세미나와 국제 학술회의를 개최했다. 먼저, 1971년 12월부터 1972년 4월까지 11회에 걸쳐 '고등교육 개혁 계획을 위한 지역 세미나'를 개최했다. 이 세미나는 고등교육 개혁안을 수립하기 전에 지금까지 외면당했던 지방대학의 목소리에 귀를 기울여 대학교육의 문제점을 찾아내고 개혁의 분위기를 지방에 퍼트리는 데 목적이 있었다. 이 자리에는 700명에 이르는 대학 총장, 학장, 처장 및 교수 대표, 시도 교육위원회의 학무국장 및 고등학교 교장 대표, 시·도청의 기획실장, 지역 언론인과 유지, 산업계 대표 등이 참석했다.[16)]

　한편, 1972년 10월 4일부터 7일까지 문교부와 연세대 공동 주최로 고등교육 개혁에 관한 국제 학술회의가 열렸다. "양적으로만 크게 늘어난 우리나라 고등교육은 필경 열악한 교육 조건을 초래했고 교육의 질적 수준이나 내용이 소홀히 된 채 외형적 성장만을 거듭해왔는데, 이러한 고등교육의 기형적 성장이나 불균형은 자연히 대학 내외로부터 비판을 받게 되고 특히 다양성이나 개방성을 특징으로 하는 미국 대학교육의 시각에서 볼 때 많은 개편과 조정이 필요하였다"[17)]라는 내용이 개최 배경이었다. 여기에는 10개국에서 온 유명 대학 총장, 고등교육 분야의 세계적 학자를 비롯해 국내의 총·학장, 각 학문 영역의 학자, 교육학자, 교육행정가 등 총 1,200여 명이 참여했다. 나흘 동안 열다섯 개의 주제 발표가 있었고, 여섯 개의 분과 회의가 진행되었다. 이와 같은 발표와 토론의 결과로서 정리된 고등교육 개혁을 위한 건의 내용은 다음과 같다.

첫째, 각 기관장은 개혁을 위해 개혁적인 인물을 공인하고 우대하는 인사정책을 펼치고, 개혁에 방해가 되는 규정들을 바로잡고, 새로운 프로젝트를 위해 자원을 우선적으로 배정하거나 개혁의 풍토를 조성함으로써 개혁을 위한 적극적인 지도권을 발휘해야 한다.

둘째, 대학은 국가와 사회의 일부로서 세계 속에 위치해야 하며, 사회적 요구조건을 충족시키거나 직접 참여 혹은 사회 비평의 수단을 통해 국가와 사회에 대해 봉사 역할을 감당해야 한다.

셋째, 각 고등교육기관은 해당 기관에 속하는 일반 구성원의 지지를 받아 명백한 의미의 문구로 그 기관이 추구할 목적을 밝히고 그 목적을 달성함에 있어 그 기관이 맡은 바 역할, 고등교육기관으로서 갖는 독특한 주체성이 무엇인가를 결정해야 한다.

넷째, 대학의 평가승인제도(Accrediting System) 등을 신설하여 질적 향상을 가할 수 있는 체제를 갖추어야 한다. 이 제도는 국가 단위로 또는 지역 단위로 또는 전문 분야별로 설치가 가능하지만, 어떤 경우에도 질만을 추구하는 것이어야 한다.

다섯째, 광범위한 협동 체제가 이루어져서 대학 간의 프로그램 중복을 피해야 하고 제시된 문제를 해결하기 위해 대학들이 최대한의 자원을 동원할 수 있게 되어야 하며, 또한 대학은 지역적인 사정을 충족할 수 있어야 한다. 협동으로는 물론 지역적·국가적 협동이 모두 가능할 뿐만 아니라 고등교육기관 간에 그리고 사회적인 협동도 가능하다.

여섯째, 개혁이라 함은 혁명이 아니며, 개혁을 위한 프로젝트는 그 내용이 명백하고 범위가 한정되어 있고 일반적으로 실험적인 것이어야 하며, 또한 측정 가능한 목적의 수립이 있어야 하며 이러한 목적은 철저한 계획하에 달성되어야 하고 또한 수행되어야 한다.[18]

이 학술회의에서는 이와 같은 방향 제시와 함께 구체적으로 '발전도상국에서의 대학의 역할'과 '과학기술 연구 촉진을 위한 각 기관의 협동 방안' 등도 제시되었다. 인력 개발의 진원지가 되어야 할 대학과 산업계가 단층을 이루고 있고, 정부의 연구 개발 투자가 비효율적이라는 비판과 함께 대안으로 미국을 비롯한 서양 대학에서 실시하는 산학협동 체제가 소개되었다.[19]

문교부 교육정책심의회 고등교육 분과위원회가 지역 세미나와 국제 학술회의 등을 통해 대학 개혁을 위한 계획안을 마련하는 가운데, 각 대학에서도 교육과정에 개혁의 바람이 불었다. '서울대학교 교육 연구 및 기구 조직에 관한 연구 보고서'(1971. 12), '고려대학교 교과과정 개편 지침'(1972. 7), '이화여자대학교 문리대학 학제 개편'(1972. 12), '연세대학교 대학교육 개혁안'(1972. 12) 등이 각 대학이 제시한 교육과정 개혁안이었다. 이들 개혁안 역시 고등교육 분과위원회가 검토하고 있는 교육과정 개혁안과 유사한 점이 많았다. 4개 대학 모두 졸업 학점을 140학점으로 줄이는 안을 제시했다. 또한 서울대는 '서울대학교의 모든 대학 학부생은 학과가 아닌 대학을 그 소속의 기본 단위로 하며, 모든 신입생은 학과별이 아닌 학문 영역별로 모집하는 것을 원칙으로 한다'[20]라며 계열별 모집을 내세웠다. 이화여대도 계열별 모집을 계획했다. 서울대는 복수전공제를 제시했고, 연세대와 이화여대는 부전공제를 추진했다.[21]

고등교육 분과위원회는 지역 세미나 및 국제 학술회의의 성과와 각 대학이 내놓은 개혁안 등을 토대로 1972년 6월에 실험대학, 대학 특성화, 정원령과 학위등록제, 지방대학 확충, 교수 재임용제, 서울대 발전 계획, 사범대학 증설 등이 포함된 고등교육 개혁 방안을 수립했다. 그리고 개혁의 기본 원칙을 다음과 같이 제시했다.[22)]

첫째, 국가 및 지역사회 발전에 기여할 수 있는 고등교육기관의 이념과 기능을 정립하고, 이 정립된 이념과 기능에 따라 각종 고등교육기관을 재조정한다.

둘째, 종전의 획일적인 행정 규제 체제에서 탈피하여 보다 탄력성 있는 제도를 마련함으로써 효율적인 대학의 지원 방안을 모색한다.

셋째, 각 고등교육기관의 기능적 상호 보완 체제가 마련되어야 하며, 이를 통해서 개체 대학의 교육 프로그램을 강화하고 그 질적인 향상을 도모한다.

넷째, 각 대학이 위치한 지역사회의 요구와 각 지역 상호간의 역할 분담을 토대로 한 대학의 특성화가 이루어져야 하며, 정부는 이를 적극적으로 지원한다.

다섯째, 같은 지역 내에 있는 대학과 지방 관청 및 지역사회와의 협력 체제를 조속히 수립한다.[23)]

고등교육 분과위원회가 제시한 대학 개혁의 초점은 대학이 국가와 사회에 기여하기 위해 거듭나야 하며, 안으로는 비효율적인 요소들을 개선해 질적 향상을 도모하되 탄력성 있는 자율 규제로 전환해야 한다는 것이다.

이러한 논의들을 토대로 박정희 정부는 실험대학정책, 대학 특성화정책, 장기적 정책 연구에 기반을 둔 대학개혁안을 내놓았다. 실험대학을 통한 개혁은 교육과정에 초점을 맞추었다. 구체적으로는 졸업 학점 감축, 계열별 모집, 부전공제 등을 제시했다. 대하 특성화정책은 앞에서 살펴보았듯이 지역의 산업 특성에 맞게 지방대학을 중점 육성하자는 안이었다. 5·16 직후에 군사정부가 시도했던 통폐합 방식이 아니라 지역 산업구조와 국토 개발 계획 등을 고려해 국가 발전과 관련된 학과를 중점 육성하는 데 목적이 있었다. 장기적인 정책 연구 과제는 고등교육 전반에 대한 구체적인 실태 조사와 개선 방안을 위주로 선정되었다.

이처럼 1970년대 박정희 정부는 1960년대 대학 근대화의 방향과 내용을 토대로 국가가 주도하는 본격적인 대학 개혁을 시도했나. 핵심은 실험대학 추진에 있었다. 박정희 정부의 실험대학 추진에 대해 대학 운영자들은 대체로 수용하는 자세를 보였다. 장기교육종합계획심의회에서 시작된 국가 주도의 대학 개혁 논의에 대학 운영자와 교수 등이 참여하면서 대학 개혁 방향에 동의하고 수용하는 과정을 거쳤기 때문이다.

주목할 점은 대학교육의 내용, 즉 교육과정, 교육 방법, 학생 평가 등에 대한 개혁에 국가가 개입하기 시작했고, 이를 대학들이 용인했다는 사실이다. 이제껏 박정희 정부는 대학정원정책과 대학입학예비고사라는 장치를 통해 대학의 질적인 수준 저하를 막는 데 주력해왔다. 하지만 이번엔 대학만의 성역이라 여겨지던 교육과정, 교육 방법, 학생 평가 등에 관한 개혁에 개입하기 시작했다.

실험대학정책은 외형상으로는 국가 주도와 대학 주도의 절충 방식인 이해 조정형 개혁에 해당된다. 문교부 교육정책심의회 고등교육 분과위원회와 학계 대표자들로 구성된 실험대학 평가위원회와 각 실험대학의 협의 아래 추진되었기 때문이다. 하지만 실험대학은 말 그대로 실험하는 대학, 실험을 실시하는 대학으로, 실험 내용이 각 대학의 실험 목적과 방법, 여건에 따라 다를 수 있음에도 국가가 정한 획일적인 평가 기준을 적용해 대부분의 대학에서 같은 방식으로 추진했으므로 국가 주도적 성격이 더 강했다. 실험대학은 몇 개 대학을 먼저 선정해 개혁 내용을 적용하고 이를 점차 확대하는 방법을 택해 점진적인 변화를 시도했다는 평가를 받았다. 하지만 모든 대학의 교과과정 운영을 획일화한다는 점에서 사실상 대학의 자율을 훼손하는 정책이었다.[24] 서울대는 1971년에 교육과정 개혁안을 제시하면서 다음과 같은 자율의 원칙을 제시했다.

대학의 연구 및 교육은 학문의 자유가 충만한 가운데서 성공할 수 있으며 그러한 자유의 책임 있는 수호와 운영은 교육 내용, 재정, 인사 등 모든 면에서 대학의 자율성이 확대되었을 때만 가능한 것이다.[25]

이는 당시 대학이 자치와 자율을 요구할 때마다 등장한 주장이었다. 하지만 대학은 교육 내용의 자율을 훼손하는 실험대학정책을 받아들였다.

타율적 개혁, 실험대학

실험대학정책은 유신 체제가 닻을 올리기 전에 준비되었으나 유신 체제 아래에서 본격적으로 추진된 국가 주도의 대학 개혁이었다. 문교부는 실험대학정책에 대해 '대학의 자율적 규제, 교육 운영의 융통성 인정, 점진적인 개혁 등의 원칙에서 개혁의 능력이 있다고 보는 대학을 먼저 택하여 선도적인 역할을 담당하도록 한 것이다'라고 설명했다. '선도적 역할을 담당한 대학(Pilot Institute)'[26]이 곧 실험대학이라는 것이다. 즉 실험대학정책은 개혁이 가능한 대학을 실험대학으로 선정하고 국가가 지원을 해주는 정책이었다. 모든 대학을 대상으로 하기보다는 실험대학에 대한 선택과 집중을 통해 비실험대학의 개혁을 이끌겠다는 전략이기도 했다.

1973년 실험대학 운영 첫해에 문교부가 요구한 개혁 과제는 세 가지였다. 이를 제1차 개혁 사업이라 부른다. 첫째, 졸업에 필요한 학점을 160단위에서 140단위로 줄이도록 했다. 문교부는 교육 내용의 세분화 방지, 중복된 교육 내용의 통합·조정, 충실한 교육 내용을 위한 운영 개선[27] 등을 졸업 학점 조정이 필요한 이유로 제시했다. 당시 미국 대학은 120~125학점, 일본 대학은 124학점, 타이완 대학은 125~130학점, 스웨덴 대학은

120학점을 졸업에 필요한 학점으로 요구하고 있었다.

문교부는 학점 수의 과감한 감축 없이는 대학교육의 질을 끌어올릴 수 없으며 교육 내용과 방법에서 개혁을 기대하기 어렵다고 주장했다. 학점 감축은 교육과정 개편을 통해 이루어지는 것이었다. 지나치게 세분화된 교육 내용을 바로잡고, 수업 과목 간의 중복된 교육 내용을 정리하고 통합하는 일이었다. 문교부는 혹시 졸업에 필요한 학점을 줄이는 데 그쳐 그것이 졸업 조건의 완화로 이어지면서 학생들이 제대로 공부하지 않는 상황이 발생할 것을 우려해 교육 내용을 더욱 충실히 하라고 요구했다. 구체적으로는 졸업 학점을 줄이는 대신 자율 학습을 위한 도서를 확보하고, 교육 방법을 전면 쇄신하며, 전임교수를 충분히 확보해 효율적으로 배치하되 담당 수업 시수를 줄이고 조교제도를 강화하라는 내용이었다. 그런데 사립대학 입장에서 졸업 학점 감축이 갖는 최대 이점은 경비 절감이었다. 따라서 실험대학 사례를 빌미로 졸업 학점을 줄이는 사립대학이 나타나기 시작했다.

둘째, 입학자 모집 방식을 학과에서 계열별로 바꾸도록 했다. 입학 당시 학과 선택이 각자의 적성보다 입학시험 성적에 의해 편의적으로 결정되는 현상을 바꾸기 위한 것이었다. 학생에게 좁은 학과의 벽을 넘어 광범위한 계열 안에서 1년간 적성 탐색을 거친 뒤 전공 결정의 기회를 주자는 것이다. 동시에 좁은 학과의 벽 안에 안주하던 교수들에게 자극을 주기 위한 방안이기도 했다.

계열별 모집의 장점으로는, 학생의 희망과 적성에 따라 전공 선택의 기회를 부여한다는 점, 학과 간 장벽 제거로 학문의 시야를 확대한다는 점, 교육 운영을 효율적으로 바꾼다는 점, 종합대학 기능을 발휘할 수 있다는 점, 현실에 맞는 인력 수급의 자연 조정이 가능하다는 점 등이 꼽혔다.[28] 그런데 계열별 모집은 적지 않은 파장을 몰고 왔다. 이를테면 인기 없는 학과는 존폐의 위기에 빠졌고, 인기 학과는 공정한 선발 방식을 고민해야 했다. 또한 탐색 과정을 거쳐 전공을 결정한다고는 하나, 탐색 과정 자체가 학점을 따기 위한 경쟁의 장으로 전락할 위험성이 높았다.[29] 교수에게는 예전보다 더 많은 학생을 지도해야 하는 부담이 뒤따랐다.

셋째, 부전공제를 도입하도록 했다. 부전공제는 학문 간 관련성을 중시하고, 사회에 탄력적으로 대응할 수 있는 학생을 요구하는 사회적 요청에 부응하기 위해 도입되었다. 이는 해방 이후 학과 중심으로 교육과정을 운영하던 대학에 일대 변화를 가져오는 정책이었다. 부전공제를 실시하기 위해서는 필수과목을 대폭 줄이고 선택과목을 늘려야 했다. 부전공제는 학생들이 졸업하고 나아갈 사회에도 변화를 요구하는 제도였다. 대학이 부전공 이수 사실을 학적부에 적고 졸업증과 학사등록증에 표시해 취업에 도움이 되도록 했다면, 기업은 신입사원을 채용할 때 부전공을 한 응시자에 대한 평가 체제를 따로 마련해야 했다.[30]

문교부는 실험대학이 발족한 다음 해인 1974년에 다시 네 가지 요구를 보냈다. 이를 제2차 개혁 사업이라 부른다. 실험대학에 복수전공제, 능력별 학점취득제, 계절학기제 실시와 더불어 등록금제도의 개선을 요구했다. 졸업과 동시에 두 종류의 학사 학위를 취득할 수 있는 복수전공제는 유럽에서 주로 시행하는 제도로서 부전공제의 원리를 확대한 것이었다. 이를 제대로 실현하려면 일단 재학 기간을 학생의 학업 능력에 따라 탄력적으로 운용해야 했다. 그래서 졸업에 필요한 학점을 140점 이상으로 하고, 재학 기간도 2학기 내지 3학기를 여장할 수 있도록 했다. 또한 성적 평균이 C+ 이상인 학생에게만 복수전공제를 허용하도록 했다. 복수전공자는 졸업과 동시에 2개의 학사 학위를 받을 수 있었다.[31] 복수전공제를 실시하기 위해서는 우수 학생이 초과 학점을 신청할 수 있도록 하거나 특별 시험으로 학점을 부가하는 능력별 학점취득제와 여름·겨울학기 등의 계절학기

운영, 학점별 등록금제도 등이 요구되었다. 제2차 개혁 사업에서 제시한 능력별 학점취득제, 계절학기제, 등록금제도의 개선은 모두 복수전공제를 뒷받침하기 위한 조건들이었나.

실험대학 운영 첫해인 1973년에는 졸업 학점 감축, 계열별 모집, 부전공제 등 세 가지 개편 내용을 모두 적용하겠다는 대학에 한해 실험대학 신청을 받았다. 실험대학 신청서에는 단기 및 장기 계획, 개혁을 위한 교육 내용과 방법, 시설 및 교수 충원 계획, 학생 모집 대상, 재정 계획, 실험 대상 범위 등을 작성하도록 했다. 그리고 자금이 요구되는 계획은 확실한 재원 확보 방안과 연도별 재정 계획서를 첨부하도록 했다.[32] 한 가지 주목할 것은 신청서에는 신청 대학이 갖고 있는 특성과 여건이 반영될 여지가 없었다는 사실이다. 말하자면 대학 안으로부터 나오는 개혁 요구를 반영할 수 있는 자율적 요소에 대한 배려가 전혀 없었다.

이러한 신청서를 토대로 실험대학을 선정했는데, 연도별 실험대학 신청 및 선정 현황은 〈표 1〉[33]과 같다. 〈표 1〉에 따르면, 1973년에 14개 대학이 실험대학을 처음 신청해 서강대를 비롯한 10개 대학이 선정되었다. 해마다 새롭게 선정이 늘어나면서 1980년까지 총 43개 대학이 선정되었다. 첫해에는 10개 중 9개가 사립대학이었다. 이후에도 사립대학을 중심으로 실험대학이 선정된 것은 전체 대학 중 사립대학이 차지하는 비중이 70퍼센트가 넘기 때문이었다. 결과적으로 실험대학정책은 사립대학을 국가권력의 관리와 통제 아래 두는 데 결정적인 역할을 했다.

실험대학은 실험대학 평가위원회의 평가 결과에 따라 선정되었다. 실험대학 평가위원회는 인문사회·자연계 전공 10여 명의 교수로 구성되었으며, 초창기에는 문교부 고등교육국장이 참여했으나 1975년부터는 제외되었다.

선정 절차는 실험대학 평가위원회가 자체 개혁 계획서의 작성 지침을

<표 1> 연도별 실험대학 신청과 선정 현황

연도	신청 대학 수	선정 대학 수	선정률 (%)	선정 대학
1973	14	10	71.4	서강대, 고려대, 연세대, 숭전대, 중앙대, 인하대, 전남대, 이화여대, 울산공대, 성심여대
1974	10	6	60.0	서울대, 경북대, 충남대, 한국외국어대, 단국대, 계명대
1975	19	4	21.1	부산대, 숙명여대, 건국대, 아주공대
1976	10	4	40.0	성균관대, 한양대, 전북대, 국민대
1977	8	5	62.5	경희대, 영남대, 원광대, 홍익대, 부산수산대
1978	7	3	42.9	경상대, 동아대, 조선대
1979	10	7	70.0	충북대, 공주사범대, 제주대, 강원대, 덕성여대, 세종대, 효성여대
1980	7	4	57.1	동국대, 서울산업대, 성신여사대, 경남대
합계	85	43	50.6	

마련하면 희망 대학이 이 지침을 기준으로 실험대학 계획서를 작성해 제출하는 것으로 시작되었다. 실험대학 평가위원회가 이 계획서를 검토·평가할 때는 서면 평가와 함께 방문 평가가 병행되었다. 이러한 평가를 거쳐 평점을 산출할 때는 세 집단으로 나누었다. 제1집단은 실험대학의 조건을 갖추고 있다고 판단된 대학으로, '우수 실험대학'이라 불렸다. 제2집단은 지금 당장은 실험대학으로서 충분조건을 갖추고 있지는 않으나 앞으로 지도·육성에 따라 가능성이 있다고 판단되는 대학이었다. 제3집단은 실험대학으로서 조건이 미비하다고 판단된 대학이었다. 1973년에 문교부는 세 집단 중 1·2집단에 속하는 10개 대학을 실험대학으로 선정했다. 1973년에 실험대학 평가위원회가 적용한 평가 기준에 따르면, 보고서 내용의 타당성, 실현성, 행정 및 재정 지원, 시설 관계 등이 주요 평가 항목이었다. 이러한 평가 기준은 대학 개혁을 촉진한 긍정적인 측면도 있지만, 획일적인

개혁을 요구했다는 비판을 피하기 어려웠다.

실험대학 평가위원회는 문교부에 실험이 진행되는 동안 실험대학에 대한 평가를 계속해야 하며 이를 위한 기구 설치가 필요하다고 건의했다. 문교부는 이 건의를 받아들여 실험대학 운영 상황에 대한 평가를 계속 실시했다. 평가는 운영 평가와 중간 평가 형태로 이루어졌다. 이를 통해 실험대학의 기본 취지에 따라 운영이 잘 되고 있는지 확인하고, 개혁 성취도를 평가하며, 운영상의 문제점과 결함을 찾아내 개혁 사업을 보완하도록 했다.[34]

실험대학 평가위원회는 각 실험대학을 방문해 대학 운영을 평가했다. 주요 평가 내용은 실험대학 교육 프로그램을 위한 재정 계획과 집행 현황, 도서실과 실험실의 준비 여부(도서실 이용도, 도서 구입 여부, 실험실 설비 점검), 전임교원의 확보(전임 배치 상황, 교육 방법 개선을 위한 조교 확보 여부), 교육 방법 개선 계획(교수요목 작성 여부, 시간 배정 사항, 학급 규모), 학칙 인가 당시 지시 사항 이행 여부, 계열별 모집 사항, 교수의 개혁에 대한 반응, 기타 어려움 및 건의 사항 등이었다. 1974년에 실시된 실험대학 운영 평가는 16개 실험대학 방문을 통한 중간 평가, 실험대학 교무처장들과 진행한 대학 운영에 관한 협의회, 그리고 각 실험대학에서 보고한 연구 및 평가 결과를 토대로 이루어졌다.[35]

1975년은 실험대학정책이 추진된 지 3년이 되는 해로 여러 가지 문제점이 발견되었다. 무엇보다 대학마다 여건이 다른데 모든 개혁 방안을 획일적으로 요구한 데서 생기는 문제가 많았다. 또한 유신 체제에 대한 반발로 교수 사회에서 정부가 주도하는 일방적인 개혁에 협조하지 않는 분위기가 형성되었다. 이러한 교수 사회의 비협조적인 태도를 전환시키기 위해 1976년부터는 실험대학 선정 기준에 새로이 '전임교원 확보 현황과 교수 대우' 항목이 추가되었다.

실험대학정책이 추진된 지 5년이 되는 해인 1977년 운영 평가 결과도 그리 좋은 편은 아니었다. 첫째, 실험대학 운영에 대한 교수의 이해도가 실험대학 발족 초기에 비해 대체로 높아졌으나 일부 대학에서는 여전히 낮은 편이었다. 교수의 협력도는 실험대학 운영에 대한 이해도에 따라 다르며 참여 대학이 받는 혜택과도 관련된다는 평가가 나왔다. 이를테면 책임시수의 감축 조정이 실험대학 운영과 관련해 실현될 때 협력도가 높아진다는 것이다. 둘째, 많은 실험대학이 당초 계획과 달리 추진이 부진한 상태였다. 특히 계열별 모집이 제대로 이루어지지 않은 대학이 많았다. 또 재정 형편, 대학원생 부족, 우수 학생의 산업계 진출 등으로 조교 증원도 큰 성과를 거두지 못했다. 교육과정 개편에서도 학문 계열의 특성을 고려하지 않고 획일적인 편성과 운영을 계속하고 있었다. 부전공제, 복수전공제, 능력별 학점취득제, 계절학기제 등의 운영도 부진을 면치 못했다.[36] 한마디로 정책이 실험대학에 제대로 정착되지 못하고 있다는 평가가 나왔다. 당시 대학 사회에서는 실험대학이라는 명칭이 여전히 공감을 불러일으키지 못하고 있었다. '실험해보았지만 큰 성과가 없으니 종전대로 하는 것이 좋다'는 냉소적인 반응도 많았다.[37]

실험대학 평가위원회는 이러한 운영 평가 결과를 바탕으로 대학들이 실험대학에 적극 참여하도록 독려하기 위한 방안을 마련해 문교부에 건의했다. 그 내용을 보면, 문교부의 지원 체제를 실험대학과 비실험대학, 우수 실험대학과 부진 실험대학으로 구분하고, 우수 실험대학으로 선정된 대학에는 연구비 대폭 지원 등 파격적인 행정 지원을 할 것, 실험대학 교육과정 운영이 국가가 시행하는 각종 자격시험과 연계되도록 조정할 것 등이었다. 실험대학과 비실험대학의 구분 위에 다시 우수 실험대학과 부진 실험대학을 나누어 우수 실험대학에 확실한 특혜를 줌으로써 선택과 집중 전략을 더욱 촘촘하게 적용하자는 제안이었다. 이는 획일적인 개편 내용을 충실히 이행한 대학에 전폭 지원하기 위한 유인책으로, 선택과 집중을 통해 우수 실험대학을 지원하고 다른 대학이 이를 좇는 전략을 추진한 것이 있다.

1978년에는 문교부가 미국 미네소타 대학의 켈러(R. J. Keller) 교수를 초청해 실험대학 운영에 관한 종합평가를 실시했다. 실제로 실험대학의 많은 정책이 미국의 자율적인 대학 인가 방식을 모델로 하고 있었다. 켈러는 1973년 처음 선정된 실험대학에 대한 현황 조사에도 문교부의 고등교육 자문관 자격으로 참여한 바 있었다.[38] 켈러는 1978년 3월 2일부터 30일까지 약 한 달간 실험대학들을 방문해 독자적인 평가를 수행했다.[39] 그의 평가에 따르면 실험대학 운영은 대학에 따라 큰 차이를 보였다. 몇몇 대학은 외적으로만 실험대학을 운영할 뿐 별다른 발전이 없었다. 대부분의 대학이 개혁이 적절한지에 대한 확신조차 갖고 있지 않았다.

켈러의 지적에는 실험대학 성과를 의심하게 만드는 분석이 많았다. 많은 실험대학에서 인기 학과와 비인기 학과 사이에 갈등이 존재했다. 부전공을 선택한 학생들은 시간표 작성에 어려움을 겪고 있었다. 실험대학들은 학생을 위한 교육과정 개선보다 교수의 신분이나 직위 개선에 더 관심이 높았다. 합리적으로 운영되지 못하던 도서관은 학생들에게 이용하고픈 장소가 아니라 박물관으로 인식되고 있었다. 게다가 실험대학 사업을 추진하느라 교수들의 업무 부담이 늘었다. 실험대학을 지탱할 수 있는 재정 지원도 충분하지 못했다.

켈러는 이러한 문제점을 극복하는 방안으로 문교부에 실험대학에 대한 선별 지원을 건의했다. 학생에게 질 높은 교육을 할 수 있는 능력을 보이는 선도적 실험대학에 재정 지원을 먼저 하고 우대정책도 펼쳐야 한다는 것이었다. 그리고 선도적인 실험대학의 업적을 알리는 국가 인정제도의 도입을 건의했다. 실험대학이 질 높은 교육을 하고 있다는 점을 알려 고등교육에 관심을 갖는 기업인으로부터 자금을 유치할 수 있는 길을 열어주자는 것이다. 무엇보다 켈러는 평가의 중요성을 강조했다. 실험대학정책의 성공은 실험대학 신청에 대한 최초 승인과 승인 후 발전에 관한 평가에 달려 있다고 보았다.[40] 선도적 실험대학에 대한 우대는 앞서 1977년에 실험대학 평가위원회가 건의한 전략과 크게 다르지 않았다. 그만큼 실험대학정책의 실질적 효과가 크지 않았다는 걸 의미했다.

1979년 실험대학 평가위원회는 실험대학에 대한 서면 평가와 함께 비실험대학에 대한 방문 평가를 실시했다. 사실상 대부분의 대학을 평가한 셈이다. 〈표 2〉[41]에서 보이는 것처럼 평가 항목은 아홉 가지였다.

평가 결과 165점 만점에 실험대학은 평균 100.21점이었고, 최고점은 129점, 최저점 77점이었다. 비실험대학은 평균 91.07점에, 최고점은 121점, 최저점은 54점으로 나타났다. 주목할 점은 실험대학의 개혁 내용을 평가하는 '개혁 항목의 계획 및 실적'에서 실험대학보다 비실험대학의 점수가 높았다는 사실이다.

이러한 평가를 통해 실험대학의 개혁이 소기의 성과를 거두기 어렵다고 판단한 실험대학 평가위원회는 실험대학의 명칭을 바꾸자고 건의했다. '실험'이란 단어가 개혁 사업을 확대하는 데 지장을 주고 있으니, 교육개혁에 참여하는 대학이라는 의미에서 '개혁 대학'으로 바꾸자는 것이다.[42] 하지만 박정희 정부는 실험대학 평가위원회의 평가 결과나 건의에 개의치 않고 모든 대학이 실험대학에 참여하도록 유도하겠다고 밝혔다. 1980년대에는 대학 대중화 시대가 열리므로 이에 대비해 모든 대학이 실험대학 수준으로 교육의 질을 높여야 한다는 것이다.[43]

박정희 정부는 1979년에 무너졌으나, 전두환 정부는 그 뜻을 이어 1981년부터 전국 대학을 실험대학 체제로 운영했다. 먼저, 모든 4년제 대학의 졸업 학점을 140학점으로 일괄 조정했다.[44] 전공 필수과목을 줄여 학생들

평가 항목/구분	실험대학(39개)	비실험대학(41개)
대학의 분위기(10점)	6.61	5.41
대학 편제 및 학과 설치(10점)	6.97	5.60
교육과정 개편(25점)	16.77	12.02
전임교수 확보(30점)	19.43	19.31
교수 급여 및 연구비 수혜율(15점)	10.45	7.87
도서관 운영(20점)	11.56	12.68
조교 확보율(10점)	2.09	2.19
학생 복지 및 장학금(10점)	7.88	6.31
개혁 항목의 계획 및 실적(35점)	18.45	19.68

이 강의 과목을 선택할 수 있는 범위를 넓혀주고, 반드시 전공 필수가 되어야 할 강의는 복수로 개설하라는 내용을 담은 '대학 교과과정 운영지침'을 만들어 각 대학에 내렸다.[45] 교과과정에까지 운영 지침을 내리는 획일성과 경직성에서는 박정희 정부보다 강도가 높았다. 그럼에도 실험대학정책 중 교수들이 가장 심하게 거부감을 가졌던 계열별 학생 선발은 1982년부터 대부분 학과별 선발제도로 환원되었다.[46] 이처럼 모든 대학이 실험대학이 되었다는 것은 모두 획일화된 교과과정을 운영하고 있음을 의미했다. 또한 선택과 집중의 대상이었던 '실험'대학은 이제 사라진 셈이었다.[47] 이로써 "정부가 대학교육 개혁 사업으로 지난 10년 동안 강력히 추진해온 실험대학 운영이 완전히 실패로 돌아갔다".[48]

실험대학이 남긴 것

실험대학정책은 국가가 주도한 대학개혁안임에도 다른 대학정책들과 충돌하는 양상을 빚었다. 특히 1974년에 시작된 대학 특성화정책과는 갈등할 수밖에 없었다. 실험대학은 전공제의 획일적인 적용을 없애고 부전공과 복수 전공 등 신축적인 교육과정 운영을 요구했다. 반면, 대학 특성화정책은 대학의 지역적 역할 분담을 강조하면서 입지 조건에 맞는 특정 학과 또는 대학, 특히 공학 계열을 육성·강화하는 데 중점을 두었다. 이를 위해 특성화된 학과의 학점은 물론 필수과목을 늘려야 했다.[49] 결국 실험대학 안에서도 특성화 단과대학이나 학과는 따로 교육과정을 운영해야 했다. 전문성이 강하게 요구되는 학과들 역시 운영에 어려움을 겪었다. 결국 의대와 치의대는 실험대학 운영에서 예외로 여겨졌다. 법대, 공대, 약대 등도 예외를 인정받는 경우가 많았다. 예외 학과들은 졸업 학점의 기준을 달리하는 게 가능했고, 부전공제 실시와 계열별 학생 선발을 따르지 않아도 되었다.[50]

실험대학정책은 모든 대학에서 개혁을 실시한다는 것을 전제로 하되, 여건이 갖춰진 대학부터 먼저 적용하는 일종의 시범 사업이었다.[51] 사실상 집중과 선택의 전략이었다. 문교부는 실험대학 계획 및 운용에 관한 연구를 위해 1972학년도부터 1977학년도까지 2억 970만 원을 지원했다. 이 지원금 가운데 고등교육 개혁 사업과 관련된 정책 연구비로 5,870만 원, 실험대학에 배분된 연구비로 1억 2,850만 원, 모형 교육과정 개발 연구비로 2,250만 원이 사용되었다.[52] 하지만 이러한 재정 지원은 결코 충분한 것이 아니었다. 1979년에 실험대학 배분 연구비로 2억이 배정되었는데, 그해 문교부 전체 연구비 40억 8,000만 원 중 5퍼센트에 불과했다.[53] 1973년부터 1980년까지 해마다 실험대학이 늘어났음에도 예산은 그에 맞춰 증액되지 않았다.

　그럼에도 실험대학정책은 대학이 실질적으로 변화하려면 정부의 재정 지원이 꼭 필요하다는 인식을 공유하는 계기가 되었다. 비용이 많이 드는 고등교육을 운영할 때는 재정이 대학 개혁의 발목을 잡는 주요 요인이므로 정부가 이를 지원해야 한다는 공감대가 형성되었다. 특히 사립대학은 학생 등록금에만 의존하는 대학교육에는 한계가 있다는 점을 누누이 강조했다. 1966년부터 1978년까지 사립대학 총수입 가운데 83.73퍼센트가 학생 등록금으로 충당되고 있었다. 이러한 등록금에 대한 높은 의존도로 인해 등록금 인상률은 1965년부터 1972년까지 8년 동안 물가 상승률의 다섯 배를 넘었다.[54] 사립대학은 입시 전형료도 대폭 인상했다. 이러한 수익자 부담의 대학교육을 넘어서기 위해서라도 정부가 사립대학에 실험대학 지원 수준을 넘는 더 적극적인 재정 지원을 해야 한다는 인식이 확산되었다. 국가가 고등교육 기금을 마련해 적극 지원하라는 요구도 커졌다.

　　산업을 고도로 발전시키는 데 있어 절실히 요청되는 고급 인력의 양성을 촉진 시키고 대학 시설의 개선, 정비, 강화를 기하기 위하여서는 정부가 고등교육 기금(가칭)을 조성하여 대학의 연구비 또는 총경비에 대한 보조 등 다양한 고등교육 지원책을 강구하여야 할 것이다.[55]

　한편, 실험대학정책은 아래로부터 대학들이 주도해 추진한 개혁이 아니라 위로부터, 즉 국가로부터 요구된 개혁이었다. 실험대학정책의 실행자들은 총장과 학장, 그리고 그들이 선발한 보직 교수들이었다. 대학 구성원의 합의에 따라 실험대학이 운영된 것이 아니었다. 그렇기 때문에 실험대학정책의 일방적인 적용에 거부감을 가진 교수들이 적지 않았다.

실험대학정책은 대학교육의 문제점을 아래로부터 수렴하여 추진한 정책은 아니었다. 즉 개혁정책의 우선 과제가 사회에서 제기되고 있는 대학에 대한 비판을 수렴하여 정책 의제화한 것은 아니었다. 실험대학이 아닌 경우에는 입학 정원을 통제하는 등 국가의 간섭이 더욱 심해졌다. 실험대학정책은 발전의 계기만 부여했을 뿐 실제 효과는 제대로 발현되지 않았다. 실험대학정책은 국가 통제를 원활히 하고 학생에 대한 교양교육과 전공교육이 부실해져 우민화정책이라는 비난을 면치 못했다.[56]

실험대학의 중요한 지표들은 대학의 탈정치화를 촉진하려는 의도를 갖고 있었다. 개혁의 주도권은 정부 측에 있었다. 실험대학을 통한 고등교육 개혁은 대학인의 총의에 의한 밑에서부터의 개혁이 아니라 유신 체제에 대학을 적응시키고자 한 위로부터의 개혁이었다. 실험대학의 자율적 운영은 출발부터 기대할 수 없었고 도리어 실험 계획을 촉진하기 위해서 문교부가 지급하는 보조금의 사용 실태를 파악한다는 구실로 교육과정의 구성 면까지 시학(視學)을 하게 되었다.[57]

실험대학정책을 마련하고 준비하는 과정에서 많은 정책 연구가 진행되었다. 이러한 정책 연구 역시 대학에 대한 정부의 각종 행정적 통제와 간섭을 정당화하기 위한 연구라는 비판을 면치 못했다.[58]

이처럼 국가권력이 대학개혁안을 만들고 능력 있는 대학을 선별해 교육의 질을 높이고자 한 실험대학정책은 사실상 대학 사회로부터 거부당했다. 유신 체제의 강압적 분위기 속에서 국가가 주도하는 대학 개혁에 대한 반발과 저항이 컸기 때문이기도 하지만, 아직 대학 사회에는 실험대학안을 받아들일 준비가 되어 있지 않았다. 대학 안에 개혁의 동력이 없었던 셈이다.

대학 안에 개혁의 동력이 있어야 실질적 개혁이 이루어진다는 것은 실험대학정책에 가장 적극적으로 호응한 서강대의 사례를 통해 알 수 있다. 서강대는 실험대학정책의 발원지가 자신들이라고 주장한다. 1960년대 후반부터 교무처장인 트레이시(Robert J. Tracy) 신부가 서강대 개혁안으로 마련해온 방안들이 1972년 4월에 〈트레이시 보고서〉로 공개되자 문교부가 이를 채택해 실험대학정책을 수립했다는 것이다.[59] 그래서 서강대는 어느 대학보다도 실험대학정책을 구현하는 데 앞장섰다. 하지만 서강대 안에서도 졸업 학점의 감축으로 전공 교육이 약화되었다는 비판이 존재했다.[60]

실험대학정책이 내놓은 구체적 개혁안은 오늘날 대부분의 대학에서 구현되고 있다. 이는 실험대학안이 선구적인 동시에 조급한 개혁안이었다는 걸 의미한다. 더불어 국가권력이 강요한 타율적 개혁은 실제 효과를 거두기 어렵다는 것을 보여준다.

서울대 종합화 10개년 계획과 실험대학

1960년대 중반 이후 박정희 정부가 근대화정책 추진에 매진하자 서울대 안에서는 국가의 전폭적인 지원을 통해 근대화를 선도하는 세계적 수준의 대학으로 서울대를 끌어올려야 한다는 논의가 본격적으로 제기되었다. 하지만 여전히 무관심한 정부에 대해 비판의 목소리도 높았다.

> 그래도 설마 이학부는 좀 나으리라 생각하고 있었더니 이과 교수가 《대학신문》에 쓴 글을 보니 거기서도 거의 분필과 흑판만으로 강의를 메꾼단다. 대규모의 연구 시설은 너무 황송해서 아예 넘겨보지 못한다 치더라도 최소한도 도서만은 하는 심정은 마치 핵무기나 중화기는 없더라도 그저 제발 소총에 탄환만이라도

보급해주십사 하는 것과 똑같은 간절한 소원이다. 그런데 세계적으로 거대한 규모의 대학교에 1년 도서비가 한 고관의 판공비 정도나 될까?[61]

박정희 정부는 1968년에 '서울대학교 시설확충특별회계법'과 '서울대학교 설치령'을 공포했다. '서울대학교 종합화 10개년 계획'을 지원하기 위해서였다. 1970년에는 국무총리를 위원장으로 하는 서울대 종합계획추진위원회가 설치되었다. 이처럼 국가 차원에서 진행된 서울대 종합화 계획은 정부의 전면적인 지원을 받으며 이루어졌다. 박정희 대통령이 일일이 지시하며 공을 들였다고 한다. 선택과 집중이라는 원칙이 서울대 종합화 계획에도 적용된 셈이다. 서울대에는 종합화 계획 추진을 위한 건설 본부와 기획위원회가 설치되었다.

종합화 계획의 핵심은 관악산 부근 대지에 새로운 캠퍼스를 조성하고 네 곳에 흩어진 단과대학을 합치는 일이었다. 학교 이전은 종합대학으로서 실태를 정비하고 운영의 합리화를 꾀하기 위해 흩어져 있는 캠퍼스를 종합하고 계열화한다는 목표를 갖고 있었다. 관악캠퍼스를 중심으로 서울대를 대학원 중심 대학으로 발전시켜 전문 분야별로 유능한 인재를 양성한다는 목표도 세웠다.[62] 건설 기간은 1968년부터 1977년까지로 잡았다. 학교 이전 자금은 서울대 소유의 국유 재산을 팔아 충당하되, 부족분은 정부에서 지원받기로 했다. 그리고 외국에서 들여온 교육 차관은 교육과 연구, 기기와 도서를 확장하고 정비하는 데 쓰기로 했다.[63] 하지만 문리대와 사범대 캠퍼스의 매각 부진으로 건설공사가 한때 중단되는 등 난항을 겪었다. 결국 박정희의 지시로 두 캠퍼스가 주택공사에 매각되면서 공사를 계속 진행할 수 있었다.[64]

종합화 즉, 교육과 연구의 재편에 관한 안은 1971년 기획위원회 교육연구·기능조직 분과위원회에서 제출한 〈교육연구·기능조직에 관한 연구보고서)를 약간 수정하는 선에서 1973년 9월에 최종 확정되었다. 이에 따르면 기존 문리과대학은 인문대학, 사회과학대학, 자연대학으로 나뉘고 상과대학은 경영대학으로 개편하도록 했다. 그런데 개편 과정에서 상과대학 교수회가 해체를 반대해 결국 상과대학이 경영대학으로 개편되고 경제학과가 사회과학대학으로 들어가는 우여곡절을 겪었다.[65]

교양교육을 담당하던 교양과정부는 폐지하고 인문대학, 사회과학대학, 자연대학이 대학 전체의 기본 공통 과정을 담당하도록 했다. 대학원은 보건대학원, 행정대학원, 환경대학원 등 특수대학원을 제외하고는 학부 단계인 단과대학의 연장선에서 운영하도록 했다. 입학생 선발은 학과별 모집 방식에서 인문, 사회, 자연, 농학, 의·치학, 교육 등 계열별 모집 방식으로 바뀌었다.

서울대는 1974년부터 실험대학을 운영했다. 먼저, 1973년 제1차 개혁 사업에서 추진한 졸업 학점 감축, 계열별 모집, 부전공제 등 세 가지 개편 과제에 주력했다. 제2차 개혁 사업인 복수전공제, 능력별 학점취득제, 계절학기제 등은 추진하지 않았다. 서울대 종합화 계획에는 실험대학 개혁 사업과 같은 내용이 많아 사실상 실험대학 개혁과 종합화 계획이 병행되는 셈이었다.

먼저, 졸업 학점 감축을 위해 교과과정을 개편했다. 종합화 계획에 따라 교수 조직을 전공 분야별로 통합했으므로 담당 과목의 조정과 교과과정 개편이 불가피했다. 1974년에 기초 과정 교과과정을, 1975년에 전공 과정 교과과정을, 1977년에 대학원 교과과정을 각각 개편해 종합화 계획과 실험대학 운영 체계에 맞도록 정비했다. 하지만 그다지 성공적이지 못한 교과과정 개편이었다. 일단 '연합대학에서 종합대학으로'라는 기치를 내걸면서 획일적인 교과과정을 만들었다는 비판을 받았다. 또한 유사 과목 통폐합을 통한 광역 교과목의 개발은 사실상 헛된 일이 되었다. 오히려 기존 과목 중 몇 개를 삭제해 더 세분화하는 역방향으로 이루어졌다. 교수들이 책임 시수에 대한 압박으로 교과목 통폐합에 저항했기 때문이다. 결국 각 단과대학의 학사 관리 능력이 약화되고, 학과장이 학과별 과목을 통제하지 못하면서 그저 학점만 감축되는 형식적인 개편에 그치고 말았다.

서울대는 1974년부터 계열별로 신입생을 선발했다. 하지만 인문, 사회, 자연 등 너무 광범위하게 계열 구분을 했기 때문에 전공 학과를 결정할 때 학생들이 어려움을 겪었다. 더욱이 계열별로 선발된 신입생의 기초 과정에 대한 관리 체계가 미비했다. 결국 신입생에 대한 기초 과정 관리와 전공 진입을 중앙부처인 교무처가 관리하는 사태가 벌어졌다. 또한 실험대학 평가위원회는 학과 진입 때 학과별 배정 인원의 상·하한선을 폐지하도록 권장한 바 있었다. 학생의 적성과 희망에 따라 배정하라는 것이었지만 학생들이 자신의 적성에 따라 전공 학과를 선택할 리가 없었다. 실제로 몇몇 학과는 처음부터 지망생과 입학생도 없고, 단지 기초 과정 이수 후 희망 학과에 가지 못한 학생이 마지못해 선택하는 학과로 전락하기도 했다. 인기 학과와 비인기 학과 간의 차이가 심각했다. 결국 1979년부터는 단과대학별로 신입생을 선발하기 시작했다.[66] 부전공제는 1976년부터 시행되었다. 그런데 부전공 선택자는 2학년 이상 정원의 3퍼센트 미만에 불과했다. 시간표가 중복되었기 때문이라고 판단하고, 다시 부전공 수강자를 위해 예비 수강 신청을 통한 사전 조정과 부전공으로 이수 가능한 전공과목의 복수 개설 등을 시행했으나 부전공 선택자 수는 늘지 않았다.

서울대 사례에서 알 수 있듯이 실험대학정책이 제1차 개혁 사업으로 내놓은 졸업 학점 감축, 계열별 모집, 부전공제가 소기의 성과를 거두기는 쉽지 않았다. 서울대에서는 종합화 계획과 실험대학이 지향하는 대학의 상이 다르다는 점도 문제였다. 종합화 계획이 문화적·지성적 분야의 전문인 양성에 역점을 두었다면, 실험대학은 사회적·실용적 분야의 전문인 양성에 역점을 두고 인력 수급의 입장에서 대학을 바라보고 있었다.

종합화 계획이나 실험대학이 서울대에서 제대로 뿌리를 내리지 못한 이유는 무엇보다 교수들의 태도 때문이었다. 문교부는 물론 대학 운영자들도 종합화 계획이나 실험대학정책을 추진하면서 교수들에게 이해를 구하려는 노력을 하지 않았다.

중요한 개혁들이 교수의 참여를 어떻게 관리하느냐 하는 점에 관하여 다소 소홀하였던 것 같다. 그렇기 때문에 개혁안을 구상한 당사자나 대학 본부 수준에서는 여러 종류의 개혁 사업에 관하여 비교적 자율성이 높은 편이라고 느끼겠으나, 교수 개개인의 처지에서는 개혁 사항 시행에 따른 하나하나의 요구 사항이 모두 혼란스러운 간섭과 자의적인 통제로만 느껴지기 때문에 결국 학사에 관한 여하한 관리 통제나 동료 통제도 원치 않게 되는 것 같다. 그리하여 그들은 어떤 과정의 통합성이나 일관성 여하에 아랑곳없이 가르치고 싶은 대로 가르칠 권리만을 주장하며 당대의 당면 사회 문제와의 관련성 여하를 불문하고 그들의 연구 과제를 택하며, 우열을 가리지 않는 평등주의 문화를 옹호하며 능력 여하에 불구하고 동일한 처우와 신분 보장만을 주장하게 되어버릴지도 모른다. 이런 풍토가 오래 가면 개인적으로는 모두 변화, 즉 개혁이 긴요하다고 주장하면서도 집단적으로는 어떤 개혁이라도 저항할 수 있게 만들어줄 것이다.[67]

1978년에 가서야 실험대학과 관련한 대대적인 세미나를 실시했는데, 이때도 실험대학이 무엇이냐고 묻는 교수가 많았다고 한다.[68]

대학 자율화를 둘러싼 갈등

1970년대에 서울대 교육학과 교수였던 한기언은 당시 대학의 모습을 이렇게 그렸다.

> 학생의 사회 참여, 데모 사태, 휴교 조치 심지어는 학원 내에의 군대 진주 등 일련의 불상사는 이 시기에 있었던 일들로서 학원 사찰, 정치교수의 파면, 데모 주동 학생의 검거, 퇴학 처분, 학칙 개정 등으로 해서 대학의 연구 및 교육의 기능은 다시금 저락일로를 걷게 된 감이 있다.[69]

국가가 처음으로 대학 개혁의 주도권을 쥐고 추진한 실험대학정책이 대학 사회 전반에 별다른 영향을 미치지 못했다는 걸 알 수 있다.

1970년대 내내 박정희 정부는 유신 독재의 길로 치달았고, 학생운동은 최전선에서 반독재 투쟁을 벌이며 저항했다. 국가와 학생들의 격렬한 충돌 속에 교수들의 입지는 좁아질 수밖에 없었다. 당시 한 서울대 교수는 "강의실에서의 태도 천명은 현실적으로 어렵다. 심지어 연구실에서 학생들과 개인적으로 한 얘기가 새 나가는 데는 놀랄 수밖에 없다"라고 토로했다.[70]

1968년에 '대학과 국가 발전'이란 주제로 열린 학술회의에서 고려대 법대 이항녕 교수는 '대학의 자주성을 해치는 가장 큰 장애는 정치'라고 우려했다.[71] 그의 말대로 1970년대에는 정치가 대학을 압도했다. 대학의 개·휴강을 결정하는 것두 국가였다. 그 가운데 대학의 자율성은 서서히 질식되어갔다.

1970년에 박정희 정부는 대학 병영화로 학생들을 압박했다. 교련교육 강화 방침을 밝히고, 국민윤리 과목을 필수과목으로 정했다. 박정희 정부가 교양교육의 내용을 일방적으로 침해하는 상황이 닥치자 대학 사회에서도 대학의 자율화를 요구하는 목소리를 내기 시작했다.

> 대학의 자유를 보는 관점에는 두 가지가 있다. 하나는 대학의 녹립을 위협하는
> 외부로부터의 간섭에 대한 대학의 자율에 역점을 두는 입장이고, 또 하나는 한
> 걸음 더 나아가 대학 내 자유 및 참여를 추구하는 소위 민주화의 입장이다. 전
> 자는 그것이 모든 대학인의 염원을 대변하고 있다는 것은 명백한 일이며, 사실
> 대학의 일을 대학에 일임한다는 주장이 오늘에야 비로소 표면화되었다는 것은
> 놀라운 일이기조차 하다. 본질적으로 중립성 및 순수성을 표방하는 학문의 특
> 수성으로 말미암아 대학의 독립이 존중되어야 한다는 것은 자명한 일인 바, 앞
> 으로 대학의 자율성을 보장하기 위한 적절한 조치가 마땅히 구현되어야 할 것
> 이다.[72]

1971년 8월 23일에는 서울대 교수협의회가 6개 항목의 요구 사항을 포
함한 건의서를 만장일치로 채택했다. 이를 '대학 자주화선언'이라 부르는
데, 대학의 자주성과 자율성, 특히 학사 운영 관리에 대한 자율성을 제도적
으로 보장하기 위해 문교부로부터 완전 독립할 수 있는 '서울대학교 설치
령'을 제정하자고 주장했다.[73] 그해 10월 초에 서울대학교 기획위원회가
발표한 〈서울대학 종합화 계획 1차 보고서〉도 앞에서 살펴본 것처럼 대학
의 자율성 확대를 주장했다.

교수들의 대학 자율화 주장에 박정희 정부는 '교수 재임용제 도입 검토'
라는 카드로 맞대응했다. 누가 봐도 그것은 교수 사회에 대한 압박이었다.
교수 재임용제가 1975년 긴급조치 아래에서 다시 떠오른 것만 봐도 알 수
있다. 1975년에 '교수재임용 심사위원회 규정'이 공포되면서 1976년부터
교수 재임용제가 실시되었다. 현직 대학교수 모두에게 적용되었는데, 대학
의 교수·부교수는 6~10년, 조교수와 전임강사는 2~3년, 조교는 1년을 기

한으로 임용하도록 했다.[74] 이후 예상대로 정부는 물론 재단이나 학교가 정치적 또는 사적인 이유로 교수 재임용제를 악용하는 폐단이 일어났다.[75] 1976년 2월에 실시한 재임용 과정에서 대학 교원 9,771명 중 4.7퍼센트에 해당하는 460명이 탈락했다. 하지만 교수 재임용제를 '입법한 자보다도 더 환영하고 악용한 자들이 바로 사립대학 운영자들이었다'.[76]

　박정희 정부는 학생운동에 대한 압박의 강도도 높여갔다. 1971년 10월 15일에는 '학원의 난동 행위는 더 이상 용납하지 않겠다'며 '위수령'을 선포하고 대학에 군대를 주둔시켰다. 후속 조치는 더욱 가혹했다. 문교부에서 명단을 통보받은 23개 대학 163명의 학생이 제적당했다. 강제 입영으로 군대에 끌려간 학생들도 있었다. 학교에서 강제로 휴학시키는 지도휴학제도 생겨났다. 대학에 경찰이 상주하면서 학생의 자치 활동은 전면 금지되었다. 1972년부터는 지도교수제가 실시되었다. 고려대에서는 5월 12일 자로 총 110명의 교수가 각 학과별, 학년별 지도교수로 위촉되었다.[77]

　박정희 정부는 1972년 10월 영구 집권을 목적으로 유신 체제를 선포했다. 유신 독재가 지향한 교육의 방향은 민족 주체성의 강화였다. 박정희는 강력한 국가권력의 통제를 통한 국적 있는 교육의 추진, 안보교육 강화, 과학기술교육과 체육교육의 진흥 등을 국가 교육정책의 목표로 설정했다. 국적 있는 교육을 위해 대학에서는 국민윤리와 함께 국사도 교양 필수과목이 되었다. 1975년 5월 13일에는 '긴급조치 9호'를 발표해 대학 학생 동아리의 해산을 명령했고, 같은 달 20일에는 모든 대학에 학도호국단을 결성해 군사교육 체제를 강화하라고 지시했다. 이와 함께 민주화운동에 가담한 대학교수들을 해직시켰다. 그럼에도 교수들의 민주화운동은 계속되었다. 1978년 6월 27일에는 전남대 교수 11명이 '학원의 인간화와 민주화의 첫걸음으로 교육자 자신이 인간적 양심과 민주주의에 대한 헌신적 정열로서 학생들을 가르치고 그들과 함께 배워야 한다'는 내용을 담은 '우리의 교육

지표'라는 제목의 성명서를 발표했다.[78]

박정희 정부는 민주화운동을 하는 교수와 대학생을 탄압하는 동시에 대학에 대해서는 '면학 분위기 조성'을 요구했다. 내 학생들의 민주화운동이 계속되자 박정희 정부는 실험대학정책을 통해 대학 개혁을 요구하는 한편, 훨씬 강도 높은 감시와 통제로 학생운동을 압박했다. 또한 면학 분위기 조성을 얘기하면서도 학생운동의 동향에 따라 대학 문을 열기도 하고 닫기도 하는 모순된 행동을 이어갔다.

서울대는 관악캠퍼스로 이사 온 1975년 1학기부터 문교부에서 내려오는 면학 분위기 조성을 위한 여러 시책에 시달려야 했다. 그중 하나가 교수의 출강 및 학생 출석 관리 방안이었다. 그 내용을 보면 수업일수를 꼭 지킬 것, 휴·결강을 최소한으로 억제하되 부득이한 경우 사후 보강을 철저히 할 것, 학생 출석을 철저히 확인하고 출석률이 저조한 학생에게 선도 방법을 강구할 것 등이었다. 교수의 출강표와 학생 출석표도 만들도록 했다.

하지만 수업은 제대로 이루어지지 않았다. 4월 7일에 유신 반대 시위가 일어나자 박정희 정부는 4월 8일부터 휴강을 시작해 5월 15일에 개강하도록 했다. 그런데 박정희 정부가 5월 13일에 공포했던 '긴급조치 9호'에 반대하는 시위가 개강한 지 1주일 만에 다시 일어났다. 결국 관악캠퍼스 건설과 이전을 주도한 한심석 총장이 경질되었다. 그리고 정치인 출신인 부산대 총장 윤천주가 새 총장으로 부임했다. 이처럼 학생 시위로 총장이 경질되는 현실이 서울대 종합화 계획이나 실험대학정책과 서로 조화를 이루기는 어려웠을 것이다. 1976년 2학기부터는 박정희 대통령의 지시에 따라 서울대에서 점심시간이 사라졌다. 본래는 4교시와 5교시 사이에 따로 점심시간이 있었는데 이를 없앤 것이다. 학생 집회가 대체로 점심시간을 이용해 열렸기 때문에 이를 막기 위한 조치라는 소문이 돌았다.[79]

사립대학은 1950년대부터 줄곧 국가에 대학 자율화를 요구해왔다. 사립대학이 요구하는 자율화의 핵심은 대학 입학 정원과 등록금 책정의 자율이었다. 1960년대에 박정희 정부는 사립대학에 '사립학교법' 제정을 통한 규제와 재정 지원을 동시에 하는 이중 전략을 썼다. 1970년대에도 통제와 지원을 병행하는 정책을 계속 구사했다. 먼저, 사학재단과 관련한 법제를 정비했다. 1976년에는 사학의 공공성 확립을 목표로 정부 규제를 강화하는 '학교경영재산 기본령'을 공포했다. '전문대학설치기준령'과 '대학실험실습비기준령'의 제정과 공포도 사립대학에 대한 규제 강화에 해당되었다.

사학에 대한 지원은 먼저 사립학교 교직원에게 주어졌다. 1975년에 사립학교 교직원에 대한 연금제도를 실시했고, 1977년에는 의료보험제를 실시했다. 정부는 두 제도를 실시하면서 연금 부담금 및 의료보험료 일부를 보조해주었다. 사학재단에는 교육 사업과 직접 관련되는 각종 세금에 감면 혜택을 확대하는 조치를 취했다.[80]

한국에서 독재정치가 대학의 자율을 심각하게 위협하던 1970년대에 세계의 대학들은 고등교육이 수월성을 추구할 것이냐, 아니면 균등성을 추구할 것이냐를 놓고 고민하고 있었다. 1975년 9월에는 '수월성이냐, 균등성이냐?―고등교육의 딜레마(Excellence or Equality: A Dilemma for Higher Education)'라는 주제를 놓고 영국 랭커스터 대학교에서 고등교육에 관한 제3차 국제협의회가 열렸다. 이 자리에서 영국의 웨스트인디스 대학교 부총장인 마셜(R. Marshall)은 대학이 학문 연구를 통해 끊임없이 진리를 추구하며 숙련된 인력을 훈련하고 과학적인 연구를 쌓음으로써 국가 안녕에 큰 기여를 한다는 측면에서 대중의 존경의 대상이 되어왔으며, 교육과 연구 및 학무의 수월성이 대학 전통의 핵심이라고 주장했다. 흥미롭게도 마셜은 수월성을 대학의 으뜸가는 목표로 인정한다면 이를 성숙시키고 계속 이어가기 위해 제도적 자율성, 개인의 자유, 각 대학에 균형 있는 학문적 구조(교수와 연구, 학문적 활동과 비학문적 활동)를 수립하는 것이 필요하다고 주장했다. 제도적 자율성에 대해서는 다음과 같이 언급했다.

제도적 자율성에 있어서 대학은 학사를 결정하는 데 적절한 정도의 자율성을
가져야 한다. 그렇지 않으면 진취성이 무디어지고 진보는 저지된다. 학생 선발
의 자유, 교과 내용을 결정하는 자유, 교직원의 임명과 승진의 자유─이와 같
은 자유는 나의 견해로는 수월성의 창조에 필요 불가결한 것이다.[81]

고등교육이 수월성을 추구한다면 대학의 자율이 더욱더 존중되어야 한
다는 주장이다. 마셜이 수월성 창조에 반드시 필요하다고 본 학생 선발의
자유, 교과 내용을 결정하는 자유, 교직원 임명과 승진의 자유는 1970년대
한국의 대학에서 찾아보기 어려운 것이었다. 국가권력이 서울대를 집중 지
원하고 선도적 대학을 실험 대상으로 삼아 관리하는 선택과 집중 방식의
대학 개혁을 주도했지만, 대학의 자율성을 억압했기에 대학교육의 실질적
변화를 이끌어내지 못했다. 1982년 1학기에 12개 대학 2,000명의 대학생
을 대상으로 한 조사가 이러한 현실을 잘 보여준다. 조사에 따르면, 대학생
들은 대학교육에서 큰 영향을 받지 못했다. 대학교육이 가져오는 실질적인
결과는 졸업증서 수여와 졸업생 배출, 그리고 대학 동문의 형성뿐이라는
것이다. 대학은 그저 졸업장을 받기 위해 다니는 곳에 불과했다.[82]

이처럼 1970년대를 거치면서 국가권력은 대학의 자율과 자치를 고려하
지 않고 개혁과 학원 안정화라는 명목으로 대학 운영 전반에 깊숙이 개입
했다. 국가가 주도한 대학정책인 실험대학정책은 대학 사회에 제대로 뿌리
내리지 못했다. 박정희 정부에 이어 등장한 전두환 정부는 일방적으로 모
든 대학에 획일적인 실험대학 체제를 강요했다. 하지만 실험대학정책이 요
구한 대학개혁안이 현실화된 것은 대학이 개혁하지 않으면 살아남지 못한
다는 절박감에 마지못해 개혁에 나선 1990년대 이후의 일이었다.

4부

시장권력에 포섭된 대학

1장

대학교육의 대중화와 대학 민주화

대학교육 대중화의 바람

1970년대에는 경제성장으로 중학교와 고등학교 진학률이 크게 늘어났다. 이는 곧바로 대학 진학 욕구의 확대로 이어졌다. 당시 박정희 정부는 이공계 중심으로 대학 정원을 늘리기는 했지만, 폭발적인 대학 진학 욕구에 부응하기보다 실험대학정책과 대학 특성화정책 등을 통해 대학교육의 질적 변화를 추구했다. 이는 곧 치열한 입시 전쟁으로 이어져 과외가 성행하는 등 사회문제로 떠올랐다. 박정희 정부는 1970년대 말에 가서야 본격적으로 대학 정원을 늘리기 시작했다. 정원 확대에는 1979년에 이루어진 전문대학 설립이 큰 역할을 했다.

박정희 정부가 무너지고 12·12쿠데타로 들어선 신군부의 국가보위비상대책위원회는 1980년 7월 30일에 '교육 정상화 및 과열 과외 해소 방안'을 발표했다. 고등교육 방안은 다음과 같았다.

– 1981년부터 대학 입시 본고사를 폐지하고 출신 고등학교의 내신 성적과 예비고사 성적만으로 대학 입학자를 선발한다.

– 대학의 졸업성원제를 실시하여 신입생은 정원보다 일정 수를 더 입학시키되, 졸업은 정원 수만큼만 시킨다.

– 대학의 강의를 아침부터 저녁까지 개설하여 대학의 시설과 인력을 최대한 활용하는 전일수업제를 시행한다.

– 대학의 문호를 넓히기 위해 대학 입학 인원을 연차적으로 대폭 확대하며, 1981년에는 최고 10만 5천 명까지 증원할 것을 검토한다.

– 방송통신대학을 확충하고 교육대학의 이수 연한을 연장한다.[1]

졸업정원제가 포함된 7·30교육방안은 대학마다 교수 확보와 시설 확장에 비상이 걸릴 수밖에 없는 파격적인 조치였다. 초점은 더 많은 사람이 대학교육을 받을 수 있도록 하는 데 있었다. 하지만 대학교육의 현황을 전제로 한 방안이 아니라 정권의 입지를 굳히기 위한 정치적 고려에서 나온 방안이었으므로 곧바로 부작용이 뒤따랐다.

1970년대까지 예비고사는 국가가 관장했지만, 본고사는 대학별로 치렀다. 하지만 7·30교육방안으로 본고사가 폐지되고 내신과 예비고사 성적만으로 대학 입학생을 선발하게 되면서 대학은 자율적이던 학생 선발권을 사실상 박탈당하고 말았다. 또한 1970년대부터 고교 평준화가 추진되기는 했으나 전국의 고등학교가 완전히 평준화되지 못했으므로 내신 등급이 불공평하게 반영된다는 시비가 계속 일어났다. 예비고사와 내신만으로 대학을 갈 수 있으므로 대학 간, 학과 간, 서울과 지방 간 서열 체제가 본격적으로 드러나기 시작했다. 전국에 있는 모든 대학과 학과를 점수대별로 줄 세운 배치표를 보며 대학 지원 원서를 쓰던 풍경은 이때 생겨났다. 이는 곧 우수한 인적 자원이 특정 대학, 특정 학과로 쏠리는 부작용으로 이어졌다.

본고사 폐지로 인한 초기의 혼란은 엄청났다. 1981년부터 대학 본고사가 폐지되면서 여러 대학에 동시 지원이 허용되었다. 학생들의 눈치작전은 주요 대학의 입시 미달 사태를 불러왔다. 이로 인해 문교부 대학국장이 사퇴하면서 1982년부터는 2개 대학으로 지원을 제한했다. 그래도 미달 사태는 한동안 반복되었다.

졸업정원제는 단과대학, 계열, 학과별로 최대한의 졸업 정원 수를 정해 놓고 신입생을 선발할 때 졸업 정원의 30퍼센트를 더해 뽑는 제도였다. 사립대학 입장에서 보면 환영할 만한 제도였다. 대학 입학 정원을 늘리고 그 덕에 등록금이 늘어나면 재정이 넉넉해질 수 있기 때문이다. 하지만 대학 서열 체제가 엄연히 존재하는 까닭에 상대적으로 우수한 학생 30퍼센트가 기계적으로 중도 탈락하는 부작용이 우려되었다. 많은 비판이 일자 문교부는 1986년에 교육개혁심의회의 건의를 받아들여 졸업정원제를 폐지하고 입학정원제로 되돌렸다.[2] 전일제 수업 역시 학생 수를 늘리는 명목으로 활용되었을 뿐 시설과 도서 확장, 교수진 확보 등이 이루어지지 않으면서 제대로 정착하지 못했다.

전두환 정부가 다시 교육개혁의 칼을 빼든 것은 5년 뒤인 1985년 3월이었다. 먼저, 대통령 직속기구로 교육개혁심의회를 설치했다. 교육개혁심의회는 1987년 12월 31일까지 존속하는 한시기구로서 30여 명의 위원으로 구성되었다. 과학화·국제화 시대를 대비해 교육 문제 전반에 대해 여론을 수렴하고, 교육의 기본 정책과 장·단기 교육 발전 계획을 세우는 역할을 맡았다.

교육개혁심의회는 42개의 정책 과제를 선정하고 각 개혁 방안에 관한 연구와 심의를 거쳐 10대 교육개혁 방안을 제시했다. 교육개혁심의회에서 진행한 교육개혁의 중심에는 고등교육이 있었다. 고등교육 개혁 방향은 대학교육의 수월성을 추구하는 데 있었다. "대학의 학문적인 수월성을 추구하는 동시에 대학 체제의 다양성을 조장하고, 대학 관리·운영에 자율성과 효율성을 제고시키는 데 궁극적인 목적을 둔다"[3]는 것이다. 미래의 고도 산업사회, 자율화 사회에서 요청되는 고급 인력을 양성하기 위해 대학교육은 앞으로 자율적인 기반 위에서 수월성을 적극 추구해야 한다고 보았다. 3부 2장에서 소개한 것처럼 1970년대 세계 대학이 지향한 '자율성에 기반한 수월성 추구'라는 대세를 좇았다.

그와 같은 취지에서 교육개혁심의회는 다음과 같은 개혁 사항을 제시했다.

— 대학별로 독자적이면서도 상호 보완적인 발전을 조장할 수 있도록 대학의 기능을 분화하고 특성화한다.
— 대학의 정원정책을 단계적으로 자율화한다.
— 대학의 교육 여건을 개선하기 위하여 교수당 학생 수를 15~20명 선으로 감축한다.
— 대학의 질을 자율적으로 관리하기 위하여 대학평가인정제도를 도입·실시한다.[4]

이와 함께 도서관 확장 및 현대화, 대학교수 정년보장제 실시, 기초과학 연구 체제의 확충, 대학 운영 규제 완화 등의 개혁 방안도 제시했다.[5]

교육개혁심의회의 고등교육 개혁 방안은 졸업정원제 실시를 통해 열린 대학교육 대중화 시대에 교육의 수월성까지 추구하겠다는 의지를 담고 있었으나, 결국 서류상 계획에 그치고 말았다. 교육부 차관을 지낸 김영식은 "1990년대 초까지만 해도 제일 큰 관심사는 학원 소요 진압이었다. 교육부 대학국 인원의 절반 이상이 학원 소요를 막는 데 투입되었다. 교육부 직원들이 경찰처럼 전국 주요 대학에 진을 치고 일일이 시위 상황을 체크했다. 공안대책회의가 열리면 교육부가 검찰, 경찰, 정보부와 함께 고정 멤버로 참석했다. 문민정부 이전까지는 대학 경쟁력에 대해 크게 신경 쓰지 못했다"[6]라고 회고했다.

노태우 정부는 1989년 2월 27일 대통령 직속기구로 교육정책자문회의를 설치했다. 교육정책자문회의는 전두환 정부 시절 교육개혁심의회가 내놓은 10대 교육개혁 방안을 완료된 과제, 추진 중인 과제, 미착수 과제로 분류해 연구하고 심의한 뒤 다시 개혁 방안을 내놓았다. 1993년 2월까지 교육정책자문회의가 제시한 고등교육 관련 방안은 다음과 같다.

- 독학에 의한 학사 인정
- 초·중등 교원 종합 대책: 교사 양성 과정의 전문성 제고, 국·사립 교원 양성, 대학 출신 간 임용 차별 해소, 교원 교육 평가인정제도의 도입 운영
- 대학교육의 개선 방안: 대학 유형의 다양화와 특성화, 대학 설립 인가의 합리화 및 정원의 단계적 자율화, 대학교육위원회 설치, 대학평가인정제도의 도입 운영
- 고등교육기관의 적정 배치 방안: 유형별 고등교육기관 수 및 정원 재조정, 고등교육기관 설립인가정책의 합리화, 우수 연구소에 대학원 부설, 권역별로 대학원 중심 대학 중점 육성, 국립대학 설립 억제 및 시·도립대학 설립 권장[7]

위의 방안들 가운데 독학에 의한 학사를 인정하고, 대학 유형을 다양화하며 대학 설립 인가 기준을 완화하고, 대학 정원을 단계적으로 자율화하는 방안 등은 대학교육의 자율성을 지향하고 있다. 반면, 고등교육기관을 적정하게 배치하는 방안은 대학교육의 수월성을 추구하고 있다. 고등교육정책에서 균등성과 수월성을 동시에 좇고자 한 것이다. 하지만 정권 차원에서 학원 소요 진압에 더 많은 관심을 기울이던 풍토는 전두환 정부 때와 크게

다르지 않았다. 따라서 고등교육정책이 실제 효과를 거두기는 어려웠다.

전두환 정부와 노태우 정부의 고등교육정책이 낳은 확실한 변화는 대학 대중화의 길이 열렸다는 점이다. 1980년을 기점으로 고등교육 인구가 크게 늘어났다. 1980년에 57만 명을 기록했는데, 10년 뒤에는 149만 명으로 무려 세 배 가까이 늘었다. 서울대 재학생 수만 해도 1975년 1만 6,146명에서 1985년 3만 356명으로 10년 사이에 두 배나 늘었다. 고등교육 취학률은 1985년에 35.1퍼센트를 기록했는데, 이는 1986년 일본의 29.6퍼센트보다 높고 1984년 미국의 57퍼센트보다 낮은 것이었다.[8]

대학생 수를 급격히 늘린 일등공신은 졸업정원제였다. 처음 실시할 때부터 졸업정원제는 전형적인 포퓰리즘(populism) 정책으로 불렸는데, 신군부가 미래 세대를 키우는 교육을 정권의 정당성을 확보하기 위한 수단으로 활용한다는 비판을 받았다.[9]

또한 박정희 정부 말기부터 대학의 형태를 다양화해 문호를 확대하는 정책을 실시했는데, 그 효과가 1980년대부터 뚜렷이 나타나기 시작했다. 첫째, 1979년부터 전문학교를 전문대학으로 승격하고 새로운 전문학교 설립을 장려하면서 학생 수가 급격히 증가했다. 15년이 지난 1993년 당시 129개 전문대학에 고등교육 인구의 28.8퍼센트에 해당하는 46만 명이 다닐 정도로 급성장했다. 전문대학은 '국가 사회의 발전에 필요한 중견 직업인을 양성하는 것'을 목표로 했다. 경제성장과 함께 중견 기술직에 대한 수요가 늘어나면서 전문대학은 승승장구했다.

둘째, 사립대학의 지방 분교 설립을 승인했다. 대학교육의 기회를 확대해야 한다는 사회적 압박이 높아지던 1975년에 성균관대가 지방 분교 건설 계획을 발표하면서 지방 분교 설립이 본격화되었다. 성균관대 수원캠퍼스(1977), 연세대 원주캠퍼스(1977)를 시작으로 단국대 천안캠퍼스(1978), 동국대 경주캠퍼스(1978), 한양대 안산캠퍼스(1978), 중앙대 안성캠퍼스(1979),

한국외대 용인캠퍼스(1979) 등이 잇달아 문을 열었다. 1980년대에 생겨난 지방 분교로는 건국대 충주캠퍼스(1980), 고려대 조치원캠퍼스(1980), 경희대 수원캠퍼스(1980), 상명대 천안캠퍼스(1985), 홍익대 조치원캠퍼스(1988) 등이 있었다.

본래 지방분교설립정책은 '전국을 대전권, 광주권, 대구권, 마산권 등으로 나누어 인구의 지방 분산, 교육의 질적 격차 해소, 서울 중심 대학 문화의 지방 확산 등의 효과를 기대한다'는 목표로 추진되었다. 하지만 대부분의 지방 분교가 서울에서 통학이 가능한 수도권과 충청권에 몰려 있었다. 전두환 정부는 1983년 7월에 서울 이남 경기도 지역 대부분을 제한 정비 권역, 개발 유도 권역, 자연 보존 권역 등으로 묶어 수도권 지역에 고등교육기관의 신설과 증설을 금지하는 내용의 '수도권정비법'을 제정했다.[10] 그럼에도 이후 생겨난 지방 분교들이 충청권을 넘어서지는 못했다.

셋째, 2년제인 방송통신대학을 5년제로 바꾸고 개방대학을 설립했다. 이제 대학은 엘리트의 산실이던 시대를 벗어나 대중화되었을 뿐 아니라 평생교육을 실시하는 계속교육기관의 일원이 되었다. 방송통신대학은 1972년에 서울대 부설 2년제 전문 과정으로 설립되었다. 1977년에는 2만 592명이 다니고 있었다.[11] 전두환 정부는 고등교육 기회 확대를 위한 대책으로 1982년에 방송통신대학을 서울대에서 분리해 5년제 일반대학으로 승격했다. 학과 수도 5개 학과에서 13개 학과로 늘렸고, 입학 정원도 1만 2,000명에서 3만 5,000명으로 대폭 늘렸다.[12] 1993년 당시 재학생 수만 32만 명으로 고등교육 인구에서 16.6퍼센트를 차지했다. 학생 수로는 방송통신대학이 우리나라에서 가장 규모가 큰 대학이었다.

개방대학은 직업을 갖고 있는 사회인이나 기술자 중 학위 취득 희망자를 대상으로 한 계속교육기관으로 1982년에 설립되었다. 1969년 영국의 개방대학(open university)을 시작으로 여러 선진국에서 실시하던 고등교육

문호개방정책에서 따온 것이다. 문교부는 1981년 10월 당시 경기공업전문대학을 개방대학 실험학교로 지정하고 이듬해 2월 15일 '국립대학 설치령'을 개정하는 등 법적 절차를 마무리한 다음, 기존 경기공업전문대학을 폐지하고 1983년 3월 1일 경기공업개방대학을 열었다.[13] 입학생은 서류 전형으로만 선발했다. 재학 연한 제한이나 학년제도 없고, 140학점만 취득하고 졸업 종합시험에 합격하면 학사 학위를 수여하도록 했다. 1989년에는 개방대학 안에 석사과정의 야간 산업대학원도 개설했다. 1993년 당시 전국 12개 개방대학에는 8만 3,904명이 재학하고 있었다. 고등교육 인구의 4.2퍼센트에 해당하는 숫자였다.

이러한 대학교육 문호개방정책과 함께 새로운 대학 설립을 인가했다. 단과대학과 종합대학을 합쳐 1980년대 10년간 19개 학교가 신설되었으나, 이후 1990년부터 1993년까지 4년 만에 20개 학교가 신설되었다. 또한 단과대학이 3개 학부와 대학원을 갖추면 종합대학으로 승격했다. 정부의 방임 아래 사립대학을 중심으로 대학교육의 양적 성장이 이루어지던 이승만 정부 때와는 달리, 전두환·노태우 정부 때는 국가권력이 직접 나서서 대학교육의 양적 성장을 주도했다. 이제 대학은 더 이상 엘리트의 산실이 아니었으며, 오히려 대학 진학 자체를 의무로 여기는 시대로 접어들었다.[14]

대학원교육의 부침

국가 주도로 대학 입학의 기회가 활짝 열리면서 대학교육 대중화 시대가 펼쳐지자, 전문교육 즉 대학원교육을 강화해야 한다는 목소리가 높아졌다. 이제는 학부교육과 대학원교육을 구분해 전자는 학생 수요자 위주의 교과과정 편성을 통해 전문과 교양의 적절한 조화와 균형을 추구하고, 후자는 전문교육을 강화해야 한다는 것이다. 이 또한 미국에서 먼저 대학교육이 대중화되면서 제기된 문제였다.[15] 대학교육 대중화의 흐름 속에서 엘리트형 교육을 제도화한 것이 바로 대학원이었다.

대학원의 전문교육을 전제로 한 학부교육 개혁안으로 먼저 학부제가 주목을 받았다. 학부제는 학생들이 학과 구분 없이 입학해 교양과목을 이수하고 학기가 진행되면서 관심 있는 교과목을 수강해 일정 학점을 수강하면 전공으로 인정받는 제도다. 서울대는 1990년부터 학부제에 대한 검토를 시작했다. 이는 대학원 중심 대학 즉, 연구 중심 대학으로 가기 위한 포석이기도 했다. 1994년에 내놓은 '연구 중심 대학 기본 운영 철학과 그 실현 방안'에서 서울대는 학부에서는 폭넓은 교양교육이, 대학원에서는 전문교육이 중요하므로 현재 세분화된 학과제도를 개편해 유사 학과를 통합·운영하는 학부제를 도입하자고 주장했다.[16]

대학원교육을 강화하자는 요구는 대학원 중심 대학을 적극 육성하는 방향으로 나아갔다.[17] 창의적인 학술 연구를 주도할 고급 인력과 교수 양성에 초점을 맞춘 대학원 중심 대학이 들어서야 한다는 것이다. 대학교육에서 대학원은 오래도록 변방에 있었다. 일반대학원은 1953년부터 본격화되었고, 전문대학원은 1960년 초반부터 개설되기 시작했다. 하지만 1970년대까지 대학교육에서 대학원이 차지하는 위상은 높지 않았다. 1970년에 대학원생 수는 6,640명으로, 고등교육 인구의 3.7퍼센트에 불과했다. 박사과정 학생은 518명뿐이었다. '이념 부재, 연구 부재, 교육 부재, 학생 부재'란 말이 당시 대학원의 현실을 잘 대변해준다.[18]

서울대는 '서울대학교의 종합화 10개년 계획(1968~1977)'에서 서울대를 대학원 중심 대학으로 발전시켜 전문 분야별로 유능한 인재를 양성한다는 목표를 제시하는 등 일찍부터 연구 중심 대학으로 전환하는 데 적극적이었다. 서울대의 대학원 전문위원회는 1971년에 〈대학원교육의 강화책 연구), 1972년에 〈대학원 교육 운영 개선에 관한 연구〉라는 보고서를 제출했다. 이 보고서를 통해 도제교육을 주로 하는 일본식 폐쇄형 대학원제도를 벗어나 다수 학생을 상대로 하는 미국식 개방형 대학원제도로 전환하자고 주장했다.[19] 서울대는 1975년에 수업을 중시하고 종합시험과 논문 성적을 종합해 평가하는 미국식 과정박사제도를 도입했다.

박정희 정부는 1971년 말부터 대학원교육 강화 방안을 마련하기 시작해 1976년 2월 각 대학에 '대학원교육 개선방안'을 통보했으나, 대학원교육의 내실화는 여전히 까마득히 먼 문제였다. 박정희 정부가 중요하게 여긴 대학정책은 실험대학 같은 학부 개혁과 학생운동을 통제하는 학생 지도였기 때문이다. 의학 분야를 제외하면 박사 학위 대부분을 외국, 주로 미국에서 받는 것을 당연하게 여겼던 학계의 타성적 풍토도 대학원교육을 경시하는 요인으로 작동했다.

서울대는 1978년 11월 20일에 다시 '서울대학교 대학원 중심 대학 특성화 계획'을 박정희 정부에 제출했다. 1980년대 이후 고도 산업사회를 주도할 고급 인력을 양성해야 하는데 이는 고등교육 확대를 전제로 한 것이므로 더 이상 교수 및 연구 요원 양성을 해외에만 의존할 수 없다는 것이 대학원 중심 대학으로 전환을 요구한 이유였다. 이를 위해 학부 정원은 현 수준에서 동결하고 대학원 정원은 점차 늘려간다는 계획도 제시했다.[20] 하지만 1980년 7·30교육방안에 따른 졸업정원제 실시로 학부 정원이 1981년에 갑자기 늘어나면서 대학교육의 주된 관심은 또다시 학부에 집중되었고 대학원 중심 대학안은 표류하고 말았다.

1980년대 중반에 대학원 중심 대학 문제가 다시 공론화되기는 했으나, 역시 학생운동에 대한 대응 방안 마련에 급급했던 전두환 정부가 학부 중심의 대학정책에 주력하면서 본격적으로 추진되지 못했다. 1987년 서울대는 '서울대학교 장기발전계획(1987~2001)'을 마련해 다시 한 번 국제적 수준의 대학원 중심 대학 발전안을 제시했다. 이때도 여전히 학계에서는 '고도의 학술 연구는 선진 대학이 할 일이요, 우리는 그 성과를 빨리 받아들여 전수하는 정도면 되지 않겠냐'며 시기상조론을 제기하는 이들이 있었다.[21]

대학원생 수가 크게 늘어난 것은 1990년대의 일이었다. 이때는 대학원생 수의 증가율이 학부생 수 증가율을 웃돌았다. 1990년 당시 대학원 수는 일반대학원 97개와 전문대학원 201개를 합쳐 298개였고, 재학생 수는 8만 6,911명이었다. 1993년에는 대학원생 수가 10만 명을 돌파했다. 1970년에 6,640명이었던 데 비해 1993년에는 10만 3,974명으로 약 16배 증가한 것이다.

하지만 대학원의 양적 성장이 대학원교육의 질까지 담보하지는 못했다. 대학마다 대학원 전용 시설과 전임교수 확보 같은 교육 여건 개선은 뒤로 한 채 학생 수 늘리기에만 급급했기 때문이다. 대학의 양적 팽창이 질적 발전을 담보하지 못했던 전철을 그대로 밟는 셈이었다. 사태의 심각성은 여기서 그치지 않았다. 대학원 중심 대학은 궁극적으로 학문 재생산 구조의 자립 체제를 구축하기 위해 필요한 것이다. 하지만 대학이나 학계는 이미 정치적·경제적 자립은 당연하다고 생각하면서도 유독 학문적 생산 체제의 자립만은 심각하게 받아들이지 않는 미국 유학파가 장악하고 있었다. 그들에겐 '나라의 명운과 존망이 학문적 재생산 구조의 자립 여하에 있다'는 호소조차 쇼비니즘(chauvinism, 맹목적이고 광신적이며 호전적인 애국주의)적인 구시대의 발상일 뿐이었다. 대학원교육의 질적 저하에 상당 부분 책임감을 느껴야 함에도 그들은 오히려 당당하게 유학, 특히 미국 유학을 부추겼다.

더욱이 1990년대 중반에는 교수 임용에서 미국 박사 학위를 가진 이들의 수가 국내 박사를 넘어서는 현상까지 나타났다. 이를테면 1996년 1학기에 임용된 박사 학위 소지자(621명)를 살펴보면, 미국 박사 273명(44퍼센트), 국내 245명(39퍼센트), 일본 40명(7퍼센트), 독일 27명(4퍼센트), 영국 8

명(1퍼센트), 기타 21명(4퍼센트) 순이었다.[22] 한국대학교육협의회가 발간한 《2000년도 전국 대학교수 명부》에 수록된 전국 204개 4년제 대학(14개 대학원 내학 및 과학기술계 내학 포함)에 새직하는 전임강사 이상의 교수는 4만 5,008명인데, 이 가운데 박사 학위를 받은 교수는 3만 7,289명으로 전체 교수의 82.8퍼센트를 차지한다. 국외 취득자는 1만 4,957명(40.1퍼센트)인데, 그중 미국 대학 학위자가 1만 52명으로 67.2퍼센트를 차지한다.[23] 이른바 명문대의 미국 학위 편중 현상은 더욱 심각했다. 1999년 당시 서울대 사회과학대학 교수 102명 중 79명인 77.4퍼센트가 미국에서 학위를 받았다. 연세대 사회과학대는 105명 중 94명(89.5퍼센트)이, 고려대 사회과학대는 88명 중 59명(67퍼센트)의 교수가 미국 학위를 갖고 있었다.[24] 이에 대해 국민대 교양과정부 최종욱 교수는 다음과 같이 비판했다.

> 상품 시장에서 독과점이 문제가 되듯 대학의 학문 시장에서 made in USA만이 독과점을 형성한다는 것은 대단히 위험한 일이다. 그것은 대학 시장의 대미 종속화를 의미한다. …… 우리 대학 시장도 합리화되고 투명해져야 한다. 상표의 디자인이나 포장에만 현혹되지 말고, 정을 미끼로 접근하는 판촉에도 흔들리지 말고 진짜 질 좋은 우리 상품의 개발에 대학인 스스로가 앞장서야 한다. 이것이 바로 학문의 경쟁력을 높이고 학문 후속 세대를 바르게 육성하는 길이다.[25]

미국 학문을 소비만 할 뿐 우리 학문을 생산하지 못하는 현실과 자기 방어에 급급한 피동적 자세로 대학 개혁에 임하는 대학들을 질타하고 있다.

미국 학문을 좇는 이러한 풍토 속에서 국내 대학원은 학문 연구가 아니라 각종 프로젝트를 통해 생계비를 마련하면서 취업 준비를 위한 고급 교육을 받으려고 진학하는 대피소, 훈련소 또는 학원으로 전락했다는 비판을 받았다. 학문에 뜻을 둔 후속 세대들은 미국을 비롯한 해외로 유학을 선택했다. 1991년 5만 3,875명이던 해외 유학생은 2002년에 이르러 15만 5,327명으로 세 배 가까이 증가했다. 그리고 2001년에 대학원 학위 과정을 밟기 위해 해외로 나간 3만 7,328명 중 74.4퍼센트에 해당하는 2만 7,760명의 학생이 미국과 캐나다가 있는 북미 지역에 몰렸다.[26]

대학 평가 시대의 도래

대학교육 대중화 시대를 열면서 전두환 정부에서는 국가가 대학의 연구와 교육을 선도하겠다는 취지 아래 새로운 기구들을 설립했다. 대학교육의 양적 성장과 함께 대학교육 전반에 대한 국가권력의 장악력도 높아졌다. 양적 성장에 걸맞게 질적 수준을 높이는 방향으로 나아가는 데 국가가 주도권을 가지게 된 셈이다.

1981년에는 '국가가 나서서 학술 연구 체제를 선도한다'는 취지 아래 한국학술진흥재단이 설립되었다. 설립 준비는 박정희 정부에서 시작되었다. 박정희 정부는 선진국의 기술 이전에 의존하는 경제 발전의 한계를 극복하기 위해 1979년에 '학술진흥법'을 마련했다. 이에 따르면 한국학술진흥재단은 학술 연구 활동 전반에 대한 재정 지원을 추진하는 기구였다. 한국학술진흥재단 설립으로 문교부의 학술 연구 조성비도 크게 늘었는데, 1980년부터 1989년까지 약 3.7배가 증가했다. 처음에는 대학별로 일정한 연구비를 배분하는 방식을 취했으나, 1986년부터는 중점 연구 과제에 대해 공개 모집 방식으로 연구비를 지출하기 시작했다.

한편, 전두환 정부는 대학교육과 관련된 기관들을 하나로 묶어 '정부와 대학을 연결하는' 기구인 한국대학교육협의회(이하 대교협)를 만들었다. 1982년 3월 18일에 문교부 주선으로 발기준비위원회가 구성되었고, 권이혁 서울대 총장이 준비위원장으로 임명되었다. 권이혁 총장은 수도권 8개 대학(서울대, 고려대, 연세대, 홍익대, 서강대, 명지대, 숙명여대, 단국대) 총장으로 소위원회를, 사무처장으로 실무협의회를 구성하고 정관과 운영 계획을 마련했다. 이를 바탕으로 3월 26일 발기준비위원회에서 정관과 협의회 구성안을 확정했다. 1982년 4월 2일에는 전국 97개 대학 총·학장이 참석한 가운데 창립총회를 개최했다. 이 자리에서 박길진 원광대 총장을 비롯한 회장단과 이사 15명과 감사 2명을 임명했다. 정부가 주도해 만든 협의회였지만 이때까지는 임의단체였다. 전두환 정부는 1982년 10월 8일에 사단법인으로 설립 인가를 내주었다. 1984년 3월 26일에는 국회에서 만장일치로 '한국대학교육협의회법'이 제정되었다. 이 법은 문교부 고등교육국장을 지낸 이대순 국회의원이 입법·발의했다.

지난날 일부 사학의 운영 질서를 바로잡기 위한 각종 규제나 제약 등은 이미 습성화·획일화되어 대학교육이 기본적 속성이라고 하는 대학의 창의와 자치는 위축되고 모든 학사 행정에 대한 각 대학의 소신과 책임감보다는 정부 당국의 구체적인 지시 명령에 안주하는 경향마저 있어, 이는 우리나라 대학의 보다 생동적인 학문 연구와 만학 풍토를 위해 학내외를 막론하고 다 같이 우려하고 있는 것이 오늘의 현실입니다. 이러한 현상을 다른 측면에서 볼 때, 그동안의 대학에 대한 어느 정도의 규제나 간여가 당초부터 있었던 것은 아니고 대학의 운영 부실이나 학사 질서 문란이 스스로 자초했던 불가피한 타율이었고, 한편 이러한 정부 보호와 간섭이 이 정도나마 대학을 발전시킨 보호대가 되었다고 말할 수도 있겠습니다.[27]

방대해진 오늘의 우리나라 각 대학을 정부가 낱낱이 배려하고 이를 지도하기에는 그 규모가 너무 방대하고 그 교육 내용과 방법의 전문화·다양화로 인해 사실상 불가능한 것이라 하겠습니다. 따라서 대학에 대한 고도의 제도적·정책적 업무만을 문교부가 관장하고 기타 학사 운영이나 실제 경영에 관한 대부분의 업무는 각 대학 자체의 창의와 자율에 일임하며, 각 대학의 공통적 과제가 공동 관심사에 관한 사항은 정부와 대학 간의 중간 협의기구를 두어 자율적으로 협 의·결정하여 시행하고 필요한 사항은 정부에 건의하는 대학 간 협력기구 운영이 바람직한 것이라 하겠습니다.[28]

대학 스스로 발전의 길을 헤쳐나가지 못해 정부가 나서서 보호자 역할을 하며 이끌었던 시대를 지나, 이제는 대학의 수가 많아져 정부가 일일이 보호자 역할을 할 수 없으니 양자를 연결하기 위한 기구가 필요하다는 얘기다. 그런데 주목할 것은 대교협이 총·학장의 모임이라는 사실이다. 전두환 정부로서는 대학교육의 발전을 내세우기는 했지만 그에 앞서 학원 안정을 확보하는 게 더 시급했다. 문교부 당국과 총·학장의 핫라인을 만든 주요 목적은 바로 학원 안정에 있었다.

'한국대학교육협의회법'에 따라 대교협은 사단 성격의 특수법인으로서 법인 자격을 갖추게 되었으며, 정부와 대학의 조정기관이자 대학 상호 간 협동과 연구 및 평가기관이라는 공식 지위를 확보했다.[29] 대교협 출범 당시 긍정적 반응도 있었지만, 옥상옥 또는 정부의 시녀기관이라는 부정적 여론도 있었다. 대학에서는 명실공히 대학의 이익을 대변하고 권익을 옹호하는 기관이자 자율적 의사 결정 체제로서 대교협의 역할을 기대했다. 하지만 정부는 대교협을 통해 대학 행정을 효율적으로 관리하는 한편, 대교협 정부 정책의 지지자 또는 보호벽이 되어주기를 원했다. 대학 운영의 모든 부분이 정부의 통제를 받고 있던 환경에 정부 주도로 만들어진 태생적 한계까지 더해져 사실상 협의를 기대하기는 어려웠다. 대교협의 역할과 기능에 대한 각계의 합의도 부족했다. 대학 간 협의체를 수용할 만한 정치·

사회적 환경이나 주변 풍토도 성숙하지 못한 시절이었다. 어떻게 국가와 대학 간 협의체를 운영해야 하는지 제대로 이해하고 있는 전문가도 대학도 없었다.

1990년대 들어와 대교협의 역할과 기능에 변화가 찾아왔다. 대교협이 스스로 규정한 역할은 다음과 같다.

첫째, 대학교육 제도와 그 운영에 관한 전문적 연구기관

둘째, 각 대학의 실정과 여망을 수렴해 연구·협의·조정하고 필요한 사항을 정부에 건의하는 대변기관 또는 대학 간 협동기관

셋째, 정부 정책이나 새로운 교육 사조를 대학교육 현장에 보급·확산하는 계도적 기관

넷째, 대학교육 개혁과 교육의 질적 향상을 선도하기 위한 자율적 평가기관

다섯째, 대학 사회의 권익을 보호하고 필요한 교육 자료와 정보를 꾸준히 제공하는 대학을 위한 봉사기관

여섯째, 협의회법이나 정관상의 각종 업무와 문교부 장관이 위탁하는 사업의 자율적 심의 또는 이를 집행하는 기관[30]

"그동안 문교부에서 직접 관장해오던 여러 사무가 협의회에 이관되어 대학 상호 간의 협의와 조정 속에 협의회 고유 사무로 정착되어가고 있는 것은 교육의 민주화나 대학의 자율화를 추구하는 시대적 요청이라 아니할 수 없다"[31]라는 언급에서 알 수 있듯이, 대교협이 대학교육과 관련해 교육 당국의 압력에서 조금이나마 벗어난 것은 1987년 이후 사회의 민주화, 대학의 자율화 바람과 밀접한 관련이 있었다.

대교협의 활동 중 가장 두드러진 것은 대학 평가였다. 대교협은 1984년 '한국대학교육협의회법' 제정으로 대학 평가를 위한 법적 기반을 마련할

수 있었다. 이때부터 대교협은 문교부로부터 대학 평가 사업을 위탁받아 대학 평가를 실시했다. 대교협은 대학 평가가 회원 대학의 경쟁 발전을 자극하고 촉진하며, 교육의 수준과 질을 보장하고 유지하는 방벽이 될 수 있으리라 기대했다.[32)]

대교협의 대학 평가는 크게 두 가지로 나뉘었는데, 기관 평가와 학문 영역 평가가 있었다. 기관 평가는 대학 전체를 대상으로 종합평가를 실시하는 것이고, 학문 영역 평가는 특정 분야를 대상으로 교육 내용과 운영을 평가하는 것이다. 대교협은 5년 주기로 1차(1982~1986)와 2차(1988~1992)에 걸쳐 대학 기관 평가를 실시했다. 기관 평가 초기에는 학부와 대학원으로 나누어 평가하다가 1985년 이후 하나로 통합했다. 또한 운영 평가와 재정·경영 평가로 나누어 학부 평가를 실시하다가 1985년 이후 역시 하나로 통합했다. 초기의 기관 평가는 모든 대학이 주요 정량 지표 중심으로 서식을 작성해 제출하면 현지 방문을 통해 확인하는 방식으로 이루어졌다.

1987년 교육개혁심의회는 대학 평가를 대학평가인정제로 전환하라고 건의했다.[33)] 미국식 제도인 대학평가인정제는 대학교육의 질을 보장하고자 대학 자체 평가와 외부의 동료 평가를 병행해 사회적·공공적 인정을 받기 위한 대학의 자율적인 평가제도였다. 대학평가인정제의 도입으로 대교협이 평가 실무를 담당하고 문교부 장관 산하 대학교육심의회가 평가 인정을 하던 이제까지의 이원적 대학 평가 운영이 대교협으로 일원화되었다. 인정 평가는 대교협에 독립기구로 부설된 대학평가인정위원회가 담당했다. 1994년부터는 대학종합평가인정제가 도입되어 대교협이 수행하던 기관 평가와 학문 영역 평가 모두 평가인정제로 바뀌었다.[34)] 이에 따라 1994년 7개 대학을 시작으로 2000년까지 163개 대학에 제1주기 대학종합평가인정제에 따른 대학 평가를 수행했다.

대학평가인정제는 1980년대부터 대학교육 대중화에 따른 질적 저하를 막기 위해 도입을 요구하던 제도였다. 사립대학이 70퍼센트를 넘는 실정에서 대학마다 시설과 설비, 교직원의 자질과 충원율, 교육과정 편성과 운영 실태 등을 전문가 집단이 종합적으로 평가·분석한 뒤에 입학 정원 증가와 같은 행정 지원을 선별적으로 해나가자는 것이 제도의 취지였다.[35] 대학 평가와 국가 지원을 연계하자는 것이다.

앞에서 살펴보았지만, 대학 평가는 1970년대 실험대학 선정과 운영에 대한 평가에서 출발했다. 1960년대까지는 문교부 담당관이 비위 사실을 적발 또는 징계하거나 대학 인가, 학과 증설, 정원 조정 등의 행정 처리를 위해 자료를 수집하는 정도에 그쳤다.[36]

1980년대 이후에는 대교협 주도 아래 대학 평가가 이루어졌다. 1990년대 들어와서는 대학 평가기관과 방식이 다양해졌다. 교육부가 직접 전문 인력을 꾸려 대학 평가를 실시하거나 국책 연구기관이나 전문기관에 평가를 의뢰했다. 중앙일보나 동아일보 같은 언론사가 대학 평가를 하기도 했다.

이처럼 일상화되는 평가에 대해 대학에서는 대학의 자율성을 극대화하는 방향으로 추진되어야 한다는 목소리가 높았다.

대학의 자율성을 극대화하는 방향에서 대학 자질 판정 기구를 조직해야 한다. 그동안 한국 대학은 자율성을 수용할 만한 경영자의 자질도 문제되었지만, 거의 대학에 대한 통제 행정의 일변도로 인한 발전 저해의 측면도 없지 않았다. 이제 한국도 대학의 기원 정신에서 보듯이 자율에 의한 발전 단계에 왔다고 본다. 대학을 발전시킬 수 있는 협정이 대학 자질 판정 기구의 판정을 거쳐 이룩되는 방향으로 전환되어야 할 것이다. 한편 각 대학의 자질 판정 신청도 대학 자율에 의하여 대학의 자질을 제고시키며 인정받는 방향에서 이룩되어야 할 것이다.[37]

대학은 자율성을 보장받기 위해 교육·과학·문화 발전에 대한 의무를 충실히 이행하며, 학사 행정에 대한 사회적 책임을 진다는 전제 조건이 선행되어야 하며, 이를 규제하기 위해 대학종합평가제 실시가 매우 중요하다. 대학 평가는 대학의 공신력을 높이고 대학 자율성 확보를 위한 대전제이다.[38]

반면, 우려의 목소리도 만만치 않았다. 먼저, 대학 평가 무용론이 지속적으로 제기되었다. 서울대를 정점으로 철저하게 서열화되어 있는 견고한 대학 서열 구조가 대학 평가만으로 깨질 수 있다고 믿는 사람은 거의 없었다. 평가 목적이 무엇이냐는 의심도 여전히 지워지지 않았다. 대학교육의 수월성, 자율성, 효율성, 책무성을 높이고 대학의 경쟁력 강화 및 특성화를 목적으로 한다면서 교육부가 평가와 재정 지원을 연관 지어 평가의 종속화와 획일화를 불러왔고, 정부 주도의 대학 구조 개혁을 강요하면서 오히려 대학의 차별화를 부추긴다는 것이다.

평가의 신뢰성과 타당성도 비판의 대상이 되었다. 평가 지표나 항목 선정에 기관별·학문별·프로그램별 타당성과 일반성이 결여되었고, 척도나 기준 설정에서는 학교의 특성, 규모 등이 고려되지 않았다는 것이다. 평가 전문 인력의 구성에서도 평가의 공정성과 신뢰성을 떨어뜨리는 경우가 적지 않았다.

가장 큰 문제는 평가에 대한 관성과 타율성이 높아진다는 점이었다. 대학 스스로 경쟁력을 높이고 구조 개혁을 위해 노력하기보다는 각종 평가 기관에 의해 일방적으로 평가가 강요되면서 대학의 질적 향상과 개혁이 수동적으로 이루어지고 평가에 대한 관성과 타율성이 나타나고 있다는 것이다. 대학에서 재정 지원을 받기 위해 겉치레와 가식으로 치장한 형식적인 자체 평가 보고서를 작성하고, 평가기관에 대한 로비에 나서는 현실을 우려하는 목소리도 높아졌다.[39] 분명한 것은 대학평가제도의 도입으로 대학교육에 대한 국가권력의 개입이 더욱 구체적으로 이루어졌다는 사실이다. 그만큼 대학 평가가 대학의 자율성을 높이기 위한 수단이 되어야 한다는 희망은 무색해졌다.

민주화의 길

1979년 10월 26일 박정희가 총탄에 쓰러지면서 유신 체제가 무너지자, 대학마다 교수와 학생이 나서서 학원 민주화를 추진했다. 교수들은 교수회 또는 교수협의회를 구성했다. 학생들은 총학생회를 구성하고 어용교수 퇴진, 학내 언론 확보, 병역 집체 훈련 거부 등 대학 내 유신 잔재 청산을 주장했다. 하지만 12·12쿠데타로 집권한 신군부는 학원 민주화운동에 나선 교수들을 강제 해직시켰다. 또한 학생회를 전면 폐지하고 학도호국단을 부활시켰다.

　광주 시민을 총칼로 진압한 직후인 1980년 6월 11일 문교부 장관 이규호는 전국총학장회의를 열어 이른바 학원 사태에 대해 협의하면서, 학원 사태가 이데올로기적인 개념들의 허위의식에 사로잡혀 민주주의를 교조적으로 맹신하면서 생긴 것이라고 힐난했다.[40] 7월 22일에는 전국의 대학 교수들에게 '오늘의 학원 사태를 극복하고 학원을 정상화하자'는 내용의 호소문을 보냈다. 9월 15일에는 대학생들에게 '대학의 고유 기능인 학문 연구와 인간 교육과 사회봉사를 더욱 생산적으로 발전시키고 교수들과 협력하여 대학에 새로운 기풍을 불러일으켜야 한다'는 호소문을 발표했다.[41] 그러면서 북한의 위협을 무시한 자유는 멸망을 부르는 자유로 용납될 수 없다고 단언했다.

대학은 모든 자유를 누릴 수 있지만 우리 민족의 자유를 멸망시킬 수 있는 자유는 갖지 않았습니다. …… 우리나라 대학들은 국가 건설에 지장을 줄 자유는 갖지 않았습니다. 그리고 우리나라는 북쪽의 공산주의자들로부터 끊임없이 심각하게 위협받고 있습니다.[42]

또한 학원 민주화와 사회 민주화에 나서는 교수와 대학생을 이른바 불순분자라고 매도했다. 하지만 학생들은 반정부 민주화 시위를 멈추지 않았다. 전두환 정부가 운동권이라 불리던 시위 주동자들을 강제로 군대에 입대시켰지만 학생들의 저항은 그칠 줄 몰랐다. 학생들은 과 학회를 만들어 과 단위로 학생운동을 펼쳤다. 민중 속으로 들어가고자 방학이면 농촌 활동을 추진했고 야학을 만들었으며, 직접 공장에 들어가 노동하는 공장 활동을 펼쳤다.

1983년에 구속 학생 수가 300명이 넘자 전두환 정부는 12월에 이들을 석방하는 이른바 유화 조치를 단행했다. 유화 국면을 맞아 학생들은 대학별로 학원자율화(민주화)추진위원회를 구성했다. 학생들의 요구는 다음과 같았다.

- 모든 제적 학생들은 무조건 복교되어야 한다.
- 구속 중인 학생들이 전원 석방되어야 한다.
- 해직 교수들은 원래의 대학으로 복직되어야 한다.
- 신성한 국방의 의무를 모독하는 지도 휴학 및 강제 징집은 철폐되어야 한다.
- 사찰 요원의 학원 출입과 전투경찰의 교내 투입은 중지되어야 한다.
- 졸업정원제는 폐지되어야 한다.
- 총학생회는 부활되어야 한다.
- 학칙을 민주적으로 개정해야 한다.

— 학술 활동을 비롯한 학생 활동의 자유는 보장되어야 한다.

— 민주적 평교수협의회를 구성해야 한다.[43]

1984년 9월부터 학생들은 대학마다 총학생회를 구성하기 시작했고, 1985년에는 학생회 전국 조직인 전국학생연합을 결성했다. 학생운동이 확산되자 1985년 8월 전두환 정부는 '학원안정법' 제정에 나섰다. 학생들은 이에 반대하며 더욱 격렬한 반정부 시위를 전개했다.

이처럼 1980년대에 불어닥친 대학 대중화의 바람은 학생운동의 대중화 시대를 불러왔다. 많은 학생이 시위를 벌이며 거리로 쏟아져 나왔다. 대학 내 집회에는 7,000~8,000명씩 모였고, 수많은 대학 연합 가두시위와 점거 농성이 이어졌다. 전두환 정부는 구속으로 응수했다. 1985년 5월 서울 미문화원 점거 농성 사건으로 73명, 1985년 11월 민정당 가락동 중앙정치연수원 농성 사건으로 191명, 1986년 5·3인천투쟁으로 159명(노동자 포함), 1986년 10월 건국대 사건으로 1,525명을 구속하거나 연행했다.[44]

교수들도 학원 사찰을 명목으로 대학의 자율이 짓눌리는 현실을 고민하며 반정부 민주화운동에 나섰다. 연세대 교수인 김동길은 대학 신입생에게 보내는 글에서 대학의 자율이 억압받는 현실을 안타까워했다.

대대로 정권은 대학의 자율을 인정하지 않았으며, 오히려 대학과 학생을 골칫덩어리로 생각하였으니 대학의 바탕이 올바로 마련될 이치가 없었다. 그런 틈바구니에서 학생들은 나라를 아끼고자 하면 낭만이 죽어야 했고, 낭만을 바라면 나라 사랑을 버려야 했다. 해방이 된 뒤로 마흔 해가 지나면서 이래저래 기형아가 되어버린 것이 한국의 대학이다. 이 글을 쓰는 1984년, 대학의 자율화는 우리 정부의 변함없는 방침이라고 한다. 그렇게만 되면 앞으로 마흔 해 뒤의 한국 대학은 세계의 어느 대학에 견주어 보아도 모자람이 없는 훌륭한 대학이 될

것이다.[45]

1985년에는 고려대 김준엽 총장이 정부 당국의 압력으로 사퇴하는 일
이 일어났다. 전두환 정부가 학생운동을 이유로 국립대학이 아닌 사립대학
총장까지 물러나게 하자, 교수와 학생들은 물론 사회적으로도 반발이 거세
게 일어났다.[46]

1987년 대통령 직선제 개헌 요구를 정면으로 거부하는 4·13호헌조치가
발표되자, 고려대를 시작으로 전국에서 교수들의 성명서가 이어졌다. 6월
에는 265명의 교수가 전국대학교수단 이름으로 성명서를 발표했다. 성명
서에는 '정부는 관료적 지시로 학원 문제를 더 이상 해결할 수 없다는 사
실을 솔직히 시인하고 학원을 교원들에게 맡기기를 기대한다. 명실공히 철
저한 자율만이 위기에 처한 우리 대학을 구제할 수 있는 길이다'라는 주장
이 담겨 있었다.

1987년 6월항쟁 이후 대학 민주화를 위한 개혁의 주체는 교수들과 학생
들이었고, 개혁의 대상은 대학과 정부, 그리고 사학재단이었다. 교수와 학
생 들은 대학 운영을 민주화하고, 권위주의 정권과 부도덕한 재단의 부당
한 압력에서 벗어나 공공성을 확보하고자 했다.[47] 교수들이 진행한 대학 민
주화운동 역시 '대학 자율화의 실현'을 주장했다.

> 대학 발전사를 볼 때, 대학이 학문의 전당이 되기 위해서 대학 자율화는 본래부
> 터 꼭 필요했고, 기본 조건이며, 대학이 대학다움을 지켜주는 보루였다.[48]

6월항쟁을 전후해 전국에서 일어난 교수 시국선언에 서명한 교수들을
중심으로 '민주화를 위한 전국교수협의회'(이하 민교협)가 결성되었다. 여기
에는 30개 대학 523명의 교수가 창립 회원으로 참여했다. 민교협은 "대학

과 사회의 민주적 발전을 위해 노력한다"는 목적을 전면에 내세웠다.[49] 각 대학에서는 교수협의회가 구성되었다. 교수협의회는 대학의 자치를 확립하고 교권을 수호하며 대학 민주주의를 확립하기 위한 당면 과세로 세일 먼저 총·학장 직선제를 추진했다.

대학이 자율성을 상실하고 있다는 대표적 증좌는 대학 이사회 및 총·학장의 선임권을 문교부가 쥐고 있다는 것이다. 물론 대학은 이사회나 총장의 배타적 전유물은 아니다. 하지만 현재와 같은 중앙집권적 조직이 개편되지 않는 한, 대학의 주체인 교수와 학생의 힘은 여전히 미미하다. 그러므로 대학은 스스로 자신을 규정하지 못하고 밖으로부터 요구에 쉽게 문을 열어줄 수밖에 없는 구조적 취약성을 안고 있다. 사회가 움직이는 대로 아니 사실은 지배권력과 그에 기생하는 집단들이 의도하는 대로 대학은 이리저리 표류하고 있는 것이다.[50]

총·학장 직선제 주장은 학사 운영의 최고 책임자인 대학의 총·학장이 그동안 정부와 사학재단의 임명을 받아 정권과 재단의 대리인 노릇을 함으로써 교권과 학문의 자유를 수호하는 데 오히려 걸림돌로 작용했다는 현실 인식에서 비롯된 것이었다. 총·학장 직선제는 교수협의회 결성과 함께 교수들의 대학 민주화운동을 대표하는 상징성을 갖고 있었다. 총·학장 직선제에 대한 사회의 기대도 무척 높았다.

대학교육은 자유의 개념에 의해 발전되고 자유라는 이름에 의해 자율적으로 스스로 제한한다. 500여 명의 투표자가 아무런 제한 없이 자유스럽게 자율적으로 자신들의 대표자를 선출하는 모습 속에서 우리는 신선한 대학의 공기를 만끽하면서 그 공기가 우리의 주변 곳곳에 퍼져나가기를 기대한다.[51]

대학생들은 학원 자주화를 외치며 운동을 전개했다. '대학을 자유로운 학문 공동체로 일으켜 세우고 학생으로서의 권리를 찾기 위해' 국가나 사학재단의 대학 통제에 정면으로 대응했다. 학원 자주화운동이 본격적으로 등장한 것은 1988년부터였다. 1990년에는 대학마다 학원자주화추진위원회가 구성되었다. 학원 자주화 투쟁의 주요 쟁점으로는 무능 어용교수 퇴진, 등록금 책정에 학생 참여, 학교 예·결산 공개, 학과 실험·실습비 내역 공개, 교수 채용 과정과 총장 선출 과정에 학생 참여, 교수·학생·직원이 함께 참여하는 대학발전위원회 구성 등이 있었다. 사립대학에서는 재단 퇴진운동이 일어났다.

무엇보다 학생들은 무기력하고 기회주의적인 어용교수의 퇴진을 강력히 요구했다. '학교 당국과 일부 어용교수들은 정부의 꼭두각시가 되어 하나같이 자율화운동을 짓밟기에 앞장서 왔다. 학원이 정보기관원, 전투경찰, 깡패 집단의 군홧발로 유린되고 학생들이 구타, 연행, 구속, 강제 징집 당하고 여학생이 추행을 당하는 데도 그들에게 한마디 위로도 하지 않을 뿐만 아니라 그러한 만행에 대해 항의 성명서 한 줄도 발표하지 못했다'[52]며, 대학 총·학장 및 어용교수들을 비판했다. 이와 같은 학원 자주화운동의 초점은 대학 운영을 민주화하고 학생의 권리를 되찾는 데 있었다.

대학 자율화의 바람

전두환 정부는 대학 형편이나 특성은 고려하지 않은 채 지시만 하는 정책으로 일관했다. 대학은 학생 시위에 관한 보고와 처리 문제만이 아니라 입시제도, 졸업정원제 등의 운영을 문교부 당국의 행정 지시에 따라 처리해야 했다. 심지어 교수의 성적 처리까지 감시하고 감독했으니, 대학 자율화란 말이 무색하던 시절이다.

1987년 이후 민주화의 흐름 속에 대학교육에도 상당한 변화의 바람이 불었다. 앞에서 살펴본 것처럼 '대학 자율화'가 대학 개혁을 상징하는 표어로 떠올랐다. 6월항쟁 직후인 8월, 대교협은 '대학 자율화를 위한 대정부 건의서'를 정부에 제출했다. 같은 해 9월에 문교부는 이를 전폭 수용해 대학 자율화 조치 15개항을 발표했다. 그 내용은 다음과 같다.

- 교수대의제 또는 평의원제 도입
- 총·학장 선임 방법의 민주화
- 국책 과목의 폐지 및 자율화
- 종합대와 단과대의 구분 폐지
- 교수 임용제도 개선 및 정년보장제 도입
- 사립대학 총·학장 취임 승인제 및 취소권 폐지
- 대학 학생 정원의 단계적 자율화
- 대학 학생 선발권의 자율화와 입시제도 개혁
- 대학 졸업정원제의 완전 폐지
- 학위등록제의 단계적 폐지
- 학생 납입금 책정의 자율화
- 국립대학의 포괄예산제와 사립대학 예산안 보고의 간소화
- 내부 장학생이나 학비 감면의 의무 기준 철폐
- 지방대학 육성과 지역별 대학 협의회의 설치 운영
- 대학 관계 법령 중의 획일적 규제 철폐[53]

이어 10월에는 대학 자율화 시행 세칙을 발표했다. 주요 내용은 다음과 같다.

– 교수들을 중심으로 평의원회를 구성하여 학칙 개정, 예산, 운영 계획, 교원 인사 등의 학사 제반 문제를 심의해 총·학장에게 건의하는 등 중요 학사 운영에 참여하도록 한다.

– 학위등록제를 폐지해 각 대학의 책임 아래 학위 수여를 할 수 있게 한다.

– 대학 정원과 사립대의 등록금을 자율에 맡긴다.

– 국공립대학 총·학장은 교수들이 직접 선출하여 후보 2인을 추천하면 그중 1인을 정부가 임명한다.[54]

실제로 이러한 자율화 조치는 대부분 '교육법'을 비롯한 '사립학교법'이나 각종 시행령의 개정을 통해 실현되었다. 교수 재임용제의 경우, 사학재단이 교수들의 자율적 활동을 통제하고 신분을 위협하는 데 이용되거나 정부가 민주화운동을 하는 교수들을 탄압하는 데 악용되면서 많은 비판과 저항이 뒤따랐다. 문교부는 1987년에 교수 재임용제도를 개선해 조교수와 전임강사는 계약제로 하고, 교수와 부교수에 대해서는 정년보장제를 시행한다고 발표했다.[55] 또한 국공립대학 총·학장 후보자 선출권을 대학에 일임했다. 총·학장 직선제가 실현된 것이다. 사립대학 총장에 대한 문교부의 임용 승인권과 취소권도 폐지되었다. 사립대학 등록금 책정의 자율화도 이루어졌다.[56]

1990년대 초반 대학 사회는 자율화를 둘러싸고 사립대학에서 벌어진 사학재단과 교수 간 갈등으로 들썩였다. 1987년 7월 전국 최초로 동아대에서 총장 자문기구 성격의 교수협의회가 출범했다. 8월에는 경기대에서도 교수협의회가 출범했다. 대학 운영의 민주화를 주장한 경기대 교수협의회 창립 취지문의 핵심 내용은 다음과 같다.

오늘날 우리 사회는 커다란 전환기에 처해 있다. 이 전환기를 맞아 사회의 민주적 변혁과 분단의 자주적 극복이 절실한 역사적 과제로 되고 있다. 이 과제 해결을 위하여 오늘의 현실은 사회의 각 집단에게 적극적이고 주체적인 참여와 노력을 요청하고 있으며 이러한 요청은 우리 대학인에게 있어서도 결코 예외일 수는 없다. 대학의 존재 의의가 어디에 있는가를, 그리고 대학이 어느 방향으로 나아가야 할 것인가를 다시 한 번 생각해보지 않을 수 없다. 그것은 말할 나위도 없이 민주적이고 자율적인 교육의 실천이다. 이를 위해서는 반드시 학술 연구의 자율과 교권의 수호, 그리고 대학 운영의 민주화가 이루어져야 한다. 이제 오늘의 역사적 전환기에 처하여 우리들은 지난날의 안일함과 무기력을 스스로 반성하면서 교수들이 책임 있는 주체가 되어 민주학원을 건설하는 데 능동적으로 참여하기로 하였다.[57]

1987년 2학기에는 전국 대학 곳곳에서 교수협의회(교수평의회, 평교수협의회)를 결성했다. 목포대 교수평의회는 신임 교수 임용에 대한 인사 동의권, 예·결산 심의와 감사권, 대학정책 입안에 대한 의결권을 갖게 되었다. 연세대에서는 교수평의회 연구 및 준비위원회를 거쳐 1988년 7월 21일에 교수평의회가 탄생했다. 교수평의회의 임무는 대학 발전을 위한 장기 계획을 비롯해 대학 운영 및 학사에 관한 여러 사항을 심의하고 그 결과를 총장에게 건의하는 것이었다.[58]

교수협의회 결성이 잇따라 이루어지면서 1988년 계명대를 시작으로 국·사립을 포함한 대부분의 대학에서 직선 총·학장이 탄생했다. 총·학장 직선제는 1953년부터 박정희 정부가 들어서기까지 시행되었다. 박정희 정부는 1963년에 총·학장 선출을 정부임명제로 바꾸었다.[59] 학연과 지연 등 대학 내 파벌 조성과 과열 선거운동으로 인한 부작용을 없애겠다는 게 명분이었다.

1988년 8월 경기대에서는 전국에서 네 번째로 직선 총장 선거를 실시해 2명의 후보를 선출했다. 하지만 재단 이사회가 교수만의 의견에 불과하다며 계속 임명을 미루었다. 교수들은 철야 농성, 보직 일괄 사퇴 등 100여 일에 걸친 저항을 통해 마침내 직선제 총장을 탄생시켰다. 1988년 10월 6일, 전북대에서는 어용으로 비판받던 총장에 대한 신임 투표를 실시하는 초유의 사태가 벌어졌다. 전체 교수 554명 중 345명이 참여한 투표에서 신임 62표, 불신임 273표가 나왔다.

총·학장 직선제에는 두 가지 방식이 있었다. 첫째, 일정한 수에 해당하는 교수의 추천을 얻어 총·학장에 입후보하면 이들 중 교수회 또는 교수협의회에서 과반 이상 표를 받은 자를 선출하는 방식이 있었다. 전북대, 전남대, 강원대, 경남대, 계명대, 충북대, 한양대, 원광대, 경북대 등이 이 방법으로 총장 직선제를 치렀다. 둘째, 교수협의회에서 무기명 비밀투표로 2명을 추천하면 그중 과반수를 얻은 사람이 나올 때까지 계속 투표해 총·학장 후보를 선출하거나, 몇 차례 투표를 거쳐 과반수 득표자나 최고 득표자를 총·학장 후보로 추천하는 교황식 선출 방식이 있었다. 건국대, 우석대, 경기대, 동아대, 연세대, 부산대, 충남대, 목포대에서 이 방식으로 총장을 뽑았다.[60]

일부 대학에서는 학생과 직원이 총장 직선제에 자신들도 참여하게 해달라고 요구했다. 세종대 교수협의회는 학생과 교직원 노조의 대표로 구성된 총장 선출 여론수렴위원회의 동의를 얻어 총장을 선출했다. 고려대는 처음에는 교수협의회만으로 총장 후보를 선출해 직원 및 학생들과 갈등을 겪다가 교수, 직원, 학생으로 구성된 총장 후보 추천위원회를 만들어 후보를 선출했다.

하지만 사립대학에서 교수협의회 구성과 총장 직선제 등 대학 민주화를 구현하는 데는 국공립대학보다 훨씬 어려움이 많았다. 기득권 상실을 우려한 재단의 반대 때문이었다. 1990년 '사립학교법' 개정으로 사학재단은 대학교육의 실질적 권한인 인사와 재정을 장악할 수 있는 권한을 갖게 되었다. 몇몇 사립대학에서는 재단과 교수, 학생 간에 첨예한 대립이 일어났다. 조선대, 상지대, 인천대, 대구대처럼 교수와 학생의 희생을 딛고 재단을 몰러나게 한 대학도 있지만 아무런 성과를 거두지 못한 대학도 있었다. 그럴 경우 예외 없이 재단은 교수 해직의 칼을 들었다. 해직 교수 가운데 상당수가 교수협의회 활동을 통해 학내 민주화에 앞장서다 괘씸죄로 재단의 눈에 찍혀 해직되었다. 호남대 재단인 성인학원은 교수협의회 활동을 통해 학내 민주화에 앞장선 9명의 교수를 해직하고 나머지 교수들을 회유해 교수협의회를 없앴다. 덕성여대는 평교수협의회 간부들을 정직에서 감봉까지 징계해 평교수협의회를 무력화하고자 했다.

1993년 당시 교수협의회는 1987년에 비해 여덟 곳이 줄어 67개 대학에 존재했다. 전두환 정부에서 해직당한 교수는 5명이었다. 노태우 정부에서 해직된 교수는 80명에 달했는데 대부분은 군소 사립대학과 전문대학의 젊은 교수들이었다. 호남대 9명, 수원대와 고신대 각 8명, 상지대 6명, 세종대와 부산성심외국어전문대학 각 5명, 청주대, 군산대, 동국대 각 4명, 전주대, 조선대, 대전한성신학대학, 강릉영동전문대학 각 3명, 동의대와 동남보건대학 각 2명씩 해직되었다.

대학 자율화는 모두가 부정하지 않는 일종의 성역과 같은 가치였다. 그런데 대학 밖에서 오는 권력의 압력으로부터 대학의 자율을 지켜내는 것도 중요했지만, 대학에 자유와 자치의 문화를 뿌리내리는 것도 쉽지 않은 일임을 민주화 이후 대학마다 일어난 갈등들이 잘 보여준다. 민주주의를 가르치면서도 민주주의를 거부하는 대학권력에 맞서 대학 사회의 민주주의를 지키는 일이 절실함을 깨닫게 한 시간이었다.

사학을 위한 정부

1990년 3월 16일, '사립학교법' 개정안이 임시국회 마지막 날 여당인 민자당 단독으로 전격 날치기 통과되었다. 개정안은 본래 정부나 각 정당이 만든 안의 어디에서도 찾아볼 수 없는 내용들로 가득했다. 국회 문공위원회에서 대안이라며 만든 개정안이었는데, 한국대학법인협회나 사학재단연합회가 주장하던 개정안보다 오히려 사학재단의 권한을 더 강화시켰다. 1981년 전두환 정부가 '사립학교법' 개정을 통해 사학재단과 학교 경영을 분리하고자 했던 방향을 고스란히 뒤엎는 개정안이었다.

전두환 정부는 1981년 2월 28일 '사립학교법'을 개정했다. 이에 따르면, 사학재단과 학교 경영을 분리해 사학재단은 학교 운영 지원만을 담당하고 총·학장이 학사 운영, 교직원 인사, 예산의 편성과 집행 등 모든 학교 경영을 관장하도록 했다. 대학 교원은 총·학장이 임면하되, 임면 때에는 인사위원회의 동의를 얻도록 했다. 예산의 편성·집행·결산권은 총·학장에게 주되, 교수들이 참여하는 재무위원회를 설치하도록 했다. 또한 사학 설립자와 배우자, 형제자매, 자녀들이 총·학장에 임명될 수 없도록 했다.[61]

반면, 노태우 정부의 1990년 개정안은 사학의 자율성을 높인다는 명분 아래 사학에 대한 행정 감독권을 축소해 재단에 막강한 권한을 부여했다. 특히 재단 이사장 친인척의 총·학장 취임 금지 규정을 삭제해 이사장의 배우자, 형제자매, 자녀는 물론 사위와 며느리도 총·학장에 임명될 수 있도록 했다. 이사회의 친인척 비율도 기존 3분의 1에서 5분의 2로 늘렸다. 총·학장이 갖고 있던 대학교수와 직원의 임면권도 사학재단에 넘겨줌으로써 재단이 교원 신분에 절대적 권한을 행사할 수 있도록 했다. 교수의 임명 기간도 재단이 정했다. 총·학장의 임면권 역시 재단 이사장에게 넘어갔다. 본래는 한 사학재단 이사장이 다른 사학재단 이사장을 겸할 수 없었으나 이것도 겸직할 수 있도록 바꾸었다. 사학재단의 기본 재산을 임대할 때는 담당 기관의 허가를 받도록 했던 절차도 없앴다. 더욱이 조직 구성과 절차에 대한 아무런 세부 규정도 없이 그지 대학평의회를 둘 수 있다고 규정해 당시 70여 개 대학에 결성되어 있던 교수협의회 등 자치기구를 무력화하고자 했다.

개정안이 확정되자 곧바로 재단 이사장이 학교를 마음대로 운영할 수 있는 여지를 넓혀주고, 교원 신분을 극도로 위태롭게 하며, 족벌 경영과 학원그룹의 재벌화를 정당화하는 법률이라며 개정을 요구하는 운동이 일어났다.[62] '망국적 개악'이라는 비판 속에 도둑질하듯 전격적으로 통과된 탓에 국회 문공위원회의 야합 공모 의혹이 제기되었다.[63] 실제로 당시 3당 합당을 통해 거대 여당으로 탈바꿈한 민자당 의원들은 물론 야당인 평민당과 민주당 의원들까지 사립대학 재단 이사장의 로비에 말려들었다는 사실이 곧 드러났다. 사립대학 이사장들의 모임인 한국대학법인협의회(회장: 유상근 명지대 이사장)가 작성한 로비 문서가 폭로된 것이다.

이처럼 1990년에 개정된 '사립학교법'은 사학이 정부의 통제를 벗어나 자율적으로 학교를 운영할 수 있는 권리를 크게 강화한 듯 보였지만, 실상은 사학재단에 무소불위의 권한을 부여하는 데 본질이 있었다. 재단이 학교 운영을 마음대로 휘두르고 정부에 비판적인 교수와 직원을 통제할 수 있도록 했다.[64] 무엇보다 교수 임면권이 대학 총·학장에서 재단으로 넘어가면서 교수 재임용제의 악용 사례가 늘었다. 상지대는 2년이던 전임강사 재임용 기간을 6개월로 단축해 학기마다 재임용 여부를 심사했다. 1989년 전국에서 4명에 불과하던 재임용 탈락 교수가 1990년에는 23명, 1991년에는 22명으로 늘었다. 신임 교수 임용 때 교수협의회에 가입하지 않는다는 각서를 받는 대학도 나타났다.

사학재단은 노태우 정부가 1991년 5월 28일 정년이 보장되는 국립대

교수와 부교수의 정원을 교육부 장관이 정하도록 '교육공무원임용령'을 개정하자, 이를 사립대학에 도입했다. 경기대에서는 교수와 부교수 정원을 제한하고 승진을 엄격히 통제하는 규정이 생겨났다. 한국교총 산하 대학교권수호특별위원회(위원장: 장을병 성균관대학교 총장)가 1992년 4월부터 두 달여 동안 전국 4년제 대학 및 전문대학 교수 655명을 대상으로 실시한 대학교권 실태 조사에서 대학교수 2명 가운데 1명이 재단 등으로부터 교권을 침해당한 사실이 있다고 토로했다.

노태우 정부는 '사립학교법' 개정과 더불어 사립대학 편에서 학원 민주화를 요구하는 교수와 학생을 압박하는 정책을 펼쳤다. 1989년에 문교부 장관에 오른 정원식은 취임 직후 '소수의 과격·폭력 세력이 주도하는 학원 소요는 이들이 학교 건물을 점거하고 농성을 계속할 경우 공권력을 투입'하겠다고 밝혔다. 대학 총·학장에게는 학생들이 총장실 등 대학 시설물을 파손하면 그들에게 반드시 배상 책임을 묻고, 문제 있는 외부 단체나 인사가 학교 안에서 행사를 하거나 집회에 참여해 학생들을 선동하는 일이 없도록 당부했다.

문교부는 1989년 학원안정 4단계 방안으로 학생들의 점거 농성 사태가 장기화되면 계고-임시 휴업-전원 유급-폐교의 단계적 조치를 취하겠다고 경고한 다음, 경기대·한림대에 계고 조치를 했다. 고려대와 서울교대 등에는 임시 휴업을 지시했다. 세종대에는 폐교를 검토하겠다고 압박했다. 또 의무적으로 내던 학생회비를 희망에 따라 내도록 하고, 1987년 대학 자율화 과정에서 폐지된 학사 제적제도를 부활시키는 등 학생운동에 대한 압박을 이어갔다.

1987년 8월에 대학 자율화 방안을 마련했던 대교협이 이번에는 학원 정상화 연구위원회를 설치하고, 1991년 9월 6일에 강력한 학원 안정화 대책을 발표했다.

폭력 세력화하는 학생회 활동 지양

— 학생회비 운영권 자금화 방지

— 학생회 간부의 사격 기준 강화

— 학생회에 의한 영리 행위 근절

— 장학금 지급의 변칙 운영 불허

— 불법 조직인 전대협과의 연계 차단

면학 환경 개선을 위한 조치

— 학보 교지의 편집권 완전 회수

— 화염병, 쇠파이프 등 학내 제작, 보관 철저 봉쇄

— 불순 학내 유인물, 플래카드 배포 및 게시 금지

— 학내 질서, 경비를 위한 대학 청원경찰제 도입

학칙 개정을 통한 학사 관리 엄정

— 학사제적제 부활

— 학사유급제 부활

— 학생회, 각종 서클 활동의 건전화를 위한 학칙 개정

교권 확보

— 학생을 선동하는 교수에 대한 규제 강화

— 신규 임용, 승진 등 요건 강화

— 전체 교수 명의를 게재한 성명서 발표 등 자제[65]

경인 지구 대학학생과장협의회에서는 이를 시행하기 위한 40개의 세부 방침을 확정했다. 여기에는 화염병을 사용·운반·제조한 학생을 중징계할

것, 변칙적으로 지급되어온 총학생회 간부에 대한 장학금 지급을 엄격히 할 것, 총학생회의 자판기 운영을 전면 금지할 것 등이 담겨 있었다. 곧바로 경성대, 덕성여대, 부산수산대 등에서 총학생회 간부에 대한 장학금 지급을 중단했다.

노태우 정부에서 제적된 학생들은 대부분 등록금 동결 투쟁이나 재단의 비민주적 학사 운영을 문제 삼는 학원 민주화 투쟁 등 학내 문제와 관련이 많았다. 세종대에서는 교수협의회가 선출한 직선 총장을 재단이 거부하자 이에 맞서다가 학생들이 제적당했다. 서울교대에서는 1989년 3월 기성회비 인상 문제가 발단이 되어 학원 자주화를 요구하며 맞서다 휴교령이 내려지면서 학생 2명이 목숨을 잃었고 32명이 쫓겨났다. 덕성여대에서는 성낙돈 교수 재임용 탈락 조치에서 비롯된 학내 문제로 학생 3명이 제적당했다. 1989년 5월 3일 동의대에서는 입시 부정 진상 규명과 등록금 반환 투쟁을 벌이다가 경찰관 7명이 숨지는 비극적 사태가 일어나면서 86명이 제적되었다. 1988년 6월 서울대에서는 농촌 봉사 활동 지원금 문제로 총장실 점거 농성을 벌이다 11명이 제적당했다. 1991년 6월 한국외대에서는 정원식 국무총리 서리에게 밀가루를 뿌리고 달걀을 던졌다는 이유로 8명이 제적되었다. 이 밖에도 신구전문대학에서 29명, 호남대에서 24명, 국제대에서 19명, 수원대에서 13명, 인덕전문대학에서 12명, 대유공업전문대학에서 7명, 강남대에서 6명, 경원대에서 5명, 서원대에서 4명, 광주보건전문대학에서 2명이 제적되었다. 1993년 10월 당시 전국에서 제적된 학생 수는 54개 대학 1,300여 명이었는데, 이 가운데 학내 문제로 제적당한 학생이 430여 명에 달했다.[66]

노태우 정부에서 학원 민주화운동으로 제적당한 학생이 많다는 것은 국가권력이 사립대학 편에 서서 공권력을 동원하면서까지 학내 문제에 개입했다는 것을 의미한다. 노태우 정부가 편을 든 사립대학 중에는 사학 비리로 도덕성이 땅에 떨어진 곳도 많았다. 이 시기 사학의 부도덕성은 연이은 부동산 투기 적발과 부정 입학 사건 등을 통해 드러났다. 그야말로 사학 비리가 넘치던 시대였다.

1992년 10월 15일 교육부가 집계한 사학재단 재산 보유 내역에 따르면, 1992년 4월 전국 96개 사학법인은 당시 공시지가로 1조 3,708억여 원, 시세로는 2조 35억여 원에 이르는 부동산을 갖고 있었다. 부동산 경기가 침체에 빠졌던 1991년에도 사학재단은 계속 토지와 건물을 늘려갔다. 중앙대는 서울 도곡동에 있는 토지 7,361평을 118억 원을 주고 사들였다. 한국외대는 서울 강남 일대 자곡동과 세곡동에 공시지가 536억에 달하는 24만여 평을 보유하고 있으면서 대외적으로는 21만 평에 땅값 역시 7억 1,020만 원에 불과하다고 발표했다. 수도권 대학 중에는 충남 지역에 분교를 짓는다며 땅을 사놓고는 몇 년째 방치해 부동산 투기 의혹을 받은 곳도 있었다.[67]

상지대 이사장 김문기의 땅 투기는 가장 공공연했다. 김문기는 강원도 원주시 우산동 상지대 주변, 평창군 도암면 일대, 서울 종로구 숭인동과 인사동 일대 등 연고지를 중심으로 부동산을 사들였다. 그는 '한 번 사면 결코 팔지 않는다'는 부동산에 대한 특유의 집착에 힘입어 60만여 평 규모의 부동산 왕국을 건설해냈다. 물론 중과세를 피하기 위해 가족·친지의 이름으로 명의를 분산시키는 한편, 소유권 이전이 불가능한 농지를 사들일 때는 근저당을 설정하는 등 갖은 편법을 동원했다. 자신이 설립한 강원상호신용금고를 자금 유통과 검은 돈의 보호막으로 활용하기도 했다.[68] 김문기는 철저한 족벌 체제로 상지대를 운영했다. 사위인 황재복 무역학과 교수가 총장 비서실장, 매제 김귀현 교수가 전문대학장, 사촌 김달기가 교무과장, 6촌 김정기가 서무과장, 이종사촌 김홍성이 회계과장을 맡았다.[69] 결국 김문기는 김영삼 정부 출범 직후 사정 개혁이 이루어지면서 사정 1호로 걸

려 검찰에 구속되었다.[70]

사학재단은 학교 시설 명목으로 곳곳에서 부동산 투기에 나서는 동시에, 수익성이 보장된다는 이유로 대학 부속병원을 신설하거나 추가 개원했다. 1991년 경희대는 상일동에 630여 병상 규모의 병원 공사를 시작했다. 한양대도 경기도 구리에 제2부속병원을 세웠다. 이화여대, 아주대, 인하대, 건국대가 여기저기에 대학병원을 짓기 시작한 게 이때였다.

노태우 정부 시절에는 부정 입학 사건도 빈번히 일어났다. 입시 부정 사건은 고려대, 연세대, 우석대, 동국대, 경기대, 한성대, 건국대, 성균관대, 동아대, 상지대, 광운대, 경원대 등 역사가 길든 짧든, 규모가 크든 작든 가리지 않고 대부분의 사립대학에서 연이어 터져 나왔다. 재단 이사장, 총·학장, 보직 교수 들이 줄줄이 구속되었다. 1993년 2월 18일 교육부가 국회 교육청소년위원회에서 제출한 학사 실태 조사 보고서를 분석한 결과에 따르면, 1987년부터 1991년까지 모두 52개 사립대학에서 852명이 부정 입학을 했다.[71]

노태우 정부에 들어와 가장 먼저 부정 입학이 밝혀진 대학은 고려대였다. 교수 자녀에게 가산점을 주어 입학 성적에 관계없이 1988년에 3명, 1989년에 18명 등 모두 21명을 특혜 입학시켰다. 1989년에는 동국대를 시작으로 각 대학이 돌아가며 대형 부정 입학 사건을 터뜨렸다. 동국대는 수험생 46명에게 모두 21억 3,000만 원을 받고 답안지를 바꿔치는 방법으로 부정 입학을 시켰다. 이로 인해 황진경 재단 이사장과 이지관 총장 등 학교 관계자 5명이 구속되었다. 1990년에는 한성대가 신입생 모집 과정에서 720명 정원의 13퍼센트에 해당하는 94명을 무려 40점까지 올려주며 부정 입학시키고, 1인당 3,000~4,000만 원씩 모두 32억 8,000만 원을 받은 사실이 드러났다.

1991년은 부정 입학 사건의 전성기였다. 새해부터 서울대 등 3개 대학의 음대 입시 부정 사건으로 시끄럽더니, 연이어 대규모 입시 부정이 잇달았다. 같은 해 신입생 및 편입생 선발 과정에서 성균관대는 672억, 한성대는 42억 8,000만 원, 우석대는 23억 7,000만 원, 동국대는 19억 8,000만 원, 경산대는 8억 1,000만 원, 고신대학은 7억 5,000만 원, 영남대는 4억 3,000만 원, 부산외대는 8,000만 원, 호남대는 7,000만 원을 기부금으로 받았다. 사실상 기여입학제가 시행된 셈이었다.

잇달아 일어나는 사학 비리에 대해 사립대학은 기여입학제를 대안으로 제시했다. 일정한 금액을 대학에 기부하면 입학할 수 있도록 하는 기여입학제에 대한 여론은 지극히 나빴지만, 일부 사학재단과 고등교육연구회를 중심으로 사립대학교 재정 확보를 위한 기여입학제를 긍정적으로 검토하기 시작했다.[72] '만일 기여입학제가 있었더라면 사학 비리는 일어나지 않았을 것이다',[73] '이제는 우리 사회도 기여입학제를 허용해주어야 한다. 만일 그를 거부한다면 대학교육의 70퍼센트를 감당하고 있는 사립대학이 정부 재원의 5퍼센트만을 받고 있는 현실을 바로잡아야 한다'[74]는 주장이 이어졌다. 연세대 총장 박영식은 기여입학제를 자율화의 논리로 옹호했다.

기여 입학을 긍정적으로 수용하려는 측에서는, 기여는 사립대학의 중심 개념이요, 기여를 떠나 사립대학은 존립할 수 없다는 것이고, 현재 대학의 입학이 학력고사라는 하나의 기준에 의하여 결정되고 있는데(내신 성적도 학력고사와 성격을 거의 같이한다), 입학의 기준을 다양화시키면서 그 다양화된 입학 기준들 속에 기여를 포함시키자는 것이며, 학생의 입학과 퇴학에 대한 대학의 고유 권한을 회복하여, 이른바 기여 입학을 대학의 자율성 속에서 소화시켜나가겠다는 것이다. …… 대학의 교육 여건을 개선하여 대학의 경쟁력을 기르기 위해서는 사학의 재원은 등록금 이외로 다변화되어야 할 것이며, 기여 입학은 대학 입학의 기준을 다양화하고 대학의 자율성을 회복하는 차원에서 소화시켜나가게 될 것이

다.[75)]

이 시기에 기여입학제가 부상한 데는 1980년대 이후 대학생은 최대 두 배까지 늘어났으나 수업이나 시설이 이러한 양적 변화를 뒷받침하지 못해 교수들과 학생들 사이에 불만이 쌓였던 현실도 한몫을 했다. 대학마다 재정과 시설 부족에 허덕이던 시절이었다.[76)] 하지만 사학 비리로 얼룩진 부도덕한 대학을 민주화하려는 노력 없이 기여입학제를 주장하는 사립대학에 대한 여론은 싸늘했다. 기여입학제가 불가능한 현실에서 사립대학이 요구할 수 있는 최선책은 학생 정원과 등록금 책정의 자율화였고, 차선책은 국가와 산업계의 지원이었다.

사립대학이 부족한 재원을 확보하기 위해 기부금 입학을 도모한다거나 혹은 부정 입학으로 인해 대학 총장이 자리를 떠나게 되는 현실은 역설적으로 사립대학의 어려움을 잘 말해주고 있다. …… 정부는 대학 정원을 일정한 시설 및 교수 충원 등 기준에 따라 대학 스스로가 책정하도록 하고, 학생 선발권도 대학에 돌려주어야 할 것이다. 이렇게 하면 대학이 자체의 교육이념과 특성에 따라 적합한 기준을 정하고 자율적으로 학생을 선발함으로써 대학 간에 경쟁을 가져와 교육 환경도 개선되고 대학교육의 질적 향상을 가져오리라 생각된다. 모든 분야에서 자율과 개방이 확대되고 있는 오늘날 교육 부문에서도 정부의 지나친 통제를 하루속히 풀고 경쟁 체제를 도입해야 한다. 또한 사회도 대학이 길러낸 인재를 채용하는 데 머물 것이 아니라 인재 양성 과정에서도 책임을 분담하는 자세가 필요하다. 예를 들면 산업체가 현장학습 등을 통하여 대학생들에게 첨단 시설을 개방한다든지 또는 대학의 시설 장비 확충에 도움을 준다거나 교수 충원 자금을 지원하는 방안(석좌제도), 그리고 대학생들에게 장학금 지급을 확대하는 것은 산업체가 인재 양성에 참여할 수 있는 좋은 방법이라 하겠다.[77)]

1990년대 초 노태우 정부와 학생운동 간의 격렬한 충돌과 사학 비리로 얼룩진 대학 사회에서 정부의 통제를 풀고 자율성을 높여 서로 경쟁하는 문화를 만들고 산학협동의 길을 닦아야 한다는 요구는 설득력을 잃어갔다. 스스로 반성하지는 않고 자율 '타령'만 하는 사학재단 즉 대학권력과, 이들을 지원하고 공모하며 대학'정책'보다 학생운동 '대책'을 중시했던 국가권력에 떠밀려 대학 민주화와 자율화의 길이 보이지 않던 시절이었다.

2장

대학교육 보편화와 시장주의적 대학 개혁

대학교육 보편화의 시대

> 대학을 나오지 않고는 이 땅에서 인간답게 살아갈 수가 없다. 대학은 전공의 여
> 하를 떠나서 여전히 취업의 절대적인 전제 조건이요, 이 땅에서 인정받으면서
> 생존할 수 있기 위하여 무조건 거쳐야 하는 삶의 길이다.[1]

대학교육 대중화 시대를 넘어 보편화 시대로 들어섰을 때 대학은 바로 이
런 곳이었다.

　고등교육기관 취학률은 1965년 4.2퍼센트에 불과했으나 1980년대 이후
폭발적으로 증가해 1995년에 50퍼센트를 넘어섰다. 트로우(M. Trow)는 취
학률을 기준으로 교육의 대중화와 보편화 단계를 가른다. 우리나라의 고등
교육은 〈표 1〉[2]에서 보이는 것처럼 1980년 이후 15퍼센트를 웃돌면서 대
중화 단계에 접어들었다. 그리고 1995년 이후 취학률이 50퍼센트를 넘으

〈표 1〉 고등교육 취학률의 변화

연도	1970	1975	1980	1985	1990	1995	2000
취학률 (%)	8.4	9.3	15.9	35.1	37.7	55.1	80.5

*취학률: 학생 수/취학 적령 인구×100

면서 보편화 단계에 이르렀다. 4년제 대학 진학률은 1965년 3.3퍼센트에
서 2005년 41.7퍼센트로 11배 증가했다. 1970년대 말과 1990년대 이후에
비약적으로 증가했다. 전문대학 취학률은 1979년 1.9퍼센트에서 2005년
20퍼센트로 10배 가까이 증가했다. 4년제 대학과 마찬가지로 1990년대에
6.8퍼센트에서 19.6퍼센트로 비약적으로 상승했다. 세계에서 유례를 찾아
보기 힘들 정도로 고등교육이 빠르게 확대된 것이다. 이는 고등교육의 대
중화 현상이 가장 먼저 일어난 미국이나, 한국처럼 급속하게 고등교육이
팽창한 일본보다도 빠른 속도였다. 1965년에 취학률 15.4퍼센트로 대중화
단계에 진입한 일본은 2000년 이후 비로소 고등교육이 보편화 단계에 들
어섰다. 대중화 단계 진입 이후 미국과 일본은 20년 이상 취학률이 오르지
않았지만 한국은 불과 10년도 지나지 않아 다시 취학률이 급증해 보편화
단계에 진입한 것이다. 2001년에는 사이버 대학 9곳이 문을 열면서 대학
교육 보편화에 일조했다.³⁾ 정부는 1990년대 말부터 산업사회에서 정보사
회로 전환될 것임을 전망하며 '가상 대학'이라는 이름으로 사이버 대학의
도입을 준비해왔다.⁴⁾ 마침내 2003년에는 고등교육 취학률이 81퍼센트로
세계 1위에 올랐다.⁵⁾

고등교육이 보편화되면서 고등교육의 성격과 기능에 변화가 왔다. 이제
고등교육 이수는 특권이 아니라 모두가 누리는 일종의 권리이자 의무가
되었고 생존을 위한 필수 요건이 되었다. 대학생은 엘리트, 전문인, 지식인
의 예비 단계가 아니라 교육생이자 취업 준비생이 되었다. 졸업장의 사회

적 가치도 떨어져 더 이상 신분 상승이나 취업 보증서가 되지 못했다.

이러한 고등교육 진학률의 증가를 이끈 것은 사립대학이었다. 이는 고등교육의 기회가 국공립 중심으로 확대되어온 미국과 비교해볼 때 뚜렷이 다른 점이다. 1965년 이미 고등교육 취학률이 49.5퍼센트에 달했던 미국의 사립 고등교육기관 재학생 수는 전체의 33퍼센트를 차지하고 있었다. 같은 해 한국의 고등교육 취학률은 7퍼센트였고, 사립 고등교육기관 재학생 수는 전체의 74.5퍼센트를 차지했다. 그런데 1960년대 이후 미국은 주립대학의 양적 성장과 함께 사립대학의 비중이 점차 줄어들어 1975년에 21퍼센트까지 떨어졌다. 2005년 미국에서는 학생들의 78.6퍼센트가 국공립학교에 다니고 있었다. 반면, 한국에서는 사립대학이 55.3퍼센트, 전문대학이 31.2퍼센트로 모두 86.5퍼센트를 차지했다. 미국과 특히 비교되는 것은 전문대학을 설립하고 경영하는 주체이다. 한국과 미국 모두 2년제 전문대학 체제를 도입하면서 고등교육이 급성장했는데, 미국의 전문대학이 주로 주립으로 운영되는 반면, 한국에서는 2006년 당시 전문대학의 91.4퍼센트가 사립이었다.[6)]

이와 같이 사립대학 비중이 높다는 얘기는 고등교육이 사부담으로 성장해왔음을 의미한다. 고등교육 순취학률이 1970년 4.5퍼센트에서 2000년 51.2퍼센트로 증가하는 동안, 고등교육 재정 규모는 168억 원에서 11조 6,772억 원으로 증가했다. GDP 대비 고등교육 재정 비율은 1970년 0.61퍼센트에서 2000년 2.02퍼센트로 확대되었다. 취학률은 13배나 증가했지만 고등교육 재정 규모는 3.5배 증가하는 데 그친 것이다. 즉 국가의 재정 투자로 고등교육의 기회가 확대된 것이 아니었다. 실제로 고등교육 재정에서 공부담의 비율은 꾸준히 감소했다. 1965년 전체 고등교육 재정 규모는 51억 원이고 이 가운데 공부담은 19억 원으로 전체의 37.3퍼센트를 차지했다. 이 비율이 1980년에는 27.6퍼센트로 감소했다. 이후에도 감소가 계속되어 2005년에는 11.2퍼센트를 기록했다. 반면, 사부담 비율은 1980년 62.3퍼센트에서 2005년 88.8퍼센트로 25퍼센트가량 증가했다.[7] 이는 취학 기회의 확대를 사립대학에 의존해왔을 뿐만 아니라, 고등교육 보편화에 필요한 재원을 대부분 사부담에 의존해왔다는 것을 의미한다.

이러한 유상교육에 의존하는 고등교육 보편화는 사립 의존도가 높았던 미국이나 현재도 높은 일본에서도 나타나지 않는 현상이다. 1940년 취학률이 15.4퍼센트로 대중화 단계에 진입한 미국의 고등교육은 1967년 50.3퍼센트로 보편화 단계에 들어섰다. 미국은 고등교육이 급속하게 팽창하는 시점에서 주정부 주도로 다양한 제도를 마련했다. 1960년 캘리포니아 고등교육 마스터플랜(California Master Plan for Higher Education)을 통해 마련된 3중 분화 체계가 대표적인 예다. 캘리포니아주는 오랜 시행착오를 거치며 박사과정을 운영하는 몇 개의 연구대학(University of California, UC)을 하나의 체계로 묶어 고졸 학력 상위 10퍼센트 이내의 학생만 입학하도록 했다. 그리고 강의와 교육을 주요 기능으로 하면서 대학원 석사과정까지 개설하고 있는 주립 종합대학(California State University, CSU)에는 고교 성적 상위 3분의 1에 해당하는 학생이 입학하도록 했다. 마지막으로 고등교육을 희망하는 자는 누구나 진학할 수 있는 2년제 지역사회대학(Community College)을 각 지역에 설립했다. 이처럼 미국의 고등교육 보편화는 주정부의 재정 지원을 받는 주립 2년제 대학에 기반을 두고 이루어졌다. 이에 따라 1940년 30퍼센트였던 공부담 비율은 1970년 50.1퍼센트까지 증가했다.

일본에서는 15.4퍼센트의 취학률로 대중화 단계에 진입한 1965년에 고등교육 재정의 공부담 비율이 50퍼센트를 웃돌고 있었다. 같은 시기에 고등교육기관 재학생 수의 국공립 대 사립 비율은 28.5퍼센트와 71.5퍼센트였다. 즉 교육기관 설립은 사립 영역에 위탁했지만, 운영에서는 국가가 일정 부분 책임을 지고 있었다. 1980년대 이후에도 공부담 비율은 여전히 40

퍼센트대를 웃돌았다. 반면, 1970년 한국의 고등학교 취학률은 4.5퍼센트에 불과했으나 이들의 70퍼센트는 사립 고등교육기관에 재학하고 있었다. 고등교육 재정의 공부담 비율도 29.5퍼센트에 불과했다.

한국의 고등교육은 대중화 단계로 진입한 1980년 고등교육 재정의 사부담 비율과 사립 고등교육기관 취학자 비율이 각각 72.4퍼센트와 74퍼센트를 차지했으나, 보편화 단계인 1995년에는 이 비율이 모두 증가했다. 한국에서 고등교육 단계의 수익자 부담 원칙은 사립대학에만 국한된 것이 아니라 국립대학에도 동일하게 나타났다. 국립대학은 일반회계와 기성회계로 구분되는데, 국고에서 대학 운영에 필요한 인건비, 대학 운영비, 시설비 등을 지원받아 일반회계로 처리한다. 따라서 '예산회계법'의 적용을 받았다. 반면, 재학생 학부모로 구성된 기성회의 회비, 즉 학생이 부담하는 재원은 기성회계로 처리한다. 이는 개별 대학마다 정해진 '기성회 규약'을 따르도록 했다. 그러므로 국립대학 재원 구조에서도 수업료의 학생 부담 비율이 50퍼센트를 넘었다. 이는 미국은 물론 공립에 비해 사립 영역이 지배적인 일본에서도 나타나지 않는 현상이었다.

1980년대 이후 한국, 미국, 일본 모두 국공립대학의 유상화를 진행했지만 미국과 일본은 학생 부담 비율이 20퍼센트를 넘지 않았다. 사립 고등교육기관의 증가라는 측면에서 같은 양상을 보인 일본조차 국공립대학 운영에 필요한 비용 부담을 개인에게 떠넘기지 않았다. 그러나 한국의 유상화 비율은 1980년 23.3퍼센트에서 2000년에는 45.5퍼센트로 증가했다. '국립학교 설치령' 제20조는 "이 령에 의하여 설립된 학교의 운영에 필요한 경비는 국고에서 부담한다"라고, 재정 부담 책임을 분명히 국가로 밝히고 있다. 그러나 설립·운영 주체인 국가는 기회 확대에 요구되는 비용 부담의 책임을 계속 개인에게 떠넘겼다.

1990년대 이후 대학 등록금 인상률을 보면 물가 상승률을 웃도는 수준에서 크게 인상되었다. 1990년 이후 연간 소비자 물가 상승률은 1990년과 1991년, 그리고 IMF사태 직후인 1998년을 제외하고는 대체로 5퍼센트 이내를 유지했다. 그러나 대학의 등록금 인상률은 IMF사태로 정부가 등록금 인상을 통제했던 1998년, 1999년을 제외하고는 모두 물가 상승률의 두 배 수준을 보였다. 이러한 높은 인상률은 국공립대학도 마찬가지였다. 국공립대학은 사립대학과 거의 비슷한 인상률을 나타내고 있으며, 특히 2002년을 기점으로 등록금 인상률이 사립대학을 추월하기 시작했고, 소비자물가 상승률보다 두 배 이상 높은 인상률을 유지했다.

이처럼 고등교육 취학률의 상승과 공공재정 부담이 엇박자를 이루는 대신 사부담 교육비 비율이 높이 증가했다. 1970년대 후반부터 1980년대 초반, 그리고 1990년 후반 이후에 사부담 비율은 더욱 증가했다. 유상 형태를 취했기에 대학교육의 대중화도 보편화도 가능했던 것이다. 유상 고등교육은 국공립대학 재정을 사부담에 떠넘기는 민영화와 민간에게 학교 설립을 맡겨 팽창시켜온 사학에 기반을 두었다. 민영화와 사학의 성장으로 세계적으로 유례를 찾기 어려운 대학교육의 보편화를 이룬 것이다.[8] 이러한 대학교육의 보편화는 신분과 지위의 상승을 보장받기 위해 돈을 내고서라도 대학 졸업증을 따려는 학력 사회의 풍토가 자리 잡고 있었기에 가능한 일이었다. 따라서 대학교육의 보편화와 함께 '대학 학력 무용론'을 주장하는 비판의 목소리도 등장했다.[9]

5·31교육개혁과 대학

1990년대 들어와 입시 부정을 비롯한 각종 사학 비리가 또다시 사회의 전면에 등장한 가운데 김영삼 정부는 각 대학에 시장 원리에 근거한 생존 전략으로서 강도 높은 개혁을 요구했다. 대학 정원을 자율화하고, 교육 수요자 중심의 대학 운영을 위한 시간제 등록제와 전과 및 편입학제도 등의 도입을 유도했다. 그리고 대학별 경쟁을 유도하기 위해 대학평가인정제의 평가 결과에 따른 차등 지원을 약속했다. 마침내 반세기 동안 결코 스스로 개혁에 나서 본 적이 없는 대학들이 지원을 얻기 위해 개혁안을 마련하고 일대 정비를 시작했다.

대학 개혁의 밑그림을 총체적으로 그린 고등교육정책은 김영삼 정부의 대통령 자문기관인 교육개혁위원회가 1995년에 내놓은 5·31교육개혁안에서 출발했다. 5·31교육개혁안은 지식 기반 사회에 대비하기 위해 다양화와 차별화를 통해 대학 경쟁력을 강화해야 한다고 요구했다. 대학 개혁의 방향으로 제시한 내용은 다음과 같다.

- 대학의 다양화와 특성화: 다양한 대학 모형의 개발과 (단설) 전문대학원 제도 도입
- 대학 설립, 정원 및 학사 운영의 자율화: 준칙주의와 대학 정원 자율화
- 학술 연구의 일류화: 세계 일류 수준의 연구 지원, 대학 평가와 재정 지원 연계
- 대학교육의 국제화: 국제 관계 전문 인력 양성, 외국인 유학생 유입 및 대학 해외 진출[10]

학부제, 설립준칙주의, BK21, 의·법학 전문대학원, 국립대 법인화 등이 이때 등장한 구체적인 방안이다. 무엇보다 주목할 것은 그동안 획일적이던 대학 재정 지원에 평가에 따라 차등을 둔 일이었다.

김영삼 정부가 대학 경쟁력 강화를 전면에 내세운 것은 WTO 체제 출범과 함께 지구촌을 휩쓴 신자유주의 광풍 때문이었다. 5·31교육개혁안을 주도한 서울대 철학과 이명현 교수는 "정보화·세계화의 지각 변동이 일고

있었다. 다가올 새로운 문명의 중심권에 들려면 그에 걸맞은 '신교육 체제'
가 필요했다. 공부를 잘하는 아이만이 아니라 다양한 아이들의 특성과 재
능을 모두 살려주는 교육이 그것이었다. 이를 위해서는 학교도 다양하게
특성화되어야 했고, 교육체계도 아이들이 인접 학문을 다양하게 접해볼 수
있도록 다시 만들어야 했다"[11]라고 회고했다. 하지만 한편에서는 5·31교육
개혁안이 일본의 하시모토(橋本) 교육안을 번역해 용어 몇 개만 고친 것에
불과하다고 비판했다.[12]

　김영삼 정부는 1995년에 5·31교육개혁안과 함께 교육규제완화위원회
를 설치했다. 규제 완화 첫해인 1996년에는 각종 교육 규제를 정비했다.
교육부 및 시·도교육청은 해방 이후 발령한 훈령·예규·고시·지침 등 모든
행정명령에 대한 전수조사를 실시한 뒤, 교육규제완화위원회가 존속할 필
요가 없다고 심의한 행정명령을 1997년 1월 1일부로 모두 폐지하는 일몰
제 방식의 규제 완화를 단행했다. 이와 함께 교육 규제의 신설과 강화도 최
대한 억제했다.[13] 학칙인가제를 대신해 학칙보고제를 도입하고, 대학 경영
을 자율화하며, 해외에도 분교를 설치할 수 있도록 한 것 등이 대표적인 변
화였다.

　김영삼 정부의 대학정책 중 가장 큰 변화를 가져온 것은 대학설립준칙
주의였다. 일정한 기준만 충족하면 자유롭게 학교를 설립할 수 있도록 풀
어주겠다는 뜻이었다.[14] 다양한 형태의 대학이 있어야 지식 기반 사회에
맞는 다채로운 인재를 키워낼 수 있다는 것이 이유였다. 그런데 대학설립
준칙주의는 대학 설립 인가를 되도록 억제하던 초기 김영삼 정부의 입장
을 180도 바꾼 것이었다.

　노태우 정부는 연일 터지는 사학 비리에 대학 설립을 억제하는 정책을
펼쳤다. 1990년부터 김영삼 정부 초기인 1994년까지 4년제 대학 105건,
전문대학 221건, 개방대학 47건 등 총 373건의 대학 설립 신청이 접수됐

지만 실제로 허가를 받은 곳은 83건(4년제 19건, 전문대 51건, 개방대 13건)에 불과했다. 김영삼 정부는 부정 입학 사건으로 상징되는 사학 비리의 전철을 밟지 않기 위해 1993년에 대학 설립 인가 요건을 크게 강화했다. 대지, 교사, 도서, 기숙사 등은 종전 설립 인가 요건보다 40퍼센트 이상씩 강화했다. 학교 재단의 수익용 재산 기준액은 종전 10억 원 이상에서 413억 원 이상으로 대폭 높였다. 교지는 10만 2,000평을, 재원은 1,200억 이상을 확보하고 있어야 설립 인가를 받을 수 있었다. 그리고 부실 사학의 가능성이 있다면 설립 인가 때부터 배제하고, 능력 있는 육영가가 질 높은 대학을 설립하도록 유도하는 대학 설립 기준 인가예고제를 도입해 1996년 개교 예정인 대학부터 적용하기로 했다.[15]

하지만 김영삼 정부는 5·31교육개혁안이 발표된 다음 해인 1996년에 대통령령으로 '대학설립 운영규정'을 제정하고 OECD(경제협력개발기구) 기준에도 못 미치는 대학 설립 준칙을 제시했다. 이를테면 인문계는 교원 1인당 학생 25명, 이공계는 교원 1인당 학생 20명을 확보하도록 했다. 당시 OECD 평균은 15명이었다. 기존 대학에는 해마다 따로 지침을 마련해 정원을 늘릴 수 있는 길을 터주었다. 1996년에는 교수를 설립 준칙의 63퍼센트 정도만 확보해도 개교가 가능하도록 했으나, 이듬해인 1997년에는 70퍼센트로 높였다가 1998년에는 다시 50퍼센트로 낮추었다.

대학설립준칙주의를 적용하면서 대학 수는 크게 늘어났다. 2004년에는 1996년보다 43개교가 늘었고, 입학 정원 역시 83만 명이 늘어났다. 대학의 난립을 부른 대학설립준칙주의는 뒤이은 정부들에 대학 구조 조정을 밀어붙일 수 있는 빌미를 제공한 실패한 정책이라는 비판을 받았다.

5·31교육개혁 당시 교육개혁위원회 위원이었던 박도순은 대학설립준칙주의를 다음과 같이 평가했다.

별도의 수학 능력을 가진 이들에게만 대학교육을 시켜야 한다는 주장이 있다. 반면에 교수 방법에 따라 누구든 대학 과정을 어려움 없이 이수할 수 있고, 원하는 이들은 모두 대학에 가야 한다는 주상도 있다. 순직수의는 앞의 철학이 뒤의 철학으로 넘어간 것을 의미한다. 이는 다양한 재능을 갖춘 이들이 모두 자기 능력을 개발할 수 있도록 다양한 학습기관이 나와줘야 한다는 문민정부 교육철학에 근거한다.[16]

대학설립준칙주의가 대학 보편화 현상에 조응하는 정책이었음을 알 수 있다.

그렇다면 정원을 못 채워 허덕이는 대학은 어떻게 할 것인가? 교육개혁위원회는 대학의 진입과 퇴출 문제는 시장에 맡겨야 한다는 입장을 내놓았다. 망할 곳은 망하고 수요자가 선택하는 곳만 살아남도록 대학에 자유경쟁 원리를 도입해야 한다는 것이다. 하지만 교육부는 이에 대해 부정적인 입장을 보였다. 시장 원리가 완벽하게 작동하려면 이동성이 보장되어야 하기 때문이다. 만일 한 대학이 망하면 그 구성원이 자유롭게 다른 대학으로 옮겨갈 수 있어야 한다는 말이다. 하지만 한국 현실에서 이러한 일은 일어날 수 없었다. 대학이 망하면 당장 학생 보호 문제가 불거질 게 분명했다. 교육부는 이동성의 제약으로 아직은 교육정책에 시장경제 원리가 완벽하게 작동할 수 없다고 보았다.[17]

5·31교육개혁안에 따라 대학설립준칙주의와 함께 실시된 자율적인 정원 조정은 대학을 서열화하는 결과를 낳았다. 사립대학의 자율적인 정원 조정은 교육 여건이 갖춰진 포항공대 등 지방 사립대학 7곳부터 1997년에 시작되었다. 이듬해에는 수도권의 야간 및 지방 사립대학 41곳으로 확대되었다.[18] 1999년부터는 지방의 모든 사립대학이 자율적으로 정원을 조정할 수 있었다.

대학설립준칙주의가 도입되면서 2008년 수도권의 대학 수는 1990년과 비교해 19개교가 늘어났다. 비수도권에서는 47개교가 늘어났다. 여기에 대학 정원 자율화정책이 수도권까지 확대되면서 수도권 대학은 더욱 비대해졌다. 결국 대학교육의 수도권 집중이 심해졌고, 대학은 SKY-IN SEOUL-수도권 사립대학 또는 지방 국립대학-대형 지방 사립대학-중소 지방 사립대학 순으로 철저하게 서열화되었다. 지방대학에서는 정원 미달 사태가 일어났으나, 수도권 대학에서는 늘어난 정원의 혜택을 톡톡히 누렸다.

그런데 1997년 말에 외환 위기가 덮치면서 대학 개혁 대신 구조 조정이 화두로 등장했다. 지도력을 가진 주체, 다양한 이해관계 집단의 의사 조율, 적극적인 재원 보충을 통해 스스로 수익을 만드는 대학으로 구조 조정하는 길 외에 다른 선택지는 존재하지 않았다.[19] 김대중 정부는 1998년에 국립대학 구조 조정 계획을 발표했고, 이를 다시 손질해서 2000년에 국립대학 발전 계획을 내놓았다. 주요 내용은 국립대 통폐합과 정원 감축을 유도하고 그 실적을 재정 지원과 연계한다는 것이었다. 초기 성과는 기대에 못 미쳤다. 대학 간 통합은 공주대와 공주문화대 한 곳에 그쳤다. 하지만 IMF 외환 위기를 겪으면서 대학에 대한 국가의 책임론이 강하게 떠올랐다. 세계화·정보화 시대에는 대학교육이야말로 국가 경쟁력 확보의 열쇠이므로 적극 지원해야 한다는 것이다. 실제로 교육부의 학술 연구비 지원이 크게 늘었다. 김영삼 정부 첫해인 1993년에는 272억 원이었으나 김대중 정부 3년 차인 2000년에는 1,200억 원으로 네 배 이상 크게 증가했다.

김영삼 정부 이래 국가와 대학이 함께 시장 논리를 따르는 개혁의 폭풍 속으로 들어가면서 대학의 민주화는 오히려 후퇴의 길을 걸었다. 5·31교육개혁안이 오늘날 대학정책의 원조에 해당한다면, 이때부터 이미 대학 민주화는 부정당한 셈이었다. 5·31교육개혁안의 고등교육정책은 다양화와 자율화를 표방했으나 민주적 개혁 조치에 대한 고려는 전혀 없었다. 교수협의회의 공식 기구화와 총장 직선제의 제도화를 통한 대학 내 의사 결정의 민주화 방안, 예·결산 공개와 외부 감사제 도입을 통한 학교 경영의 합리화·공개화 방안, 학생회의 학사 참여를 통한 학생권과 학습권의 제도적 확립 방안, 족벌화된 사학재단의 공공성을 높이기 위한 방안, 학칙승인제 철회 등이 전혀 포함되지 않은 것이다. 연세대 교육학과 김인회 교수는 5·31교육개혁안에 대해 전두환 정부가 내놓은 대학개혁안의 복사판이며 정부 주도의 획일적 개혁이라 진단하고, 민주적 개혁 조치에 대한 언급이 없음을 강하게 비판했다.

> 김영삼 문민정부의 교육개혁안에서 대학교육의 파행적 역사와 더불어 자라온 부도덕과 부패에 대한 척결 의지나 개혁 방안이 들어 있지 않은 것은 좀 이상하다. 절대 권력은 절대 부패한다는 일반론을 적용한다면, 개혁하고 수술해야 할 절대 부패의 조건 내용이 어떠한지를 분별하는 일이 결코 어렵지 않을 터임에도 불구하고 문민정부의 교육개혁안에서는 일언반구 언급이 없다.[20]

민주화 없는 대학 개혁은 정부가 대학 운영의 모든 권한을 사학재단에 넘긴 결과라고 할 수 있다. 교육부는 이를 대학 자율화로 설명하고 있으나, 대학 내 민주주의가 정착되지 못하고 재단이 전횡을 일삼는 구조에서 자율의 신장은 사실상 재단 자율화에 지나지 않다는 점을 간과한 것이다. 따라서 교육부가 말하는 대학 자율화란 고등교육에 대한 정부의 재정 투자 의무를 회피하면서, 대학교육의 부실과 그로 인한 경쟁력 저하를 오로지 대학 간 경쟁 논리로 해결해보려는 자세에 다름 아니었다.[21]

총·학장 직선제가 대학 민주화의 상징이 된 것은 긴 독재 정권 아래에서 대학이 끊임없는 통제와 간섭을 받으며 자율성 상실의 역사를 걸어왔기 때문이다. 이런 총·학장 직선제가 가장 먼저 철퇴를 맞았다. 포퓰리즘적 선거공약, 선거운동의 과열, 보직 나눠먹기 등으로 인해 총·학장 직선제가 대학의 경쟁력 확보에 걸림돌이 된다는 것이었다. 5·16 직후 박정희 정부가 총·학장 직선제를 폐지하면서 내놓은 이유와 똑같았다.

1996년 3월에 계명대, 아주대, 경남대 등 8개 지방 사립대학 총장들이 모여 총장 직선제 폐지를 공동 선언했다. 전국 사립대학 가운데 가장 먼저 총장 직선제를 실시했던 계명대는 이를 폐지하면서 그에 저항하던 교수들과 학생들을 학교 밖으로 쫓아냈다. 연세대, 국민대, 한양대, 서울여대 등도 1996년에 총장 직선제를 사실상 폐기했다. 1998년 7월 30일, 대교협이 개최한 세미나에서는 대학 총장들이 모여 총장 직선제 폐지를 결의했다.[22] 김대중 정부는 2000년에 국립대 발전 계획 등을 통해 국립대학 총장을 간접선거로 뽑는 안을 제시했다.[23] 하지만 대학 사회, 즉 교수·직원·학생 들의 반발로 실현되지는 않았다.

1990년대 이후 대학교육은 성장 속도만큼 민주화의 길을 잃어갔고 게다가 미국화되어갔다. 대학 개혁이 거듭될수록 대학은 점점 미국 대학을 닮아갔다. 대학 구조 개혁 바람 속에서 개혁의 척도는 오직 하나, 미국 대학이었다. 이제 번역이라는 프리즘도 필요치 않았다. 미국 유학파로 대학이 점령되면서 자연스럽게 그들이 직접 미국의 대학제도를 옮겨오는 데 앞장섰다. 대학 개혁의 파장이 교과과정의 혁신에 영향을 미치면서 학문 분야 전반에서 역시 미국 대학의 교과과정을 준거로 변화를 모색하기 시작했다. 유망 분야로 손꼽히던 지역학 연구, 사이버 교육, 환경교육, 벤처교육, 평생교육, 산학협동교육 등도 미국식을 강력히 선호했다. 미국화의 바람이 대학가를 휩쓸면서 한국에서 가장 미국적인 대학으로 손꼽히던 포항공대가 대학 평가에서 늘 상위권을 차지하며 대표적인 성공 사례로 떠올랐다. 미국 대학과 다름없는 대학 운영 체제, 학문과 학문 재생산 구조의 종속을 부추기는 학계의 풍토 속에서 국어도 학문 언어로서 위기를 맞이했다. 이공계는 더 이상 국어로 소통하지 않았다. 서울대 이공계에서는 석·박사 학위논문을 제목에서 각주까지 영어로 작성하는 것이 더 자연스러운 추세가 되었다.[24] 이처럼 1990년대 이후 대학은 급격히 양적 성장을 이루면서 질적 개선은 미국화를 통해 확보하고자 했다.

신자유주의 시대, 세계의 대학 개혁

김영삼 정부와 교육개혁위원회는 정부 규제를 줄이고 사회적 조절은 시장에 맡겨야 한다는 신자유주의에 경도되어 있었다. 대학교육이라는 상품의 공급 부족이 입시 경쟁과 사교육 열풍의 원인이라고 진단했다. 김영삼 정부는 대학설립준칙주의와 대학 정원 자율화정책으로 대학 정원, 즉 공급을 폭발적으로 늘렸다. 대학에 가기를 원하는 사람은 누구나 갈 수 있는 시대를 열었다. 하지만 원하는 사람 모두 대학에 갈 수 있을 만큼 공급이 늘어났다는 사실은 대학교육 시장이 수요자 시장이 되었음을 의미했다. 재정의 대부분을 등록금에 의존하는 사립대학이 대학 정원의 80퍼센트를 감당하고 있는 현실에서 수요자가 공급자의 운명을 결정하게 되면서 비로소 대학들이 개혁에 나섰다.[25] 시장 원리가 대학이 스스로 개혁에 나서게 만든 동력이 되었다.

대학교육 보편화 시대를 맞아 수요와 공급의 시장 원리가 통용되는 대학교육의 개혁 화두는 수월성이었다. 대학은 경쟁력 강화를 위해 무엇보다 수월성을 높여야 했다. 이제 대학의 상업화와 학문의 실용화를 거부하지 않아야 살아남을 수 있었다. 특성화, 국제화, 기업화, 상업화, 실용화, 응용화는 신자유주의 시대를 맞아 한국 대학만이 아니라 세계 대학이 추구하는 대학상이 되었다.[26] 세계의 대학은 세계화와 신자유주의에 포위되어 있었다.

신자유주의의 주도권은 개인 기업과 소비자의 선택을 고무하고, 이익을 창출하는 능력에 따라 보상하고, 무능한 사람이나 관료주의적이고 기생적이며 쓸모없는 정부—아무리 의도한다 해도 거의 목적 달성이 불가능하며 결코 도움이 안 되는—가 폐기하도록 하는 자유시장정책으로 특징지어진다. 이러한 정책들은 이제 정당화를 요구하지 않는다. 그리고 최근에 생겨난 국제적인 합의를 통해 하나의 상식이 되어갔다.[27]

신자유주의 바람을 가장 먼저 맞은 것은 미국의 대학이었다.

지난 30년 동안 미국에서 사회적 국가의 공익의 개념, 사회적 계약을 모조리 뿌리 뽑으려는 신자유주의 기구의 부활을 우리는 목격했다. 시민의 의무는 소비자의 요구로 대체되었고, 교육은 시장이 주도하는 공간으로 축소되었으며, 교육학은 도구화되었고, 공적 가치는 사적 이해로 바뀌었다. 시장의 가치와 문화, 공공교육은 시민을 소비자로 만들었고 대학을 기업 문화의 인질로 만들었고, 학술 노동자를 차세대 신자유주의 생산을 담당할 새로운 하위 계급으로 만들었다. …… 대학이 점점 더 빠른 속도로 기업화되고 군대화되고 있으며, 학문의 자유가 억압되고, 일시적인 파트타임 학과가 전에 없이 증가하고, 학생은 소비자가 되고 학과는 자격증이나 직장에서 필요한 기술을 파는 곳이 되었다. …… 많은 학자들이 기업의 이해와 자신의 커리어 관리, 전문화된 학문에 수반되는 편협한 담론에 묶여서 대학이 기업화와 신자유주의 통치라는 새로운 체제에 순응하게 되었다. 이제 학자들은 보조금이나 승진, 틀에 박힌 연구 성과만 추구할 뿐 공적 논쟁에 참여하거나 긴급한 사회적 문제에 대해 발언하기를 꺼린다. 이들 '학술적 기업자'들은 '이해관계에서 자유로운 학자' 또는 학과의 스타 역할을 자청함으로써 자신들이 사회적 문제와 아무런 상관이 없다고 대중이 인식하도록 만든다. 이들은 민주주의의 공적 공간이자 비판적으로 사고하고 시민적 용기를 갖고 행동하는 방법을 배우는 중요한 공간인 대학을 지킬 능력 혹은 의지가 없으며, 대학이 사고하는 공간이 아니라 학생들이 세계시장에서 경쟁력을 갖추도록 준비시키는 장소라고 생각한다.[28]

이제 미국에서는 경제가 더욱 경쟁력을 가질 수 있도록 하는 교육제도와 정책을 위해서만 대학 재정과 자원이 사용되기를 바라는 세상이 되었다.[29] 세계은행도 시장권력과 시장 원리의 대학 진입을 맞아 고등교육에 대한 입장을 내놓았다. 먼저, 대학 운영의 자율성을 강조했다.

대학의 자율성에는 각 기관이 자체 입학 기준을 설정하고, 학생 정원을 정하고, 수업료를 책정하며, 도움이 필요한 학생들에게 재정적 지원을 할 수 있는 자격 기준을 정할 수 있는 권한이 포함된다. 채용과 직원 급여 등 교직원의 고용 조건을 자유롭게 결정할 수 있어야 한다. 자신이 정한 기준에 따라 자원을 내부적으로 재배치할 수 있는 권한을 포함해 재정 통제권을 확보해야 한다. 그렇게 해야 기관들이 취약한 학문 분야를 강화하고 프로그램에 대해 교차 지원해 변화하는 요구에 대응하는 새로운 계획에 신속하고 융통성 있게 자금을 지원할 수 있기 때문이다.[30]

또한 고등교육에서 국가의 역할은 일관성 있는 정책과 대학의 자율 조성을 위한 규제를 마련하고, 평가에 따른 재정 지원과 함께 기업가 정신을 키울 수 있는 환경을 조성하는 것이라고 보았다.

국가의 역할은 질, 효율성, 형평성을 좇으며 일관성 있는 정책적 틀을 마련하고 자율을 확대하는 규제 환경 조성, 적정한 인센티브 제공이라 보고 있다. 정부는 엄격한 기업가 정신이 요구하는 창의성과 모험심을 키우고 아이디어가 열매를 맺을 수 있도록 하는 제도, 이런 종류의 활동에 보상하는 규제/조세 환경을 마련해야 한다.[31]

1990년대 이후 동아시아의 대학에도 변화의 바람이 불었다. 무엇보다 한국, 중국, 일본 모두 국가 차원의 대학평가제도를 도입하면서 평가에 따라 재정 지원에 차등을 두는 정책을 실시했다. 구조 조정을 통해 대학을 도태시키거나 관련 대학과 통합하는 정책도 등장했다. 평가를 통해 선별된 대학을 집중 육성하는 중점 대학 육성정책도 실시했다. 산학협동 연구를 활성화해 기업 투자를 유치하는 등 재원 확보에서도 다원화를 꾀했다. 대학 개혁의 바람은 어느 나라에서든 매서웠다. 다만, 세계은행이 대학-국가-시장의 동등한 관계에 따른 개혁을 주장한 반면, 세 나라에서는 모두 국가의 개혁 주도성이 두드러진 특징을 보였다.

먼저, 일본의 대학은 더 이상 사회와 격리된 상아탑이 아니라, 대중화·보편화 이념을 바탕으로 사회에 참여하고 개혁을 선도하는 지식 생산지의 역할을 부여받았다. 국제 경쟁이 치열해지는 상황에서 일본 정부는 고등교육의 질을 높이는 데 주력했다. 1984년에는 임시교육심의회, 1987년에는 대학심의회를 구성해 개혁을 위한 이론적 제언을 얻은 문부과학성은 이를 바탕으로 개혁안을 마련해 고등교육 개혁을 추진했다. 일본에서 대학개혁안을 기획·입안하고 추진한 주역은 행정권과 재정권을 쥐고 있던 관료들이었다.[32]

1991년 문부성령으로 발표된 '대학 설치 기준의 일부를 개정하는 성령'은 1990년대 이래 일본의 대학 개혁을 대표하는 상징적인 법령이었다. 이 법령은 '대학교육의 대강화'와 '제도의 탄력화'를 내걸며 고등교육 개혁의 결정적 계기를 마련했다. 주요 내용은 대학별로 교육과 연구의 특성화를 추구한다는 것이었다. 문부과학성은 1994년 1월 24일에 교육개혁의 청사진이라 할 수 있는 '교육개혁 프로그램 5대 과제'(이후 3차 개정)를 발표했다. 고등교육과 관련해서는 '활성화'라는 개념을 제시했다. 구체적으로는 대학 평가를 통해 질적 관리를 시도하고, 시설과 설비를 보완하며, 대학원교육을 개선하는 방안을 내놓았다. 또한 국립대학의 조직 개편과 객관적인 평가 시스템 마련을 위한 방안도 밝혔다.

이를 구체화한 것이 1998년에 내놓은 〈21세기 대학상과 이후 개혁 방책에 관하여(1998. 10. 26)〉라는 보고서였다. '경쟁적 환경 가운데 개성 있는 대학'이라는 부제를 달고 있는 이 보고서는 대학 개혁의 기본 이념을 '개성이 넘치는 대학'으로 제시하고, 개혁 방향으로 '경쟁적인 환경 정비'를 강조했다. 핵심 내용은 다음과 같다.

- 과제 탐구 능력의 육성: 학부교육의 재구축과 대학원 교육·연구 기능의 고도화·다양화
- 교육 연구 시스템의 유연 구조화: 다양한 학습 수요에 대응한 유연화·탄력화, 지역사회·산업계와 연휴 교류, 국제 교류 등
- 책임 있는 의사 결정과 실행: 조직 운영 체제의 정비와 대학 정보의 적극 제공
- 다원적인 평가 체제의 확립: 대학의 개성화와 교육·연구의 부단한 개선을 위해 자기 점검 평가 충실화, 제3자 평가 시스템 도입과 함께 이를 재원 분배의 근거로 활용[33]

대학의 자율성에 기초한 다양화와 개성화, 대학의 사회적 책임 등을 강조하고 있다. 또한 경쟁에 기반을 두고 대학 평가와 지원을 연계할 것임을 분명히 밝히고 있다.

2000년 1월 문부대신인 나카소네 히로후미(中曾根弘文)는 〈교육에 관한 교서(敎書)〉를 통해 국립대학의 체제 정비와 전문대학원 설립, 대학 평가 및 학위 수여기구(NIAD–UE) 설치, 국립대학의 독립 행정 법인화, 사학 조성 추진 등의 정책을 발표했다. 같은 해 12월 22일에는 수상의 자문기구로 출범한 교육개혁국민회의가 최종 보고서를 올렸다.[34] 이 보고서를 토대로 일본 정부는 2001년을 교육 신생 원년으로 선포하고, 교육개혁의 일곱 가지 핵심 전략을 담은 '21세기 교육 신생 계획'(일명 '레인보우 계획')을 발표했다. 여기서 여섯 번째 전략인 '세계 수준의 대학 만들기'의 내용은 다음과 같다.

- 차세대 리더 양성을 위한 교육·연구 기능의 강화: 조기 입학 확대, 대학원 진학의 일반화, 전문대학원 정비
- 대학의 경쟁적 환경 정비: 국립대학을 국립 대학법인으로 전환, 임기제에 의한 대학 교원의 유동화, 경쟁적 자금 확충
- 대학에서의 엄격한 성적 평가 및 교원의 교육 능력 중시[35]

경쟁과 평가를 중시하는 교육개혁의 흐름 속에서 문부과학성은 2001년 6월에 대학의 구조 개혁 방침을, 7월에는 대학에 기반을 둔 일본 경제 활성화를 위한 구조 개혁 계획을 발표했다. 전자의 부제는 '활력 넘치는 국제 경쟁력을 갖춘 국·공·사립대학 만들기'이고, 후자의 표어는 '대학이 바뀌면 일본도 바뀐다'였다. 후자의 내용을 살펴보면 다음과 같다.

- 세계 최고 수준의 대학 만들기: 평가에 기초한 경쟁 원리로 국·공·사립대학의 5퍼센트인 'Top 30' 중점 투자, 국립대학 법인화 및 교수 요원의 기간임용제

- 인재 대국의 창조: 세계에 통용되는 전문가 육성, 사회 고용 변화에 대응한
  인재 육성
- 도시·지역의 재생: 21세기형 산업·두뇌 거점 도시 육성, 대학을 중심으로 한
  지방자치단체 주도 '지적 센터'의 전국적 전개, 대학과 지방자치단체 간의 새
  로운 협력 관계 구축[36]

여기서 제안된 국·공·사립대학 'Top 30' 정책은 다음 해인 2002년에 중심적인 연구 거점을 중점 지원하는 '21세기 COE(Center Of Excellence) 프로그램'으로 수정되었다. 이 프로그램은 대학에 일률적으로 보조금을 지급해온 관행을 없애고, 우수한 연구 거점을 엄선해 중점 육성한다는 목표를 내세웠다. 또한 산업과 협력 관계를 강조했다. 정부가 지원하는 프로젝트를 진행하는 5년 동안 기업과 연계해 점차 기업 자금으로 프로젝트를 수행하는 시스템을 갖추도록 했다. 만일 기업과 연계하는 일에 실패하면 정부도 연구비 지원을 하지 않았다.[37]

이와 함께 일본 정부는 국립대학 구조 개혁 사업을 실시했다. '도야마(遠山) 계획'이라고 불리는 국립대학 구조조정안은 앞서 살펴본 것처럼 국립대학의 재편·통합과 특수 법인화를 중요한 축으로 했다. 2002년 1월 문부과학성은 단기대학을 포함한 101개 국립대학 중 80퍼센트의 재편과 통합을 검토해 이 가운데 36개 대학을 통합한다고 발표했다. 대학 간 통합은 같은 현에 있는 단과대학을 종합대학으로 편입시키는 형태로 이루어졌으며 현 단위를 넘어선 광역 통합도 있었다.

한편, 중국은 약 1,000개 대학을 모두 정부기관이 관리했다. 이 가운데 700개는 지방정부가 맡았고, 중앙정부가 담당하는 300개 대학 가운데 36개를 교육부가, 나머지는 각 정부 부처가 관리했다. 하지만 정부기관이 대학에 지원하는 공공예산을 점차 줄이고 각 대학이 스스로 재원을 마련하

는 방향으로 대학 운영이 변화했다.

중국 정부는 1990년대부터 대학 간 통합을 유도했다. 1992년부터 2000년까지 약 400개 대학이 통합에 참여했다. 통합은 크게 두 방향으로 이루어졌다. 먼저, 학과가 중복되는 소규모 대학들을 하나로 통합했다. 이는 기준에 못 미치는 소규모 대학들을 정리하면서 교육의 질을 관리하려는 시도였다. 대규모 우수한 대학들을 통합해 거대 규모의 대학으로 새롭게 구조화하는 통합도 이루어졌다. 이렇게 통합된 대형 대학은 세계 일류 대학으로 발전하는 길을 도모했다. 베이징 의대가 베이징 대학으로 통합되었고, 저장 농업대·저장 의대·항저우 대학이 저장 대학으로, 산둥 기술대·산둥 의대가 산둥 대학으로 통합되었다.

중국 정부는 1993년에 이른바 '211공정'이라고 불리는 고등교육 개혁 청사진을 발표했다. 앞으로 10년 또는 더 긴 시간 동안 100개의 중점 육성 대학과 중점 육성 학과를 세계 선진 대학 수준으로 끌어올린다는 것이다. '211공정'은 대학교육의 전체 수준을 크게 끌어올려 우수한 인재를 키워내 경제 건설을 가속화하고, 과학기술과 문화 수준의 발전과 향상을 촉진해 국력과 국제 경쟁력을 높이고자 하는 정책이었다.[38] 하지만 일단 효율을 우선시하고 균형은 나중에 꾀한다는 방향으로 추진된 '211공정'은 교육의 불균등 발전을 심화시킨다는 비판을 받았다.[39]

1998년에 중국 정부는 또다시 '985공정'을 추진했다. 이는 베이징 대학과 칭화 대학을 세계 수준의 대학으로 발전시키기 위해 건국 이래 최대 규모로 정부가 투자하는 것을 골자로 했다. 또한 여기에 7개 대학을 추가해 이들을 세계 수준의 대학으로 끌어올리는 데 주력했다. 이외에도 25개 대학에 따로 대규모 투자를 하는 등 세계 수준의 대학을 보유하기 위한 노력을 본격화했다.[40]

이처럼 신자유주의 시대를 맞아 세계은행이 대학-국가-시장의 관계를 거론할 만큼 시장이 대학에 미치는 힘이 급속히 커졌다. 한편, 신자유주의의 광풍 속에 동아시아에서는 국가 주도의 대학 개혁이 이루어졌다. 하지만 시장과 경쟁 원리에 포획된 대학도 이제는 살아남기 위해 '대학 자신에 의한 내재적 개혁'에 나서야 했다.

> 대학은 학생의 확보, 취직 지도 강화 교육의 질 향상, 경영의 효율화, 사회와의 관계 등 모든 면에서 시장의 험한 경쟁에 놓여 있다. 이 시대에는 대학 자신에 의한 내재적 개혁의 노력이 필요하다.[41]

평가에 따른 재정 선별 지원

한국에서도 국가 주도의 신자유주의적 개혁이 이루어지면서 대학 평가와 재정 지원을 연계하는 정책이 추진되었다. 대교협에서 실시하는 대학종합평가인정제는 본래 1996년에 도입될 예정이었다. 하지만 대학의 국제 경쟁력을 높인다는 이유로 2년 앞당겨 실시했다. 1994년부터 7년 주기로 서울대, 부산대, 경북대, 전남대, 전북대, 충남대 등 6개 국립대학과 사립대학인 포항공대를 합쳐 7개 학교에 대한 평가를 실시하기로 했다. 1995년에는 18개 대학에 대학종합평가인정제를 실시했다. 대학종합평가인정제에서는 대학을 학부와 대학원으로 나누어 평가했다. 학부는 교육, 연구, 사회봉사 등의 기능 체계와 교수, 시설, 설비, 재정, 경영 등의 지원 체계를 주요 평가 내용으로 했다. 대학원은 5개 영역으로 구분했다.

〈표 2〉[42]에서 드러나듯이 '교육'에 '연구'보다 높은 가중치를 두었다. 하지만 '교수'를 별도의 평가 영역으로 구분해 '연구'보다 높은 가중치를 두었다. 실제로 대학종합평가인정제의 실시로 각 대학에서 가장 큰 변화를

평가 영역	평가 부문(항목 수)	항목 수 합계	가중치
교육	교육 목적(3), 교육과정(6), 수업(6), 학생(7)	22	120
연구	연구 실적(3), 연구 여건(4), 연구 지원 체계(5)	12	70
사회봉사	사회봉사(4), 대외 협동(4)	8	30
교수	교수 구성(6), 수업 부담 및 복지(2), 교수 인사(3), 교수 개발(4)	15	80
시설·설비	교육 기본 시설(4), 교육 지원 시설(7), 실험·실습 설비(4), 후생 복지 시설(6)	21	100
재정·경영	재정 확보(4), 예산 평가 및 운영(5), 기획 및 평가(3), 행정 및 인사(6), 대학의 의사 결정(4)	22	100
합계	22개 부문	100	500

보인 것이 교수 임용이었다. 대학교수 정원에 획기적인 양적 확대가 이루어졌다. 또한 교수 인사와 임용 과정이 평가 대상이 되어 공개되었다. 본교 출신 또는 같은 대학 출신의 교수 임용 등에 대한 제재 장치가 마련되었다. 이는 가장 고질적인 병폐였던 인맥이나 학맥에 의한 교수 임용에 대한 공식적인 제재라는 점에서 의미가 있었다. 하지만 교수 임용 방식과 체계가 대학종합평가인정제의 평가 지표에 따라 획일화된다는 점과, 장기적인 발전 계획에 따른 교수 수급이 아니라 외적 강제에 따른 교수 정원 증가가 가져올 후유증에 대한 우려도 있었다.[43]

대교협이 대학종합평가인정제를 실시하면서 내세운 대학교육의 가치는 수월성, 효율성, 책무성, 자율성, 협동성 등이었다. 특히 수월성을 전면에 내세운 점이 주목된다. 또 하나 눈여겨볼 것은 '대학의 열악한 교육 여건을 사회에 공개함으로써 정부와 산업체의 대학 재정 지원을 유도한다'는 대목이다.[44]

대교협 이현청 사무총장은 대학 종합평가에 대해 다음과 같이 긍정적으로 평가했다.

대학 종합평가는 총제저인 대학의 교육 여건 개선과 질적인 제고를 통해 개방 시대에 요구되는 대학 경쟁력을 높이는 데 기여하고 있다. 특히 대학 종합평가는 대학의 통제 수단이 아니라 대학의 자조·자립·자생·자율을 신장하는 데 그 근본 목적이 있고, 대학의 3대 기능이라고 할 수 있는 교육·연구·봉사와 관련된 대학 기능에 관한 체제적 자기 점검의 의미를 지닌다. 이와 함께 대학 구성원들의 교육과 연구, 봉사의 전 과정을 점검해 과정적인 측면을 일정 수준까지 향상시키려는 데 그 목적이 있다. 따라서 대학 종합평가의 목적은 교육과 연구의 질을 일정 수준 향상시키려고 교육 여건을 개선하려는 데 그 주된 의미가 있다 하겠다.[45]

대학 종합평가가 통제가 아니라 자율의 가치를 높이고, 대학교육과 연구의 질을 높인다는 점을 강조하고 있다.

김영삼 정부의 1995년 5·31교육개혁안이 등장한 이래 평가에 따른 대학 선별 지원은 정책으로서 실현되었다. 그해에 교육부는 평가에 따른 대학 선별 지원에 관련된 보고서인 〈대학 기능 분화를 통한 대학교육 다양화에 관한 연구〉를 내놓았다. 여기서는 대학교육을 학부 중심과 대학원 중심으로 나누고, 다시 각각을 직업 지향 교육과 학문 지향 교육으로 나누었다. 그리고 대학마다 하나의 유형을 선택하도록 해 평가하고 결과에 따라 선발된 대학을 선별 지원하며, 단계별 목표 성취 실적에 따라 연차적으로 지원액을 조정하는 방식을 제안했다. 또한 대학마다 원하는 바와 처한 사정이 다르므로 각 대학이 원하는 방향으로 스스로 발전 계획을 세우도록 권고했다. 선별 지원의 논리는 다음과 같이 선명했다.

현재 일백 수십여 개를 넘는 대학의 사정을 정부가 일일이 파악할 수 없고, 각 대학에 적합한 발전 방향을 제시하는 것도 가능하지 않고 가능해도 바람직하지 않으므로 선별 지원은 불가피하다. 모든 대학에 일률적으로 지원하는 것은 자원 낭비다. 선별 지원은 지원 희망 대학들 간의 경쟁을 촉발하고 가용 재원을 집중할 수 있는 효과가 있다. 평가는 기존의 외양적 지표 중심 평가를 지양하고 질적 요소를 평가하되, 유형별 평가 지표를 만들어 사용해야 한다.[46]

대학이 스스로 개혁안을 마련해 서로 경쟁하고 정부는 그것을 점수화해 차등 지원하자는 주장이다. 그런데 이 보고서는 소규모 단과대학은 종합대학이 되고, 종합대학은 학부 중심 대학에서 대학원 중심 대학이 되는 것을 대학 발전이라고 보는 고정관념이 쉽게 극복되지는 않으리라고 우려했다. 선별 지원을 통해 획일적이고 단선적인 발전 모델을 극복하고 개성 있고 특성화된 대학을 만드는 게 그리 쉽지 않을 것이라 진단했다.

이듬해인 1996년 5월 17일에 교육부는 '교육개혁 추진 우수 대학 특별 재정지원계획안'을 발표했다. 교육과정 운영과 학사 개혁 등 내적 변화를 위해 노력하는 대학을 중심으로 먼저 지원한다는 계획이었다. 교육과 연구 여건 등 드러난 외적 성과를 중시하는 대신, 수요자 중심의 교육개혁을 이루거나 특성 있는 학사 과정을 운영하는 내적 변화의 노력이 재정 지원의 기준이 되었다. 교육 정상화를 위한 학생 선발, 대학의 다양화·특성화, 열린 교육 체제의 제도적 기반 구축, 학술 연구의 수월성 높이기, 대학교육의 세계화·정보화, 대학교육의 공공성 등이 평가 기준이 되었다. 첫 평가에서 서울대를 비롯한 23개 대학이 교육개혁 우수 대학으로 선정되어 지원을 받았다.[47]

정부는 평가에 따라 재정 지원을 하면서 경쟁 원리의 도입을 통해 대학교육의 질을 향상시키고자 하는 또 하나의 방안을 내놓았다. 재정 여건이 좋은 기업이 부실한 사립대학을 인수하고 운영과 학생 선발 등을 완전 자율화한 뒤 평가 내용을 공개해 대학 운영 실적을 사회에 발표하겠다는 것이다.[48]

BK21, 즉 '두뇌한국 21'은 대학원을 특성화해 첨단 과학기술 분야를 집중 육성하려는 정부의 초대형 재정지원정책이었다. 평가에 따른 차등 지원 원칙이 적용된 대표적인 정책이었다. BK21 사업에 따라 1단계인 1999년 9월부터 2006년 2월까지 7년간 대학들이 꾸린 564개 사업단에 해마다 2,000억 원 넘게 총 1조 3,421억 원이 지원되었다. 이 사업은 김대중 정부에 들어와 본격 시행되었지만 그 뿌리는 김영삼 정부의 교육개혁안에 있었다.

5·31교육개혁안에는 대학원 중심의 연구 중심 대학을 선정하고 집중 투자해 2005년까지 세계 수준의 명문대를 만든다는 방안이 담겨 있었다. 이는 당초 서울대를 겨냥한 것이었다. 학부를 인문, 사회, 자연 등 3개 분야에 소규모 인원으로 줄이는 대신 대학원을 활성화해 서울대를 국내 최초의 연구 중심 대학으로 육성한다는 것이었다. 서울대 한 곳에 전체 예산을 집중할 예정이었다. 하지만 대학들의 반발이 잇달았다. 결국 서울대 한 곳에서 서울대를 포함한 3개 대학으로 늘어났다가 차츰 확대되었다. 본래는 첨단 과학기술 분야만을 지원하려 했으나 인문사회 분야와 지방 BK21 등이 추가되었다. BK21의 목적은 세계적 수준의 대학원 집중 육성과 지역 대학 특성화를 통한 고등 인력 양성 체제를 구축하는 데 있었다. 이를 위한 재정 지원은 학사과정 정원 감축, 대학원 문호 개방, SCI급 학술지(과학 논문 색인 지수 집계에 포함되는 국제적인 학술지) 논문 게재 의무화 등 대학교육 개혁과 연계되어 이루어졌다. 산학협동 강화도 요구했다.[49] BK21 사업이 대학 사회에 몰고 온 파장은 컸다.

연간 2,000억 원 지원으로 세계적 수준의 연구 중심 대학과 지역 우수 대학을 육성한다는 BK21 사업을 둘러싸고 전국의 대학가가 소용돌이에 휩싸여 있다. 특히 교수들은 4·19혁명 이래 처음으로 대규모 거리 시위에 나서는 등 교육부의 사업 추진에 거세게 반발하고 있다. …… 일부 대학에서는 대학과 교수 사이, 교수들끼리 참가 여부를 놓고 내부 갈등이 빚어지고 있다. 서울대의 경우 사회대가 교수회의 결정으로 참가치 않기로 결정했으며 일부 교수들은 서울대 전면 개편론과 해체론까지 들고나오기도 했다. 고려대에서는 대학 당국이 한국학 등 일부 분야의 참여를 신청키로 했으나 일부 교수들이 "들러리를 설 필요가 없다"고 주장하는 등 혼선을 겪고 있다. 이공 계열 9개 분야 중 6개 분야 등에 참여할 계획인 연세대는 사업단이 구성된 학문 분야에서 교육부의 자격 제한 조건 때문에 일부 교수를 빼는 등의 문제로 내부 갈등을 빚고 있다.[50]

김영식 당시 교육부 대학국장은 "BK21은 대학의 위상, 나아가 생존과 직결된 문제였다. 그래서 다들 죽기 살기로 덤볐다. 탈락된 팀들은 매일 내 방 앞에 줄을 섰다. 평가가 불공정했다는 것이다. …… 탈락 팀들은 국회로 가서 의원들에게도 교육부의 평가가 불공정했다고 주장했다. 때문에 당시 2~3년간 교육부는 국정감사 때마다 BK21과 관련해 집중적으로 시달렸다"[51]라고 회고했다.

시행 단계에서 또 다른 논란이 불거졌다. 정부가 BK21 사업 심사에 학부제 모집 실적 점수를 반영한 것이다. 학부제 모집은 법적인 강제 사항이 아니었으나 재정 지원 사업과 연계되어 있으니 울며 겨자 먹기로 따를 수밖에 없었다. 대학들은 일단 모집 단위를 광역화했다. 그리고 교육부를 향해 대학원 특성화나 연구 수월성이 학부제 시행과는 관련이 없다고 주장했다.

1조 3,000억 원이 넘는 재정이 지원된 BK21 사업 1단계를 거치면서 참여 교수 1인당 SCI급 논문 수는 비참여 교수에 비해 열 배 이상 많아졌다. 한국과학기술대학 기계사업단은 휴보(Hubo)를 개발해 로봇 연구력을 인정받았다. 그러나 이러한 긍정적인 효과만 있는 것은 아니있다. BK21 선정 과정의 문제, 특정 대학에 대한 집중 특혜, 선정 사업단의 실적 부진, 지원비 남용 등이 문제로 지적되었다.

이처럼 평가에 따른 재정 선별 지원이 대학 간 경쟁을 불러일으키고 대학 스스로 개혁에 나서게 만든 결정적 동력으로 작동한 것은 분명했다. 그로 인해 대학교육의 질 또한 높아졌다. 하지만 정부의 대학 지원정책에 응모할 수 있는 능력이 곧 대학 규모와 직결되면서 대학 간 서열화, 학문 간 불균형, 지방대에 대한 차별 등이 심화되었다.[52] 사회 양극화와 마찬가지로 대학 사회에도 부익부 빈익빈 현상이 일어났다.

시장권력의 진출, 시장 논리의 전면화

1987년 민주화 이후 한국 사회는 시장에 포획되었다. 독재 권력의 몰락을 통해 마련된 민주주의 공간 속에서 국민의 자유와 주권만이 아니라 시장의 자유와 주권도 확산되기 시작했다. 이는 정치·사회적 영역이 시장에 봉사함으로써 시장이 신봉하는 생산성과 효율성이라는 원칙이 전 사회로 확산된다는 걸 의미했다. 이렇게 시장이 사회조직의 일부가 아니라, 사회가 시장의 일부로 전락하는, 시장에 의한 사회 식민지화가 이루어지는 흐름에서 대학 역시 예외가 아니었다.

이제 대학은 시장권력의 통제 아래로 들어가 그 지배를 받아들였다. 대학의 존재 이유가 국가권력이나 시장권력의 존재 이유와 같을 수 없음에도 세 영역 모두 같은 것을 지향하고 같은 것을 탐하고 같은 것을 주장하기에 이르렀다. 시장의 부를 늘리고자 하는 국가와 사적인 이익 창출을 목적으로 하는 시장과 함께 공공재인 대학마저 부를 좇는 경제 조직체로 변모해갔다.

1995년 교육개혁위원회에서 내놓은 5·31교육개혁안에도 대학교육이 상품의 시장이라는 관점이 관통하고 있었다. 개혁안은 그러한 상품 시장이 왜곡되었으니 바로잡아야 한다는 차원에서 기획되었다.

첫째, 대학 정원은 정부가 고등교육 인구에 대한 인력 수요를 판단해 정하는 것으로 되어 있었으나 앞으로는 고등교육 인구와 그 수급에 대한 정부 당국의 판단은 사회 현장의 실제를 파악하는 데 한계가 있으므로 이를 시장에 맡기는 것이 바람직하다.

둘째, 날로 누적되고 있는 미취업 고졸자 문제와 자녀를 대학에 보내기 위한 가계의 막대한 과외 비용 부담 문제를 해결하기 위해서는 정원의 결정을 시장에 맡겨야 한다.

셋째, (시장의 초과 수요 상황에 대처하는) 대학들의 정원 확대는 대학 간의 경쟁을 조장해 대학의 발전을 자극할 것이다.[53]

그리고 지금까지 정부가 대학교육 공급, 즉 대학 입학 정원을 통제해온 것이 문제이니 공급을 시장에 맡기면 시장의 문제, 즉 치열한 입시 경쟁, 사교육, 실업계 졸업자의 실업 등이 해소될 것이라는 시장적 관점의 해법을 내놓았다. 새로운 공급자의 시장 진입을 허용한다는 대학설립준칙주의와 기존 공급자의 공급량을 확대하는 차원에서 실시한 대학 정원 자율화 정책이 바로 그 해법이었다. 두 정책의 구현으로 대학 진학률은 크게 올랐다. 1990년 35만 명에 불과했던 대학 입학 정원은 정원 자율화 직전인 1995년에 이미 50만 명, 2002년에는 약 66만 명으로 정점을 찍었다. 대학 진학률은 1990년대 초에 30퍼센트대를 기록했으나, 1997년부터 2000년까지는 60퍼센트대를, 2001년부터 2003년까지는 70퍼센트대에 이르렀다. 이후 2004년부터는 80퍼센트내로 올라있다. 10년 민에 30퍼센트대에서 80퍼센트대로 뛴 것이다.[54]

이러한 시장 논리에 기반을 두고 등장한 대학 경쟁력 강화 담론은 정부와 사학재단을 개혁의 주체로 내세웠다. 학생은 개혁의 수혜자로 부르면서 상품 생산자인 교수는 생산성을 높이기 위한 개혁 대상으로 몰아갔다. 또한 대학 입학 인구의 축소로 공급자 중심의 시장구조가 흔들리면서 대학이 학생 확보를 위해 경쟁해야 하는 상황이 다가올 것이며, 대학의 인력 상품을 가장 많이 구매하는 기업의 요구를 받아들여야 하는 입장이 될 거라고 예측했다. 대학 경쟁력 강화 담론이 강조되면서 시장주의, 즉 '민간 자율과 경쟁의 원칙'이 대학 개혁의 원리로 확고히 자리 잡아갔다.[55]

시장 논리의 확산 속에 시장권력은 예상보다 빨리 대학 위에 군림하는 존재가 되어갔다. 시장권력, 특히 대기업이 대학교육에 개입하는 가장 직접적인 형태는 대학법인을 계열화해 대학을 경영하는 것이었다. 삼성의 성균관대, 두산의 중앙대, 현대의 울산대, 대우의 아주대, 대한항공의 인하대와 항공대, LG의 연암공업대학, 동아그룹의 동아방송대학 등이 대표 사례이다. 이뿐만 아니라 대기업 중심으로 대학에 연구비를 지원하는 횟수가 많아졌고 액수도 커졌다. 대학의 정책 수립에 기업의 요구를 반영하는 경우도 빈번해졌다.

삼성의 성균관대 인수는 대학 기업화의 역사에서 중요한 이정표가 되었다. 삼성 이전에 사학법인을 소유했던 기업들은 자신의 특성에 맞는 공대 중심으로 대학을 경영했다. 포항제철의 포항공과대, 대한항공의 인하대, 대우의 아주대, 현대중공업의 울산대가 모두 이런 범주의 대학들이다. 그런데 삼성은 인문과학 분야에서 두각을 나타내던 성균관대라는 종합대학을 구매 방식으로 인수했다. 이로 인해 대학도 사고팔 수 있는 상품이라는 인식이 확산되었다. 삼성은 성균관대를 인수한 이듬해인 1997년부터 팀제를 비롯한 기업형 경영 방식을 대학 경영에 전격 도입했다.[56] 2008년에 두산은 삼성의 방식을 그대로 따르며 중앙대를 인수했다.[57] 박용성 이사장은 취임과 동시에 학칙 개정과 구조 조정을 요구했고, 총장 직선제를 총장 임명제로 바꾸었으며 교수 선발권까지 장악했다. 그는 자본주의 논리는 어디를 가나 통한다는 믿음으로 대학을 장악해나갔다. 하지만 중앙대는 지금도 대학 기업화의 최선두에 서서 각종 갈등을 겪고 있다.[58]

시장권력은 대학을 경영하거나 산학협동 체제를 마련하는 데서 나아가 국가권력의 대학교육정책 입안과 시행에도 적극 개입했다. 대학교육과 관련된 각종 위원회에 산업계를 대표하는 인사가 참여하는 것이 익숙한 풍경이 되어갔다. 5·31교육개혁안을 마련한 교육개혁위원회에도 기업 대표가 참석해 학부제 도입 등을 관철시켰다.

시장권력이 대학을 장악할 수 있었던 발판은 산학협동이었다. 산학협동에 대해서는 1980년대 이후로 본격적인 논의가 이루어졌다. 첨단 과학 분야에서는 기초 연구의 필요성과 기술 개발의 복잡성 때문에 기업 단독으로 연구 개발이 어려우므로 대학과 협력 작업이 필수 요건이라는 것이다. 그러면서 정부가 주도적으로 산학협동의 기반을 마련해줄 것을 요구했다.[59] 시장권력이 대학에 진입하는 1990년대 이후로는 산학협동이 대학의 기본 역할로 자리 잡아갔다. 1992년에는 공학 발전은 정부, 산업계, 대학과 교수의 공동 책임이라면서 산학협동을 위한 삼자의 협력 강화를 내세운 전국 공과대학 학장협의회가 발족했다.[60] 연세대 송자 교수는 산학협동이 대학과 국가가 성장하는 길이라는 주장을 펼쳤다.

한국에 가장 합당한 반도체 육성을 위해서는 산업 현장이 28퍼센트, 정부가 11

퍼센트, 대학이 26퍼센트 그리고 대학·산업체·정부가 공동으로 35퍼센트 정도를 협동해야만 한다는 연구 결과만 보더라도, 산학협동이 산업 발전과 국가 경제 발전을 위해 얼마나 중요한시를 알 수 있다. 물론 이것은 대학원교육이 강화되고 대학교수의 연구 기능이 활성화되어야 한다는 전제를 요구하지만, 이것 못지않게 대학교수의 연구를 활성화시켜줄 연구 재원이 정부와 산업체로부터 확보되어야 한다.[61]

하지만 그것은 말 그대로의 산학협동이 아니었다. 기업과 대학이 서로 힘을 모아 연구하고 개발한다고 하지만 결국 둘 다 시장 이익을 좇으며 자원을 쏟아붓고 있는 셈이었다. 실권은 시장권력에 있었다. 시장권력이 대학을 기업과 하나로 묶어 이익 창출을 위한 수단으로 활용했다. 국가권력은 양자의 협동을 부추기고 보증을 서는 중개인 역할을 맡았다.

시장권력이 대학에 개입하면서 대학은 기업이 바라는 인재상을 양성하는 훈련소가 되어갔다. 기업이 놓여 있는 경제 기술 환경이 빠른 속도로 바뀔 때마다 기업이 필요로 하는 인재상이 달라졌다. 기업은 대학에 그에 걸맞은 교과과정이나 교육 내용을 요구했고, 대학은 이에 따른 개편을 시도했다. 국가권력 역시 시장권력이 제시한 인재상을 추구했다. 기업이 전문지식을 획일적으로 주입받은 노동력보다는 창의력, 응용력, 종합적 인식능력을 두로 갖춘 인력을 요구하자, 김영삼 정부 이래 국가권력은 학부제와 복수전공제를 실시하고 산업 현장과 연계 교육을 하는 대학에 평가를 통한 선별 지원을 했다.[62] 나아가 대학가에 벤처 창업 열풍이 불면서 교수들이 창업을 통해 직접 기업가로 나서며 시장에 진입했다.[63] 교수의 창업 활동은 기업 연구 사업의 전진기지 또는 시험대로서 시장권력의 적극적인 지지와 지원을 받았다.[64]

하지만 시장권력은 정부와 대학의 개혁에 만족하지 않고 2002년 전경련 산하에 교육발전특별위원회를 조직해 교육개혁의 주체로 직접 나섰다. 교육발전특별위원회는 산업계의 요구에 부합하는 우수 인력 양성, 교육제도 및 시스템의 선진화, 산·학·연 협력 활성화 등 3대 추진 목표를 설정했다. 시장 원리의 도입을 통해 교육기관의 경쟁을 유도하는 방안을 제시하고, 기업과 대학의 1 대 1 산학협동 체제를 구축하는 방안도 마련했다.[65]

이처럼 대학은 차츰 자율성을 잃고 시장권력에 포섭되고 말았다. 시장의 힘에 휘둘리며 그 고삐에 잡혀 벗어날 수 없는 신세가 되었다. 이러한 현상을 연세대 사회학과 박영신 교수는 '경제주의'라 불렀다.

> 대학이 점차 이러한 경제주의에 더욱 충실하고자 더 뜨거운 열을 뿜어내고 있다. 그것을 유일한 생존의 길로 믿고 받아들이게 된 이상 대학은 경제주의의 잣대에 따라 평가되고 경제주의의 지침에 따라 움직여갈 수밖에 없다. 따라서 대학의 전공 분야는 경제주의의 힘에 얼마만큼 접근하고 있는가에 따라 그 값이 매겨진다. 경제와 경영 분야가 중요하고 공학과 같은 실용 학문이 대학의 중심 세력으로 올라서게 된 것은 바로 이러한 경제주의의 지배 탓이며, 대학의 존재 이유와 그 핵심 가치에 대한 이야기는 변두리로 밀려나고 기부금 모으기를 둘러싼 꾀와 솜씨 이야기가 대학의 마당 한가운데로 들어서게 된 것 역시 이렇듯 득세하고 있는 경제주의 때문이다.[66]

또한 박영신은 '칼과 돈 힘에 붙어 경제주의를 내세워 이를 정당화하고 이념화하기 위해 붓 힘을 휘두르며 경제성장의 주체 세력으로 나섰던 대학이 마침내 거기서 비롯되어 나온 그 경제주의의 통제 아래로 들어가 스스로 그 지배를 받는 것'이라고 비판했다.

시장권력의 대학 포섭 현상은 우리만의 일이 아니었다. 앞서 살펴본 것처럼 미국을 포함한 세계 대학이 비슷한 상황에 처했다.

미국은 1980년대 이래 학문의 세계에서 시장의 힘과 상업적 가치가 점차 큰 힘을 행사해왔다. 대학교육에 문화적 격변이 일고 있다. 대학이 학생을 교육시키는 방식부터 대학이 하는 일을 일컫는 용어까지 모두 변화하고 있다. 대학 경영진은 학생을 소비자로, 교육과 연구를 생산물로 간주한다. 대학을 브랜드화하는 방법과 마케팅 전략을 고민한다. 워싱턴을 상대로 한 로비에 더 많은 자금을 지출하고 있다. 학과에서 민간 기업과 재정적 협력 관계를 맺고 그 대가로 실험실에서 나오는 연구 성과물에 대한 우선권을 보장해주기도 한다. …… 의학계에서는 교수들이 자신의 이해관계가 걸린 의약품을 추천해서 학문과 마케팅의 경계를 모호하게 하는 경우가 많다.[67]

이처럼 시장권력(기업)-대학-국가 간 협력 체제를 통해 대학 발전을 추구하는 상황은 이제 세계적 추세다. 대학에는 자치나 자율 이상으로 산업과 사회 발전에 대한 책임이 강조되고 있다. 이제 시장권력은 대학 운영에 재원을 제공하는 결정적 주체가 되었고, 이에 따라 대학이 달라졌다. 기초과학 연구는 경시되었고, 응용 학문 연구와 경제 가치를 지닌 지식의 창조와 보급이 중시되었다.[68]

시장권력의 대학 진출과 포섭, 그리고 대학에 시장 원리가 만연해진 현실은 대학교육의 위상을 바꿔놓았다. 본래 대학교육은 세금으로 보조금을 넉넉하게 지급해도 될 만큼 경제적·전략적·문화적 이득을 가져다주는 공공자산이었다. 하지만 점차 대학교육은 개인이 받는 혜택으로 여겨졌고, 개인 기부자, 기업 그리고 학생(등록금)에게 의존하는 문화로 바뀌어갔다. 대학교육의 사유화 경향이 가속화되었던 것이다. 대학교육의 사명이 교육이나 연구 활동에 있다는 논리는 더 이상 설득력을 갖지 못했다. 대학도 시장의 요구에 부응하며 영리를 추구하는 기업이 되어야 살아남을 수 있었기 때문이다.

이를 뒷받침하듯이 시장주의적 관점에서 대학을 바라보면서 사립대학은 공공재가 아니며 국가는 대학교육에서 손을 떼야 한다는 주장도 등장했다. 자유기업센터의 '자유와 개혁 시리즈'로 출간된 경희대 경제학과 안재욱 교수의 《한국의 사립대학교》는 한국의 사립대학이 설립 주체가 다르다는 것 말고는 국공립대학과 별 차이가 없다는 점을 비판했다. 사립대학이 사인(私人)이나 사법인이 설립·운영하는 대학임에도 운영 전반에 걸쳐 국가의 통제를 받고 있다는 것이다. 그는 '국가가 대학의 설립, 학과의 신설, 학생 정원, 학생의 이동, 학사, 교육, 교원 등에 관한 제반 사항을 규정하고, 그 규정 아래에서 사립대학교가 운영되고 있다'고 비판했다. 또한 국가권력이 대학교육과 사립대학을 통제하면서 취약한 재정, 지나친 등록금 의존, 교육 시설의 낙후, 실험·실습비 부족, 교수당 학생 수의 초과, 교수의 연구 실적과 학생의 학습량 저하, 재단의 독선적 행위와 부정·비리 등의 문제가 해결되지 않았다는 논리를 폈다.

> 대학에 대한 국가의 통제는 대학교육 시장을 비경쟁적으로 만들었으며, 그러한 비경쟁적 환경하에서 대학은 그가 생산해내는 대학교육 서비스의 질에는 별로 관심을 두지 않고 최소의 비용으로 다수의 학생을 가르치고 거기서 실리를 취하려 하였다. 그러다 보니 학생이 내는 등록금의 범위 내에서 대학을 운영하려고 한 결과, 대학 재정이 과다하게 등록금에 의존하게 되고, 교육 시설의 낙후와 실험 실습비의 부족을 겪게 되며 학생 수가 과다해졌다. 이러한 상황에서 교수의 강의나 연구의 질적 수준은 저하되었으며, 많은 재단이 부정과 비리를 저지르게 되었다. 따라서 사립대학교가 이러한 문제를 겪고 있는 것에는 대학 경영자들의 의지 부족이나 부도덕성에도 그 원인이 일부 있겠지만, 그보다 근본적으로는 국가가 대학교육의 독점 공급자의 위치에서 대학을 통제하고 규제한 데 있다.[69]

사립대학의 낙후성이 국가 통제 때문이라는 것이다. 안재욱은 과감하게 국가가 대학교육에서 손을 떼야 한다는 해법을 내놓았다.

국가가 대학교육 시장에서 통제와 보호를 제거해 대학교육 시장을 경쟁적으로 만드는 일이다. 그리해 대학들 스스로가 학생 정원 조정권을 갖고 학생 선발과 등록금을 자율적으로 결정하도록 해야 하며 학사 업무를 자율적으로 하도록 해야 한다. …… 그 개편의 방향은 교육 시장에서 자유 시장경제의 원리가 적용되도록 해야 하며, 사립대학교들 스스로의 의사 결정에 따라서 대학이 운영될 수 있도록 만들어야 한다. 그래서 학교 설립 인가제를 학교 설립 신고제로 바꾸어야 하며, 대학 설립 기준을 자유화하여야 하고, 학생들이 대학 간 이동을 자유롭게 할 수 있는 편입학제도를 도입해야 한다. 그리고 복잡한 법체계를 폐지하면서 사립대학교의 운영에 관한 모든 것이 학교법인의 정관과 학칙에 따라 운영될 수 있도록 하며, 만약 법정 분쟁의 문제가 발생할 시에는 민법에 의해 해결하도록 해야 한다.[70]

이처럼 시장주의 논리를 극대화하면 대학은 곧 사유재산이라는 결론에 이르게 된다.

시장권력이 대학을 포섭하고 시장 원리가 확산되는 가운데 대학 총장에 대한 인식이 달라졌다. '경영 총장'이라는 말 역시 이때 등장했다. 총장에게 대학 운영에 기업 경영 방식을 도입하고 사회의 기부금 유치를 위한 활약을 기대하는 시대가 온 것이다.[71]

먼저, 총장을 영입하거나 공모하는 풍토가 생겨났다. 명지대에서는 1992년에 외부 인사인 이영덕 한국적십자사 총재를 총장으로 영입해 화제를 모았다.[72] 포항공과대는 1994년에 김호길 초대 총장이 사망하자 2대 총장을 공모했다.[73] 총장에게 권위보다는 경영 능력을 요구하면서 생긴 변화였다. 연세대 총장을 지낸 백낙준은 1978년《고우회보》지령 100호 특집에서 인터뷰를 통해 총장의 역할을 다음과 같이 언급했다.

> 학교의 책임자는 학문이 깊고 인격이 고매한 인물이 맡아야겠지만 한편으로는 행정 능력이 활발해서 재원을 풍부하게 이끌어오는 재주도 있어야 합니다. 앞으로 우리나라 사학은 학생의 등록금에 의존하는 방식을 지양하고, 국회의원이 자기를 뽑아줄 선거구를 정하는 것과 마찬가지로 재정을 뒷바라지해줄 '그늘'을 만들어야 할 것 같아요. …… 금융계에 우리 졸업생이 많이 진출했지만, 금융계가 우리의 후원자가 되겠고 재계나 언론계나 마찬가지겠지요. 학교 운영에 조금이라도 간섭하려는 의도가 있다면 억만금을 들고 오더라도 거절해야 하는 것은 당연한 논리입니다.[74]

권위보다는 탁월한 행정 능력을 손꼽았지만, 외부 특히 시장권력이 개입이나 간섭의 의도로 가지고 오는 돈은 거절해야 한다는 얘기다. 하지만 1990년대 총장은 시장권력을 거부할 수 없었다. 그들은 산학협동이라는 이름으로 시장권력, 즉 기업의 돈을 이용해 학교를 잘 꾸려가야 했다. 바로 경영 총장이어야 했던 것이다.[75]

시장주의 논리에 충실하게 대학 개혁을 추진할 총장에게는 수익 지향, 고객 및 시장 지향, 긴축 및 효율 지향, 투명 지향의 대학 경영이 요구되었다. 대학은 이제 행정적 관리의 대상이 아니라 경영의 대상이었다.[76] 총장에게는 대표자 및 경영자의 역할, 개혁과 변화 촉진자의 역할, 이해 조정 및 갈등 해결자의 역할, 재원 조달자의 역할 등이 부여되었다. 또한 총장이 갖추어야 할 조건으로는 학문성, 개혁적 사고와 추진력, 세계적 안목, 책임 윤리, 합리적 사고 등이 제기되었다.[77] 총장에게도 대기업 총수의 자질, 즉 미지의 세계에 대한 끊임없는 도전과 방대한 조직을 통괄하는 지도자적

경영 능력이 무엇보다 요구되었다.[78]

실제로 경영학과 출신이 총장 자리에 오르는 경우가 빈번해졌다. 먼저, 고려대 경영학과 김희집 교수가 1990년 총장에 선출되었다. 그는 산학협동과 대학 경영의 효율성을 강조했다.

> 정부가 우리나라를 선진국으로 진입시키려면 대학이 선진국 수준에 맞는 교육을 시키도록 해야 하는데 말로만 그럴 게 아니라 실질적인 지원을 해야 합니다. 기업도 마찬가지입니다. 세계 초일류 기업으로 살아남으려면 일류 인재를 키울 수 있도록 대학을 지원해야 합니다. …… 물론 대학도 효율적으로 경영해야 합니다. 돈 안 들이고 할 수 있는 방법은 우리 스스로 추진해야 할 것입니다.[79]

경영 총장을 둔 고려대는 1994년에 학교채를 발행했다. 학교채란 모집 대상자로부터 일정액을 빌려 쓰고 일정 기간이 지난 후 갚는, 즉 장래에 학교법인과 대학이 변제 의무를 갖는 채무 부담제도이다. 고려대는 이것이 스스로 재원을 만들어 국제 경쟁력을 강화하고 혁신을 추진하려는 대학의 자구 노력이라고 설명했다.[80]

연세대 경영학과 송자 교수는 1992년 총장에 취임했다. 그는 대교협과 사립대학 교무처장들이 기여입학제 도입을 시도할 무렵, '대학의 자율화가 좀 더 진척된 후 대학 특성에 맞게 고려되어야 하는 제도'라는 문제 제기를 해 일찍이 주목을 받은 적이 있었다. 그는 '대학 행정의 모든 자율권은 대학 당국에 맡겨져야 한다'[81]는 주장을 펼치는 동시에, 대학도 경영을 아는 이가 행정을 맡아야 한다며 스스로 경영 총장 또는 CEO 총장이라 불렀다.[82] 그는 정부에게는 학원의 자율과 학문의 자유를 제약하는 각종 규제를 풀어야 하는 역할이 있다면, 대학 행정 최고 책임자인 총장은 합리성과 전문성을 지향하는 대학 경영에 힘써야 한다고 주장했다. 대학 경영 자체가 전문화되어야 한다는 것이다.

대학의 자율성이 보장되기 위해서는 교육행정 당국이 장악하고 있는 학원의 자율과 학문의 자유에 관한 각종 규제들이 공익 관점에서 정리되어야 한다. 또한 학원의 자율과 학문의 자유를 위한 두 번째 조건은 대학 행정 최고 책임자의 역할이 변화되어야 한다. 과거와 같이 행정가, 의견 조정자, 회의 진행자로서의 역할만 고수하는 한 비효율적이다. 기존 대학 기관 운영에 관계된 의사 결정의 기능과 운영 과정의 합리성을 철저히 추구해야 하며, 대학교육과 관계된 계획 입안에 있어서 전통적인 사고방식의 궤도를 과감히 수정해야 한다. 대학 경영자로서의 전문성을 추구해야 한다.[83]

첫째, 대학 총장과 대학인들은 대학 발전을 위한 장·중·단기 실천 계획을 입안할 능력이 있어야 하며, 둘째는 대학(대학원)과 학문의 탁월성을 유지해줄 수 있는 학구적 에너지가 있어야 한다. 대학 총장과 대학인들이 세 번째로 지녀야 할 자질은 양질의 대학 프로그램을 강력하게 추진할 수 있어야 하며, 넷째는 대학 재정 확충을 위해 낭비를 줄이고 그와 아울러 대학 발전을 위한 모금 능력 역시 뛰어나야 한다. 마지막으로 대학인 모두에게 요구되는 자질은 대학 시설 및 직원에 대한 효율적인 운영 능력이 뛰어나야 한다는 점이다. 이런 것은 대학 총장과 대학인들이 대학 경영의 합리화를 위해 지녀야 할 최소한의 조건일 뿐이다.[84]

송자 총장은 기금 모집에 총력을 기울였다. "사립대학 교수는 시작도 기금 조성이고 끝도 기금 조성이다"라면서 모든 교수에게 기금 모집을 위해 개인 인맥을 활용하라고 독려했다. 그 결과 상당한 성과를 올렸는데, 특히 대기업의 기부금 비율이 83퍼센트에 달했다. 연세대는 대우로부터 140억

원을 기부받아 상경대학 건물을 짓고는 '김우중기념관'이라고 이름 붙였다. 송자 총장은 경영컨설팅 회사인 매킨지(Mckinsey)에 의뢰해 대학 개혁 전략을 세웠고, 대학 운영에서도 원가 계산, 수익자 부담 원칙, 이수 학점별 차등 등록금제 등 경영 기법을 도입했다. 연세대의 사례는 사립대학에 하나의 전범이 되었다. 숙명여대의 이경숙, 고려대의 어윤대 등 CEO 총장들은 수천억 원에 이르는 발전 기금을 모집하는 데 성공했다.[85] 역시 경영학을 전공한 홍익대 이면영 총장은 1992년에 사립대학으로는 처음으로 학교 재정을 공개했다. 1992년 6월 23일 신문에 '대학도 이제 회계를 공시합니다'라며, 공인회계사의 감사를 받은 1년간의 학교 재정 운영 결과인 결산 공고를 실어 주목을 받았다.[86] 이러한 풍토 속에서 1997년 서강대 총장으로 취임한 이상일은 "총장을 회장으로, 학장을 사장으로 하는 대학 경영"을 선포하기도 했다.[87] 2005년에는 삼성그룹 CEO 출신인 손병두가 서강대 총장에 취임했다.

경영 총장으로서 이러한 대학 총장의 위상은 대학이 1950년대처럼 등록금으로 돈벌이를 하는 수준의 '대학주식회사'가 아니라, 시장권력에 포섭되어 시장주의 원리에 따라 움직이는 산학 일체형 기업이 되어가고 있음을 보여주었다. 서울대를 비롯한 국립대학들까지 대학 운영에 경영 기법을 도입하면서 대학의 기업화는 대세로 자리 잡아갔다.

대학 위기 담론이 나아갈 길

대학은 1990년대 이후 정말 놀라운 변화를 했다. 1970년대에 실험대학정책으로 개선하고자 했던 대학교육의 질은 1990년대 국가권력의 평가에 따른 선별 지원과 대학 스스로의 개혁으로 단숨에 확보되었다. 나아가 대학은 시장권력과 시장 원리에 급속히 포섭되어갔다. 세계화와 신자유주의 바람은 개혁 사각지대였던 대학을 순식간에 바꿀 만큼 위력이 있었다.

대학 사회에 불어온 개혁의 바람은 늘 대학 위기론과 함께 공생했다. 대학의 시장화가 가져온 폐해 중 대중적 관심을 얻은 것은 인문학의 위기였다. 자본주의의 기본 범주인 시장성과 효율성이 인간적인 삶을 지향하는 인문학을 위기에 빠뜨릴 수밖에 없다는 논리는 역설적이지만 기업 연수와 입사시험에서 인문학을 중시할 만큼 사회적 설득력을 얻었다.[88] 하지만 그 역시 인문학이 시장주의 원리에 포섭되어 그저 하나의 상품으로 소비되고 있을 뿐이라는 비판을 받았다.

이처럼 대학 '혁명'이라고 부를 만큼 급격한 변화를 겪는 가운데 이를 대학 위기로 파악하고 대안을 모색하는 흐름이 이어졌다. 원로 교육학자인 정범모는 대학이 여전히 제 갈 길을 가지 못하는 것은 대학에 자율이 없기 때문이라고 보았다.

> 한국 교육행정은 강력한 중앙집권적 관료 권위주의의 타율 체제를 유지하고 있다. 대학의 생명은 자율이다. 한국의 대학에 자율은 없었다. 자율 없는 상황에서 수준급 대학이 있는 나라는 없다. 물론 대학은 외부로부터 풍족한 재정 지원을 받아야 한다. 그러면서도 대학이 자율을 향유하게 하는 것이 대학 발전의 필수 조건이다.[89]

현직 교수가 보기에도 대학에 자율은 더 이상 설 자리가 없었다. 평가가 온통 그 자리를 채우고 있었기 때문이다. 홍덕률은 국가의 각종 평가가 대학 사회, 특히 교수 사회를 뚜렷이 바꿔놓았다고 보았다.

교수들은 재단과 대학에 의해서 일상적으로 평가받기 시작했다. 물론 그전에도 재단과 대학에 의한 교수 평가는 있어왔다. 재임용과 승진 심사가 그것인데, 그래도 그것은 주로 연구 실적 평가에 국한되었다. 지금은 연구 실적 외에 학회 활동, 사회봉사, 대학 빌진 모금 실적, 외부 연구비 수주액, 산학 협력 실적, 신입생 모집 및 학생 취업 알선 실적, 학교 내 봉사 실적 등 교수의 일거수일투족이 점수로 환산되고 있다. 연구 실적도 과거와는 달리 게재된 학회지의 등급에 따라 다른 점수를 받는다. 또 이전의 재임용과 승진 심사는 형식적으로 이루어지는 경우가 많았지만, 지금은 계약제·연봉제 등과 맞물려 운영되면서 매우 엄격해졌다. 평가 결과에 따라 연봉 액수와 승진 여부가 결정되고 심지어 계약이 해지되기도 한다. 교수들은 재단과 대학 본부에 의해서만이 아니라, 항상 평가 대상이기만 했던 학생들로부터도 평가받고 있다. …… 각종 평가에 포위된 교수들은 자신의 승진, 연봉 심지어 교수 신분까지 결정하는 평가에 철저히 적응해간다. 평가 점수를 잘 받는 쪽으로 모든 행동을 조정하는 것이다. …… 평가 점수를 많이 받기 위한 실적 부풀리기, 학회지 등급 올리기, 저자 이름 빌려주고 빌려오기 등의 탈법 행위마저 벌어진다. 숭고한 대학 이념, 학자적 기개와 지성, 학자로서의 역사적 소명, 교육자적 양심 등은 증발해버리고 점수 따기 경쟁만 남는 것이다. …… 각종 평가가 일상화되면서 교수 노동 과정의 가장 본질적인 특징인 '자율성'은 위협받을 수밖에 없게 되었다. 대학교육이 규격화되고 시장의 수요에 민감하게 반응하기 시작하면서 교수는 평가기관이 요구하는 기능적 지식인, 체제에 편입된 순응적 지식인으로 주저앉고 있는 것이다.[90)]

평가가 국가와 대학 간의 관계를 규정하는 틀이었다면, 대학과 기업 간의 관계를 규정짓는 산학협동 체제가 몰고 온 파장에 대한 우려도 컸다. 대학의 재정 수요를 충족시키고 기업체의 생산성을 향상시키며 국가 경제력 및 국제 경쟁력을 높이는 이점이 있음에도, 대학과 기업의 밀착은 첫째, 상업적으로 효용성 있고 재정에 이익이 되는 연구를 증진하기 위해 객관적 진리를 추구하는 대학의 전통적 기능을 크게 위협할 가능성이 높았다. 둘째, 대학에서는 연구와 강의가 균형을 이루어야 하는데 강의보다 연구가 강조되고, 그 결과 학부 학생에 대한 강의 및 지도 기능이 소홀해질 가능성이 컸다. 셋째, 대학과 기업의 밀착은 연구 과정이나 결과에 대한 공개 여부를 위축시킬 수 있었다. 기업의 재정 지원을 받는 연구는 통상 기업에서 연구 결과를 상품화하기 때문에 특허를 얻을 때까지 비밀이 요구된다. 하지만 이는 연구의 공개성 원칙에 위배되며, 교수의 학문적 자유에 중대한 침해가 될 수 있다.[91] 즉 산학협동 체제가 대학 본연의 기능인 교육과 연구의 자율성을 크게 침해할 우려가 있다는 것이다.

이처럼 대학-국가-시장을 기반으로 한 신자유주의적 대학정책으로 대학은 경제적 가치 창출의 전진기지가 되었다. 교수는 지식인이 아니라 이윤 창출을 위한 경제적 행위자의 역할을 담당하게 되었다. 보편적 진리, 순수한 지식 탐구, 비판적 지성 등의 개념은 의미를 잃어갔고, 경제적 이윤을 증대시키는 응용 지식의 생산이 대학의 몫이 되었다. 즉 대학은 기업이 되었고, 교수는 기업에 취직한 직장인이 되었다. 산학협동에 유능한 교수, 외부로부터 연구 용역을 많이 받아오는 교수, 기업체나 정부기관 등에 활발히 자문하는 교수, 응용 학문 분야의 전문가 교수가 유능한 교수로 인정받는 세상이 되었다.

이러한 위기 진단에 대한 대안으로 가장 많이 제기된 것은 공공성 확보였다.

우리 대학은 시장주의적 질서 속에서 철두철미한 서열 구조를 지니고 있으나 학령 인구가 줄어들고 있다는 사회구조적 문제 때문에 근본적인 위기 앞에 놓여 있다. 대학교육에 대한 재정 지원이 매우 취약하고 사립대학이 전체 정원의 80퍼센트라는 높은 비중을 차지하고 있는 상황에서 국립대를 법인화한다든가 지방 사립대를 구조 조정하는 식으로 시장 만능주의적 대학정책을 펴고 있기 때문에 현재 대학이 앓고 있는 병은 점점 더 깊어질 추세다. 대학교육에 만연한 시장 만능주의를 제어하고 공공성을 높여야 한다. 학벌 경쟁 게임 자체를 종식시킬 수는 없지만 지금과 같은 무한 경쟁의 사회적 낭비는 막는 차선책이 될 수 있을 것이다.[92]

특히, 대학의 80퍼센트를 차지하는 사립대학의 기업화는 공공성을 위협하는 방향으로 갈 수 있고, 실제로도 대학을 사유재산으로 여기는 사학재단이 존재하므로 공공성이야말로 대학 개혁의 핵심 가치라고 주장하는 대학 개혁론자들이 많았다.

중앙대 영문과 교수로서 민교협 공동의장을 지낸 강내희는 국가와 대학 차원의 근본적인 대안을 제시했다. 먼저, 교육부를 해체하자는 것이다.

교육부가 대학정책을 주도해서는 안 됩니다. 교육부가 주도하게 되면 지금과 같은 획일적인 정책을 내놓기 때문이지요. 교육부가 대학을 통제하면서 사학재단을 지원해왔기 때문에 교육부 정책이 대학교육에서 좋은 효과, 바람직한 효과를 낳지 못했습니다. 교육부는 대학정책을 독점하면서 사학재단의 전횡과 비리를 묵인했고, 1980년대 이후 마치 골프장 허가 내주듯 대학들을 설립케 해 교육의 왜곡과 황폐화를 초래하였습니다. 거기에다 교육부는 이제 대학을 시장으로 내몰고 있어요. 한국 교육을 망친 교육부에 대한 대대적인 감시와 감사가 필요합니다. 아니 교육부 해체를 생각할 때라고 봅니다.[93]

강내희는 교육부 대신 대학위원회를 만들어 대학정책을 맡기자고 주장하면서, 사학재단에 대해서는 장학재단으로 전환하자는 대안을 제시했다.

사학재단은 범죄적 수준의 전횡을 저지르고 있습니다. 교육부가 지원하는 공금을 몇 백억씩 유용하기도 하고 학교 재산을 처분하는 등 실정법을 위반하는 사례가 적지 않습니다. 이들을 색출해 교육 범죄자로 처벌하고 교육계에서 추방해야 합니다. 대학 운영에서 개인 독지가에 의존하는 관행을 벗어나야 합니다. 민교협 회원 교수 한 분이 사학재단을 장학재단으로 만들자고 제안을 한 적이 있는데 맞다고 봅니다. 재단이 인사권을 행사하지 않고도 재단의 권한이 아닌 의무를 강화하고, 재단을 장학재단으로 전환시켜 대학교육의 일정한 정도 이상 부담하도록 의무를 지워야 합니다.[94]

이와 같은 급진적인 대안 역시 공공성 확보가 진정한 대학 개혁의 길이라는 인식에서 나온 것이었다.

해방 이후 숨 가쁘게 달려온 현대사의 여정에서 개혁의 최후 보루였던 대학은 신자유주의와 세계화, 그리고 무엇보다 대학교육 보편화의 소용돌이 속에서 스스로 개혁에 나섰다. 분명한 것은 사립대학이 80퍼센트 이상을 차지하는 현실에서 시장권력이 대학을 포섭하고 시장주의 원리가 대학을 장악하면서 대학의 자율과 민주주의는 물론 공공성이 표류하고 있다는 사실이다. 대학이 자율과 공익성을 상실할 때, 앞으로 갈 길은 어디인지 궁금하다. 그런 점에서 한국만이 아니라 세계 대학이 지금 위기에 처해 있다.

대학이란 사고하고 질문을 던지고 권위에 대항하고 권위를 책임 있는 것으로 만드는 데 필요한 자치권을 행사하는 공간이라는 자크 데리다의 정의는 사라졌다. 무자비한 경제 다윈주의와 1980년대 이후 시작된 잔혹극의 맹공격 덕에 지극히 중요한 공익인 대학의 역사적 유산은 시장이 주도하는 노골적인 이데올로기적 담화 즉 즉각적인 소비와 만족, 즉각적인 금전적 성취 성향을 가진 현재주의 속에서 거의 사라져버렸다.[95]

이러한 대학 위기를 극복하고자 대학교육의 주체 중 하나인 교수들이 2001년에 교수노조를 결성했다. 교수노조는 '출범 선언'을 통해 교육의 공공성과 민주성을 무시한 채 시장 논리를 대학 사회에 무차별적으로 강제하는 국가권력과, 독선적 행위와 비리를 일삼는 사학, 즉 대학권력을 비판하며 다음과 같은 지향점을 밝혔다.

전국교수노동조합은 공공성을 지향하는 민주적 대학 운영 구조의 확립, 대학 자치와 학문 자유의 구현, 교육과 연구의 질 향상, 교권과 교수 신분의 보장, 사회 발전에 기여하는 대학의 건설 등을 주요 정책 방향으로 제시함으로써 고등 교육 개혁의 큰 희망이 될 것이다.[96]

유럽의 합법적 교수노조와 달리 한국에서는 교수의 노동기본권을 인정하지 않는 국가공무원법 제66조와 사립학교법 제55조에 가로막혀 교수노조가 법외노조로 출발해야 했다. 하지만 대학권력과 국가권력과 시장권력의 공고한 연대가 구축되면서 대학 개혁의 주도권을 상실할 위기에 몰린 교수들이 교권과 노동권 보장을 주장하며 노동조합을 건설해 교육의 공공성 수호와 민주화에 나선 점은 분명 이전에는 볼 수 없었던 변화였다.[97] 하지만 교수 집단이 갖고 있는 강고한 특권의식을 깨뜨리는 일은 여전히 불가능해 보인다. 스스로 위기를 극복할 주체가 부재한 대학, 그것이 100년 역사를 가진 한국 대학의 자화상이다.

위기의 대학, 탈출구는 있는가

21세기 대학 대중화 시대를 맞이했지만 대학에서 교육과 학문의 공동체라는 본질적 요소를 발견하기란 쉽지 않아 보인다. 대학 스스로 자본주의 기업처럼 자신을 상품화해 시장에 내다 팔고, 학생은 소비자로서 권익을 주장하는 시대가 눈앞에 펼쳐져 있다. 지식 역시 진리가 아닌 생산과 소비라는 차원에서 이해될 뿐이다. 이제 대학이 자본과 시장, 그리고 경쟁 사회로부터 일정한 거리를 두는 것은 불가능해 보인다.

이러한 대학 상품화를 선두한 것은 시장권력이었고, 국가권력은 대학 구조 조정이라는 이름으로 이를 방조했다. 대학권력은 주체적으로 대학을 경영하기보다는 재원 마련을 명목으로 국가권력과 시장권력을 대학에 끌어들이는 데 앞장섰다. 대학마다 순위를 매겨 공개하는 대학 평가는 대학-국가-시장의 공고한 연대를 바탕으로 형성된 대학 상품화의 현실을 보여주는 상징 의례였다. 결국 대학은 특색 있는 개성과 전통을 포기하고 삼자 연대가 내놓은 획일화된 평가 기준에 스스로를 맞추는 타율적 개혁에 익숙해져갔다.

2016년 겨울부터 2017년 봄까지 이어진 촛불 시민혁명으로 대한민국은 '새로 고침'의 변화가 시작되었다. '대한민국호'가 가라앉으면서 함께 위기에 빠졌던 대학에도 희망의 길이 열릴까? 정권 교체의 변화와 함께 정부의 대학정책에도 혁신적인 전환이 이루어지기를 기대해본다. 새로운 정부에서 추진해야 할 대학 개혁의 방향을 정리해보면 다음과 같다.

첫째, 대학의 공공성 회복에 힘써야 한다. 사립대학을 공영화하고 국공립대학의 비중을 확대해야 한다. 해방 이후 교육열이 솟구치고 급속한 산업화를 겪는 동안 정부는 고등교육을 온전히 감당하지 못한 채 상당 부분을 사립대학에 떠맡겼다. 이 과정에서 대학은 땅과 자산을 가진 개인이 부를 축적하는 도구가 되었다. 이런 방식으로 사립대학 중심의 대학교육이 지속되면서 '사학 비리'라는 한국식 개념이 탄생했다. 사학 비리는 사립대학이 국가를 대신해 고등교육을 책임져온 순기능을 잠식할 만큼 심각했다. 더욱이 사학분쟁조정위원회라는 국가의 공적 기구가 사학 비리로 물러난 인사들이 다시 대학을 장악할 수 있는 길을 열어주면서 대학의 공공성은 크게 훼손되고 말았다.

오늘날 학령 인구 감소로 인해 국공립이든 사립이든 더 이상 피해갈 수 없게 된 대학 구조 조정을 대학의 공공성 회복을 위한 기회로 삼아야 한다. 고등교육의 전체 규모를 축소하되, 국공립의 비중은 늘리고 사립의 비중은 줄이는 방향으로 나아가야 한다. 사립대학은 국공립대학과 통합하거나 도립 또는 시립대학으로 전환하고, 정부 지원을 받아 공익 이사가 운영에 참여하는 공영형 사립대학의 길을 통해 공영화를 이룩해야 한다. 사립대학 공영화와 국공립대학의 확대는 국민의 등록금 부담을 줄이고 국가가 고등교육을 책임지는 방향으로 나아가는 길이다.

둘째, 대학 양극화 문제를 해결해야 한다. 수도권 대학과 지방대학 간의 양극화 현상이 심화되고 있다. 지방에서는 거점 국립대학과 중소 국립대학 간의 양극화 현상도 일어나고 있다. 교육부의 재정 지원은 물론이고 재계의 후원까지 수도권 대학, 특히 '명문대'에 몰리면서 교수만이 아니라 학생이 대학으로부터 받는 혜택은 이제 비교조차 되지 않는다. 더욱이 지방 사립대학의 사정이 지방 중소규모 국립대학보다 더 열악한 것은 모두 다 아는 사실이다.

대학 양극화의 현실을 고려할 때, 수도권 대학과 지방대학으로 나누어 대학 구조 조정을 따로 실시하는 것이 바람직하다. 수도권 대학으로 학생이 몰리는 현상을 무시한 채 일률적인 기준으로 구조 조정을 한다면 지방대학만 무너질 가능성이 높다. 수도권 대학의 구조 조정 기준은 지방대학보다 엄격해야 하고, 정원 역시 지방대학보다 더 많이 감축해야 한다. 수도권 대학의 반발이 만만치 않겠지만, 그동안 수도권 대학에 유리한 기준으로 구조 조정을 해온 관행에서 과감히 벗어나야 한다.

셋째, 대학 특성화를 구현해야 한다. 특히 연구 중심 대학과 교육 중심 대학의 위상과 역할이 더욱 명확해져야 한다. 포항공대나 카이스트(KAIST) 같은 과학기술 계통 대학은 연구 중심 대학으로 입지를 굳히는 데 성공했으나 종합대학은 대부분 제자리를 잡지 못했다. 서울대는 1968년 종합화 10개년 계획을 세울 때부터 연구 중심 대학의 길을 가겠다고 밝혔다. 하지만 반세기가 흐른 지금두 연구 중심 대학으로 제대로 자리 잡지 못하고 있다. 이는 서울대 교수들이 대부분 서울대 박사가 아니라는 점과 연관이 있다. 미국에 대한 학문의 종속은 대학원을 기반으로 한 연구 중심 대학의 정상적인 운영을 가로막아왔다. 여기에 서울대 스스로 입학 성적에 따른 대학 서열화에 기대어 안주하면서 연구 중심 대학은 유명무실한 구호에 그치고 말았다. 대학 서열화에 기댄 서울대의 특권의식은 무모하게 시작해 누구도 책임지려 하지 않고 이제는 도저히 포기조차 할 수 없는 '시흥캠퍼스 설립 계획'을 둘러싼 논란에 여실히 드러난다. 물론 대학 서열화에 기반을 둔 특권의식은 서울대만의 일이 아니다. 연구 중심 대학으로 전환이 가능한 명문 사립대학도 마찬가지다. 수도권 대학 학부의 입학 정원 축소는 수도권에 연구 중심 대학을 육성하고 그 대학들부터 시작하면 된다.

지방에서는 거점 국립대학을 연구 중심 대학으로 삼고, 중소 국공립대학과 사립대학은 교육 중심 대학의 기능을 하도록 권역별 대학 네트워크를 형성하는 방안이 있다. 또한 거점 국립대학과 중소 국공립대학을 통합하고 사립대학의 공영화를 추진해 권역별로 대학끼리 협의한 뒤 연구와 교육 기능을 서로 나누는 방안도 있다. 여기서 말하는 교육 기능에는 기술교육(전문대)과 평생교육이 포함된다. 최근 주목받는 전국 차원의 국립대학 통합 네트워크안은 대학 서열화를 극복하기 위해 제기되었지만, 거점 국립대학의 통합을 추진하고 있어 지방에서 일어나는 대학 양극화를 오히려 심화시킬 가능성이 높다.

넷째, 대학의 자율성이 회복되어야 한다. 먼저, 총장 직선제를 부활시키고 대학의 자율적 운영에 기초해 재정 지원을 실시해야 한다. 1987년 이후 민주화 시대에 들어와서도 대학의 자율성은 계속해서 억압받았다. 과거 박정희 정부에서 국가가 주도하는 최초의 대학 개혁정책인 실험대학 방안을 내놓자, 총장들은 대학의 자율성을 해칠 우려가 있다며 집단으로 반발했다. 하지만 민주화 시대를 맞이한 오늘날에는 오히려 대학의 자율성 문제를 놓고 정부에 따지는 총장을 찾기 어렵다. 대학 스스로 기득권을 유지하기 위해 교육부를 상전으로 모셔온 탓이다. 교육부는 자신들이 내용을 정하고 여러 이름을 붙인 각종 재정 지원 사업을 내놓고, 평가에 따라 재원을 배분한다는 명목으로 대학을 좌지우지하는 패권으로 군림했다. 국립대학이 자율적으로 운영하던 기성회비가 폐지되고 대학 회계로 이름이 바뀐 뒤에는 그 배분에까지 낱낱이 관여했다. 교육부는 '돈'을 무기로 대학을 통제하고 대학은 '돈'을 받고자 교육부에 순응하는 동안, 대학의 자율성은 총장 직선제마저 사라질 만큼 무너졌다. 박근혜 정부는 총장 간선제를 강요하는 한편, 그나마 대학이 간선제를 통해 선출한 총장 후보마저 1순위가 아닌 2순위자를 임명하거나, 후보자의 이념과 행적을 문제 삼으며 아무도 임명을 하지 않는 몽니를 부려 대학 운영에 파행을 불러왔다. 해방 이후 대학 민주화의 역사를 상징하는 총장 직선제는 반드시 부활되어야 한다.

고등교육 재정 지원을 교육부의 사업 공고에 응모하는 방식이 아니라, 대학 스스로 건실하고 미래 지향적인 발전 방안을 제시하면 타당성을 검토해 지원하는 방식으로 개선하는 일도 시급하다. 교육부가 각종 사업을 제시하고 '나를 따르라'는 식으로 대학을 장악하는 방식은 국가가 주도해 추진한 새마을운동과 크게 다를 바 없다. 그 사업 내용 역시 '선진 공업 사회를 지향하는 국가의 교육은 풍요로운 물질 사회를 건설하는 데 필요한 생산 인력을 양성하고, 치열한 경쟁에서 살아남는 법을 가르쳐야 한다'는 산업화의 틀을 벗어나지 못하고 있다. 대학마다 자율적인 운영과 발전 방향을 내놓고 그것을 심사해 지원하고 사후 점검하는 시스템을 갖추면, 사업별로 배분하는 고등교육 재정 운영이 불러온 대학의 양극화 문제도 극복할 수 있을 것이다. 기반 시설과 인적 자원이 충실해 훌륭한 사업계획서를 작성할 능력을 갖춘 수도권 명문 대학에 재정 지원이 집중되는 현상을 막을 수 있기 때문이다.

대학의 위기와 그 탈출구를 논하는 자리에는 늘 교육부 해체론이 등장한다. 교육부가 대학 위기의 주범이라는 인식 때문이다. 교육부를 해체하고 대통령 직속으로 고등교육위원회를 설치하자는 대안을 내놓기도 한다. 교육개혁은 5·31교육개혁을 이끈 김영삼 정부의 교육개혁위원회처럼 교육부가 아니라 대통령이 비상한 관심을 갖고 직속 위원회를 꾸려 추진할 때에야 비로소 가능하다는 역사적 경험 때문이다. 교육부 해체와 대통령 직속의 위원회 설치 요구는 초·중등교육 개혁에 비해 뒤쳐신 대학 개혁의 절박함에서 나온 것이다. 초·중등교육은 직선제 교육감들이 추진한 교육 개혁을 통해 크게 달라졌다. 하지만 대학은 교육부의 통제 속에 사실상 시장권력과 국가권력이 요구하는 타율적이고 획일적인 개혁에 매달리고 있다. 이제는 초·중등교육의 개혁에 발맞춰 대학이 근본적으로 바뀌어야 할 때다. 문재인 정부는 대통령 직속으로 국가교육회의를 꾸렸고, 교육부는 고등교육의 개혁 의지를 담은 직제 개편을 실시했다. 이러한 정부 주도의 대학 개혁이 공공성을 구현하고 자율성을 회복하며 특성화를 실현하는 방향으로 추진될지는 지켜볼 일이다.

불행히도 100년의 한국 대학사에서 대학이 학문과 교육의 공동체라는 고유한 가치를 발하며 안으로부터 자율적 개혁을 모색한 사례를 찾기는 어렵다. 사회의 빠른 변화 속에서 대학은 시대를 앞서 이끌기보다는 대학-국가-시장이 원하는 타율적 개혁에 기대어 보수성과 폐쇄성을 체질화하는 행태를 반복해왔다. 자율화와 민주화를 내걸고 개혁을 추동하려는 노력도 물론 있었지만 대학은 점점 자율성을 잃어버렸다. 이명박 정부와 박근혜 정부가 사립대학에는 수단과 방법을 가리지 않는 각자도생의 길을, 국공립대학에는 국가권력에 대한 복종을 강요할 때, 대학 안에는 이에 저항하며 자생적이고 자율적인 변화를 추동해내는 주체가 없었다.

이처럼 대학 스스로 위기에서 탈출하고자 하는 주체와 동력이 없는 한 정부가 개혁에 나선들 그 한계가 분명하다는 비판의 목소리도 높다. 오늘날 대학의 위기는 대학이 외풍에 밀려다니며 자기 방향성을 잃어버린 100년의 궤적이 낳은 결과이기 때문이다.

2015년 8월 17일, 부산대 고현철 교수가 총장 직선제와 대학 민주화를 염원하는 유서를 남긴 채 스스로 몸을 던졌다. 대학이라는 울타리 안에서 안온한 삶에 젖어 살던 교수 사회에서 일어나리라곤 상상도 하지 못한 사건이었다. 그는 자신의 희생을 통해 교수라는 직위를 누리며 갑으로 살던 이들에게 대학 사회가 얼마나 부조리하고 권력에 굴복해왔던가를 처참히 보여주었다. 고현철 교수는 1980년대 민주화 경험을 자양분 삼아 지식인으로 성장한 전형적인 민주화 세대였다. 대학 시절 '어용교수 물러가라'는 구호를 외치며 대학 민주화운동을 벌였던 세대가 30여 년이 지난 지금 대학교수가 되어 총장을 비롯한 여러 보직을 맡고 있다. 그리고 대학권력-국가권력-시장권력에 굴종하며 대학의 자율화와 민주화를 거스르는 역사를 만들어가고 있다. 이율배반적인 대학의 현실에서 민주화 세대였던 한 교수의 죽음은 사회와 대학에서 민주화와 자율화를 이루어내야 하는 주체이자 지식인으로서 아직 책무가 끝나지 않았음을 일깨운다. 교수라는 기득권에 안주하기보다는 절망적 현실에 맞서고자 했던 그의 죽음의 의미를 다시 한 번 곱씹으며 이 책을 마무리하고자 한다.

부록

본문의 주

1부 타율의 긴 그림자, 대학의 탄생

1장 식민권력이 만든 관학, 경성제국대학

1) 한철호, 《친미개화파연구》, 국학자료원, 1998, 68쪽.

2) 김갑천, 〈박영효의 건백서—내정개혁에 관한 1888년의 상소문〉, 《한국정치연구》 2, 1990, 283~284쪽.

3) 유길준 지음, 허경진 옮김, 《서유견문》, 서해문집, 2004, 257쪽.

4) 백낙준, 《한국개신교사》, 연세대학교 출판부, 1973, 240쪽.

5) 학교법인 배재학당, 《배재팔십년사》, 1965, 316쪽.

6) 한용진, 〈근대 한국 고등교육체제 형성에 관한 고찰〉, 《교육문제연구》 11, 1999, 134~135쪽.

7) 장의식, 〈근대 중국의 대학: 청 말의 베이징대학〉, 《전환의 시대 대학은 무엇인가》, 한길사, 2000, 136쪽.

8) 후루카와 아키라(古川昭) 지음, 이성옥 옮김, 《구한말 근대학교의 형성》, 경인문화사, 2006, 355쪽.

9) 天野郁夫, 《近代日本高等教育研究》, 玉川大學出版部, 1990, 43~45쪽(한용진, 앞의 글, 123쪽에서 재인용).

10) 단국대학교 동양학연구소 편, 《박은식전서(중)》, 1975, 20쪽.

11) 조선총독부, 〈공립보통학교장 강습회〉, 《조선총독부관보》 1912년 5월 18일.

12) 정준영, 〈경성제국대학과 고등교육〉, 《서울 2천년사 29—일제강점기 서울의 교육과 문화》, 서울역사편찬원, 2015, 125~128쪽.

13) 한용진, 《근대 이후 일본의 교육》, 도서출판 문, 2010, 312쪽.

14) 佐野通夫, 《日本植民地の教育展開と朝鮮民衆の對應》, 社會評論社, 2006, 58~59쪽.

15) 정준영, 〈경성제국대학과 식민지 헤게모니〉, 서울대학교 박사학위논문, 2009, 100쪽.

16) 정선이,《경성제국대학연구》, 문음사, 2002, 56쪽.

17) 〈민립대학 기성발기인 모집 발첩〉,《동아일보》1922년 12월 9일.

18) 〈민대 발기취지서〉,《동아일보》1923년 3월 30일.

19) 〈민대 설계 내용〉,《동아일보》1923년 3월 30일.

20) 김형목,《한국독립운동의역사—교육운동》, 한국독립운동사연구소, 2009, 213쪽.

21) 장세윤, 〈일제의 경성제국대학 설립과 운영〉,《한국독립운동사연구》6, 1992, 7쪽.

22) 〈정무총감담, 학제상의 일신기원〉,《동아일보》1922년 2월 7일.

23) 정선이, 앞의 책, 48~50쪽.

24) 稻葉繼雄,《舊韓國—朝鮮の'內地人'敎育》, 九州大學出版會, 2005, 353쪽.

25) 아마노 이쿠오(天野郁夫) 지음, 박광현·정종현 옮김,《제국대학》, 산처럼, 2017, 65쪽.

26) 이충우·최종고,《다시 보는 경성제국대학》, 푸른사상, 2013, 54쪽.

27) 국립서울대학교 개학반세기역사 편찬위원회,《국립서울대학교 개학반세기사》, 서울대학교 출판문화원, 2016, 475쪽.

28) 이충우·최종고, 앞의 책, 57쪽.

29) 손준식, 〈제국대학에서 국립대학으로: 전환기의 타이완 대학〉,《전환의 시대 대학은 무엇인가》, 한길사, 2000, 198쪽.

30) 沖良人, 〈進修療生活〉,《柑碧遙かに—京城帝國大學創立五十周年記念誌》, 耕文社, 1974, 35쪽.

31) 齋藤實, 〈京城帝國大學始業式に於ける齋藤總督告辭〉,《文敎의の朝鮮》24, 1926(정준영, 앞의 글, 2009, 113쪽에서 재인용).

32) 齋藤實, 위의 글, 113~117쪽.

33) 齋藤實, 위의 글, 134~141쪽.

34) 윤종혁,《근대 이후 한국과 일본의 학제 변천 과정 비교 연구》, 한국학술정보, 2008, 159쪽.

35) 稻葉繼雄, 앞의 책, 353쪽.

36) 정준영, 앞의 글, 2009, 122~124쪽.

37) 정규영, 〈콜로니얼리즘과 학문의 정치학〉,《교육사학연구》9, 1999, 121쪽.

38) 정선이, 앞의 책, 69~70쪽.

39) 安倍能成, 〈대학예과의 3년제, 기타에 대하여(2회)〉,《경성일보》1927년 3월 12일.

40) 정여령, 〈대북제국대학의 학교조직과 학원문화〉,《사회와역사》76, 2007, 7쪽.

41) 정근식 외,《식민권력과 근대지식: 경성제국대학 연구》, 서울대학교 출판문화원, 2011, 32~33쪽.

42) 〈開學式 式辭〉,《京城帝國大學學報》69, 1932년 12월 5일(정준영, 앞의 글, 2009, 189쪽에서 재인용).

43) 정규영, 앞의 글, 22쪽.

44) 정준영, 앞의 글, 2009, 188~192쪽.

45) 稻葉繼雄, 앞의 책, 356쪽.

46) 이충우·최종고, 앞의 책, 297~301쪽.

47) 정준영, 〈경성제국대학의 유산—일본의 식민교육체제와 한국의 고등교육〉, 《일본연구논총》
34, 2011, 178쪽.

48) 정준영, 위의 글, 207~214쪽.

49) 한용진, 〈일제 식민통치하의 대학교육〉, 《한국시시민강좌》 18, 1996, 99쪽.

50) 한용진, 위의 글, 218~224쪽.

51) 이충우 · 최종고, 앞의 책, 311~312쪽.

52) 稻葉繼雄, 앞의 책, 358쪽.

53) 정근식 외, 앞의 책, 166~167쪽.

54) 이충우 · 최종고, 앞의 책, 318~324쪽.

55) 〈예과지원학생을 경찰에서 엄중 조사〉, 《동아일보》 1924년 3월 14일.

56) 〈경대예과도 학력보다 사상〉, 《동아일보》 1927년 4월 17일.

57) 장세윤, 앞의 글, 21~22쪽.

58) 一記者, 〈경성제국대학 예과입학식을 보고서〉, 《개벽》 1924년 7월호, 76~77쪽.

59) 윤치호, 〈대학보다 소학이 급선무〉, 《신민》 1926년 5월호, 127쪽.

60) 帝國大學新聞社, 《帝國大學入學案內》, 1941, 147쪽(정준영, 앞의 글. 2009, 179쪽에서 재인용).

61) 정준영, 앞의 글, 2011, 169쪽.

62) 정준영, 위의 글, 179~182쪽.

63) 강명숙, 〈1945~1946년의 경성대학에 관한 시론적 연구〉, 《교육사학연구》 14, 2004, 92~93쪽.

64) 〈최고학부를 통합개편〉, 《동아일보》 1946년 7월 14일.

65) 〈교육개선건의안〉, 《동아일보》 1921년 5월 3일.

66) 〈부산유지교육개선건의안〉, 《조선일보》 1921년 5월 4일.

67) 유영익, 〈최초의 근대 대학: 숭실대학〉, 《전환의 시대 대학은 무엇인가》, 한길사, 2000, 84쪽.

68) 한용진, 앞의 글, 1996, 101쪽.

69) 백낙준, 《백낙준전집 3—연세 교육의 이상》, 연세대학교 출판부, 1995, 124~125쪽.

70) 이화팔십년사 편찬위원회, 《이화팔십년사》, 1966, 147쪽.

71) 고려대학교70년지편찬실, 《고려대학교 70년지》, 1975, 150~160쪽.

72) 백낙준, 《백낙준전집 3—연세 교육의 이상》, 연세대학교 출판부, 1995, 115~116쪽.

73) 오천석, 《한국신교육사》, 현대교육총서출판사, 1964, 314쪽.

74) 백낙준, 《백낙준전집 5—대학과교육》, 연세대학교 출판부, 1995, 9쪽.

75) 한용진, 앞의 글, 1996, 100쪽.

76) 오천석, 앞의 책, 369쪽.

77) 草原克豪, 《日本の大學制度》, 弘文堂, 2008, 69~71쪽.

1) 강명숙, 〈미군정기 고등교육 연구〉, 서울대학교 박사학위논문, 2002, 33쪽.

2) 김용일, 《미군정하의 교육정책 연구》, 고려대학교 민족문화연구소, 1999, 128쪽.

3) 〈조선교육심사위원회, 각분과위원회 규정과 위원 결정(3)〉, 《서울신문》 1945년 12월 2일.

4) 임대식, 〈1950년대 미국의 교육원조와 친미 엘리트의 형성〉, 《1950년대 남북한의 선택과 굴절》, 역사비평사, 1998, 135~136쪽.

5) 이규환, 〈한국교육발전에 미친 외국의 영향〉, 《아세아연구》 26-1, 1983, 14~15쪽.

6) 〈고등교육분과위원회 조직, 위원 선정〉, 《서울신문》 1946년 4월 27일.

7) 강명숙, 앞의 글, 45쪽.

8) 교원복지신보사, 《광복교육 50년》, 대한교원공제회, 1996, 257~258쪽.

9) 〈최고학부를 통합개편〉, 《동아일보》 1946년 7월 14일.

10) 〈경대, 도,백 양 교수 사임〉, 《독립신보》 1946년 6월 2일.

11) 이규환, 앞의 글, 1983, 15쪽.

12) 이길상, 《20세기 한국교육사》, 집문당, 2007, 329쪽.

13) 이길상, 《해방전후사의 자료집 Ⅱ》, 원주문화사, 1992, 228~230쪽.

14) 정태수, 《미군정기 한국교육사자료집(상)》, 홍지원, 1992, 1030~1031쪽.

15) 유진오, 〈대학의 위기〉, 《조선교육》 2-1, 1948년 1·2월호.

16) 〈세브란스의학전문학교대학승격준비위원회, 대학승격 위한 활동〉, 《매일신보》 1945년 10월 25일.

17) 요시미 순야(吉見俊哉) 지음, 서재길 옮김, 《대학이란 무엇인가》, 글항아리, 2014, 208쪽.

18) 한용진, 《근대 이후 일본의 교육》, 도서출판 문, 2010, 313~314쪽.

19) 〈건국동량의 새 요람〉, 《동아일보》 1946년 5월 20일.

20) 강명숙, 앞의 글, 67쪽.

21) 강명숙, 위의 글, 71쪽.

22) 강명숙, 위의 글, 65쪽.

23) 교원복지신보사, 앞의 책, 263쪽.

24) 〈최고학부를 통합개편〉, 《동아일보》 1946년 7월 14일.

25) 교원복지신보사, 앞의 책, 279쪽.

26) 〈서울대학안에 대해 민전서 4항목 지적〉, 《경향신문》 1946년 11월 23일.

27) 정기성, 《교육야화》, 일심사, 1992, 34~36쪽.

28) 〈국대의 이사진〉, 《경향신문》 1947년 5월 17일.

29) 이길상, 앞의 책, 2007, 331쪽.

30) 손인수, 《미군정과 교육정책》, 민영사, 1990, 367쪽.

31) 오천석, 《한국신교육사》, 현대교육총서출판사, 1964, 420쪽.

32) 최혜월, 〈국대안 반대운동의 이념적 성격에 관한 교육사회학적 접근〉 연세대학교 석사학위논문, 1986 참조.

33) 대구대학, 《20년 약사》, 1966, 10~12쪽.

34) 부산대학교40년사 편찬위원회, 《부산대학교 40년사》, 1986, 4~6쪽.

35) 공주사범대학사 편찬위원회, 《공주사범대학 35년사》, 1983, 56쪽.

36) 아베 히로시(阿部洋), 〈미군정기에 있어서 미국의 대한교육정책〉, 《해방 후 한국의 교육개혁》, 한국문화원, 1987, 14~15쪽.

37) 〈민주교육을 계발, 미 셀케 박사를 남조선에 파견〉, 《민중일보》 1948년 2월 7일.

38) 한준상·김성학, 《현대 한국 교육의 인식》, 청아출판사, 1990, 169쪽.

39) 한준상·김성학, 앞의 책, 163~177쪽.

40) 손인수, 《한국교육사Ⅱ》, 문음사, 1998, 718쪽.

41) 한준상·김성학, 앞의 책, 177쪽.

42) 서울대학교50년사 편찬위원회, 《서울대학교 50년사(상)》, 1996, 90쪽.

43) 유진오, 《국제생활》, 일조각, 1956, 97쪽(이규환, 《비판적 교육사회학》, 한울, 1987, 286쪽에서 재인용).

44) 윤상원, 〈미네소타대학교 농과대학에 대하여〉, 《상록》 6, 1957, 74~77쪽.

45) 문교부·주한미국경제협조처, 《한국국립고등교육기관 실태조사보고서》, 1960, 8~9쪽.

46) 서울대학교50년사 편찬위원회, 앞의 책, 92~98쪽.

47) 서울대학교의과대학사 편찬위원회, 《서울대학교 의과대학사》, 1978, 114쪽.

48) 한심석, 《관악을 바라보며》, 일조각, 1981, 123쪽.

49) 유진오, 《양호기》, 고려대학교 출판부, 1977, 297쪽.

50) 〈러스크사절단 각지 시찰〉, 《동아일보》 1953년 8월 24일.

51) 손인수, 《원한경의 삶과 교육사상》, 연세대학교 출판부, 1992, 156~159쪽.

52) 백낙준, 《한국의 현실과 이상(하)》, 연세대학교 출판부, 1977, 285쪽.

53) 이화백년사 편찬위원회, 《이화백년사》, 1994, 331~332쪽.

54) 숭전대학교80년사 편찬위원회, 《숭전대학교 80년사》, 1979, 403쪽.

55) 유진오, 앞의 책, 1977, 296쪽.

56) 숙명여자대학교 출판부, 《숙명여자대학교 30년사》, 1968, 97~98쪽.

57) 부산대학교40년사 편찬위원회, 앞의 책, 110~111쪽.

58) 문교부·주한미국경제협조처, 앞의 책, 463쪽.

59) 손인수, 앞의 책, 1992, 469쪽.

60) 성내운, 〈분단시대의 한미 교육교류〉, 《한국과 미국》, 실천문학사, 1986, 206~207쪽.

61) 이선미, 〈1950년대 미국유학 담론과 '대학문화'〉, 《상허학보》 25, 2009, 244~245쪽.

62) 이종수, 〈미국대학생의 생활〉, 《교육》 2, 1955, 117쪽.

63) 고광만, 〈미국의 문화와 교육〉, 《교육》 1, 1954, 31쪽.

64) 김증한, 〈미국유학 희망자에게 제언한다〉, 《신태양》 1954년 12월호, 60~61쪽.

65) 이수영, 〈해외유학문제〉,《전망》 1-3, 1955, 85쪽.

66) 이춘란, 〈나의 미국유학체험기〉,《신태양》 1955년 3월호, 130쪽.

67) 정범모, 〈교육교환에 의한 미국문화의 영향〉,《아세아연구》 10-2, 1967, 114쪽.

68) 정범모, 위의 글, 114쪽.

69) 허은,《미국의 헤게모니와 한국 민족주의》, 고려대학교 민족문화연구소, 2008, 239쪽.

70) 〈미국파견장학생 모집시험을 실시〉,《경향신문》 1956년 1월 30일.

71) 문교부,《해외유학생인정자통계》, 1962, 4~9쪽.

72) 문교부,《해외유학생실태조사 중간보고서 증보판》, 1968, 4~9쪽.

73) 〈해외 유학생에 대한 새로운 조치〉,《문교월보》 39, 1958, 16쪽.

74) 임대식, 앞의 글, 162쪽.

75) 문교부, 〈미국 유학 지망자의 편람〉,《새교육》 1-2, 1948, 152~155쪽.

76) 서명원, 〈미국교육의 실제〉,《현대공론》 1954년 12월호, 122쪽.

77) 정기성, 앞의 책, 212쪽.

78) 신태환,《대학과 국가》, 아세아사, 1982, 123쪽.

79) 김정인, 〈해방 이후 미국식 대학 모델의 이식과 학문 종속〉,《우리 학문 속의 미국》, 한울아카데미, 2003, 89쪽.

80) 김정인, 위의 책, 215쪽.

81) 馬越徹,《現代韓國教育研究》, 高麗書林, 1981, 231쪽.

82) 馬越徹, 위의 책, 227쪽.

83) 이규환, 앞의 글, 51쪽.

84) 정범모, 앞의 글, 115~116쪽.

85) 박동서, 〈한국 사회과학연구의 현황과 평가〉,《행정논총》 16권 1호, 1978, 20~21쪽.

86) 김증한, 〈미국유학희망〉,《신태양》 1954년 12월호, 60쪽.

87) 한심석, 앞의 책, 141쪽.

88) 김종영,《지배받는 지배자─미국 유학과 한국 엘리트의 탄생》, 돌베개, 2015, 22~23쪽.

89) 손인수, 앞의 책, 1992, 431쪽.

90) 이한우,《우리의 학맥과 학풍》, 문예출판사, 1995, 183~187쪽.

91) 이길상, 〈제국주의 문화침략과 한국교육의 대미종속화〉,《역사비평》 20, 1992, 119쪽.

92) 박동서, 〈미국교육을 받은 한국의 엘리트〉,《한국과 미국》, 1983, 박영사, 421쪽.

93) 박동서, 〈한국 엘리트 층 속의 도미 유학과의 역할〉,《월간조선》 1980년 10월호, 89쪽.

94) 대학신문사 편집부,《대학·자유·지성》 서울대학교 편집부, 1984, 56쪽.

95) 박대선 편저,《대학과 국가발전》, 교육출판사, 1968, 103·123쪽.

96) 이규환, 앞의 책, 279쪽.

1장 국가의 방관 속에 성장한 사립대학

1) 강명숙, 〈미군정기 고등교육 연구〉, 서울대학교 박사학위논문, 2002, 51쪽.

2) 정태수, 《미군정기 한국교육사자료집(상)》, 홍지원, 1992, 603쪽.

3) 〈대학 설립에 새 기준〉, 《동아일보》 1946년 12월 3일.

4) 건국대학교, 《건국대학교 교지》 1, 1971, 142쪽 ; 강명숙, 〈고등교육 위상의 역사적 변화〉, 《역사비평》 67, 2004, 104~105쪽.

5) 문교부, 《문교행정개황》, 1948, 34~36쪽.

6) 이광호, 〈한국고등교육의 제도적 구조재편의 특성〉, 《한국청소년연구》 8, 1992, 38~39쪽.

7) 건국대학교, 앞의 책, 145쪽.

8) 서울대학교20년사 편찬위원회, 《서울대학교 20년사》, 1966, 51쪽.

9) 이광호, 앞의 글, 41~42쪽.

10) 서울대학교20년사 편찬위원회, 앞의 책, 51쪽.

11) 한준상, 《한국대학교육의 희생》, 문음사, 1983, 311~312쪽.

12) 국민대학교30년사 편찬위원회, 《국민대학교 30년사》, 1977, 71쪽.

13) 이광호, 앞의 글, 42~43쪽.

14) 부산대학교40년사 편찬위원회, 앞의 책, 40~41쪽.

15) 강명숙, 앞의 글, 2004, 110~111쪽.

16) 강명숙, 위의 글, 105쪽.

17) 김성칠, 《역사 앞에서》, 창작과비평사, 1993, 314쪽.

18) 김성칠, 위의 책, 318쪽.

19) 박선영·김희용, 〈한국전쟁기 대학상황의 이해〉, 《한국학논집》 37, 2008, 353쪽.

20) 연정은, 〈전시연합대학과 학원통제〉, 《사림》 24, 2005, 285쪽.

21) 〈대학합동개강〉, 《동아일보》 1951년 2월 18일.

22) 오천석, 《한국신교육사》, 현대교육총서출판사, 1964, 452쪽.

23) 백낙준, 《한국교육과 민족정신》, 문교사, 1953, 286쪽.

24) 문교부, 《문교40년사》, 1988, 140쪽.

25) 박선영·김희용, 앞의 글, 360쪽 ; 중앙대학교80년사 편찬실무위원회, 《중앙대학교 80년사》, 1998, 162~166쪽 ; 박종기 외, 《다른 역사, 다른 대학》, 국민대학교 출판부, 2001, 125쪽.

26) 〈전시연합대학 해산〉, 《동아일보》 1952년 3월 27일.

27) 이화여자대학교100년사 편찬위원회, 《이화백년사》, 1994, 324쪽.

28) 〈전시연합대학서 요로에 건의〉, 《동아일보》 1951년 5월 20일.

29) 유진오,《양호기》, 고려대학교 출판부, 1977, 253쪽.

30) 〈학도군사훈련의 작금〉,《대학신문》1961년 10월 16일.

31) 〈전시학생중 교부 기준 수 결정〉,《대학신문》1952년 7월 21일.

32) 손인수, 〈한국동란중 전시연합대학에 관한 연구〉,《교육연구》29, 1995, 50~56쪽.

33) 임홍빈, 〈6·25세대〉,《대학신문》1966년 10월 10일.

34) 백낙준,《백낙준전집 5—대학과교육》, 연세대학교 출판부, 1995, 45쪽.

35) 손인수, 앞의 글, 57~59쪽.

36) 안병욱, 〈대학생활의 반성〉,《사상계》1955년 6월, 158쪽.

37) 〈대학설립에 새 기준〉,《동아일보》1946년 12월 3일.

38) 한국교육십년사간행회,《한국교육십년사》, 풍문사, 1960, 128쪽.

39) 이광호, 〈한국고등교육의 제도적 구조개편의 특성〉,《한국청소년연구》8, 1992, 88~109쪽.

40) 연세대학교백년사 편찬위원회,《연세대학교 백년사》1, 1985.

41) 명지학원삼십년사 출판위원회,《명지학원 30년사 1948~1978》, 1979, 19쪽.

42) 덕성60년사 편찬위원회,《덕성60년사》, 1985, 270~271쪽.

43) 경제기획원,《인구주택국세조사보고: 1960》2, 1963, 395쪽.

44) 왕학수, 〈대학정비설에 대하여〉,《전망》1-2, 1955, 50쪽.

45) 강창동,《한국의 교육문화사》, 문음사, 2002, 270~271쪽.

46) 유진오, 앞의 책, 271~275쪽.

47) 〈한국의 교육현황 요약〉,《문교월보》6, 1953, 7쪽.

48) 정기성,《교육야화》, 일심사, 1992, 176~178쪽.

49) 김종철,《한국고등교육연구》, 배영사, 1979, 69쪽.

50) 〈대학정비를 추진〉,《조선일보》1956년 1월 10일.

51) 김기석·강일국, 〈1950년대 한국 교육〉,《1950년대 한국사의 재조명》, 2004, 546쪽.

52) 유진오, 앞의 책, 275쪽.

53) 〈정담: 한국 대학의 회고와 현재 및 전망〉,《대학과 국가발전》, 교육출판사, 1968, 118쪽.

54) 〈무리 안 가도록 대학설치기준령 적용기한을 연장〉,《동아일보》1958년 6월 21일.

55) 인하삼십년사 편찬위원회,《인하삼십년사》, 1984, 4~21쪽.

56) 유진오, 앞의 책, 191~192쪽.

57) 백낙준,《백낙준전집 3—연세 교육의 이상》, 연세대학교 출판부, 1995, 124~125쪽.

58) 윤영준, 〈민주교육과 학생의 윤리〉,《신태양》1955년 8월호, 104쪽.

59) 오제연, 〈1950년대 대학생 집단의 정치적 성장〉,《역사문제연구》19, 2008, 202쪽.

60) 오제연, 〈1960~1971년 대학 학생운동 연구〉, 서울대학교 박사학위논문, 2014, 94~97쪽.

61) 반영환, 〈4·19세대〉,《대학신문》1966년 10월 15일.

62) 손인수,《한국교육사Ⅱ》, 문음사, 1998, 722쪽.

63) 손인수, 위의 책, 724~725쪽.

64) 문교부,《문교개관》, 1958, 89쪽.

65) 한기언,《대학의 이념》, 세광공사, 1979, 163쪽.

66) 한기언, 위의 책, 164~165쪽, 170쪽.

2장 사학 중심 대학권력의 탄생

1) 草原克豪,《日本の大學制度》, 弘文堂, 2008, 20쪽.

2) 예지숙,〈일제하 김활란의 활동과 대일협력〉,《한국사론》 51, 2005 참조.

3) 천성활란,〈징병제와 반도여성의 각오〉,《신시대》 1942년 12월호, 29쪽.

4) 김활란,《우월 김활란 자서전—그 빛 속의 작은 생명》, 이화여자대학교 출판부, 1999, 163쪽.

5) 이배용,〈김활란, 여성교육 여성 활동에 새 지평을 열다〉,《한국사민강좌》 43, 2008.

6) 김은우,〈교육자의 길을 사도와 같이〉,《김활란, 그 승리의 삶—저 목소리가 들리느냐》, 이화여자대학교 출판부, 1996, 55쪽.

7) 이화팔십년사 편찬위원회,《이화팔십년사》, 1966, 339~340쪽.

8) 김활란, 앞의 책, 238~241쪽.

9) 민경배,〈백낙준, 대한민국의 교육이념을 정립하다〉,《한국사시민강좌》 43, 2008, 236~238쪽.

10) 백낙준,〈내 아버지의 집〉,《기독교신문》 1942년 5월 20일.

11) 백낙준,〈명일의 승리는 금일의 실천에서〉,《방송지우》 1944년 4월호(친일인명사전편찬위원회,《친일인명사전》 2, 민족문제연구소, 2009, 202쪽에서 재인용).

12) 정기성,《교육야화》, 일심사, 1992, 20쪽.

13) 정기성, 위의 책, 22쪽.

14) 대한교원공제회 교원복지신보사,《광복교육 50년—1. 미군정기 편》, 1996, 182쪽.

15) 백낙준,《백낙준전집 9—회고록·종강록》, 연세대학교 출판부, 1995, 75~76쪽.

16) 백낙준, 책, 151쪽.

17) 백낙준, 위의 책, 116쪽.

18) 백낙준, 위의 책, 116~117쪽.

19) 정기성, 앞의 책, 41쪽.

20) 민경배, 앞의 글, 238~244쪽.

21) 정기성, 앞의 책, 95쪽.

22) 백낙준,《백낙준전집 3—연세 교육의 이상》, 연세대학교 출판부, 1995, 112쪽.

23) 백낙준, 위의 책, 5쪽.

24) 백낙준, 위의 책, 8~9쪽.

25) 백낙준, 위의 책, 67쪽.

26) 박형우,《연세대학교는 어떻게 탄생했는가》, 공존, 2016, 299쪽.

27) 연세창립80주년 기념사업위원회,《연세대학교사》, 1969, 882쪽.

28) 백낙준, 앞의 책, 28쪽.

29) 백낙준, 앞의 책, 58쪽.

30) 김민철,〈'한국 현대사의 큰 별' 유진오〉,《노동사회》 65, 2002, 105~106쪽.

31) 유진오,《양호기》, 고려대학교 출판부, 1977, 114~115쪽.

32) 심재우,〈유진오, 대한민국 헌법의 기초를 닦다〉,《한국사시민강좌》 43, 2008, 179쪽.

33) 유진오, 앞의 책, 168쪽.

34) 유진오, 위의 책, 292쪽.

35) 유진오, 위의 책, 335쪽.

36) 김일수,〈법학교육자로서의 현민〉,《고려법학》 48, 2007, 430쪽.

37)〈민족의 예지, 대학의 영예, 현민 유진오 박사 회갑 기념 특집〉,《고대신문》 1966년 5월 21일.

38) 김민철, 앞의 글, 108쪽.

39) 정기성, 앞의 책, 133쪽.

40) 유진오, 앞의 책, 191쪽.

41) 김용일,《미군정하의 교육정책 연구》, 고려대학교 민족문화연구소, 1999, 128~129쪽.

42) 김용일, 위의 책, 129~130쪽.

43) 김용일, 위의 책, 130쪽.

44) 박종기 외,《다른 역사, 다른 대학—국민대학교 뿌리를 찾아서》, 국민대학교 출판부, 2001,
14~16쪽, 49~50쪽.

45) 국민대학교60년사 편찬위원회,《국민대학교 60년사》, 2007, 37~38쪽.

46) 국민대학교60년사 편찬위원회, 위의 책, 36쪽.

47) 한국교육십년사간행회,《한국교육십년사》, 1960, 94쪽.

48) 오성배,〈사립대학 팽창 과정 탐색: 해방 후 농지개혁기를 중심으로〉,《한국교육》 31-3, 2004,
15쪽.

49) 한국교육십년사간행회, 앞의 책, 98쪽.

50) 한준상,《한국대학교육의 희생》, 문음사, 1983, 305~309쪽.

51) 이숭녕,〈대학사회를 친다〉,《사상계》 1957년 5월호, 210쪽.

52) 대한교육연합회,《교육관계법령연혁집》, 1986, 24쪽.

53) 노암 촘스키 외,《냉전과 대학》, 당대, 2001, 46~52쪽.

54) 이규환,《비판적 교육사회학》, 한울, 1987, 287~288쪽.

55) 김용일, 앞의 책, 225~226쪽.

56) 한국교육문제연구소,《문교사》, 1974, 164쪽.

57) 신기욱,《한국 민족주의의 계보와 정치》, 창비, 2009, 164~165쪽.

58) 문지영,《지배와 저항》, 후마니타스, 2011, 147쪽.

59) 김수자,《이승만의 집권초기 권력기반 연구》, 경인문화사, 2005, 47~48쪽.

60) 김수자, 위의 책, 41쪽.

61) 서중석, 《이승만의 정치이데올로기》, 역사비평사, 2005, 71쪽.

62) 정기성, 앞의 책, 52~53쪽.

63) 정기성, 위의 책, 64쪽.

64) 백낙준, 《백낙준전집 5—대학과교육》, 연세대학교 출판부, 1995, 171쪽.

65) 백낙준, 위의 책, 232쪽.

66) 안호상, 〈학도호국대 결성의 의의〉, 《조선교육》 3-3, 1949, 6쪽.

67) 정기성, 앞의 책, 52쪽.

68) 연정은, 〈감시에서 동원으로, 동원에서 규율로〉, 《역사연구》 14, 2004, 250쪽.

69) 이승녕, 〈대학은 어디로〉, 《대학가의 파수병》, 민중서관, 1968, 49~52쪽.

70) 한기언, 《대학의 이념》, 세광공사, 1979, 171~172쪽.

71) 민숙현·박해경, 《한가람 봄바람에—이화 100년 야사》, 지인사, 1981, 227~247쪽.

72) 유진오, 《젊은 세대에 부치는 서》, 고려대학교 출판부, 1963, 48쪽.

73) 백낙준, 《백낙준전집 3—연세 교육의 이상》, 연세대학교 출판부, 1995, 66쪽.

74) 유진오, 앞의 책, 1977, 282쪽.

75) 유진오, 위의 책, 283쪽.

76) 백낙준, 앞의 책(전집 3), 124쪽.

77) 정원식, 〈오천석, 새 나라의 교육을 설계하다〉, 《한국사시민강좌》 43, 2008, 233쪽.

78) 오천석, 《민주교육을 지향하여》, 을유문화사, 1960, 287~289쪽.

79) 오천석, 위의 책, 289~292쪽.

80) 유진오, 《구름 위의 만상》, 일조각, 1966, 398~399쪽.

81) 유진오, 위의 책, 399~400쪽.

82) 박용옥, 《한국 여성 근대화의 역사적 맥락》, 지식산업사, 2001, 3쪽.

83) 유진오, 앞의 책, 1966, 403~404쪽.

84) 草原克豪, 《日本の大學制度》, 弘文堂, 2008, 20쪽.

85) 大澤勝, 《現代私立大學論》, 風媒社, 1966, 45~48쪽.

86) 최호진, 《대학과 학문》, 서문당, 1976, 95~98쪽.

87) 차하순, 〈현대 한국대학의 성장과 문제점〉, 《한국사시민강좌》 18, 1996, 116쪽.

88) 강명숙, 〈제도화된 학술장으로서의 대학과 국가 통제〉, 《권력과 학술장: 1960년대~1980년대 초반》, 혜안, 2014, 24~25쪽.

3부 국가 주도 대학교육 시대의 개막

1장 근대화정책과 대학 근대화

1) 김건우, 〈1964년의 담론 지형〉, 《대중서사연구》 22, 2009, 75쪽.

2) 함석헌, 〈대학이란 무엇인가〉, 《신동아》 1965년 10월호, 75쪽.

3) 노암 촘스키 외, 《냉전과 대학》, 당대, 2001, 150쪽.

4) 정일준, 〈미제국의 제3세계 통치와 근대화 이론〉, 《경제와사회》 57, 2003, 141~143쪽.

5) 이상록, 〈1960~70년대 비판적 지식인들의 근대화 인식〉, 《역사문제연구》 18, 2007, 223쪽.

6) 김건우, 앞의 글, 2009, 74~75쪽.

7) 박태균, 〈로스토우 제3세계 근대화론과 한국〉, 《역사비평》 66, 2004, 146쪽.

8) 허은, 《미국의 헤게모니와 한국 민족주의》, 고려대학교 민족문화연구원, 2008, 346쪽.

9) 김석근, 〈조국근대화 이념과 박정희, 그리고 5·16〉, 《5·16과 박정희 근대화 노선의 비교사적 조명》, 선인, 2012, 276~277쪽.

10) 신범식 편, 《조국의 근대화》, 동아출판사, 1965, 37쪽.

11) 오성철, 〈박정희의 국가주의 교육론과 경제성장〉, 《역사문제연구》 11, 2013, 54쪽.

12) 박대선 편, 《대학과 국가발전》, 교육출판사, 1968, 50쪽.

13) 김성혜, 〈한국의 실험대학의 도입과 전개과정 소고〉, 《한국교육사학》 21, 1999, 120~121쪽.

14) 이준구, 《대학교수의 꿈과 그 현실》, 백운출판사, 2001, 158쪽.

15) 필립 알트바하 지음, 김성재 옮김, 《제3세계의 고등교육》, 현대사상사, 1992, 15쪽.

16) 〈민족 중흥의 길〉, 《연세춘추》 1963년 6월 10일.

17) 오천석, 《한국신교육사》, 현대교육총서출판사, 1964, 533쪽.

18) 〈학원보호법안 전문〉, 《조선일보》 1964년 7월 31일.

19) 대학신문사 편, 《대학·자유·지성》, 1974, 383쪽 ; 고대신문사, 《고대신문사설선》, 1996, 232쪽.

20) 〈국립대학이 나아갈 길〉, 《대학신문》 1964년 10월 5일.

21) 성내운, 《한국교육의 증언》, 배영사, 1965, 166쪽.

22) 유기천, 〈위기에 선 대학〉, 《사상계》 1964년 10월호, 38쪽.

23) 황종건, 〈대학의 과잉과 해결되어야 할 문제〉, 《교육평론》 1964년 6월호, 51쪽.

24) 이창세, 〈대학개단을 진단한다〉, 《신동아》 1967년 4월호, 130~131쪽.

25) 김종철, 《세계 안의 한국교육》, 배영사, 1970, 85쪽.

26) 박대선 편, 앞의 책, 212쪽.

27) 김재원, 〈대학교육망국론〉, 《세대》 1965년 3월호, 193쪽.

28) 백낙준, 《백낙준전집 5—대학과교육》, 연세대학교 출판부, 1995, 89쪽.

29) 〈대통령 졸업치사〉, 《대학신문》 1969년 2월 26일.

30) 한기언,《대학의 이념》, 2005, 172·176쪽.

31) 이형행,〈실험대학 운영과 고등교육의 질적 관리(1972~79)〉,《대학교육》52, 1991, 71쪽.

32) 충남대학교30년사 편찬위원회,《충남대학교 30년사》, 1982, 61쪽.

33) 부산대학교60년사 편찬위원회,《부산대학교 60년사》, 2006, 153쪽.

34) 〈사범대집회사건 윤태림 전학장도 구속〉,《조선일보》1961년 9월 18일.

35) 〈최고회의 '혁명 1년 총비판'서 지적, "대학정비 방법은 졸열했다"〉,《조선일보》1962년 6월 8일.

36) 김병희,〈대학정비에 대한 회고〉,《최고회의보》16, 1963, 129쪽.

37) 〈전국대학 학과별 정원 결정〉,《조선일보》1961년 11월 30일.

38) 동아대학교30년사 편찬위원회,《동아대학교 30년사》, 1976, 170쪽.

39) 강준만,《입시전쟁잔혹사》, 인물과사상사, 2009, 109~110쪽.

40) 동아대학교30년사 편찬위원회, 앞의 책, 172쪽.

41) 황산덕,〈국립대학 개조의 문제〉,《사상계》1960년 10월호, 169쪽.

42) 박일경,〈학사자격고시제도의 재검토〉,《최고회의보》1962년 12월호, 224쪽.

43) 부산대학교60년사 편찬위원회, 앞의 책, 206쪽.

44) 한양대70년사 편찬위원회,《한양대 70년사 1》, 2009, 200쪽.

45) 〈사대 정비기준을 발표〉,《조선일보》1961년 11월 18일.

46) 〈대학은 정비되어야 한다(3)〉,《조선일보》1960년 12월 28일.

47) 이형행, 앞의 글, 73~74쪽.

48) 손인수,《한국교육사 II》, 문음사, 1998, 733쪽.

49) 黑羽亮一,《戰後大學政策の展開》, 玉川大學出版部, 2001, 156~157쪽.

50) 〈성명서〉,《동아일보》1964년 10월 31일.

51) 〈사학총련 결성〉,《조선일보》1965년 12월 16일.

52) 이화팔십년사 편찬위원회,《이화팔십년사》, 1966, 364쪽.

53) 김종철,《한국교육정책연구》, 교육과학사, 1989, 370쪽.

54) 윤용남,〈우골탑 특강 방청기〉,《월간중앙》1969년 3월호, 125쪽.

55) 고대신문사, 앞의 책, 238쪽.

56) 성내운, 앞의 책, 11쪽.

57) 〈의혹질은 재적생부, 재학생보다 약 6천 명 많은 곳도, 국회 특별위 '사학감사' 첫날에 추궁〉,
《조선일보》1969년 1월 18일.

58) 윤용남, 앞의 글, 127쪽.

59) 〈국회특감과 대학의 권위〉,《대학주보》1969년 2월 27일(경희사십년 편찬위원회,《경희사십년》상권,
1992, 228~229쪽에서 재인용).

60) 〈사립대학 육성 위해 미국서 2천만 불 차관〉,《조선일보》1966년 1월 14일.

61) 〈사대공납금 인하할 때까지 시설비 지급 보류〉,《동아일보》1967년 2월 16일.

62) 〈청구권자금 등의 사대보조금 고·연대에 우선 배정〉,《동아일보》1966년 10월 25일.

63) 오기형, 〈사립대학의 연합은 가능한가〉, 《사상계》 1966년 2월호, 75쪽.

64) 육진성, 〈대학교육의 문제점과 해결책〉, 《교육평론》 1968년도 3월호, 47쪽.

65) 영남대학교50년사 편찬위원회, 《영남대학교 오십년사 1947~1997》, 영남대학교 출판부, 1996, 282쪽.

66) 서울대학교60년사 편찬위원회, 《서울대학교 60년사》, 2006, 432쪽.

67) 경북대학교60년사 편찬위원회, 《경북대학교 60년사》, 2006, 117·127쪽.

68) 한양대학교70년사 편찬위원회, 앞의 책, 213~214쪽.

69) 인하대학교30년사 편찬위원회, 《인하30년사》, 2008, 59쪽.

70) 연세대학교백년사 편찬위원회, 《연세대학교 백년사》 2, 1985, 35쪽.

71) 고려대학교100년사 편찬위원회, 《고려대학교 100년사》 2, 2008, 251쪽.

72) 성균관대학교사 편찬위원회, 《성균관대학교사》, 1978, 461쪽.

73) 경희사십년 편찬위원회, 앞의 책, 188쪽.

74) 동대백년사 편찬위원회, 《동국대학교 백년사》 1, 2005, 294쪽.

75) 동아대학교30년사 편찬위원회, 앞의 책, 243~244쪽.

76) 동아대학교30년사 편찬위원회, 위의 책, 357쪽.

77) 馬越徹, 《現代韓國敎育硏究》, 高麗書林, 1981, 218쪽.

78) 이인기, 〈국립대학 수준 향상을 위한 기구 개혁〉, 《사상계》 1961년 4월호, 168쪽.

79) 서울대학교60년사 편찬위원회 편, 앞의 책, 30쪽 ; 대학신문사 편, 앞의 책, 38쪽.

80) 한양대학교70년사 편찬위원회, 앞의 책, 226~227쪽.

81) 성균관대학교사 편찬위원회, 앞의 책, 535~536쪽.

82) 경희사십년 편찬위원회, 앞의 책, 189~190쪽.

83) 최영조, 〈대학교육을 진단한다〉, 《교육평론》 1968년 6월호, 116~117쪽.

84) 최형섭, 〈과학과 기술의 향상을 위한 대학원의 과제〉, 《새교육》 1969년 4월호, 193쪽.

85) 이종하, 〈한국의 경제구조와 대학원의 운영과정〉, 《새교육》 1969년 4월호, 180쪽.

86) 조경철, 〈학술연구의 촉진과 대학원의 과제〉, 《새교육》 1969년 4월호, 184쪽.

87) 최상업, 〈대학원 교육의 현재와 과거〉, 《한국 대학원교육의 성격과 방향》, 전국대학원장협의회, 1975, 46쪽.

88) 문만용, 《한국의 현대적 연구체제의 형성—KIST의 설립과 변천(1968~1980)》, 선인, 2010, 325쪽.

89) 대학신문사 편, 앞의 책, 363쪽.

90) 이문용, 〈초급대학의 신설과 경제개발 5개년 계획〉, 《문교공보》 61, 1962, 14쪽.

91) 유봉호, 〈한국 초급대학에 관한 연구〉, 《교육학연구》 2, 1964, 54~56쪽.

92) 명지대학교 출판부, 《명지대학교 50년사》, 1998, 274쪽.

93) 〈3개 실업 초급대학 고등전문교로〉, 《조선일보》 1965년 8월 4일.

94) 인하대학교30년사 편찬위원회, 앞의 책, 59쪽.

1) 우마코시 도루(馬越徹) 지음, 한용진 옮김, 《한국 근대대학의 성립과 전개》, 교육과학사, 2001, 268~269쪽.

2) 〈대학의 자유와 방종〉, 《동아일보》 1967년 2월 17일.

3) 〈사립대학의 학사감사〉, 《동아일보》 1968년 2월 15일.

4) 한국산업기술개발본부, 《전국고등교육기관실태조사연구보고서》, 1967, 49쪽.

5) 민관식, 《한국교육의 개혁과 진로》, 광명출판사, 1975, 126쪽.

6) 이형행, 〈실험대학 운영과 고등교육의 질적 관리(1972~79)〉, 《대학교육》 52, 1991, 65쪽.

7) 신현석, 《한국의 고등교육 개혁정책》, 학지사, 2005, 21쪽.

8) 문교부, 《80년대의 한국교육개혁》, 1983, 108쪽.

9) 우마코시 도루, 앞의 책, 266쪽.

10) 이형행, 앞의 글, 59쪽.

11) 한국산업기술개발본부, 앞의 글, 130~131쪽, 164~165쪽, 200~202쪽.

12) 박대선, 〈국가발전을 위한 대학교육의 사명〉, 《대학과 국가발전》, 교육출판사, 1968, 4~5쪽.

13) 신태환, 〈한국의 경제발전과 대학교육의 과제〉, 《대학과 국가발전》, 교육출판사, 1968, 33·36쪽.

14) 국회도서관 입법조사국, 《우리나라의 고등교육개혁안》, 1973, 162~165쪽.

15) 민관식, 앞의 책, 22~27쪽.

16) 한국대학교육협의회 편, 〈한국 고등교육의 역사적 변천에 관한 연구〉, 1989, 278쪽.

17) 박대선, 《고등교육의 개혁》, 연세대학교 출판부, 1973, 5~6쪽.

18) 박대선, 위의 책, 374~375쪽.

19) 국회도서관 입법조사국, 앞의 책, 309~322쪽.

20) 서울대학교 기획위원회, 《교육연구 및 기구조직에 관한 연구보고서》, 1971, 8쪽.

21) 국립도서관 입법조사국, 앞의 책, 3~130쪽.

22) 유인종, 〈대학교육개혁사업의 추진과정〉, 《대학교육 개혁을 위한 지역세미나 보고서》, 1974, 29쪽.

23) 손인수, 《한국교육사 Ⅱ》, 문음사, 1998, 747쪽.

24) 김성혜, 〈한국의 실험대학의 도입과 전개과정 소고〉, 《한국교육사학》 21, 1999, 122~123쪽.

25) 국회도서관 입법조사국, 앞의 책, 5쪽.

26) 문교부 교육정책심의회 고등교육분과위원회, 《실험대학연구보고서 1973학년도》, 1974, 61쪽.

27) 문교부 교육정책심의회 고등교육분과위원회, 위의 책, 61쪽.

28) 유인종, 《실험대학을 통한 대학교육개혁》, 교육평론사, 1975, 84쪽.

29) 〈실험대학제, 계열별 모집 1년간의 평가〉, 《조선일보》 1974년 4월 26일 ; 〈실험대학 운영 3년 실태와 문제점〉, 《조선일보》 1975년 7월 15일.

30) 윤치동, 〈우리나라 실험대학에 관한 연구〉, 《교육논총》 1, 1981, 9쪽.

31) 문교부, 《대학교육개혁사업》, 1974, 16~17쪽.

32) 문교부 교육정책심의회 고등교육분과위원회, 앞의 책, 1974, 181쪽.

33) 문교부 대학운영종합평가위원회, 《실험대학연구보고서 1980학년도》, 1981, 234쪽.

34) 문교부 교육정책심의회 고등교육분과위원회, 《실험대학연구보고서 1976학년도》, 1977, 14쪽.

35) 문교부 교육정책심의회 고등교육분과위원회, 《실험대학연구보고서 1979학년도》, 1980, 61~62쪽.

36) 김성혜, 앞의 글, 132쪽.

37) 강신택, 〈실험대학개혁사업과 대학의 관리〉, 《행정논총》 17-2, 1979, 124쪽.

38) 문교부 교육정책심의회 고등교육분과위원회, 앞의 책, 1974, 31쪽.

39) 유인종 외, 《대학교육개혁사업 보급에 관한 평가》, 1971, 5쪽.

40) 유인종 외, 위의 책, 13~22쪽.

41) 문교부 교육정책심의회 고등교육분과위원회, 앞의 책, 1980, 10~13쪽.

42) 문교부 교육정책심의회 고등교육분과위원회, 위의 책, 46쪽.

43) 〈5년 내 모든 대학 '실험대'로〉, 《조선일보》 1978년 2월 12일.

44) 〈내년부터 140학점 통일〉, 《조선일보》 1980년 9월 6일.

45) 〈선택과목 늘리고 전공필수는 줄여〉, 《조선일보》 1981년 1월 14일.

46) 김종철, 〈실험대학 이후 무엇이 변했는가〉, 《대학교육》 19, 1986, 12쪽.

47) 이종원, 〈정책집행과정에서의 대학정책의 변형분석〉, 《고등교육연구》 1-1, 1989, 149쪽.

48) 〈실험대학 실패〉, 《동아일보》 1982년 10월 14일.

49) 한국대학교육연구소, 《국립대학발전방향에 대한 연구》, 전국공무원노동조합, 2008, 56~57쪽.

50) 김종철, 앞의 글, 11쪽.

51) 김신복, 〈한국의 교육정책 수립과정과 연구〉, 《한국교육행정의 과제와 이론적 접근》, 교육과학사, 1983, 397~398쪽.

52) 문교부 교육정책심의회 고등교육분과위원회 편, 《실험대학운영5개년종합평가보고서》, 1978, 43쪽.

53) 문교부, 《한국교육30년》, 1980, 148쪽.

54) 한준상, 《한국대학교육의 희생》, 문음사, 1983, 313~314쪽.

55) 김난수 외, 《한국고등교육개혁의 방향 모색》, 문교부교육정책심의위원회, 1973, 82쪽.

56) 이문원, 〈해방후 한국 고등교육정책의 역사적 평가〉, 《한국교육사학》 14, 1992, 117~118쪽.

57) 이규환, 《비판적 교육사회학》, 한울, 1987, 247쪽.

58) 김인회, 〈교육정책의 철학과 대학의 발전〉, 《한국고등교육개혁의 과제와 전망》, 양서원, 1993, 66쪽.

59) 서강대학교교사 편찬위원회, 《서강대학교 40년지》, 2000, 170~174쪽.

60) 성현경, 〈대학의 교양교육과 전공교육—실패한 실험대학의 교육실험〉, 《대학교육》 21, 1986, 63쪽.

61) 김붕구, 〈지성의 전당〉, 《대학신문》 1967년 8월 7일.

62) 서울대학교 건설본부,《서울대학교 종합캠퍼스 시설 핸드북》, 1975, 3쪽.

63) 서울대학교30년사 편찬위원회,《서울대학교 30년사》, 1976, 421쪽.

64) 한심석,《관악을 바라보며》, 일조각, 1981, 296쪽.

65) 한심석, 위의 책, 296쪽.

66) 김종철, 앞의 글, 11쪽.

67) 강신택, 앞의 글, 136쪽.

68) 강신택, 앞의 글, 129쪽.

69) 한기언,《대학의 이념》, 2005, 256쪽.

70) 허은,〈독재와 근대화 격랑 속의 대학사회〉,《내일을 여는 역사》, 25, 2006, 38쪽.

71) 이항녕,〈한국 대학의 자율성과 지도성〉,《대학과 국가발전》, 교육출판사, 1968, 204쪽.

72) 이환,〈한국대학의 현 좌표〉,《대학신문》1971년 7월 5일.

73)〈교수협의회건의서〉,《대학신문》1971년 8월 30일 ; 서울대학교40년사 편찬위원회,《서울대학교 40년사》, 1986, 237쪽.

74) 유용식,〈한국 대학교육제도의 변천과정에 관한 연구〉,《고등교육연구》12-1, 2001, 150쪽.

75) 차하순,〈현대 한국대학의 성장과 문제점〉,《한국사시민강좌》18, 1996, 124~125쪽.

76) 노명식,《한국의 대학과 교육》, 책과함께, 2011, 38쪽.

77)〈지도교수제의 발족에 부쳐〉,《고대신문》1972년 5월 23일.

78) 허은, 앞의 글, 41~45쪽.

79) 서울대학교40년사 편찬위원회,《서울대학교 40년사》, 1986, 538~541쪽.

80) 이형행, 앞의 글, 67~68쪽.

81) 김정현 편역,《오늘의 고등교육》, 일조각, 1976, 17쪽.

82) 한준상,《한국대학교육의 희생》, 문음사, 1983, 236~237쪽.

4부 시장권력에 포섭된 대학

1장 대학교육의 대중화와 대학 민주화

1) 문교부,《문교40년사》, 1988, 489쪽.

2) 한국교육정치학회,《한국 교육 개혁 정치학》, 학지사, 2014, 151쪽 ; 이종원,〈정책집행과정에서의 대학정책의 변형분석〉,《고등교육연구》1-1, 1989, 155쪽.

3) 교육개혁심의회,《대학교육의 질 향상을 위한 개혁방안》, 1987, 135쪽.

4) 교육개혁심의회, 위의 책, 138~167쪽.

5) 신현석,《한국의 고등교육 개혁정책》, 학지사, 2005, 24~25쪽.

6) 국정브리핑 특별기획팀,《대한민국 교육 40년》, 한스미디어, 2007, 146~147쪽.

7) 교육부,《교육50년사》, 1998, 476~477쪽.

8) 이돈희,〈고등교육의 대중화와 질관리〉,《고등교육연구》2-1, 1991, 10~11쪽.

9) 신현석, 앞의 책, 23쪽.

10) 김동훈,《대학공화국》, 한국대학신보, 1993, 72~73쪽.

11) 서울대학교,《서울대통계연보》16, 1977, 9쪽.

12) 주삼환,《고등교육연구》, 한국학술정보, 2006, 50쪽.

13) 조성일·신재흡,《한국교육행정발달사 탐구》, 집문당, 2005, 127~128쪽.

14) 서명원,〈전환기의 사회변화와 고등교육의 당면 과제〉,《고등교육연구》2-1, 1990, 27쪽.

15) 다니엘 벨,《교양교육의 개혁—미국 컬럼비아대학에서의 경험》, 1994, 민음사, 94~99쪽.

16) 서울대학교50년사 편찬위원회,《서울대학교 50년사(상)》, 1996, 657쪽.

17) 강무섭,《한국의 고등교육정책》, 교학사, 1990, 428~429쪽.

18) 문교부 교육정책심의회,《한국고등교육의 실태》, 1993, 155쪽.

19) 서울대학교 대학원,《대학원 교육운영 개선에 관한 연구》, 1972, 5쪽.

20) 서울대학교,《대학원중점육성연구결과보고서—제1편 종합평가》, 1979, 8쪽.

21) 김종서,〈한국대학의 역사적 조명〉,《민족지성》1987년 3월호, 101쪽.

22) 최재목,〈우리나라 대학의 학문풍토와 국내·외 박사〉,《대학교육》2000년 1·2월호, 82~83쪽.

23) 김형근,〈한국 대학교수의 박사학위 현황 분석〉,《대학교육》2000년 1·2월호, 77쪽.

24)〈미국이 '점령한' 우리의 사회과학〉,《대학신문》1999년 12월 6일.

25) 최종욱,〈상품논리와 유학〉,《대학교육》1998년 5·6월호, 100쪽.

26)〈유학중인 한국학생 얼마나 되나?〉,《교수신문》2003년 10월 13일.

27) 한국대학교육협의회,《한국대학교육협의회 20년사》, 2002, 8쪽.

28) 한국대학교육협의회, 위의 책, 319쪽.

29) 한국대학교육협의회, 위의 책, 7쪽.

30) 한국대학교육협의회, 《한국대학교육협의회 10년사》, 1992, 20~21쪽.

31) 한국대학교육협의회, 위의 책, 21쪽.

32) 한국대학교육협의회, 앞의 책, 2002, 21쪽.

33) 박종렬 외, 《대학평가 이론과 실제》, 학지사, 2009, 3쪽.

34) 이화국·강경석, 〈한국과 미국의 대학평가인정제 비교·분석을 통한 발전 과제 탐색〉, 《고등교육연구》 10-1, 1998, 143쪽.

35) 김난수, 〈80년대 고등교육의 과제〉, 《교육개발》 4, 1980, 38쪽 ; 김옥환, 《대학론》, 문음사, 1983, 215~218쪽.

36) 한국대학교육협의회, 《대학평가의 발전방향 모색을 위한 세미나》, 1984, 37~38쪽.

37) 김옥환, 앞의 책, 210쪽.

38) 차하순, 〈현대 한국대학의 성장과 문제점〉, 《한국사시민강좌》 18, 1996, 128~129쪽.

39) 이정규, 《대학, 행복을 위한 황금 열쇠인가?》, 이담북스, 2010, 121~123쪽.

40) 서울대학교교수민주화운동50년사 발간위원회, 《서울대학교교수민주화운동50년사》, 1997, 114쪽.

41) 문교부, 《우리나라 교육계를 위한 새로운 기풍을》, 1980, 174~178쪽.

42) 문교부, 위의 책, 166~167쪽.

43) 이규환, 《비판적 교육사회학》, 한울, 1987, 258~259쪽.

44) 강신철 외, 《80년대 학생운동사—사상이론과 조직노선을 중심으로(80~87)》, 형성사, 1988, 326~328쪽.

45) 김동길, 〈대학과 사람〉, 《대학에서 나는 무슨 공부를 하여 어떤 사람이 될까?》, 뿌리깊은나무, 1984, 7쪽.

46) 〈다시 생각하는 자율〉, 《고대신문》 1985년 3월 11일.

47) 홍덕률, 〈대학개혁의 사회학〉, 《경제와사회》 33. 1997, 20~22쪽.

48) 전국대학신문주간교수협의회, 《시대와 대학신문》, 형설출판사, 1988, 144쪽.

49) 민주화를 위한 전국교수협의회, 《민교협 10년사》, 1997, 40쪽.

50) 최용우, 〈오늘의 대학이 선 자리〉, 《우리들의 대학》, 거름, 1988, 28쪽.

51) 《중앙일보》 1988년 8월 1일.

52) 이규환, 앞의 책, 257~258쪽.

53) 한국대학교육협의회, 앞의 책, 2002, 27쪽.

54) 전국대학신문주간교수협의회, 앞의 책, 196쪽.

55) 차하순, 앞의 글, 124~125쪽.

56) 신현석, 앞의 책, 26~28쪽.

57) 민주화를 위한 전국교수협의회, 《대학자주화백서》, 도서출판 터, 1990, 79쪽.

58) 이형행, 〈교수의 대학운영 참여〉, 《한국고등교육개혁의 과제와 전망》, 양서원, 1993, 126~127쪽.

59) 강원근, 《한국의 대학총장 선출제도》, 학지사, 2008, 64~65쪽.

60) 민주화를 위한 전국교수협의회, 앞의 책, 1990, 57·61쪽.

61) 문교부, 《80년대의 한국교육개혁》, 1983, 128~129쪽.

62) 〈개정 사립학교법, 사학비리 합법화〉, 《한국대학신문》 1990년 3월 26일.

63) 〈사립학교법 개악을 규탄한다〉, 《한국대학신문》 1990년 4월 2일.

64) 김동훈, 《대학공화국》, 한국대학신보, 1993, 60~61쪽.

65) 김동훈, 위의 책, 28쪽.

66) 김동훈, 위의 책, 130~131쪽.

67) 김동훈, 위의 책, 40~41쪽.

68) 〈대패 하나로 거부 쌓았다〉, 《경향신문》 1993년 3월 31일.

69) 정지환, 《한국사학이 사는 길》, 시민의신문, 2006, 66~73쪽.

70) 정대화, 《상지대 민주화 투쟁 40년》, 한울, 2017, 9쪽.

71) 김동훈, 앞의 책, 44~45쪽.

72) 정일환, 〈대학경영과 재정〉, 《교육개발》 75, 1991, 57쪽.

73) 박상두, 〈투자와 생산〉, 《고대신문》 1991년 11월 11일.

74) 이철호, 〈사립자연대학이 나아갈 길〉, 《고대신문》 1988년 3월 21일.

75) 김란수 외, 《전환기의 지성―고뇌하는 총장들이 사회에 띄우는 선언문》, 나남, 1992, 164쪽.

76) 김우창, 〈한국대학의 불가사의〉, 《고대신문》 1994년 4월 4일.

77) 이장로, 〈차별당하는 사립대학〉, 《고대신문》 1992년 8월 3일.

2장 대학교육 보편화와 시장주의적 대학 개혁

1) 오인탁 외, 《한국고등교육개혁의 과제와 전망》, 양서원, 1993, 2쪽.

2) 교육인적자원부, 〈우리나라 고등교육 현황 및 주요국의 발전사례〉, 2002(강명숙, 〈고등교육 위상의 역사적 변화〉, 《역사비평》 67, 2004, 108쪽에서 재인용).

3) 정인성, 〈사이버 대학: 그 가능성과 한계〉, 《대학교육》 2001년 7·8월호, 60쪽.

4) 김종량, 〈한국적 가상대학의 구상도〉, 《고등교육연구》 9-2, 1997, 1~2쪽.

5) 김기석, 《한국고등교육연구》, 교육과학사, 2008, 207~209쪽.

6) 김기석, 위의 책, 209~215쪽.

7) 김기석, 위의 책, 223쪽.

8) 김기석, 위의 책, 216~233쪽.

9) 김용숙, 《대학은 죽었는가?―대학학력무용론을 제기하며》, 성원사, 1991, 280쪽.

10) 장수명, 〈5·31대학정책 분석―규제완화를 중심으로〉, 《동향과 전망》 77, 2009, 12쪽.

11) 국정브리핑 특별기획팀, 《대한민국 교육 40년》, 한스미디어, 2007, 147쪽.

12) 정영섭·이공훈, 《교육, 시장과 정부에서 길을 찾다》, 건국대학교 출판부, 2006, 244쪽.

13) 교육부,《교육규제완화백서》, 1997, 6~7쪽.

14) 교육부,《교육개혁요람》, 1998, 141쪽.

15) 이행원,《교육개혁의 논리》, 나남, 1994, 116쪽.

16) 국정브리핑 특별기획팀, 앞의 책, 153~154쪽.

17) 국정브리핑 특별기획팀, 위의 책, 154쪽.

18) 교육개혁평가연구회,《21세기의 새 지평 교육개혁》, 1997, 112~117쪽.

19) 이만우, 〈대학 구조조정, 어떻게 할 것인가〉,《대학교육》 1998년 9·10월호, 17쪽.

20) 김인회, 〈군사정부가 아닌 문민정부의 개혁 정책인가〉,《대학교육》 1997년 7·8월호, 97쪽.

21) 홍덕률, 〈대학개혁의 사회학〉,《경제와 사회》 33. 1997, 26쪽.

22) 김윤태,《한·미 대학교육체제 비교 연구》, 문음사, 1999, 128쪽.

23) 강원근,《한국의 대학총장 선출제도》, 학지사, 2008, 70쪽.

24) 〈서울대 논문에서 한글이 사라진다〉,《주간동아》 255, 2000.

25) 박도영, 〈대학을 줄여야 하나, 정원을 줄여야 하나〉,《경제학자, 교육혁신을 말하다》, 창비, 2011, 85~86쪽.

26) 이정규,《대학, 행복을 위한 황금 열쇠인가?》, 이담북스, 2010, 209~210쪽.

27) 마이클 W. 애플 지음, 성열관 옮김,《미국 교육개혁, 옳은 길로 가고 있나》, 우리교육, 2003, 37쪽.

28) 마이클 베일리·데스 프리드먼 엮음, 민영진 옮김,《대학에 저항하라》, SEEDPAPER, 2012, 203~206쪽.

29) 마이클 W. 애플, 앞의 책, 77쪽.

30) 세계은행 지음, 고등교육연구팀 옮김,《지식사회 만들기: 고등교육의 새로운 도전》, 한국교육개발원, 2004, 163~164쪽.

31) 세계은행, 위의 책, 154~155쪽.

32) 기타무라 가즈유키(喜多村和之) 지음, 김도수 옮김,《고등교육의 혁신》, 교육과학사, 1995, 158쪽.

33) 한용진,《근대 이후 일본의 교육》, 도서출판 문, 2010, 318쪽.

34) 고전,《일본교육개혁 흑·백서》, 학지사, 2003, 325쪽.

35) 한용진, 앞의 책, 319쪽.

36) 한용진, 위의 책, 320쪽.

37) 황갑선,《대학이 변화면 국민이 행복해진다》, 동인, 2004, 176~177쪽.

38) 최해금,《중국 대학교육 개혁정책의 변화와 과제에 관한 연구》, 한국학술정보㈜, 2006, 49쪽.

39) 양승실 외,《주요 선진국의 대학 발전 동향: 이론과 실제》, 학지사, 2009, 286~288쪽.

40) 김기석, 앞의 책, 256~265쪽.

41) 草原克豪,《日本の大學制度》, 弘文堂, 2008, 235쪽.

42) 한국대학교육협의회,《한국대학교육협의회 20년사》, 2002, 143쪽.

43) 장정현,《한국의 대학교수시장》, 내일을여는책, 1996, 149~152쪽.

44) 한국대학교육협의회,《1995년도 대학종합평가인정제 시행을 위한 대학종합평가편람》, 1995,

3쪽.

45) 이현청,《대학평가론》, 문음사, 2006, 23~24쪽.

46) 김남두·김영식,〈대학기능의 분화를 통한 대학교육의 다양화〉,《대학 개혁의 과제와 방향》, 민음사, 1996, 47쪽.

47) 한국대학신문,《대학 이슈 25》, 2013, 52쪽.

48) 허형,〈대학의 다양화 특성화 방향〉,《한국대학신문》1995년 9월 18일

49) 교육인적자원부,《두뇌한국21사업 길라잡이》, 2001, 1~3쪽.

50) 〈'두뇌한국21' 반발 대학가 소용돌이〉,《경향신문》1999년 7월 6일.

51) 국정브리핑 특별기획팀, 앞의 책, 158쪽.

52) 박종렬 외,《대학평가 이론과 실제》, 학지사, 2009, 328쪽 ; 장민수,〈대학원중심대학의 문제점과 대책〉,《대학교육》2011년 11·12월호, 97쪽.

53) 박도영, 앞의 글, 86~87쪽.

54) 박도영, 앞의 글, 87~89쪽.

55) 장수명, 앞의 글, 13쪽.

56) 〈성균관대 기업형 경영 바람〉,《한겨레》1997년 3월 13일.

57) 김누리,〈대학기업화와 사립대학〉,《사학문제의 해법을 모색한다》, 실천문학사, 2012, 213~214쪽.

58) 노영수,《기업가의 방문―어느 기업 대학에서 생긴 일》, 후마니타스, 2014, 15쪽.

59) 한국대학교육협의회,《대학의 산학협동체제 재정립을 위한 방향모색》, 1986, 62쪽.

60) 박태원 편저,《대학과 과학기술》, 삼문, 1993, 470쪽.

61) 송자,《21세기 대학경영》, 중앙일보사, 1996, 297쪽.

62) 홍덕률, 앞의 글, 22~24쪽.

63) 고학근,〈대학내 창업 활동 현황 및 지원 방향〉,《대학교육》200년 5·6월호, 10쪽.

64) 목진휴,〈대학교수 창업활동의 사회적 기여에 대하여〉,《대학교육》2002년 11·12월호, 123쪽.

65) 전국경제인연합회,〈보도자료―경제계 중심의 민간 교육발전 특별기구 설립〉, 2002년 7월 17일.

66) 박영신,〈정복자와 노예〉,《현상과인식》2001년 겨울호, 61쪽.

67) 제시퍼 위시번 지음, 김주연 옮김,《대학주식회사》, 후마니타스, 2011, 9~10쪽.

68) 김기석, 앞의 책, 256쪽.

69) 안재욱,《한국의 사립대학교》, 자유기업센터, 1997, 12쪽~13쪽.

70) 안재욱, 위의 책, 11~13쪽.

71) 최기준,《대학도 이제는 경영해야 산다》, 월간에세이 줄판부, 1995, 7쪽.

72) 〈명지대 총장 이영덕 씨 유상근 씨는 명예총장〉,《경향신문》1992년 1월 15일.

73) 〈포항공대 총장 공모〉,《동아일보》1994년 5월 26일.

74) 백낙준,《백낙준전집 5―대학과 교육》, 연세대학교 출판부, 1995, 439~440쪽.

75) 이행원, 앞의 책, 112~113쪽.

76) 이용헌,〈대학경영혁신 모형의 탐구〉,《고등교육연구》6-1, 1994, 67쪽.

77) 김호진, 〈21세기 대학경영과 총장의 역할〉, 《대학의 이상과 미래》, 역민사, 1998, 25~27쪽.

78) 이광주, 《대학사》, 민음사, 1997, 446쪽.

79) 김희집, 《세계로의 힘찬 포효—대학의 이상과 희망》, 고려대학교 출판부, 1994, 284~285쪽.

80) 〈학교채 발행의 의미〉, 《고대신문》 1994년 4월 4일.

81) 송자, 《한 가지라도 똑 부러지면 되는 거요》, 중앙일보사, 1997, 160쪽.

82) 이행원, 앞의 책, 107쪽.

83) 송자, 앞의 책, 1996, 290~291쪽.

84) 송자, 위의 책, 295쪽.

85) 김누리, 앞의 글, 212~213쪽.

86) 이행원, 앞의 책, 110쪽.

87) 〈회장, 사장의 마인드로 대학 경영 혁신〉, 《경향신문》 1997년 1월 10일.

88) 최종욱, 〈인문과학: 인무과학 위기에 대한 담론 분석을 위한 시론〉, 《한국 인문사회과학의 현재와 미래》, 푸른숲, 1998, 342쪽.

89) 정범모, 〈교육은 왜 하는가〉, 《한국교육, 어디로 가야하나》, 푸른역사, 2010, 33쪽.

90) 홍덕률, 〈신자유주의의 대학과 지식인〉, 《내일을 여는 역사》 25, 2006, 56~58쪽.

91) 표시열, 《민주주의의 정착과 대학의 개혁》, 고려대학교 출판부, 1996, 70~72쪽.

92) 이건범, 〈대학 개혁은 학벌게임 종료의 차선책이다〉, 《경제학자, 교육혁신을 말하다》, 창비, 2011, 81쪽.

93) 강내희, 《교육개혁의 학문전략》, 문화과학사, 2003, 359쪽.

94) 강내희, 위의 책, 2003, 360쪽.

95) 마이클 베일리·데스 프리드먼 엮음, 앞의 책, 198~199쪽.

96) 교수노조, 〈출범 선언〉(http://www.kpu.or.kr/sub1.php).

97) 오세철, 〈올바른 교육 개혁의 주체—교수노조〉, 《대학교육》 2001년 1·2월호, 92~96쪽.

참고문헌

신문·잡지

《개벽》,《건국대학교 교지》,《경성일보》,《경향신문》,《고대신문》,《교수신문》,《교육》,《교육개발》,《교육평론》,《기독교신문》,《대학교육》,《대학신문》,《독립신보》,《동아일보》,《매일신보》,《문교월보》,《문교공보》,《민족지성》,《방송지우》,《사상계》,《상록》,《새교육》,《서울신문》,《세대》,《신동아》,《신민》,《신시대》,《신태양》,《연세춘추》,《월간조선》,《월간중앙》,《전망》,《조선교육》,《조선일보》,《중앙일보》,《주간동아》,《최고회의보》,《한국대학신문》,《현대공론》

자료

京城帝國大學同窓會,《柑碧遙かに―京城帝國大學創立五十周年記念誌》, 耕文社, 1974.

경제기획원,《인구주택국세조사보고: 1960》, 1963.

교육개혁심의회,《대학교육의 질 향상을 위한 개혁방안》, 1987.

교육개혁평가연구회,《21세기의 새 지평 교육개혁》, 1997.

교육부,《교육50년사》, 1998.

교육부,《교육개혁요람》, 1998.

교육부,《교육규제완화백서》, 1997.

교육인적자원부,《두뇌한국21사업 길라잡이》, 2001.

국회도서관 입법조사국,《우리나라의 고등교육개혁안》, 1973.

단국대학교 동양학연구소 편,《박은식전서(중)》, 1975.

대한교육연합회,《교육관계법령연혁집》, 1986.

문교부 대학운영종합평가위원회,《실험대학연구보고서 1980학년도》, 1981.

문교부,《80년대의 한국교육개혁》, 1983.

문교부, 《대학교육개혁사업》, 1974.

문교부, 《문교40년사》, 1988.

문교부, 《문교개관》, 1958.

문교부, 《문교행정개황》, 1948.

문교부, 《우리나라 교육계를 위한 새로운 기풍을》, 1980.

문교부, 《한국교육30년》, 1980.

문교부, 《해외유학생실태조사 중간보고서 증보판》, 1968.

문교부, 《해외유학생인정자통계》, 1962.

문교부·주한미국경제협조처, 《한국국립고등교육기관 실태조사보고서》, 1960.

문교부 교육정책심의회 고등교육분과위원회, 《대학교육 개혁을 위한 지역세미나 보고서》, 1974.

문교부 교육정책심의회 고등교육분과위원회, 《실험대학연구보고서 1973학년도》, 1974.

문교부 교육정책심의회 고등교육분과위원회, 《실험대학연구보고서 1974학년도》, 1975.

문교부 교육정책심의회 고등교육분과위원회, 《실험대학연구보고서 1976학년도》, 1977.

문교부 교육정책심의회 고등교육분과위원회, 《실험대학연구보고서 1979학년도》, 1980.

문교부 교육정책심의회 고등교육분과위원회, 《실험대학운영5개년 종합평가보고서》, 1978.

문교부 교육정책심의회, 《한국고등교육의 실태》, 1993.

서울대학교 건설본부, 《서울대학교 종합캠퍼스 시설 핸드북》, 1975.

서울대학교 기획위원회, 《교육연구 및 기구조직에 관한 연구보고서》, 1971.

서울대학교 대학원, 《대학원 교육운영 개선에 관한 연구》, 1972.

서울대학교, 《대학원중점육성연구결과보고서—제1편 종합평가》, 1979.

서울대학교, 《서울대통계연보》 16, 1977.

유길준 지음, 허경진 옮김, 《서유견문》, 서해문집, 2004.

이길상, 《해방전후사의 자료집 II》, 원주문화사, 1992.

이상주 외, 《대학종합평가인정제 실험 연구》, 한국대학교육협의회, 1995.

전국대학원장협의회, 《한국 대학원교육의 성격과 방향》, 1975.

정태수, 《미군정기 한국교육사자료집(상)》, 홍지원, 1992.

한국대학교육연구소, 《국립대학발전방향에 대한 연구》, 전국공무원노동조합, 2008.

한국대학교육협의회, 《1995년도 대학종합평가인정제 시행을 위한 대학종합평가편람》, 1995.

한국대학교육협의회, 《대학의 산학협동체제 재정립을 위한 방향모색》, 1986.

한국대학교육협의회, 《대학평가의 발전방향 모색을 위한 세미나》, 1984.

한국대학교육협의회, 《한국 고등교육의 역사적 변천에 관한 연구》, 1989.

한국산업기술개발본부, 《전국고등교육기관실태조사연구보고서》, 1967

학교사

경북대학교60년사 편찬위원회,《경북대학교 60년사》, 2006.

경희사십년 편찬위원회,《경희사십년(상)》, 1992.

고려대학교100년사 편찬위원회,《고려대학교 100년사》2, 2008.

고려대학교70년지편찬실,《고려대학교 70년지》, 1975.

공주사범대학사 편찬위원회,《공주사범대학 35년사》, 1983.

국립서울대학교개학반세기역사 편찬위원회,《국립서울대학교 개학반세기사》, 서울대학교 출판문
  화원, 2016.

국민대학교30년사 편찬위원회,《국민대학교 30년사》, 1977.

국민대학교60년사 편찬위원회,《국민대학교 60년사》, 2007.

대구대학,《20년 약사》, 1966.

덕성60년사 편찬위원회,《덕성60년사》, 1985.

동대백년사 편찬위원회,《동국대학교 백년사》1, 2005.

동아대학교30년사 편찬위원회,《동아대학교 30년사》, 1976.

명지대학교 출판부,《명지대학교 50년사》, 1998.

명지학원삼십년사 출판위원회,《명지학원 30년사 1948~1978》, 1979.

박종기 외,《다른 역사, 다른 대학》, 국민대학교 출판부, 2001.

배재학당,《배재팔십년사》, 1965.

부산대학교40년사 편찬위원회,《부산대학교 40년사》, 1986.

부산대학교60년사 편찬위원회,《부산대학교 60년사》, 2006.

서강대학교교사 편찬위원회,《서강대학교 40년지》, 2000.

서울대학교20년사 편찬위원회,《서울대학교 20년사》, 1966.

서울대학교30년사 편찬위원회,《서울대학교 30년사》, 1976.

서울대학교40년사 편찬위원회,《서울대학교 40년사》, 1986.

서울대학교50년사 편찬위원회,《서울대학교 50년사(상)》, 1996.

서울대학교60년사 편찬위원회,《서울대학교 60년사》, 2006.

서울대학교의과대학사 편찬위원회,《서울대학교 의과대학사》, 1978.

성균관대학교교사 편찬위원회,《성균관대학교사》, 1978.

숙명여자대학교 출판부,《숙명여자대학교 30년사》, 1968.

숭전대학교80년사 편찬위원회,《숭전대학교 80년사》1979.

연세대학교백년사 편찬위원회,《연세대학교 백년사》1·2 1985.

영남대학교50년사 편찬위원회,《영남대학교 오십년사 1947~1997》, 영남대학교 출판부, 1996.

이화백년사 편찬위원회,《이화백년사》, 1994.

이화팔십년사 편찬위원회,《이화팔십년사》, 1966.

인하대학교30년사 편찬위원회, 《인하30년사》, 2008.

인하삼십년사 편찬위원회, 《인하삼십년사》, 1984.

중앙대학교80년사 편찬실무위원회, 《중앙대학교 80년사》, 1998.

충남대학교30년사 편찬위원회, 《충남대학교 30년사》, 1982.

한양대70년사 편찬위원회, 《한양대 70년사 1》, 2009.

논문

강명숙, 〈미군정기 고등교육 연구〉, 서울대학교 박사학위논문, 2002.

강명숙, 〈1945~1946년의 경성대학에 관한 시론적 연구〉, 《교육사학연구》 14, 2004.

강명숙, 〈고등교육 위상의 역사적 변화〉, 《역사비평》 67, 2004.

강신택, 〈실험대학개혁사업과 대학의 관리〉, 《행정논총》 17-2, 1979.

김갑천, 〈박영효의 건백서—내정개혁에 관한 1888년의 상소문〉, 《한국정치연구》 2, 1990.

김건우, 〈1964년의 담론 지형〉, 《대중서사연구》 22, 2009, 75쪽.

김기석·강일국, 〈1950년대 한국 교육〉, 《1950년대 한국사의 재조명》, 2004.

김민철, 〈'한국 현대사의 큰 별' 유진오〉, 《노동사회》 65, 2002.

김성혜, 〈한국의 실험대학의 도입과 전개과정 소고〉, 《한국교육사학》 21, 1999.

김일수, 〈법학교육자로서의 현민〉, 《고려법학》 48, 2007.

김정인, 〈미군정기 대학정책과 사립대학의 설립과정〉, 《교육연구》 27-2(춘천교대), 2009.

김정인, 〈1950년대 대학교육과 미숙식 학문기반의 형성〉, 《교육연구》 28-2(춘천교대), 2010.

김정인, 〈1960년대 근대화 정책과 대학〉, 《한국근현대사연구》 63, 2012.

김종량, 〈한국적 가상대학의 구상도〉, 《고등교육연구》 9-2, 1997.

민경배, 〈백낙준, 대한민국의 교육이념을 정립하다〉, 《한국사시민강좌》 43, 2008.

박동서, 〈한국 사회과학연구의 현황과 평가〉, 《행정논총》 16권 1호, 1978.

박선영·김회용, 〈한국전쟁기 대학상황의 이해〉, 《한국학논집》 37, 2008.

박영신, 〈정복자와 노예〉, 《현상과인식》 겨울호, 2001.

박태균, 〈로스토우 제3세계 근대화론과 한국〉, 《역사비평》 66, 2004.

서명원, 〈전환기의 사회변화와 고등교육의 당면 과제〉, 《고등교육연구》 2-1, 1990.

손인수, 〈한국동란중 전시연합대학에 관한 연구〉, 《교육연구》 29, 1995.

심재우, 〈유진오, 대한민국 헌법의 기초를 닦다〉, 《한국사시민강좌》 43, 2008.

연정은, 〈감시에서 동원으로, 동원에서 규율로〉, 《역사연구》 14.

연정은, 〈전시연합대학과 학원통제〉, 《사림》 24, 2005.

예지숙, 〈일제하 김활란의 활동과 대일협력〉, 《한국사론》 51, 2005.

오성배, 〈사립대학 팽창 과정 탐색: 해방 후 농지개혁기를 중심으로〉, 《한국교육》 31-3, 2004.

오성철, 〈박정희의 국가주의 교육론과 경제성장〉, 《역사문제연구》 11, 2013.

오제연, 〈1950년대 대학생 집단의 정치적 성장〉, 《역사문제연구》 19, 2008.

오제연, 〈1960~1971년 대학 학생운동 연구〉, 서울대학교 박사학위논문, 2014.

유봉호, 〈한국 초급대학에 관한 연구〉, 《교육학연구》 2, 1964.

유용식, 〈한국 대학교육제도의 변천과정에 관한 연구〉, 《고등교육연구》 12-1, 2001.

윤치동, 〈우리나라 실험대학에 관한 연구〉, 《교육논총》 1, 1981.

이규환, 〈한국교육발전에 미친 외국의 영향〉, 《아세아연구》 26-1, 1983.

이광호, 〈한국고등교육의 제도적 구조개편의 특성〉, 《한국청소년연구》 8, 1992.

이길상, 〈제국주의 문화침략과 한국교육의 대미종속화〉, 《역사비평》 20, 1992.

이돈희, 〈고등교육의 대중화와 질관리〉, 《고등교육연구》 2-1, 1991.

이문원, 〈해방후 한국 고등교육정책의 역사적 평가〉, 《한국교육사학》 14, 1992.

이배용, 〈김활란, 여성교육 여성 활동에 새 지평을 열다〉, 《한국사민강좌》 43, 2008.

이상록, 〈1960~70년대 비판적 지식인들의 근대화 인식〉, 《역사문제연구》 18, 2007.

이선미, 〈1950년대 미국유학 담론과 '대학문화'〉, 《상허학보》 25, 2009.

이용헌, 〈대학경영혁신 모형의 탐구〉, 《고등교육연구》 6-1, 1994.

이종원, 〈정책집행과정에서의 대학정책의 변형분석〉, 《고등교육연구》 1-1, 1989.

이화국·강경석, 〈한국과 미국의 대학평가인정제 비교—분석을 통한 발전 과제 탐색〉, 《고등교육연구》 10-1, 1998.

정규영, 〈콜로니얼리즘과 학문의 정치학〉, 《교육사학연구》 9, 1999.

정범모, 〈교육교환에 의한 미국문화의 영향〉, 《아세아연구》 10-2, 1967.

장세윤, 〈일제의 경성제국대학 설립과 운영〉, 《한국독립운동사연구》 6, 1992.

장수명, 〈5·31대학정책 분석—규제완화를 중심으로〉, 《동향과 전망》 77, 2009.

정여령, 〈대북제국대학의 학교조직과 학원문화〉, 《사회와역사》 76, 2007.

정원식, 〈오천석, 새 나라의 교육을 설계하다〉, 《한국사시민강좌》 43, 2008.

정일준, 〈미제국의 제3세계 통치와 근대화 이론〉, 《경제와사회》 57, 2003.

정일환, 〈대학경영과 재정〉, 《교육개발》 75, 1991.

정준영, 〈경성제국대학과 식민지 헤게모니〉, 서울대학교 박사학위논문, 2009.

정준영, 〈경성제국대학의 유산—일본의 식민교육체제와 한국의 고등교육〉, 《일본연구논총》 34, 2011.

차하순, 〈현대 한국대학의 성장과 문제점〉, 《한국사시민강좌》 18, 1996.

최용우, 〈오늘의 대학이 선 자리〉, 《우리들의 대학》, 거름, 1988.

최재목, 〈우리나라 대학의 학문풍토와 국내·외 박사〉, 《대학교육》 2000년 1·2월호.

최종욱, 〈상품논리와 유학〉, 《대학교육》 1998년 5·6월호.

최혜월, 〈국대안 반대운동의 이념적 성격에 관한 교육사회학적 접근〉, 연세대학교 석사학위논문, 1986.

한용진, 〈일제 식민통치하의 대학교육〉, 《한국시시민강좌》 18, 1996.

한용진, 〈근대 한국 고등교육체제 형성에 관한 고찰〉, 《교육문제연구》 11, 1999.

허은, 〈독재와 근대화 격량 속의 대학사회〉, 《내일을 여는 역사》 25, 2006.

홍덕률, 〈대학개혁의 사회학〉, 《경제와사회》 33, 1997.

홍덕률, 〈신자유주의의 대학과 지식인〉, 《내일을 여는 역사》 25, 2006.

단행본

강길수 외, 《한국교육행정의 과제와 이론적 접근》, 교육과학사, 1983.

강내희, 《교육개혁의 학문전략》, 문화과학사, 2003.

강명숙 외, 《권력과 학술장: 1960년대~1980년대 초반》, 혜안, 2014.

강무섭, 《한국의 고등교육정책》, 교학사, 1990.

강신철 외, 《80년대 학생운동사》, 형성사, 1988.

강원근, 《한국의 대학총장 선출제도》, 학지사, 2008.

강준만, 《입시전쟁잔혹사》, 인물과사상사, 2009.

강창동, 《한국의 교육문화사》, 문음사, 2002.

고전, 《일본교육개혁 흑·백서》, 학지사, 2003.

교원복지신보사, 《광복교육50년》, 대한교원공제회, 1996.

국정브리핑 특별기획팀, 《대한민국 교육 40년》, 한스미디어, 2007.

기타무라 가즈유키(喜多村和之) 지음, 김도수 옮김, 《고등교육의 혁신》, 교육과학사, 1995.

김기석, 《한국고등교육연구》, 교육과학사, 2008.

김남두 편, 《대학개혁의 과제와 방향》, 민음사, 1996.

김동훈, 《대학공화국》, 한국대학신보, 1983.

김상곤 외, 《경제학자, 교육혁신을 말하다》, 창비, 2011.

김성칠, 《역사 앞에서》, 창작과비평사, 1993.

김수자, 《이승만의 집권초기 권력기반 연구》, 경인문화사, 2005.

김옥환, 《대학론》, 문음사, 1983.

김용숙, 《대학은 죽었는가?—대학학력무용론을 제기하며》, 성원사, 1991.

김용일, 《미군정하의 교육정책 연구》, 고려대학교 민족문화연구소, 1999.

김윤태, 《한·미 대학교육체제 비교 연구》, 문음사, 1999.

김정현 편역, 《오늘의 고등교육》, 일조각, 1976.

김종영, 《지배받는 지배자—미국 유학과 한국 엘리트의 탄생》, 돌베개, 2015.

김종철, 《한국고등교육연구》, 배영사, 1979.

김종철, 《한국교육정책연구》, 교육과학사, 1989.

김형목,《한국독립운동의역사─교육운동》, 한국독립운동사연구소, 2009.

김호진,《대학의 이상과 미래》, 역민사, 1998.

김활란,《우월 김활란 자서전─그 빛 속의 작은 생명》, 이화여자대학교 출판부, 1999.

김희집,《세계로의 힘찬 포효─대학의 이상과 희망》, 고려대학교 출판부, 1994.

남연김종철박사회갑기념논문집 간행위원회,《한국교육행정의 과제와 이론적 접근》, 교육과학사, 1983.

노명식,《한국의 대학과 교육》, 책과함께, 2011.

노암 촘스키, 〈냉전과 대학〉,《냉전과 대학》, 당대, 2001.

다니엘 벨,《교양교육의 개혁─미국 컬럼비아대학에서의 경험》, 민음사, 1994.

대학사연구회,《전환의 시대 대학은 무엇인가》, 한길사, 2000.

대학신문사 편집부,《대학·자유·지성》, 서울대학교 편집부, 1984.

대한교원공제회 교원복지신보사,《광복교육 50년─1. 미군정기 편》, 1996.

마이클 베일리·데스 프리드먼 엮음, 민영진 옮김,《대학에 저항하라》, SEEDAER, 2012.

마이클 W. 애플 지음, 성열관 옮김,《미국 교육개혁, 옳은 길로 가고 있나》, 우리교육, 2003.

문만용,《한국의 현대적 연구체제의 형성─KIST의 설립과 변천(1968~1980)》, 선인, 2010.

문동환 편,《한국과 미국》, 실천문학사, 1986.

문지영,《지배와 저항》, 후마니타스, 2011.

민관식,《한국교육의 개혁과 진로》, 광명출판사, 1975.

민숙현·박해경,《한가람 봄바람에─이화 100년 야사》, 지인사, 1981.

민주화를 위한 전국교수협의회,《대학자주화백서》, 도서출판 터, 1990.

민주화를 위한 전국교수협의회,《민교협 10년사》, 1997.

박대선 편저,《대학과 국가발전》, 교육출판사, 1968.

박대선,《고등교육의 개혁》, 연세대학교 출판부, 1973.

박용옥,《한국 여성 근대화의 역사적 맥락》, 지식산업사, 2001.

박종렬 외,《대학평가 이론과 실제》, 학지사, 2009.

박태원 편저,《대학과 과학기술》, 삼문, 1993.

백낙준,《한국교육과 민족정신》, 문교사, 1953.

백낙준,《한국개신교사》, 연세대학교 출판부, 1973.

백낙준,《한국의 현실과 이상(상·하)》, 연세대학교 출판부, 1977.

백낙준,《백낙준전집 3─연세 교육의 이상》, 연세대학교 출판부, 1995.

백낙준,《백낙준전집 5─대학과교육》, 연세대학교 출판부, 1995.

백낙준,《백낙준전집 9─회고록·종강록》, 연세대학교 출판부, 1995.

뿌리깊은나무 편,《대학에서 나는 무슨 공부를 해 어떤 사람이 될까?》, 1984.

서울대학교교수민주화운동50년사 발간위원회,《서울대학교교수민주화운동50년사》, 1997.

서울특별시시사 편찬위원회,《서울 2천년사 29─일제강점기 서울의 교육과 문화》, 서울역사편찬원, 2015.

서중석, 《이승만의 정치이데올로기》, 역사비평사, 2005.

성내운, 《한국교육의 증언》, 배영사, 1965.

세계은행 지음, 고등교육연구팀 옮김, 《지식사회 만들기: 고등교육의 새로운 도전》, 한국교육개발
    원, 2004.

손인수, 《미군정과 교육정책》, 민영사, 1990.

손인수, 《원한경의 삶과 교육사상》, 연세대학교 출판부, 1992.

손인수, 《한국교육사Ⅱ》, 문음사, 1998.

송자, 《21세기 대학경영》, 중앙일보사, 1996.

송자, 《한 가지라도 똑 부러지면 되는 거요》, 중앙일보사, 1997.

신기욱, 《한국 민족주의의 계보와 정치》, 창비, 2009.

신범식 편, 《조국의 근대화》, 동아출판사, 1965.

신태환, 《대학과 국가》, 아세아사, 1982.

신현석, 《한국의 고등교육 개혁정책》, 학지사, 2005.

아마노 이쿠오(天野郁夫) 지음, 박광현·정종현 옮김, 《제국대학》, 산처럼, 2017.

아베 히로시(阿部洋) 편, 《해방 후 한국의 교육개혁》, 한국문화원, 1987.

안재욱, 《한국의 사립대학교》, 자유기업센터, 1997.

양승실 외, 《주요 선진국의 대학 발전 동향: 이론과 실제》, 학지사, 2009.

역사문제연구소, 《1950년대 남북한의 선택과 굴절》, 역사비평사, 1998.

오인탁 외, 《한국고등교육개혁의 과제와 전망》, 양서원, 1993.

오천석, 《민주교육을 지향하여》, 을유문화사, 1960.

오천석, 《민족중흥과 교육》, 현대교육총서출판사, 1963.

오천석, 《한국신교육사》, 현대교육총서출판사, 1964.

요시미 순야(吉見俊哉) 지음, 서재길 옮김, 《대학이란 무엇인가》, 글항아리, 2014.

우마코시 도루(馬越徹) 지음, 한용진 옮김, 《한국 근대대학의 성립과 전개》, 교육과학사, 2001.

유인종 외, 《대학교육개혁사업 보급에 관한 평가》, 1971.

유인종, 《실험대학을 통한 대학교육개혁》, 교육평론사, 1975.

유진오, 《국제생활》, 일조각, 1956.

유진오, 《젊은 세대에 부치는 서》, 고려대학교 출판부, 1963.

유진오, 《구름 위의 만상》, 일조각, 1966.

유진오, 《양호기》, 고려대학교 출판부, 1977.

윤종혁, 《근대 이후 한국과 일본의 학제 변천 과정 비교 연구》, 한국학술정보, 2008.

윤지관 외, 《사학문제의 해법을 모색한다》, 실천문학사, 2012 .

이규환, 《비판적 교육사회학》, 한울, 1987.

이광주, 《대학사》, 민음사, 1997.

이길상, 《20세기 한국교육사》, 집문당, 2007.

이숭녕,《대학가의 파수병》, 민중서관, 1968.

이정규,《대학, 행복을 위한 황금 열쇠인가?》, 이담북스, 2010.

이준구,《대학교수의 꿈과 그 현실》, 백운출판사, 2001.

이충우·최종고,《다시 보는 경성제국대학》, 푸른사상, 2013.

이하우,《우리의 학맥과 학풍》, 문예출판사, 1995.

이현청,《대학평가론》, 문음사, 2006.

이행원,《교육개혁의 논리》, 나남, 1994.

장정현,《한국의 대학교수시장》, 내일을여는 책, 1996.

전국대학신문주간교수협의회,《시대와 대학신문》, 형설출판사, 1988.

정기성,《교육야화》, 일심사, 1992.

정근식 외,《식민권력과 근대지식: 경성제국대학 연구》, 서울대학교 출판문화원, 2011.

정대화,《상지대 민주화 투쟁 40년》, 한울, 2017.

정범모 외,《한국교육, 어디로 가야하나》, 푸른역사, 2010.

정선이,《경성제국대학연구》, 문음사, 2002.

정영섭·이공훈,《교육, 시장과 정부에서 길을 찾다》, 건국대학교 출판부, 2006.

정의숙 편,《김활란, 그 승리의 삶—저 목소리가 들리느냐》, 이화여자대학교 출판부, 1996.

정지환,《한국사학이 사는 길》, 시민의 신문, 2006.

제시퍼 위시번 지음, 김주연 옮김,《대학주식회사》, 후마니타스, 2011.

조성일·신재흡,《한국교육행정발달사 탐구》, 집문당, 2005.

최기준,《대학도 이제는 경영해야 산다》, 월간에세이 출판부, 1995.

최해금,《중국 대학교육 개혁정책의 변화와 과제에 관한 연구》, 한국학술정보(주), 2006.

최호진,《대학과 학문》, 서문당, 1976.

표시열,《민주주의의 정착과 대학의 개혁》, 고려대학교 출판부, 1996.

필립 알트바하 지음, 김성재 옮김,《제3세계의 고등교육》, 현대사상사, 1992.

학술단체협의회,《한국 인문사회과학의 현재와 미래》, 푸른숲, 1998.

학술단체협의회,《우리 학문 속의 미국》, 한울아카데미, 2003.

한국교육문제연구소,《문교사》, 1974.

한국교육십년사간행회,《한국교육십년사》, 풍문사, 1960.

한국교육정치학회,《한국 교육 개혁 정치학》, 학지사, 2014.

한국대학교육협의회,《한국대학교육협의회 10년사》, 1992.

한국대학교육협의회,《한국대학교육협의회 20년사》, 2002.

한국대학신문,《대학 이슈 25》, 2013.

한국정치외교사학회,《5·16과 박정희 근대화 노선의 비교사적 조명》, 선인, 2012.

한기언,《대학의 이념》, 세광공사, 1979.

한심석,《관악을 바라보며》, 일조각, 1981.

한용진,《근대 이후 일본의 교육》, 도서출판 문, 2010.

한준상,《한국대학교육의 희생》, 문음사, 1983.

한준상·김성학,《현대 한국 교육의 인식》, 청아출판사, 1990.

한철호,《친미개화파연구》, 국학자료원, 1998.

허은,《미국의 헤게모니와 한국 민족주의》, 고려대학교 민족문화연구소, 2008.

황갑선,《대학이 변화면 국민이 행복해진다》, 동인, 2004.

후루카와 아키라(古川昭) 지음, 이성옥 옮김,《구한말 근대학교의 형성》, 경인문화사, 2006.

大澤勝,《現代私立大學論》, 風媒社, 1966.

稻葉繼雄,《舊韓國一朝鮮の'內地人'教育》, 九州大學出版會, 2006.

馬越徹,《現代韓國教育研究》, 高麗書林, 1981.

佐野通夫,《日本植民地の教育展開と朝鮮民衆の對應》, 社會評論社, 2006.

草原克豪,《日本の大學制度》, 弘文堂, 2008.

沖良人,〈進修療生活〉,《柑碧遙かに一京城帝國大學創立五十周年記念誌》, 耕文社, 1974.

黑羽亮一,《戰後大學政策の展開》, 玉川大學出版部, 2001.

찾아보기

대학과 권력

– 한국 대학 100년의 역사

김정인 지음

1판 1쇄 발행일 2018년 2월 12일
1판 2쇄 발행일 2019년 1월 7일

발행인 | 김학원
편집주간 | 김민기 황서현
기획 | 문성환 박상경 임은선 김보희 최윤영 전두현 최인영 이보람 정민애 이문경 임재희 이효온
디자인 | 김태형 유주현 구현석 박인규 한예슬
마케팅 | 이한주 김창규 김한밀 윤민영 김규빈 송희진
저자·독자서비스 | 조다영 윤경희 이현주 이령은(humanist@humanistbooks.com)
용지 | 화인페이퍼
인쇄 | 청아문화사
제본 | 정민문화사

발행처 | (주)휴머니스트 출판그룹
출판등록 | 제313-2007-000007호(2007년 1월 5일)
주소 | (03991) 서울시 마포구 동교로23길 76(연남동)
전화 | 02-335-4422 팩스 | 02-334-3427
홈페이지 | www.humanistbooks.com

ⓒ 김정인, 2018
ISBN 979-11-6080-110-1 93910

• 이 도서의 국립중앙도서관 출판예정도서목록(CIP)은 서지정보유통지원시스템 홈페이지(http://seoji.nl.go.kr)와 국가자료공동목록시스템(http://www.nl.go.kr/kolisnet)에서 이용하실 수 있습니다.(CIP제어번호 CIP2018001156))

만든 사람들

편집주간 | 황서현
기획 | 김진주 최인영(iy2001@humanistbooks.com)
편집 | 김수영
디자인 | 박인규

이 저서는 2013년 정부(교육부)의 재원으로 한국연구재단의 지원을 받아 수행된 연구임(NRF-2013S1A64017738).